Grenzen des Römischen Imperiums

Zaberns Bildbände
zur Archäologie

Sonderbände der
ANTIKEN WELT

Grenzen des Römischen Imperiums

IV, 196 Seiten mit 136 Farb-, 15 Schwarzweiß- und 7 Strichabbildungen

Umschlag vorne:
Der Blick über den Hadrianswall nach Housesteads. (Photo © NTPL/Howard Phillips)

Frontispiz:
Der Hadrianswall zieht sich durch die Landschaft des heutigen Northumberland. (Photo English Heritage, Photographic Library, London)

Umschlag hinten:
Rekonstruktion eines Wachtturmes am Hadrianswall (vgl. S. 100, Abb. 3).

Gestaltung:
Christian Schäfer,
Ditech Zimmermann & Partner GbR, Viernheim

Lektorat:
Wolfgang Schmidt, Verlag Philipp von Zabern

Redaktion:
Gerhild Klose und Annette Nünnerich-Asmus,
Verlag Philipp von Zabern, Mainz

Bibliografische Information der Deutschen Nationalbibliothek

Die Deutsche Nationalbibliothek verzeichnet diese Publikation in der Deutschen Nationalbibliografie; detaillierte bibliografische Daten sind im Internet über <http://dnb.d-nb.de> abrufbar.

ISBN-10: 3-8053-3429-X
ISBN-13: 978-3-8053-3429-7

Printed on fade resistant and archival quality paper (PH 7 neutral) · tcf

Inhalt

Vorwort

Am 15. Juli 2005 wurde in Durban / Südafrika, anläßlich der Jahressitzung des Welterbekomitees der UNESCO, der äußere obergermanisch-rätische Limes als Teil der antiken Grenzen des Römischen Reiches als internationales länderübergreifendes Welterbe eingetragen. Am 5. Juli 2006 überreichte der Staatsminister für Europa im Auswärtigen Amt der Bundesrepublik Deutschland, Herr Staatsminister Kloser, im Rahmen einer Festveranstaltung in Anwesenheit der vier Ministerpräsidenten oder deren Vertreter der vier beteiligten Länder der Bundesrepublik Deutschland Baden-Württemberg, Bayern, Hessen und Rheinland-Pfalz die offizielle Urkunde.

Der obergermanisch-rätische Limes stellt ein mächtiges über 550 km langes, auf nahezu 250 km² sich erstreckendes Welterbe dar. Diese Grenze wurde von den römischen Truppen zum Schutz ihres Weltreiches angelegt. Die beiden Abschnitte, der bereits 1987 als Welterbe eingetragene Hadrians-Wall in Großbritannien und der obergermanisch-rätische Limes sind Teil der Außengrenzen des römischen Imperiums. Im Laufe von etwa 70 Jahren wurde die Grenze gegen die Barbaren aufgebaut, die dann ab dem 2. Jahrhundert nach Christus mehr oder weniger intensiv die Grenzen des römischen Weltreiches wieder in Frage stellten. Durchgehende Barrieren aus Mauern, Erdwällen, Palisaden, ausgestattet mit Türmen und Kastellen, stellen diese antike Grenzbefestigung dar. Der römische Limes besteht aus miteinander in Verbindung stehenden Garnisonen und Turmstellen, zusätzlich unterstützt durch größere Legionslager im Hinterland. Er bildet ein regelhaftes und gut durchdachtes antikes Grenzsystem, das in erster Linie als Meldelinie ausgestattet und militärisch funktioniert hatte. Diese enorme komplexe Verteidigungsanlage lässt sich in mancherlei Hinsicht mit anderen linearen Befestigungswerken vergleichen. Zu erinnern wäre hier etwa an die Chinesische Mauer. Von Großbritannien bis zum Euphrat, vom Schwarzen bis zum Roten Meer verlaufen die Grenzen des Römischen Reiches. Der obergermanisch-rätische Limes und die Hadrians-Mauer bilden einen wesentlichen und markanten Teil dieser Außengrenzen. In der Erforschung, was daraus bis heute nachwirkt, sind wir durch die Eintragung in die Welterbeliste und damit der Sicherung dieser ersten beiden Abschnitte einen wesentlichen Schritt näher gekommen. Kroatien, Österreich, Schottland, Ungarn, Slowakei und andere Länder sind in den nächsten Jahren bemüht, ihre ehemaligen Grenzen des römischen Weltreiches ebenfalls in die Liste des Welterbes zu integrieren. Die Begründung der UNESCO sagt aus: «Die bis heute erhaltenen Überreste dieser Grenzanlagen stehen stellvertretend für die römische Epoche unseres Kontinents. Der Limes symbolisiert – wie kein anderes Denkmal – das Aufeinandertreffen der Welt des klassischen Altertums mit den einheimischen Völkern Mittel- und Nordeuropas. Es besitzt weltweite Bedeutung als Zeugnis für die Verschmelzung beider Teile Europas.» Als vor 2000 Jahren die römischen Truppen diese Grenzanlagen aufbauten und das Land in Besitz nahmen, hatten sie nicht nur Waffen, sondern sie hatten auch Kultur im Marschgebäck. Sie brachten ihre Sprache mit. Latein wirkt bis heute in der deutschen, englischen und der französischen Sprache mit prägenden Worten. Sie haben ihr Rechtsverständnis mitgebracht und das Rechtsverständnis in vielen Ländern Europas beruht bis heute auf dem römischen Recht.

Die internationale Würdigung dieser wichtigen Bereiche der Grenzen des Römischen Reiches durch die Eintragung in die Liste des Welterbes ist für uns alle, die in der Archäologie in diesen Ländern tätig sind, eine Herausforderung und Verpflichtung zugleich. Die Erarbeitung, Fortschreibung und Koordinierung von Empfehlungen und Strategien für den Umgang mit diesen antiken Reichsgrenzen wird daher für die Zukunft eine internationale Aufgabe der zuständigen Archäologen in den verschiedenen Ländern sein. Es gilt Schutzkonzepte zu erarbeiten, sowie die Forschung über die Grenzen der Länder hinweg auszubauen und zu koordinieren. Dafür sind internationale Gremien und Arbeitsgespräche notwendig. Grundlage hierzu ist der Aufbau eines entsprechenden Managementplans für den denkmalpflegerischen Umgang, aber auch eine gezielte Öffentlichkeitsarbeit, um ein breites Publikum über die Geschichte und kulturhistorische Bedeutung dieser antiken Grenze zu informieren. Es gilt daher, aus der Sicht der Denkmalpflege, der Forschungseinrichtungen und Museen entlang des Welterbes, gemeinsame Überlegungen und Konzepte zu erarbeiten. Sowohl in Großbritannien als auch in Deutschland wurde mit entsprechenden Einrichtungen, wie etwa der in Deutschland im Jahre 2003 in Esslingen gegründeten «Deutsche Limeskommission», reagiert.

Wir begrüßen es daher ausdrücklich, daß der Verlag Philipp von Zabern in der Reihe «Zaberns Bildbände der Archäologie» den sehr schön und ausführlich bebilderten Band «Grenzen des Römischen Imperiums» herausbringt. Ein besonderer Dank gilt an dieser Stelle den Autorinnen und Autoren für die profunden Manuskripte, die knapp und leicht verständlich die internationale Bedeutung der Grenzen des Römischen Reiches aufzeigen und damit auch von dort aus die Universalität und die weltweite Bedeutung dieser Grenze unterstreichen.

Esslingen, im August 2006
Prof. Dr. Dieter Planck
Vorsitzender der Deutschen Limeskommission

Abb. 1
Hollywoods Vorstellung einer Grenzfestung: Marcus Aurelius Lager an der Donau wie es in «The Fall of the Roman Empire» gezeigt wird. Interfoto, Archiv Friedrich.

Grenzen im römischen Imperium

David J. Breeze

Für die Einwohner des Römischen Reichs war es unmöglich, sich einen Zusammenbruch dieses Reichs vorzustellen: Ihre Welt war die römische Welt. Selbst Jahrhunderte später führte der einzig logische Weg zu einem stabilen Imperium über die Gründung eines neues Römischen Reichs, des Heiligen Römischen Reichs, das, gegründet um 800, rund 1000 Jahre Bestand hatte und erst 1806 endete, als sein letzter Kaiser der erste Kaiser von Österreich wurde.

Die Gründe für den Zusammenbruch des Römischen Reichs haben die Phantasie und die Spekulationen der Historiker und Archäologen bis auf den heutigen Tag beschäftigt. Einer der oft zitierten Gründe ist der Zusammenbruch seiner Grenzen, der Grenzen, die Gegenstand dieses Buches sind.

Römische Grenzanlagen sind Teil der Hinterlassenschaft der römischen Zivilisation, die uns an die Macht und Pracht einer verlorenen Welt erinnern. Das Forum Romanum und der Palatin, das Pantheon und die Stadtmauern von Rom, die großen Brücken und Aquädukte, die überall im Reich verteilt zu finden sind; Theater und Amphitheater, Straßen, gesäumt von militärischen Einrichtungen in jeder Größe und aus unterschiedlichen Zeiten gehören zu den Überbleibseln, die das alte Rom am deutlichsten heraufbeschwören. Die moderne Welt weiß von diesen Hinterlassenschaften nicht nur wegen der konkreten gegenständlichen Reste, sondern auch aus Büchern und Filmen, denn Rom hat schon immer große Literatur inspiriert und heutzutage auch beeindruckende Filme (Abb. 1). Archäologen und Historiker mögen im Detail Kritik anmelden, aber «Spartacus» bietet eine wunderbare Vorstellung der römischen Armee auf dem Marsch, Der «Gladiator» zeigt die Kämpfe an der nördlichen Grenze und «Ben Hur» illustriert den beiläufigen Umgang der Armee mit den Eroberten.

Das Studium der römischen Grenzen kann einen bedeutenden Beitrag zur Erforschung des Römischen Reichs liefern. Nur hier trafen die Römer ihre «barbarischen» Nachbarn im alltäglichen Umgang. Und vielleicht noch wichtiger für uns

Abb. 2 Matthew Paris Karte von Britannien, um 1250 gezeichnet, zeigt sowohl den Hadrianswall als auch den Antoninuswall.

heute ist die Tatsache, daß diese Grenzen den Raum bilden, von dem aus römische Güter vom römischen Kerngebiet nach Europa, Nordafrika und Teilen Asiens bis nach Indien, China und Korea vordrangen. Es gibt kaum ein Land in Europa, in dem nicht wenigstens einige römische Gegenstände den großen Einfluß Roms damals und tatsächlich auch noch heute belegen.

Grenzen enstehen nicht plötzlich und in vollständiger und bereits entwickelter Form. Die komplexen Grenzsysteme wie der Hadrianswall und der Antoninuswall in Großbritannien, der deutsche Limes und die dakische Grenze, alle in der ersten Hälfte des 2. Jhs. n. Chr. gebaut, hatten Vorläufer, die bis zu 100 Jahre früher angelegt worden waren. Sie hatten auch Nachfolgebauten, die seit den Regierungszeiten Konstantins I. (306–337 n. Chr.) und Valentinians I. (364–375 n. Chr.) im Byzantinischen oder Oströmischen Reich angelegt wurden. Wir können solche Aussagen aufgrund der langjährigen Forschungen über diese Grenzen treffen, Forschungen, die sich parallel zu den Untersuchungen der Grenzen vom Atlantischen Ozean zum Schwarzen Meer und darüber hinaus entwickelt haben.

Die Menschen haben die römischen Grenzen nie wirklich aus den Augen verloren. Sie lassen sich z. B. auf mittelalterlichen Karten finden (Abb. 2), auch wenn es bis zum 15. Jh. dauerte, bevor die Überreste systematischer aufgenommen und Theorien über ihre Funktion und Datierung aufgestellt wurden. Generell wurden Grenzen als Verteidigungsanlagen betrachtet, und eine Diskussion über ihre tatsächliche Funktion und Wirkungsweise fand kaum statt. Das 18. Jh. erlebte in ganz Europa eine Blüte an Literatur über die antiken römischen Grenzen. Das 19. Jh. wiederum sah einen Wandel ganz anderer Natur, als durch Ausgrabungen eine neue Möglichkeit entstand, archäologische Kenntnisse über die römischen Grenzen zu gewinnen. Viele Arbeiten ab 1840 waren hauptsächlich Aufräumungsarbeiten, deren Hauptzweck in der Sichtbarmachung der noch existierende Reste bestand. Sie wurden freigelegt und fielen oft Souvenirjägern oder Bauern zum Opfer. Nichtsdestotrotz bestand im 19. Jh. eine größere Chance, daß Artefakte überlebten, denn quer durch Europa waren nationale und regionale Museen gegründet worden, wie z. B. in Leiden (NL), Bonn (D), Wien (A), Budapest (H) and Cluj (RO).

Die 90er Jahre des 19. Jhs. erlebten eine größere Veränderung. Quer durch Europa begannen in dieser Dekade wissenschaftliche Ausgrabungen (Abb. 3). Die Stratigraphie wurde dokumentiert, das genaue Studium von Keramik und Kleinfunden begann, und verschiedenste Objekte wurden sorgfältig in den neuen Museen ausgestellt. Dieses Jahrzehnt sah sogar die ersten Rekonstruktionsarbeiten, besonders hervorzuheben ist der Wiederaufbau des Kastells Saalburg, wo die Arbeiten auf Geheiß Kaiser Wihelms II. durchgeführt wurden.

Das späte 19. Jh. sah auch die Anfänge einer internationalen Diskussion und Kooperation. Große internationale Projekte wurden begonnen, darunter auch, ab 1853, die Publikation aller bekannten römischen Inschriften im «Corpus Inscriptionum Latinarum». Gleichzeitig wurden Grenzstudien aber auch für die politischen Bestrebungen der damaligen Zeit genutzt. Die Publikationsflut dieser Jahre, mit der versucht wurde, die Bedeutung des römischen Reichs für zeitgenössische Imperien aufzuzeigen, wurde bis in jüngste Zeit nicht wieder erreicht.

Zudem folgten die Forschungen innerhalb der verschiedenen Länder auch unterschiedlichen Vorstellungen. In Großbritannien lag der Schwerpunkt auf der Synthese. Die erste moderne Untersuchung des Hadrianswalls wurde 1851 veröffentlicht, «Hadrian's Wall» von John Collingwood Bruce, dessen letzte Ausgabe in überarbeiteter Form 1978 erschien. In Deutschland begannen dagegen, nach der Gründung der Reichs-Limeskommission 1892, umfangreiche Vermessungsarbeiten und Ausgrabungen. Die Ergebnisse dieser Untersuchungen wurden in der Reihe «Der obergermanisch-raetische Limes des Römerreiches» ab 1884 veröffentlicht. Mit dem letzten Band dieser Reihe, der 1937 erschien, war der gesamte Grenzverlauf in Obergermanien und Raetien zuverlässig dokumentiert worden. Eine Kommission zur Untersuchung des römischen Limes in Ober- und Unterösterreich war 1897 gebildet worden.

Diese unterschiedlichen Herangehensweisen bestehen fort, und selbst heute beklagen britische Archäologen den Mangel an detaillierten Vermessungen des Hadrianswalls, während ihre deutschen und österreichischen Kollegen die vergleichsweise niedrige Anzahl allgemeinverständlicher, zusammenfassender Darstellungen ihrer Grenzen bedauern.

Abb. 3 Frühe Ausgrabungen auf der Saalburg, wo ab der Mitte des 19. Jhs. umfangreiche archäologische Untersuchungen begannen. Römerkastell Saalburg, Archiv.

Abb. 4 Die Reitertruppe von M. Junkelmann in Carnuntum.

Ein neuer Geist internationaler Zusammenarbeit begann 1949. In diesem Jahr wurde der erste «Congress of Roman Frontier Studies» in Newcastle upon Tyre (UK), das am östlichen Ende des Hadrianswalls liegt, abgehalten. Dieses ursprünglich kleine Treffen von Wissenschaftlern ist mittlerweile zu einer Versammlung von 250 Archäologen und Historikern angewachsen, die sich alle drei Jahre treffen, wobei die beiden letzten Kongresse in Jordanien im Jahr 2000 und in Ungarn 2003 stattfanden. Die Idee zu einer internationalen Konferenz über römische Grenzen wurde in den 30er Jahren des letzten Jahrhunderts von Kurt Stade (Frankfurt a. M., D) und Eric Birley (Newcastle, UK) entwickelt, nachdem sie seit 1929 gemeinsam an Ausgrabungen am Hadrianswall gearbeitet hatten. In den 30er Jahren begann auch die Luftbildphotographie, die nach 1945 alle archäologischen Disziplinen revolutionieren sollte. Neue Festungen, Kastelle, Türme, Lager und sogar Grenzanlagen wurden gefunden. Aristide Poidebard dokumentierte in den 20er Jahren die militärischen Hinterlassenschaften in Syrien aus der Luft und stellte damit einen Datensatz von heute unschätzbarem Wert zur Verfügung. Von gleicher Bedeutung waren die Arbeiten von Jean Baradez am *«fossatum Africae»* in Nordafrika. Das Ende des Kalten Krieges 1989/90 brachte die Errungenschaften der Luftbildarchäologie auch nach Zentral- und Südosteuropa und damit auch den Anstoß zu weiterer internationaler Zusammenarbeit.

Hand in Hand mit den akademischen Forschungen entwickelte sich auch das allgemeine Interesse eines breiteren Publikums an den römischen Grenzen. Museen stellten nur einen Schritt dar, und bald darauf folgten die ersten Rekonstruktionsversuche. Auch in den letzten Jahrzehnten entstanden zahlreiche neue Rekonstruktionen, insbesondere von Kastelltoren und Wachtürmen. Auf ein breites öffentliches Interesse stoßen heute jene Gruppen, die sich mit der korrekten Nachstellung historischer Ereignisse und Materialien beschäftigen (Abb. 4). Marcus Junkelmann hat seine Truppe auf römischen Pfaden geführt, um antike Beschreibungen zu überprüfen, während die «Ermine Street Guard» in ganz Großbritannien und darüber hinaus für ihre akribischen Nachstellungen berühmt ist. Seit den Anfängen um 1970 bieten diese Gruppen wichtige Erkenntnisse über Bewaffnung und Ausrüstung der römischen Soldaten, nicht nur durch ihre Darstellung, sondern auch durch die eigene Herstellung ihrer Ausrüstung.

Übersetzung aus dem Englischen von S. Kerner und R. H. Barnes

Grenzen im historischen Kontext

Matthias Pfaffenbichler

Das Wort «Grenze» weckt unterschiedlichste Assoziationen, die von Stadtmauern und Zollstationen bis zum römischen Limes und zu den Sperranlagen der ehemaligen Deutschen Demokratischen Republik (DDR) reichen. Grenzen stehen abhängig von der Seite, von der man sie betrachtet, einerseits für Schutz, andererseits für Ausschluß.

Im Laufe der Jahrhunderte stellte sich für viele Großreiche das Problem, ihre Grenzen zu finden, zu organisieren und zu verteidigen. Diese kurze Darstellung kann das komplexe Thema sicherlich nicht in all seiner Breite beleuchten und muß notgedrungen lückenhaft bleiben, doch sollen unterschiedliche Beweggründe und Möglichkeiten für Grenzziehungen, einzelne Organisationsformen oder Konzepte der Grenzverteidigung aufgezeigt werden, die sich im Laufe der Geschichte entwickelt haben.

Die Herausbildung von Grenzen – geographische Faktoren

Selten ist die Ziehung von Grenzlinien alleine durch geographische Faktoren bedingt. Wälder und Wüsten, aber auch Steppengebiete bilden Pufferzonen zwischen einzelnen Machtblöcken, mit deren Hilfe Einflußbereiche definiert werden, die keine exakte Grenzlinie voraussetzen. So bildete der als «grenzenlos» angesehene Nordwald im Früh- und Hochmittelalter die Grenze zwischen Bayern, Österreich und Böhmen. Eine vergleichbare Rolle spielten auch die Wüste Gobi für das Verteidigungskonzept der Chinesischen Mauer oder die Sahara in Nordafrika, doch sind Wüstengebiete von großen Armeen leichter zu durchqueren und als Pufferzonen daher weniger gut geeignet. Besonders die französische Aufklärung und das 19. Jh. interessierten sich für natürliche Grenzen wie Berge, Bergrücken, Täler, Hügel, Flüsse und Seen. Mit dem Argument, daß der Grenzverlauf durch die Natur bestimmt sei, begründete bzw. kaschierte man ein handfestes politisches Interesse auf Expansion. Staaten, deren Territorium über geographisch vorgegebene Hindernisse hinaus reichten, haben allerdings die natürliche Selbstverständlichkeit solcher Grenzen nie ohne weiteres akzeptiert. Flußläufe, wie z. B. der Rhein oder die Donau waren viel zu wichtige Verbindungsstraßen und Transportwege, um als ideale Grenzlinie zwischen zwei Völkern zu fungieren. Meist siedelte die Bevölkerung auf beiden Ufern, und erst das 19. Jh. machte den Unterlauf des Rheins zur Grenze zwischen Frankreich und einem deutschen Staat. Daher eigneten sich weder die großen mittel- und osteuropäischen Flüsse wie Elbe, Oder, Weichsel, Don oder Wolga, noch die amerikanischen Flüsse St. Lorenz oder Missisippi als Grenzlinien. Bildete ein Fluß über mehrere Jahrhunderte die Grenze, wie z. B. die Enns in Österreich, stellte dies nicht den einzigen Stabilisierungsfaktor dar. Bis zum 11. Jh. scheint hier auch der Wald als Grenze gegen die Hunnen, Awaren und Ungarn eine große Rolle gespielt zu haben. Erst mit der Durchdringung des Waldes durch bayrische Siedler pendelte sich die Grenze zwischen dem Ostfränkischen Reich und Ungarn zwischen dem Wienerwald und der Leitha (A) ein.

Auch Gebirge begrenzten im Mittelalter und der frühen Neuzeit äußerst selten staatliche Territorien, denn die Machthaber bemühten sich meist darum, beide Seiten einer politisch bedeutsamen Paßstraße zu beherrschen. Das mittelalterliche Navarra breitete sich südlich und nördlich der Pyrenäen aus, und auch Katalonien verlor erst im 17. Jh. seine nördlich der Pyrenäen gelegenen Gebiete an Frankreich. Die Grafen und späteren Herzöge von Savoyen bzw. Könige von Sardinien beherrschten bis in die zweite Hälfte des 19. Jhs. sowohl das französische Savoyen als auch das italienische Aosta-Tal und das Piemont. Die Grafen von Tirol bemühten sich, die Gebiete südlich und nördlich des Alpenhauptkamms in ihre Gewalt zu bekommen. Der klassische Paßstaat Europas ist aber die Schweiz, die sich rund um die Paßstraßen des Großen und Kleinen St. Bernhard als Eidgenossenschaft von Kantonen bildete, die den Handel über die wichtigsten Straßen über die Alpen zwischen Süddeutschland und Oberitalien kontrollierten.

Natürliche Hindernisse wie Moor- und Sumpfgebiete wurden durch künstliche Befestigungswerke verstärkt. Gegen die expandierende Grenze des Heiligen Römischen Reiches errichtete das hochmittelalterliche Königreich Ungarn im 10. Jh. einen mit Holz verstärkten Erdwall, wobei die Verteidigungskraft dieses Befestigungswerkes durch eine beabsichtigte Versumpfung des Vorfeldes erhöht wurde. Dieses Hindernis, das sich auch des dichten Schilfgürtels des Neusiedlersees bediente, schützte die Flußübergänge von Rabnitz und Raab so effizient, daß deutsche Reichsheere mehrmals auf ihren Feldzügen gegen Ungarn an ihnen scheiterten. Das gesamte Verteidigungssystem besaß nur drei große Festungsanlagen, die früharpadischen Komitatsburgen in Moson/Wieselburg (H) und Vasvár/Eisenburg (H) am Nord- bzw. Südende des Befestigungsgürtels und Sopron/Ödenburg (H) im mittleren Teil. Ohne Befestigungen blieb ein unterschiedlich tiefes Vorfeld, das bis zur eigentlichen Westgrenze des Königreichs reichte.

Logistische Faktoren

Bei der Etablierung von militärisch verteidigten Grenzen bzw. der Bewegung von großen Truppenkonzentrationen spielen vor allem logistische Faktoren eine große Rolle. Truppen sind auf Nachschub angewiesen, und sofern diese Versorgung nicht lokal bewerkstelligt werden kann, müssen Versorgungsgüter wie Nahrungsmittel und Heizmaterialien zugeführt werden. Die regelhafte Anordnung der römischen Legionslager an Rhein und Donau dürfte gleichermaßen durch die Verteidigungsmöglichkeiten als auch die idealen Transportbedingungen von Massengütern entlang von Flußgrenzen begründet sein. Wo eine Gebietserweiterung mit ungeheuren Kosten für die Versorgung der Grenztruppen verbunden war, verzichtete man vielfach auf eine weitere Expansion. Das gilt z. B. auch für die Errichtung der Chinesischen Mauer oder die englische Grenzziehung im Nordwesten von Indien.

Eine Möglichkeit, die Versorgungsprobleme der Grenztruppen auszugleichen, war die Ansiedlung von Wehrbauern, ein Konzept, das in China, im Byzantinischen Reich, in der Habsburger Monarchie und dem zaristischen Rußland angewandt wurde. Mit der Einrichtung von Klientelstaaten außerhalb des eigentlichen Staatsgebietes minimierten z. B. das römische, aber auch das fränkische und das osmanische Reich sowie Britisch-Indien die Kosten seiner Grenzverteidigung.

Strategische Faktoren

Traf ein expandierendes Reich auf einen starken Gegner, pendelte sich die Grenze zwischen den beiden Machtblöcken in einem Bereich ein, wo keine nennenswerten logistischen Probleme auftraten. Gegen einen entschlossenen Gegner wie die habsburgischen Länder konnte die osmanische Macht im 16. Jh. nicht weiter als gegen West- und Nordungarn expandieren. Andererseits erreichte die österreichische Monarchie im 18. Jh. im Raum von Belgrad (YU) eine Grenze, die sich aus den Nachschubmöglichkeiten sowohl der österreichischen als auch der osmanischen Armeen ergab. Die Feste Belgrad wurde innerhalb von 50 Jahren mehrfach von beiden Armeen erobert und wieder verloren und bildete somit den Punkt, an dem das strategische Gleichgewicht der beiden Großmächte des 18. Jhs. erreicht war.

Die Verfolgung einer offensiven oder defensiven Grenzpolitik hing wesentlich von der militärischen Stärke des Gegners ab. Eine defensive Grenzpolitik verlangte eher in die Tiefe gestaffelte Festungslinien und schloß die Einrichtung von Klientelstaaten als Puffer praktisch aus. Dem starken Parther- bzw. Sasanidenreich gegenüber stützte sich Rom daher lange Zeit auf ein tief gestaffeltes System befestigter Städte, ein Konzept, das in den westlichen Reichsteilen bis zur Spätantike nicht angewandt wurde.

Grenzräume und lineare Grenzen

Grenzziehungen und Grenzveränderungen zwischen politischen Einheiten sind fast immer das Ergebnis innerer und äußerer Kräfteverhältnisse. Grenzen sind selten stabil, da sich jede räumliche Verschiebung der Kräfteverhältnisse über kurz oder lang im Verlauf der Grenze niederschlägt. Die Herrschaft im mittelalterlichen und frühneuzeitlichen Europa war in der Regel fragmentiert, da die europäischen Staaten dieser Epoche kaum geschlossene territoriale Einheiten bildeten. Eine Folge davon war, daß sich die Grenzen zwischen mittelalterlichen Territorien nicht linear ausbildeten; man muß sie sich vielmehr als Zonen überlappender Einflüsse und Herrschaftsrechte vorstellen, als breite Grenzräume, in denen die Macht des einen Herrschers zunehmend abnimmt, während die Macht eines anderen Herrschers zunimmt. Besonders in dünn besiedelten Gebieten war der Grenzverlauf oft unklar. Eine Ausnahme bilden mittelalterliche und frühneuzeitliche Städte, die in ihren kleinen, kontrollierbaren Bereichen lineare Grenzen entwickelten. Die Stadtmauer fungierte nicht nur als Schutzwall, sondern bildete oft auch eine wirtschaftliche, soziale und juristische Trennungslinie zum Umland. Innerhalb der Stadtmauern galten andere juristische Normen als außerhalb. Eine ähnlich straffe Kontrolle der Räume erreicht der moderne Staat.

Die Linearisierung der Grenzen ist jedoch in fast allen Fällen erst mit der Herausbildung moderner Formen der Staatlichkeit und einer flächenhaften Ausgestaltung des Machtanspruches des modernen Staates gegeben. Die befestigten Grenzlinien des Römischen und des Chinesischen Reichs dürften den Zweck der Steuerung und Kontrolle von grenzüberschreitenden Bewegungen verfolgt haben. Sie boten ausreichenden Schutz, solange die Armee imstande war, die Grenzen zu bemannen und eine offensive Vorfeldpolitik zu betreiben.

Abb. 1
Die Chinesische Mauer mit kleineren Festungsanlagen und Türmen.

Die Grenzpolitik historischer Großreiche

Ein kurzer Überblick über die Grenzsicherungspolitik einzelner Großreiche vom 3. bis ins 19. Jh. soll zeigen, daß Grenzen nicht als lineare Gebilde aufgefaßt wurden, sondern vor allem eine Überwachung angestrebt bzw. das unkontrollierte Eindringen der Gegner verhindert werden sollte. Dabei stützte man sich nicht so sehr auf das Anlegen unüberwindlicher Verteidigungszonen, als auf die Kontrolle mehr oder weniger breiter Grenzräume, um auf die politischen und militärischen Ereignisse rechtzeitig reagieren zu können.

Das Chinesische Reich und die «Chinesische Mauer»

Die nördlichen Randgebiete Chinas bilden eine Zone, in der es immer wieder zu Konflikten zwischen den gegensätzlichen Lebensformen der Ackerbauern und der Viehzüchter kam. Als Trennung zwischen diesen Lebensformen wurde unter der Qin-Dynastie gegen Ende des 3. Jhs. v. Chr. die erste Große Mauer errichtet (Abb. 1). Es bedeutet jedoch eine grobe Vereinfachung, wenn man in der Großen Mauer der Qin- und Han-Zeit eine scharfe Trennlinie zwischen den Welten der Steppennomaden und der chinesischen Ackerbauern und

Abb. 2 Eine byzantinische Festung.

Stadtbewohner sehen würde. Wie auch der römische Limes ist die Große Mauer nur ein Element eines viel komplexeren Systems, das aus weit in das Gebiet der Steppennomaden vorgeschobenen Grenzposten und Forts bestand, von denen aus die verbündeten Stämme kontrolliert wurden. Gemeinsam mit diesen versuchte man, die Einfälle wilder Steppenvölker zu verhindern. Zu diesem Verteidigungskonzept gehörten auch Garnisonen und Militärkolonien, in denen einerseits Wehrbauern, die «Soldaten der Speicher» genannt wurden und andererseits Garnisonssoldaten auf Vorposten eingesetzt waren. Wachdienste, Patrouillen und militärische Übungen beanspruchten einen Großteil der Zeit der Soldaten, wobei jeder Posten in ständigem Kontakt mit den Nachbarposten und mittels eines Signalsystems auch mit dem Hinterland stand. Die in den Grenzgebieten ausgehobenen Rekruten blieben zeitlebens dort, doch gab es auch Söldner. Das Vordringen der Mongolenstämme machte den Ausbau der Großen Mauer in der Ming-Zeit zwischen 1403 und 1435 notwendig, und stellenweise ergibt sich so eine doppelte oder sogar dreifache Mauer.

Das Byzantinische Reich

Für das Byzantinische Reich stellte sich im Laufe seiner Geschichte immer wieder die Frage, wie sich seine Feldtruppen wirkungsvoll gegen einen übermächtigen Feind verteidigen sollten. Als legitime Erben des Römischen Imperiums kreierte man ein System von Grenzverteidigungszonen, die erstmals von Kaiser Maurikios gegen die Langobarden im bedrohten Italien angewandt wurden. Die strategisch wichtigsten Straßen überwachte man durch kleine Festungen, mit deren Hilfe die byzantinischen Befehlshaber die Verbindungslinien zwischen Oberitalien, Mittel- und Süditalien sicherten. Die Verbindungsstraße zwischen Rom und Ravenna trennte die von den Langobarden besetzte Toskana vom gleichfalls langobardischen Spoleto. Eine weitere ähnlich befestigte Verbindung zwischen Rom und Neapel schnitt die Langobarden Benevents von der See ab. Die Besatzungen dieser Kastelle konnten die Einfälle nicht verhindern, jedoch wesentlich eindämmen und erschweren. Die Byzantiner verwendeten dieses zunächst in Italien erprobte Konzept einer in die Tiefe gestaffelten Verteidigung später auch erfolgreich in der Verteidigung Kleinasiens gegen die Araber, deren Armeen so groß waren, daß sie nicht in einer offenen Feldschlacht besiegt werden konnten. Der arabische Vorstoß zielte auf den Durchbruch der die Gebirgskämme im Osten Kleinasiens haltenden byzantinischen Verteidigungslinie und schlußendlich auf die Eroberung Konstantinopels (TR). Das byzantinische Kleinasien war durch die Gebirgszüge von Tauros und Antitauros von Syrien und der mesopotamischen Ebene getrennt, so daß größere Armeen nur die Übergänge bei der Kilikische Pforte im nördlichen Kilikien bzw. eine Paßstraße bei Melitene (TR) benutzen konnten. Die Byzantiner optimierten ein Verteidigungssystem, das den arabischen Truppen zwar erlaubte, das Gebiet von Kleinasien zu durchstreifen und einzelne Festungsanlagen (Abb. 2) zu erobern, durch ein effizientes Frühwarnsystem wurden die Bevölkerungsverluste jedoch so gering wie möglich gehalten. Kleine arabische Einheiten, die versuchten zu überwintern, wurden von der byzantinischen Armee angegriffen und aufgerieben, große Armeen waren vor die logistische Schwierigkeit gestellt, sich über den Winter mit Proviant zu versorgen. Das Rückgrat dieser Verteidigung waren die auf dem Land flächendeckend angesiedelten und in Themen (byzantinische Verwaltungseinheiten) organisierten Bauernsoldaten, die gegen die Zuteilung von erblichen Militärgütern zum Kriegsdienst verpflichtet waren. Die Themenorganisation förderte die Entstehung starker einheimischer Truppen und machte das byzantinische Reich von der unsicheren und kostspieligen Anwerbung ausländischer Söldner unabhängig. Ergänzend zu den Bauernsoldaten installierte der Kaiser eine permanente Berufsarmee aus Söldnern, die Tagmata, die in Konstantinopel (TR) stationiert waren und welche die Offensivkraft des byzantinischen Heeres darstellte.

Das Fränkische Reich

Die Außengrenzen des frühmittelalterlichen Fränkischen Reichs wurden an fast allen Abschnitten durch «Marken» geschützt. So kennen wir z. B. die dänische, die sorbische, die awarische, die spanische und die bretonische Mark, die Mark Meißen, die bayrische Ostmark und die Mark Friaul. Die Entwicklung der Marken, die Bollwerke der Reichsverteidigung und Aufmarschräume für Angriffskriege darstellten, ist am besten für den bretonischen und den karantanisch-pannonischen Raum überliefert. Während der Expansion des Reichs übertrug man einem Obergrafen einer grenznahen Grafschaft des Altsiedellandes die Aufgabe das neu eroberte Land als selbständige politisch-militärische Einheit (*marca*) zu organisieren. Nach dem Ende der Expansion des Frankenreichs übernahmen die Marken den Grenzschutz und versuchten gleichzeitig, ihren Einfluß weiter in das Neuland auszudehnen; z. B. wurde die Traungauer Grafschaft ab den Jahren um 830 über die Enns (A) hinweg bis zur Raab (H) erweitert, während wenig später in Karantanien und der Krain die Expansion bis Szombathely (H) erfolgte. Zwei slawische Herrschaftsbereiche im Raum Moosburg (Zalavár) (H) in Pannonien und um Sisak an der Kupa (HR) verstärkten als Pufferstaaten die Grenzverteidigung des Ostfränkischen Reichs gegen Osten und Südosten. Die Grenzgrafen, auch Markgrafen genannt, hatten militärische und politische Koordinationsaufgaben, aufgrund derer sie für die Friedenswahrung nach innen und die Verteidigung nach außen zuständig waren und über besondere Ressourcen zur Versorgung größerer militärischer Einheiten verfügten.

Spanien zu Zeiten der Reconquista

Im Zuge der großen Expansion im Spanien der Reconquista versuchte man im 13. Jh. den von den Arabern abgerungenen Raum durch ein defensives System von Burgenanlagen und die Ansiedlung christlicher Bevölkerungsgruppen abzusichern. Dabei bewegte sich die christlich-moslemische Grenze in Etappen nach Süden, vom Ebro und Duro zum Tejo und nach Andalusien. Durch die rasche Grenzverschiebung kam es zu einem Mangel an Kolonisten, um die neu eroberten Gebiete zu besiedeln, jedoch nutzten die berittenen Krieger die zerstörten und verwüsteten Gebiete für die Expansion der Viehzucht. Die spanischen Ritterorden Calatrava, Santiago, Alcántara und Montesa sicherten vor allem das südliche Kastilien und spielten hier eine zentrale Rolle in der Eroberung und Sicherung des Landes, in dem sie in den eroberten Gebieten Burgen errichteten, die neben ihren militärischen bald auch zahlreiche administrative Aufgaben übernahmen. Die

Abb. 3
Gezeichnete und handkolorierte Karte des Grenzburgensystems zwischen der Drau und den oberungarischen Bergstädten von dem italienischen Festungsbaumeister Giovanni Jacopo Gasparini, wahrscheinlich um 1590 (1594 ?).

Burgen mit den umgebenden Dörfern bildeten die Keimzellen der Neubesiedlung; sie entwickelten sich zu Zentren des Handwerks, der Verwaltung und der Justiz. Burgen auf unzugänglichen Höhen und Wachttürme kontrollierten ein ausgedehntes Gebiet und bildeten, wenn die strategische Situation es erforderte, auch kurzfristige Sperranlagen und Verteidigungslinien, wobei Wachttürme auf erhöhten Geländepunkten standen und Blickkontakt mit anderen Türmen hatten.

Die österreichisch-osmanische Grenze

Im westungarischen Raum bildete sich im 16. Jh. die Grenze zwischen dem Osmanischen Reich und den habsburgischen Territorien aus. Nachdem der Vorstoß der habsburgischen Armee 1542 nach Zentralungarn gescheitert war, verlegte man sich auf die Konzeption eines reinen Defensivkriegs mit einem in die Tiefe gestaffelten Festungssystem. Dieses wurde von Hauptfestungen beherrscht, denen weitere Burganlagen und befestigte Posten untergeordnet waren, die jeweils eine Grenzoberhauptmannschaft bildeten. In den Hauptfestungen wurden 1000 bis 1500 Soldaten, und in den kleineren Anlagen 400 bis 600 Mann stationiert. Die kleinsten Stein- oder Holzburgen wiesen Truppenstärken von 100 bis 300 Soldaten auf. Dieses Verteidigungssystem wurde seit 1556 vom Wiener Hofkriegsrat kontrolliert und verpflichtete auch die Stände der benachbarten habsburgischen Gebiete sowie das Deutsche Reich zur Finanzierung der Kosten der Besatzungen und speziell des Ausbaus, der durch die italienische Festungsbauweise in den Hauptfestungen von Wien (A), Györ (H) oder Kanizsa (H) – verursacht durch aufwendige Maurerarbeiten – außergewöhnlich teuer war (Abb. 3). Rund um die 100 bis 120 Festungsanlagen entlang der ungarisch-osmanischen Grenze entwickelte sich eine erbliche Soldatenschicht. Diese in Banden umherziehenden freien Haiducken sicherten sich, anders als die besoldeten, in den Grenzfestungen stationierten königlichen Haiducken, ihren Lebensunterhalt durch Überfälle auf Adelige und Kaufleute und Raubzüge gegen Dörfer im königlichen und türkischen Ungarn. Sie lebten in eigenen Dörfern unter der Führung gewählter Offiziere (Woiwoden) und bildeten eine im Kriegsfall rasch in Sold zu nehmende Reservearmee. Die ökonomische Basis für dieses Grenzkriegertum auf beiden Seiten war eine spezifische Form von Kriegswirtschaft, in der Beute und ihre Vermarktung eine zentrale Rolle spielten. Die größte Konzentration von Haiducken befand sich an der Wende des 16. und 17. Jhs. im Nordosten der ungarischen Tiefebene in der Umgebung von Debrecen (H). Auch die Osmanen bauten gegen die Angriffe der habsburgischen Armeen eine Schutzzone um Buda aus, wobei sie Esztergom, den Sitz des Primas, 1542 und Székesfehévár (alle H), die Krönungsstadt, 1543 eroberten. Türkische Garnisonen besetzten die befestigten Städte und kontrollierten ihr Einflußgebiet mit bewaffneten Kolonnen von Reiterei. Dazwischen existierten kleine hölzerne Forts, Palanka genannt, die der Kontrolle der Grenze dienten.

An der weiter südlich gelegenen Grenze zwischen Österreich und dem Osmanischen Reich verhinderten die anhaltenden Einfälle kleinerer osmanischer Streifscharen aus Bosnien die landwirtschaftliche Nutzung der kroatisch-slawonischen Grenzgebiete. Um das Hinterland und die Bevölkerung vor diesen Razzien ohne allzu großen finanziellen Aufwand zu schützen, beschloß man Wehrbauern anzusiedeln, eine Maßnahme, die auch von der römischen Militärverwaltung in Nordafrika angewendet worden war. Die habsburgischen Herrscher siedelten in den Jahren um 1530 im Sichelberger Distrikt (Zumberak, HR) Flüchtlingsfamilien aus Bosnien an. Diese waren von Abgaben und Steuern befreit und mußten im Gegenzug Militärdienst leisten, wobei sich die Militärlehen allmählich zu echtem Eigentum wandelten. Die restliche, alteingesessene, bäuerliche Bevölkerung blieben Untertanen, deren Nachkommen erst um 1780 denselben Status erhielten wie die freien Wehrbauern. Diese Grenze reichte von der Adria bis Karlovac (HR) und dehnte sich später bis Varaždin (HR) aus. Trotz der gesetzten Maßnahmen trat an dieser Militärgrenze keine dauernde Konsolidierung ein. Die teilweise nomadisierende Bevölkerung des Grenzgebiets lebte von Plünderungen und kleineren feindlichen Übergriffen. Da sie ohne schweres Geschütz vorgingen und unter 5000 Mann stark waren, sah man diese Vorkommnisse nicht als Kriegsgrund an. In diesem ständigen Kleinkrieg besaßen auch kleinere Festungsanlagen, die gegenüber einem großen Heer ohne strategischen Wert waren, eine Bedeutung. Hierher flüchtete die Bevölkerung bzw. von hier aus wurde der Widerstand organisiert.

Nach den großen Türkensiegen der österreichischen Armee baute die Wiener Regierung im 18. Jh. an der neuen Südgrenze des Königreichs Ungarn das Wehrbauernsystem in Mittel- und Unterslawonien, in Syrmien und im Banat (HR) aus. Im Unterschied zu den Streusiedlungen der älteren Wehrbauern entstanden im slawonischen Generalat, der Militärgrenze an der Save- und Donau-Linie, systematisch angelegte geschlossene Wehrdörfer (Abb. 4). Im gesamten Gebiet der Militärgrenze war der Kaiser gleichzeitig Landesherr und alleiniger Grundherr, so daß im Kriegsfall ohne Zustimmung der ungarischen, kroatischen oder siebenbürgischen Stände rasch schlagkräftige und relativ billige Regimenter aufgestellt werden konnten. Als die Kriegsgefahr später nachließ, diente diese Militärgrenze zur Kontrolle des Handels und als Seuchenkordon gegen die Einschleppung der Pest aus dem osmanischen Reich. Personen und Güter durften die Grenze, die mit Palisaden, Blockhäusern und größeren Befestigungsanlagen geschützt war, nur an den offiziellen Übergängen mit den Quarantänestationen passieren.

Das zaristische Rußland und die Kosaken

Für das zaristische Russische Reich stellte sich die Herausforderung, wie man die Grenzen eines stetig expandierenden Reiches gegenüber den Einfällen von Nomaden zu geringen Kosten schützen konnte. Russische und ukrainische Bauern flüchteten in die Steppe, um dort als freie Bauernkrieger – nicht unähnlich den ungarischen Haiduken (s. oben) – zu leben. In ihrer Kampf- und Lebensweise paßten sie sich stark den tatarischen Kosaken (Kazak ist eine turko-tartarisch Bezeichnung für einen freien Krieger) an. Die am Unterlauf der großen Flüsse Dnjepr (UA) Don (RUS), Wolga (RUS) und Jaik (RUS) entstandenen freien Kosakensiedlungen traten in eine Interessensgemeinschaft mit Moskau ein, indem sie einen Schutzwall gegenüber den nichtchristlichen und nichtrussischen Nachbarn bildeten. Die Ende des 18. Jhs. fast 200 000 Seelen umfassenden kosakischen Bauernkrieger wurden von der russischen Regierung eingesetzt, um Neuland zu kolonisieren oder neu entstandene Grenzen zu bewachen, z. B. an der Wolga (RUS), in Astrachan (RUS) und zur Verstärkung der Terek-Linie (RUS). Das Ausmaß der Umsiedlungen nahm ständig zu, und gegen Ende des 19. Jhs. gab es eine beinahe ununterbrochene Kette von Kosakensiedlungen, die sich 8 000 km weit vom Don (RUS) über das Hochgebirge des Kaukasus, längs den Wüsten Zentralasiens, durch die sibirschen Sumpf- und Hochlände bis zum Baikalsee (RUS), von da zum Amur (RUS) und bis zum Pazifik hinzogen. Kosaken waren für das russische Reich die kostengünstigste Möglichkeit, sich neue Territorien zu sichern. Sie versorgten sich praktisch selbst, und sie konnten gleichzeitig das Gebiet militärisch schützen und landwirtschaftlich erschließen.

Die britische Herrschaft in Indien

Das Britische Empire sicherte die Nordwestgrenze von Indien gegen einen Vorstoß der russischen Kosakenarmeen über Afghanistan durch die Einrichtung von Klientel- und Pufferstaaten. Obwohl der Indus und die Berge des Hindukush bzw. die Suleiman Berge in Baluchistan natürliche Hindernisse im Grenzbereich darstellten, wurden sie von den britischen Generälen, z. B. dem Herzog von Wellington, als nicht ausreichend für die Grenzsicherung eingestuft, da die Überquerung eines Flusses für eine gut ausgerüstete Armee immer möglich, und die vollständige Beherrschung der Gebirgsmassive mit riesigen Nachschubschwierigkeiten verbunden war. In den Jahren nach 1840 entschloß man sich, Afghanistan als Pufferstaat gegenüber dem russischen Zentralasien aufzubauen, wobei die drei britischen Afghanistankriege 1842, 1890 und 1919 nie das Ziel verfolgten, das Land zu besetzten, sondern jeweils nur einen dem britischen Regime in Indien wohlgesonnenen Machthaber einzusetzen. Trotz des Einsatzes von Bestechungsgeldern, einheimischen Polizisten, pashtumischen Söldnern und mit Truppen besetzten Forts gelang es den Briten nie, das von wilden Pashtumenstämmen bewohnte Grenzgebiet vollständig zu kontrollieren. Daher mußte die britische Armee in den Jahren zwischen 1849 und 1879 mehr als 40 große Strafexpeditionen unternehmen, bevor die Grenze zwischen Afghanistan und Britisch Indien 1893 in einem Vertrag zwischen Sir Mortimer Durand und dem afghanischen Herrscher Abdur Rahman festgelegt wurde.

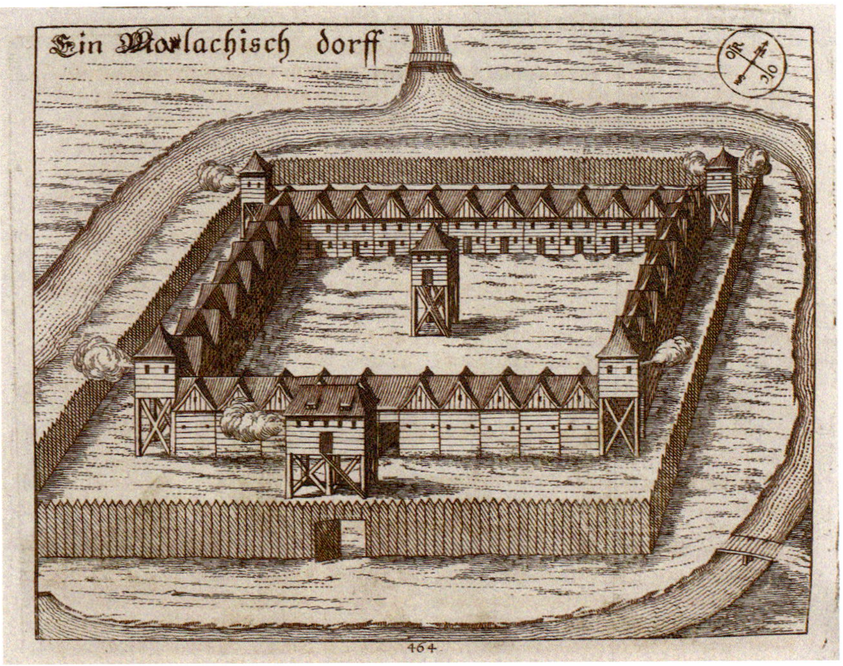

Abb. 4
Walachisches Wehrbauerndorf mit Palisadenzaun, Wassergraben und Wachttürmen in der Nähe von Otočac (HR) im Karlstädter Generalat der Militärgrenze. Kupferstich aus: Johann Weichard von Valvasor, Die Ehre des Herzogthums Krain, Laibach-Nürnberg 1689.

Limesflüge über Süddeutschland

Otto Braasch

Mit der Verankerung der Luftbildarchäologie in der Bodendenkmalpflege von Bayern 1980 und Baden-Württemberg 1982 durch Rainer Christlein und Dieter Planck eröffnete sich nach dem Zweiten Weltkrieg in Süddeutschland erstmals die Möglichkeit zur planmäßigen Flugprospektion in den beiden Bundesländern. Diese erlaubte neben anderen Aufgaben auch die regelmäßige Befliegung des Limes. Erste erfolgreiche archäologische Fluguntcrnehmungen, wie 1967 die Flüge von Philipp Filtzinger und Walter Sölter in Baden-Württemberg und jene von Günther Krahe und Irwin Scollar in Bayern, haben die spätere Verankerung der Methode in den dortigen Denkmalämtern vorbereitet.

Wurde anfangs die Luftarbeit des Autors noch mit Motorseglern und kleinen zweisitzigen Motorflugzeugen durchgeführt, so kommt seit 1980 fast ausschließlich ein viersitziges Muster vom Typ Cessna F172N zum Einsatz. Dieses Flugzeug bietet als Schulterdecker mit hoch am Rumpf angesetzten Tragflächen gute Sichtmöglichkeiten nach vorne und unten. Große Seitenfenster neben den vorderen Sitzen lassen sich im Flug schnell und weit zum Fotografieren öffnen. Zugleich erlauben sie große Schwenkbereiche für die handgehaltenen Kleinbildkameras. Neben ausreichend hoher Reisegeschwindigkeit verfügt das Flugzeug über besonders gutmütige Langsamflugeigenschaften als Voraussetzung für präzise Augenbeobachtung und verwacklungsfreie Aufnahmen. Der Kraftstoffvorrat erlaubt eine maximale Dauer von 9 Stunden im Suchflug. Eingesetzt werden handelsübliche Spiegelreflexkameras für analoge, hochauflösende Farbdia- und Schwarz-Weiß-Filme unter Verwendung von Festbrennweiten hoher optischer Qualität. Digitale Spiegelreflexkameras kommen zum Einsatz, wenn eilige Ergebnisse, wie die Gefährdung oder Zerstörung von Denkmälern, rasch nach dem Flug zu

Abb. 1 Der Limes als «Teufelsmauer» auf dem Fränkischen Jura am 1. Dezember 1980 bei spätem Schräglicht im Schnee bei Burgsalach.

Abb. 2 Blick auf die Limesstrecke Hirnstetten – Petersbuch mittags aus großer Höhe am 1. Dezember 1980.

übermitteln sind. Die vollständige Umstellung auf Digitalfotografie ist in der amtlichen Luftbildarchäologie zu erwarten, sobald sich den Denkmalbehörden zukunftssichere Lösungen für die Langzeitarchivierung auch von digitalen Luftbildern bieten. Die folgenden ausgewählten Aufnahmen weniger Denkmäler aus einem winzigen Grenzabschnitt des römischen Imperiums mögen Interesse an der Methode wecken und anregen, Luftbildarchäologie für Forschung und Denkmalschutz auch in Ländern zu praktizieren, wo politische und bürokratische Hindernisse dem immer noch entgegenstehen.

Sperren

Strecken des rätischen Limes bei Burgsalach und Hirnstetten

Die Mauer des rätischen Limes hat im ländlichen Raum Bayerns weite Strecken in der offenen Flur überdauert. Zum Schuttwall verfallen, zieht sie buschgesäumt als Feldrain oder als Weg und Flurgrenze durch die Landschaft. An einem frühen Winterabend begegnet dem Piloten auf der Hochfläche des Fränkischen Jura im Schnee bei Burgsalach das letzte Stück der «Teufelsmauer» bevor sie die einsame Hochfläche verläßt und in das Tal der Schwäbischen Rezat absteigt (Abb. 1). Im Tiefflug beleuchtet ihm hier die sinkende Sonne ein lebhaftes Ackerrelief im Schnee, das der Limes mit Hecke und Damm auf seiner schönsten Strecke in freier Flur durchquert. Gleich links der Hecke begann die Welt der Barbaren, die das Bollwerk endgültig im Jahr 260 n. Chr. überrannten.

Weiter im Osten zwischen Hirnstetten und Petersbuch auf die Donau zu zwingt der Limes im oberen Drittel des Bildes sogar der Dorfstraße von Erkertshofen seine schnurgerade Richtung auf (Abb. 2). Flüge bei glasklarem Winterhimmel über Schnee bieten ideale Bedingungen, um den Verlauf des größten süddeutschen Baudenkmals auf weite Strecken aus der Höhe zu überblicken und zu dokumentieren. So wurde dieser Abschnitt am 1. Dezember 1980 gegen Mittag bei gutsichtigem und wolkenlosem Himmel aufgenommen, als der Schnee störende, unruhige Texturen in den Feldern abgedeckt hatte.

Blick auf den obergermanischen Limes bei Walldürn

Frostbrüche und Spalten im unterliegenden Muschelkalk bestimmen in trockenen Sommern die Oberflächenstruktur vieler Felder im Süden vom Kastell Walldürn. Am 25. Juni 1990 wird das Auge in ihrem verwirrenden Geflecht von zwei streng linearen Spuren gefangen, die uns vom Graben und der Palisade des obergermanischen Limes berichten (Abb. 3). Lockeres Erdreich, im Lauf der Jahrhunderte in den vorgelagerten schmalen Palisadengraben und dahinter in den breiten Sperrgraben eingeschwemmt, hat mit seiner größeren Bodenfeuchte den in ihm wurzelnden Getreidepflanzen einen üppigen Wuchs beschert. Dieser läßt sie ihre flach wurzelnden Nachbarn auf dem dichten anstehenden Gestein deutlich überragen. So entstand ein Musterbeispiel für positive Bewuchsmerkmale. Im grünen durch Licht und Schatten verstärkten Relief vermitteln sie zugleich einen überzeugenden Eindruck von der Schanzleistung römischer Pioniersoldaten.

Straßen

Die Straße von Oberdorf am Ipf (*Opie*) nach Munningen im Ries

Wichtige Römerstraßen verraten sich im Gelände meist durch eine konsequente geradlinige Streckenführung und oft sind sie zu befestigten Dämmen erhöht. Ein Teilstück der Verbin-

Abb. 3
Gräben des obergermanischen Limes bei Walldürn am 25. Juni 1990 als positive Bewuchsmerkmale.

Abb. 4 Winterbild der Verbindungsstraße zwischen den Kastellen Oberdorf am Ipf und Munningen am 1. Dezember 1980.

Abb. 5 Am 19. Dezember 1996 enttarnen flüchtige Schneemerkmale die Römerstraße Faimingen – Heidenheim.

Abb. 6 Römisches Feldlager mit schmalem Doppelgraben bei Rederzhausen, Aufnahme der Bewuchsmerkmale im Getreide vom 15. Juni 1980.

dungsstraße zwischen den Kastellen in Oberdorf am Ipf und Munningen zeigt das Winterluftbild aus 1980 (Abb. 4). Vom Dorf Maihingen im linken Vordergrund führt die Straße im Schnee durch das Nördlinger Ries schnurgerade auf das am Nordende von Munningen gelegene Kastell am oberen Bildrand zu. Von Maihingen bis kurz vor der Bahnlinie, die das obere Bilddrittel quert, wird die Straße durchgehend durch einen Feldweg und Feldergrenzen markiert. Ihr letztes Stück zum Munningen Kastell hebt die tiefe Dezembersonne abschnittsweise noch als schwache Erhebung, jetzt nicht mehr von einem Weg geschützt, aus dem Ackerrelief hervor. Hier hat die Flurbereinigung bis 1980 bereits ihre deutlichen Spuren hinterlassen. In der Bildmitte legt sich die 1945 nach Kriegsende gesprengte und danach von dunklem Buschwerk eroberte Landebahn des Luftwaffenflugplatzes Heuberg quer über die sehr viel ältere Militärstraße.

Die Verbindung Faimingen (*Phoebiana*) – Heidenheim (*Aquileia*)

Bis zum Aufnahmetag am 19. Dezember 1996 hatte die Flurbereinigung in Bayern weitere Flächen erfaßt und sie war auch über ein Stück der Verbindungsstraße von Faimingen zum Kastellort Heidenheim gezogen (Abb. 5). Von Faimingen aus, das sich am unteren Bildrand verbirgt, nimmt ein Feldweg von links unten die Straße auf, er ist noch ein kurzes Stück bis zur Bahnlinie erhalten. Dann führt er nach rechts oben in ein Waldstück und jenseits austretend weiter nach Heidenheim, das hinter dem Horizont liegt. Von der Bahn bis über die Bildmitte hinweg wurde der verstärkte Einsatz schwerer Landmaschinen durch neue, zusammengelegte Rechteckfluren gefördert. Diese haben bereits ein Stück des bis dahin im Relief noch erhaltenen Straßenkörpers eingeebnet. Das in Luv und Lee des Straßendamms von Wind und Sonne kontrastreich geschaffene Schneemerkmal ist dort ausradiert. Kurz vor Eintritt in den Wald übernimmt der Feldweg wieder die Spur der Straße. Von dünnem Schnee auf dem Bodenrelief durch Sonne und Wind geschaffene Merkmale sind rar und flüchtig – meist währen sie nur für wenige Stunden, selten für ganze Tage. Geflogen wird deshalb auch den ganzen Winter über, bevorzugt bei Schnee und Grenzwetterlagen.

Lager und Kastelle

Seltene Feldlager bei Rederzhausen und Ohmenheim

Am 15. Juni 1980 erscheint unerwartet bei Rederzhausen in der Nähe von Augsburg ein Feldlager mit zwei Gräben in Getrei-

Abb. 7 Bei Ohmenheim auf der Ostalb wird 20 Jahre nach Rederzhausen ein ähnliches Lager mit Doppelgraben entdeckt, Aufnahme auf Infrarotfilm vom 28. Juni 2000.

defeldern (Abb. 6). Die ungewöhnlich schmalen Gräben werden streckenweise in der linken Bildhälfte durch von Regen und Wind niedergeworfene Getreidepflanzen im noch frischen Grün hell markiert und fallen so dem Beobachter ins Auge. Rechts vom querenden Feldweg, wo dieser Effekt in den dort kürzeren, kräftigeren Getreidepflanzen nicht greift, sind die Gräben sehr viel schwerer auszumachen. Noch während dieses Lager 1982 durch Siegmar von Schnurbein ausgegraben wurde, tauchte ein zweites, sehr ähnliches Lager wenig nördlich in der Nähe auf. Der Ausgräber datierte beide Anlagen von 1,6 und 1,3 ha Größe in das zweite oder dritte Jahrzehnt n. Chr. und äußerte u.a. nach Abschluss der Arbeiten: «Wenn unsere Interpretation der Rederzhauser Kastelle richtig ist, wird man im ganzen Alpenvorland, vor allem im Bereich der später ausgebauten großen Straßen, etliche derartige Anlagen voraussetzen müssen. Die Luftbildarchäologie, der wir ja auch die Entdeckungen bei Rederzhausen verdanken, hat darauf bereits ihr besonderes Augenmerk gerichtet.» Es bedurfte jedoch zwanzig weiterer intensiver Flugjahre, bis sich auf der Ostalb bei Ohmenheim ein Feldlager vergleichbarer Größe mit zwei ähnlich schmalen Gräben zeigte (Abb. 7). Die Infrarotaufnahme vom 28. Juni 2000 hält dort den exakten Verlauf der beiden Gräben im unruhigen Muster der Gesteinsklüfte fest, die sich vom anstehenden Jura an die Getreideoberfläche durchpausen. Innenbauten sind nicht zu erkennen. Nur wenige Kilometer von der Verbindungsstraße Oberdorf – Faimingen entfernt, scheint die Lage des Platzes den Ausgräber in seiner Annahme zu stützen, daß derartige Lager in bisher unbekannter Bauform der kurzzeitigen Aufnahme von Truppen für den Straßenbau und für andere Erschließungsaufgaben im eroberten Rätien gedient haben.

Das Kleinkastell Nersingen am Donauufer

Ein vorher nicht nachgewiesener Lagertyp wurde an der Donaulinie bei Nersingen 1982 entdeckt (Abb. 8). Ein kleines Holz-Erde-Lager mit ca. 780 m^2 Innenfläche war unmittelbar an einem Donauarm errichtet worden. Für das Lager bot sich wegen seiner im Luftbild weich ausbuchtenden Gräben auf den ersten Blick auch eine Deutung als hallstattzeitlicher Herrenhof an, ein Denkmaltyp, der zu Beginn der achtziger Jahre in Südostbayern vor allem durch die Flugprospektion gerade in großer Zahl bekannt wurde. Die neuen Kastelle, ein ähnliches wurde wenig später 3,7 km westlich bei Burlafingen flugentdeckt, fanden das rege Interesse der provinzialrömischen Forschung in Bayern, die 1983 und 1984 durch die Ausgrabungen von Michael Mackensen den neuen Typus bestätigte.

Abb. 8 Das Kleinkastell von Nersingen am Donaulimes in der Aufnahme vom 7. August 1982, die Gräben erscheinen als positive Bewuchsmerkmale im Weizen.

Ortsregister:

Abb. 1 Gde. Burgsalach, Lkr. Weißenburg-Gunzenhausen, Bayern
Abb. 2 Ortsteil Hirnstetten, Markt Kipfenberg, Lkr. Eichstätt, Bayern
Abb. 3 Stadt Walldürn, Lkr. Neckar-Odenwald, Baden-Württemberg
Abb. 4 Ortsteil Oberdorf, Gemeinde Bopfingen, Ostalbkreis, Baden-Württemberg und Gde. Munningen, Verwaltungsgemeinschaft Oettlingen, Lkr. Donau-Ries, Bayern
Abb. 5 Ortsteil Faimingen, Stadt Lauingen, Lkr. Dillingen, Bayern und Stadt Heidenheim, Lkr. Heidenheim, Baden-Württemberg
Abb. 6 Ortsteil Rederzhausen, Stadt Friedberg, Kreis Aichach-Friedberg, Bayern
Abb. 7 Ortsteil Ohmenheim, Stadt Neresheim, Ostalbkreis, Baden-Württemberg
Abb. 8 Stadt Nersingen, Kreis Neu-Ulm, Bayern

Die römischen Grenzen als Weltkulturerbe

Henry Cleere

Die Aufgabe, eine Nominierung der noch sichtbaren Überreste der Grenzen des Römischen Reiches in Europa für die Aufnahme in die UNESCO-Liste zum Weltkulturerbe vorzubereiten, ist eine Herausforderung. Zuerst müssen die beteiligten Länder sorgfältige Überlegungen zu zwei Punkten anstellen: Inwieweit kann von römischen Militäranlagen angenommen werden, daß sie einen «einzigartigen universellen Wert» besitzen, wie das Hauptkriterium für die Aufnahme in die Weltkulturliste lautet? Und was sind die praktischen Folgen einer Nominierung, die eine Anlage betrifft, welche sich über Hunderte von Kilometern durch zahlreiche souveräne Länder zieht?

Abb. 1 Malta, Fort St. Elmo. Es diente dem Schutz des Großen Hafens.

Militäranlagen als Weltkulturerbe

Was den ersten Punkt betrifft, so ist es unwahrscheinlich, daß größere Schwierigkeiten zu erwarten wären. Etwa von dem Zeitpunkt an, als das 1972 beschlossene «Internationale Übereinkommen zum Schutz des Kultur- und Naturerbes der Welt» (besser bekannt als UNESCO-Liste des Welterbes) 1978, nach der Ratifizierung durch mehr als 20 UNESCO-Mitgliedsstaaten, zur Anwendung gebracht wurde, haben die großen Stätten und Denkmäler der klassischen Zivilisationen des Mittelmeerraums auf der Liste einen prominenten Platz eingenommen, beginnend im Jahr 1979 mit dem Amphitheater von El Djem (TN) und dem Palast des Diokletian in Split (HR). Gründungen aus der Römerzeit und antike Orte, deren noch erhaltene Ruinen hauptsächlich aus römischer Zeit stammen, von Palmyra (SYR) bis Mérida (ES), bilden heute den Löwenanteil der Liste. Römische Militäranlagen sind, einigermaßen überraschend, nur spärlich vertreten (auch wenn die großartigen Verteidigungsmauern der Stadt Lugo in Spanien 2000 aufgenommen wurden). Ein außergewöhnliches Beispiel dieser Art von Denkmälern wurde allerdings bereits 1987 in die Liste aufgenommen, der Hadrianswall als Teil des zweiten Nominierungspakets Großbritanniens, nachdem das Übereinkommen 1984 dort ebenfalls ratifiziert worden war.

Militärarchitektur aus anderen Perioden und Teilen der Welt taucht auf der Liste allerdings wesentlich häufiger auf; das bekannteste Beispiel dürfte die Große Chinesische Mauer sein (s. Beitrag Pfaffenbichler, Abb. 1). Der Hauptteil dieser mehrphasigen Befestigungsanlage zieht sich über mehrere 1000 Kilometer, nahezu ununterbrochen, durch ganz China, mit einer Anzahl von ergänzenden Abschnitten und Ausbauten, die jeweils durch das Auftauchen neuer Bedrohungen für China notwendig wurden. Mittelalterliche Militärarchitektur wird repräsentiert durch mehrere Meisterwerke wie die walisischen Burgen von Edward I. und das imposante Castel del Monte von Friedrich II. im südlichen Italien oder die Verteidigungsanlagen auf Rhodos (GR) und Malta (Abb. 1). Städte wie Luxemburg und Zamosc (PL) oder Küstenfestungen in der Karibik wie San Pedro de la Roca auf Kuba (Abb. 2), Porto Belo in Panama oder La Fortaleza in Puerto Rico belegen die Fähigkeiten der militärischen Ingenieure des 17. und 18. Jhs. Unserer Zeit näher ist der Festungsgürtel von Amsterdam (Stelling van Amsterdam/NL) aus dem späten 19. / frühen 20. Jh.

Es gibt somit zahlreiche Präzedenzfälle für die Aufnahme militärischer Verteidigungsanlagen verschiedenster Art und aus unterschiedlichsten Epochen als Weltkulturerbe. Die praktischen Aspekte der Nominierung und die Anforderungen des Weltkulturerbe-Komitees bieten jedoch größere Schwierigkeiten.

Grenzüberschreitende Sammelgut-Nominierungen

Nach der Terminologie des UNESCO-Weltkulturerbe-Komitees handelt es sich bei der Nominierung des Limes um eine «Sammelgut-Nominierung». Die Richtlinien für die Durchführung des Übereinkommens zum Schutz des Kultur- und Naturerbes der Welt (UNESCO 2005, Kap. 3, § 137) enthält folgende Definition: «Ein Sammelgut besteht aus einzelnen Bestandteilen, zwischen denen ein Zusammenhang besteht, weil sie demselben historisch-kulturellen Bereich, derselben für das geographische Gebiet kennzeichnenden Art von Gütern, derselben geologischen oder geomorphologischen Erscheinungsform, derselben biogeographischen Region oder einem Ökosystem derselben Art angehören, und sofern das Gut als Ganzes...den außergewöhnlichen universellen Wert ausmacht.»

Es ist keine Frage, daß der Limes nach dieser Definition eine Nominierung rechtfertigt. Es gibt bereits eine Reihe von Sammelgütern auf der Welterbeliste, wie die Höhlenmalereien im Tal der Vézère (FR), die etruskischen Nekropolen von Cerveteri und Tarquinia (I), die prähistorischen Felsritzungen im Tal von Côa (P) oder die Festungsanlagen der Daker in den Bergen von Orastie (RO). Die durch Frankreich verlaufenden Pilgerrouten nach Santiago de Compostela sind auch eine Sammelgut-Nominierung, die hauptsächlich aus einer Reihe von Kirchen, Klöstern, Hospitälern, Unterkünften und anderen historischen Gebäuden besteht. Sie liegen entlang der Hauptrouten, die durch Frankreich führen, bei Roncesvalles (FR) zusammenstoßen und von dort auf spanischem Gebiet weiter verlaufen (Abb. 3). Nur im Südwesten ist ein kurzer Abschnitt der ursprünglichen mittelalterlichen Straße in zusammenhängender und intakter Form erhalten. Interessanterweise ist die spanische Hauptroute nach Santiago de Compostela, die fünf Jahre vor der französischen in die Liste aufgenommen wurde, als zusammenhängend angesehen worden, da ihr Verlauf durch den Calixtine-Codex aus dem 12. Jh. (heute in der Vatikanischen Bibliothek) verbürgt ist. Auch hier blieben aber nur kurze Abschnitte in der ursprünglichen Form erhalten, ohne durch moderne Verbindungsstraßen überbaut worden zu sein.

Der nächste Paragraph (§ 138) in den Richtlinien erklärt die Voraussetzungen, unter denen eine Sammelgut-Nominierung von Kulturgütern möglich ist:

«Ein angemeldetes Sammelgut kann sich in dem Hoheitsgebiet eines einzigen Vertragsstaates befinden (Nationales Sammelgut) oder innerhalb des Hoheitsgebiets verschiedener Vertragsstaaten, die nicht aneinander angrenzen müssen und wird dann mit Zustimmung aller betroffenen Vertragsstaaten angemeldet (transnationales Sammelgut).»

Diese zweite Definition trifft auf folgende Beispiele zu: die Jesuitenmissionen der Guaraní, einem indianisches Volk in Südamerika, die sich auf dem Gebiet von Argentinien und Brasilien befinden, die Kulturlandschaft Neusiedler

See/Fertö zwischen Österreich und Ungarn oder die Berglandschaft Mont Perdu in den Pyrenäen zwischen Frankreich und Spanien. Diese Art des gemeinsamen Welterbes wird allerdings nicht immer von den einzelnen Mitgliedsstaaten akzeptiert. Paraguay war z. B. nicht gewillt, seine Jesuitenmissionen der Guaraní gemeinsam mit denen Argentiniens und Brasiliens aufnehmen zu lassen, und der Vorschlag, die französischen und spanischen Abschnitte des Pilgerwegs nach Santiago de Compostela zu einem grenzüberschreitenden Welterbe zusammenzufassen, wurde von der französischen Seite höflich, aber bestimmt zurückgewiesen.

Es ist somit überhaupt keine Frage, daß die Anlagen und Denkmäler entlang des Limes in Europa eine ganz außergewöhnliche, grenzüberschreitende Sammelgut-Nominierung darstellen. Glücklicherweise hat die intensive Arbeit der internationalen Gruppe, welche die Nominierung vorantreibt, sichergestellt, daß es keine Souveränitätskonflikte geben wird, die mit denen zwischen Frankreich und Spanien oder den drei südamerikanischen Ländern vergleichbar wären. Es ist auch beruhigend, daß das UNESCO-Welterbe-Komitee bereits vorsichtig zustimmend auf die Tatsache reagiert hat, daß diese Planungen sich in eine Richtung entwickeln werden, die als «agglutinierende Nominierung» bezeichnet werden könnten. Während der Hadrianswall (UK) bereits auf der Liste stand, wurde der römische Limes in Deutschland beim Treffen des Komitees im Juli 2005 in das Weltkulturerbe der UNESCO aufgenommen. Somit steht der Hadrianswall in Großbritannien, der 1987 zum Weltkulturerbe erklärt wurde, nicht mehr als einziges Teilstück der Grenzen des Römischen Reiches auf der Liste des Weltkulturerbes. Hadrianswall und obergermanisch-raetischer Limes bilden nun zusammen die ersten Teilabschnitte, denen unter der Bezeichnung «Grenzen des Römischen Reiches» weitere Staaten des ehemaligen Imperium Romanum folgen sollen.

Die Anlage des Limes

Bei den Überlegungen zu einer möglichen Nominierung erschien es angebracht, über die doch recht heterogene Beschaffenheit der archäologischen Stätten am Limes nachzudenken, die gemeinsam ein Welterbe bilden sollen.

Der Hadrianswall (UK) besteht aus einer fortlaufenden Steinmauer und einer Reihe von Kastellen, Verkehrswegen und anderen Verteidigungsstrukturen, die über seine gesamte Strecke verteilt sind . Der jüngere Antoninuswall in Schottland, der zu gegebener Zeit ebenfalls auf die Liste kommen wird, ist von ganz ähnlicher Natur, und das Ergebnis wird der Großen Chinesischen Mauer ähneln, die mit all ihren Haupt- und Nebenbauten auf der Liste eingetragen ist. Dieser antike Ausbau in Form einer Steinmauer in Großbritannien wiederholt sich sonst an keiner Stelle des Limes in Europa, mit Ausnahme einiger noch erhaltener Abschnitte in Süddeutschland. Ansonsten besteht diese Grenze aus Reihen von Kastellen und anderen Verteidigungsbauten entlang der wichtigsten Wasserwege (Rhein und Donau), die eine Sammelgut-Nominierung bilden – vergleichbar den Pilgerrouten nach Santiago de Compostela in Frankreich. Glücklicherweise bildet dieses Beispiel auch einen sehr guten Präzedenzfall für eine solche Nominierung; das Komitee tendiert zu einer sehr vorsichtigen Haltung, wenn neuartige Kulturdenkmäler nominiert werden. So gab es z. B. in den letzten Jahren erhebliche Probleme, das Konzept organisch gewachsener Kulturlandschaften oder das eines Industriedenkmals zu akzeptieren. Im Jahr 2005 wurde das Komitee mit einer Nominierung konfrontiert, die 34 Vermessungspunkte des Struve-Bogens umfaßt, welche zwischen 1816 und 1855 benutzt wurden, um den präzisen Umfang der Erde zu messen. Diese Punkte liegen in 10 europäischen Ländern zwischen Norwegen und der Ukraine. Es war sehr ermutigend, daß das Komitee der Nominierung eines Kulturerbes zustimmte, das kaum mehr als eine Reihe von Vermessungspunkten besitzt, die über mehrere hundert Kilometer verteilt sind.

Fragen des Managements

Das Welterbe-Komitee hat im vergangenen Jahrzehnt zunehmend größeres Gewicht auf die Qualität des Managements der verschiedenen Stätten und Denkmäler auf der Welterbeliste gelegt. Der Hadrianswall (UK) hatte keinen Managementplan, als er 1987 auf die Liste kam, da es zu dieser Zeit noch nicht erforderlich war. Die Arbeiten an einem solchen Plan begannen in den frühen 1990er Jahren und umfaßten Abstimmungen und Diskussionen mit zahlreichen öffentlichen Stellen sowie privaten Organisationen und Personen. Der daraus resultierende Plan gilt als Modell, das auf alle Welterbestätten und -denkmäler angewendet werden könnte. Zwangsläufig wird dieser hohe Standard auch an den Umgang mit allen anderen Teilen der geplanten Sammelgut-Nominierung des Limes angelegt werden.

Kapitel II.F. (§ 96 und § 97) der Richtlinien nennt eine Reihe von Bedingungen, die den Schutz und die Verwaltung der Welterbestätten betreffen:

§ 96) Durch Schutz und Verwaltung der Welterbegüter sollte sichergestellt werden, daß der außergewöhnliche, universelle Wert und die Bedingungen der Unversehrtheit und/oder Echtheit zum Zeitpunkt der Anmeldung erhalten oder in Zukunft verbessert werden.

§ 97) Alle in die Liste des Welterbes eingetragenen Güter müssen über ein angemessenes langfristiges Schutz- und Verwaltungssystem durch Gesetze, sonstige Vorschriften, institu-

Abb. 2 San Pedro de la Roca (CU), die Festung aus dem 17. Jahrhundert bei Santiago de Cuba.

Abb. 3 Pilgerroute nach Santiago de Compostela, nahe Pamplona (ES).

tionelle Maßnahmen oder Traditionen verfügen, das ihre Erhaltung gewährleistet.

Bei Sammelgut-Nominierungen erweist es sich oft als problematisch, diese Anforderungen zu erfüllen. In einigen europäischen Rechtssystemen ist die Erstellung eines umfassenden Managementplans für verschiedene Objekte in mehr als einer räumlichen Verwaltungseinheit in einem einzigen Land bereits unmöglich. So laufen z. B. die Routen nach Santiago de Compostela in Spanien durch verschiedene Comunidades Autónomas, und ähnliche Probleme existieren in Frankreich (das Loire-Tal zwischen Sully-sur-Loire und Chalonnes) und in Deutschland (der Mittelrhein zwischen Koblenz und Bingen). In jedem dieser Fälle mußte eine neue Verfahrensweise entwickelt und implementiert werden, welche die Koordinierung und Überwachung von Verwaltungs- und Planungsangelegenheiten erlaubte; die Lösung wurde jeweils von der Kommission akzeptiert, wenn auch teilweise nicht ohne Vorbehalte. Im Fall der Kulturlandschaft Mont Perdu – in den Pyrenäen gehören die beiden Teile zu je einem Nationalpark, und dort gibt es Koordinierungsmechanismen zwischen den beiden Parkverwaltungen. Ein vergleichbares Modell wurde für die Kulturlandschaft am Fertö/Neusiedler See entwickelt, wo es die jeweiligen öffentlichen Verwaltungen von Österreich und Ungarn verbindet.

Für das vorgeschlagene Denkmal «Grenzen des Römischen Reiches» haben Diskussionen zwischen Kulturerbe-Managern aus den fünf bisher betroffenen Ländern (Deutschland, Großbritannien, Österreich, Slowakei und Ungarn) stattgefunden. Hier ein Zitat aus dem Bericht von David Breeze, verfaßt nach einem Treffen in Bratislava im Frühjahr 2003, «Es besteht keineswegs die Absicht alle unsere verschiedenen Traditionen in eine einzige Zwangsjacke zu stecken. Wir überlegen daher z. B. nicht einen einzelnen, für alle Teile der Weltkulturerbe-Stätten geltenden Managementplan zu entwerfen, sondern vielmehr eine Vorgehensweise zu formulieren, die innerhalb der einzelnen Länder nach den jeweiligen Traditionen und Werten umgesetzt werden kann.» Er fährt fort, daß diese Frage auch zwischen Provinzialrömischen Archäologen diskutiert worden ist, und als Ergebnis wurde folgendes festgehalten: «Als Teil des Managementplan für jede Weltkulturstätte muß die Formulierung einer Forschungsstrategie für diese Stätte Berücksichtigung finden.» Das bedeutet also, daß ein übergreifender Managementplan für eine Sammelgut-Nominierung geschaffen werden sollte, ohne daß eine Vereinheitlichung versucht wird, oder die Regeln nationaler Kulturpolitik übertreten werden bzw. mit ihnen kollidieren könnten.

Von überragender Bedeutung ist auch die Notwendigkeit, ein effizientes internationales Gremium für die Koordinierung und Begleitung des Projektes zu schaffen, in dem sich Vertreter – Landesdenkmalpfleger und Archäologen – aus jedem beteiligten Land befinden. Das Gremium sollte sich mit all den zahlreichen Angelegenheiten beschäftigen, die das Management der Stätten, welche den Limes bilden, betreffen, insbesondere solche, die mit Forschung, Auswertung und Präsentation zu tun haben. Die Aspekte der Restaurierung sollten selbstverständlich den besten, internationalen Standards auf diesem Gebiet, wie es vom Welterbekomitee gefordert wird, entsprechen, und es sollte soviel Übereinstimmung in der generellen Behandlung der Stätten geben, wie sich das mit den verschiedenen nationalen Gesetzgebungen und Planungsstrukturen vereinbaren läßt.

Zusammenfassung

Der Vorschlag, die Hinterlassenschaften des Limes in die UNESCO-Welterbeliste aufzunehmen, ist von besonders großer Bedeutung. Nur die Große Chinesische Mauer kann hinsichtlich der Größe und historischen Bedeutung mit diesen verglichen werden. Die vorgeschlagene Methode einer stufenweise Nominierung von mehreren Ländern über einen bestimmten Zeitraum hinweg ist logisch und wird so ein gleichmäßiges Niveau des Managements sichern helfen.

Zwei Faktoren müssen in den kommenden Jahren bedacht werden. Zuerst ist es von Bedeutung, daß die einzelnen Projekte nicht überstürzt werden, nur um die Fertigstellung schnellstmöglich zu erreichen. Alle nationalen Teilprojekte müssen zuerst nachweisen, daß sie den erforderlichen Standard in Bezug auf die Konservierung und das Management erreicht haben, bevor sie tatsächlich nominiert werden. Für dieses Ziel sollte ein realistischer Zeitplan erstellt werden und dann auch so weit wie möglich eingehalten werden.

Zweitens sollte ein ständiger Koordinierungsmechanismus auf Regierungs- und zwischenstaatlicher Ebene ohne Verzögerung gebildet werden, so daß alle an der Nominierung beteiligten Länder eingebunden sind. Dadurch können dann sowohl die Teilprojekte, die bereits auf der Liste sind, begleitet und unterstützt werden, als auch jene, die noch ihre eigene Nominierung vorbereiten.

Übersetzung aus dem Englischen von S. Kerner und R. H. Barnes

Die Geographie Europas im römischen Denken

Kai Brodersen

«Die Lage des Erdkreises zu beschreiben unternehme ich, eine hindernisreiche und für eine elegante Darstellung ganz ungeeignete Arbeit - sie besteht ja fast nur aus Namen von Völkern und Stätten sowie deren recht komplizierter Anordnung, der nachzugehen eine eher weitschweifige als dankbare Aufgabe ist. Trotzdem verdient sie es sicherlich, betrachtet und kennengelernt zu werden, und lohnt, wenn schon nicht durch die geistreiche Art des Autors, dann doch durch die Betrachtung an sich aufmerksamen Lesern ihre Mühe. Ich werde freilich andernorts mehr und genauer besprechen, jetzt nur knapp, was am berühmtesten ist; zuerst werde ich nämlich darüber sprechen, wie die Gestalt des Ganzen, dann was seine Hauptteile und von welcher Art und wie bewohnt diese sind, dann wieder über all deren Küsten und Gestade inner- und außerhalb und wie sie das Meer bespült und umflutet; hinzufügen will ich hierbei auch, was an der Natur dieser Gegenden und ihrer Bewohner bemerkenswert ist. Damit man dies leichter verstehen und aufnehmen kann, soll zunächst etwas ausführlicher die summa wiederholt werden.» (Pomponius Mela 1, 1–2)

Mit diesen Worten beginnt die älteste erhaltene lateinische Geographie: das Werk des Pomponius Mela, das im Winter 43/44 n. Chr. entstand und Vorlage vieler späterer geographischer Werke – darunter Plinius d.Ä. und Solinus – wurde. Es veranschaulicht, was für die römische Kaiserzeit an «geographischem Wissen» vorausgesetzt werden darf und soll daher unser Reiseführer sein.

Wie das Eingangszitat darlegt, will Pomponius Mela in drei Schritten vorgehen. Zunächst will er die *summa* der Geographie wiederholen (offenbar gehört sie zum «Allgemeinwissen» seines Publikums, muß diesem also nur in Erinnerung gerufen werden), dann will er die Form des Ganzen sowie dessen Hauptteile in ihrer Form und mit ihren Bewohnern darlegen (die er ebenfalls für hinreichend bekannt hält); in einem dritten Schritt will er die Details in einem den Küsten und Gestaden gewidmeten Periplus, einer Art Küstenfahrt schildern.

Die *summa* der Geographie

«All das also, was es auch sei, dem wir die Bezeichnung Welt und Himmel beigelegt haben, ist ein und dasselbe und umschließt sich und alles in einem einzigen Umkreis. In seinen Teilen unterscheidet es sich; wo die Sonne aufgeht, nennt man es Osten oder Sonnenaufgang, wo sie sinkt, Westen oder Untergang, wo sie entlangläuft, Süden, auf der gegenüberliegenden Seite Norden. In dessen Mitte ist die Erde schwebend allenthalben vom Meer umschlossen; durch es wird sie in zwei Seiten, Hemisphären genannt, geteilt und in fünf von Osten nach Westen (verlaufende) Zonen geschieden. Die mittlere macht Gluthitze unsicher, die beiden äußersten Frost; die übrigen sind bewohnbar und haben die gleichen Jahreszeiten, wenn auch nicht in gleicher Weise. Die eine bewohnen die Antichthonen, die andere wir. Die genaue Lage jener Zone ist wegen der Gluthitze der dazwischen liegenden Gegend nicht bekannt, von der Lage dieser Zone jedoch muß man sprechen.» (Pomponius Mela 1, 3–4)

In seiner Wiederholung des seinem Publikum Bekannten geht Pomponius Mela vom Großen zum Kleinen vor: Zunächst bespricht er «alles» (*omne*), also das «All» und die vier Kardinalrichtungen, dann als «in dessen Mitte schwebend» die Erde, die in zwei Hemisphären und fünf Zonen aufgeteilt werde, von denen zwei bewohnbar seien. Pomponius Mela gibt damit in grober, aber eingängiger Weise die Summe «wissenschaftlicher» Weltbilder wieder. Die Kugelgestalt der Erde und ihre Einteilung in Hemisphären sowie fünf Klimazonen standen für die griechisch-römische Antike spätestens seit der hellenistischen Epoche fest.

Die *oikumene* und ihre drei Teile

«Diese Zone also erstreckt sich von Osten nach Westen, und weil sie so liegt, mißt ihre Länge um einiges mehr als selbst ihre größte Breite. Sie wird völlig vom Ozean umgeben und nimmt aus ihm vier Meere auf: eines im Norden, im Süden zwei, das vierte im Westen.» (Pomponius Mela 1, 5)

Über die Form «unserer» von Osten nach Westen erstreckten Zone, die sogenannte *oikumene* (bewohnte Welt) macht Pomponius Mela also bis darauf, daß die Länge größer als die größte Breite sei, keine näheren Angaben; es ergibt sich jedenfalls, daß sie nicht kreisförmig, sondern langgestreckt und in der Breite offenbar nicht einheitlich ist. Der die bewohnte Zone umgebende Ozean dringt nun Pomponius Mela zufolge im Norden, Süden und Westen in die Landmasse ein; daß damit das (als Ozeanbucht angesehene) Kaspische, das «Arabische» (heute: Rote) und Persische Meer sowie das Mittelmeer gemeint sind, erwähnt der Autor in seiner schematischen, gleichsam auf Symmetrie bedachten Darstellung der Fläche der *oikumene* nicht. Ebenso schematisch ist seine Beschreibung des Wechsels von Meerengen und Meeresflächen im (als «unser Meer» bezeichneten) offenbar gerade verlaufenden Mittelmeer, zu dem es dann heißt:

«Durch dieses Meer und durch zwei berühmte Ströme, Don und Nil, wird die ganze Welt in drei Teile geteilt. Der Don läuft von Norden nach Süden und mündet etwa in der Mitte der Mäotis; aus der gegenüberliegenden Gegend fließt der Nil ins Meer. Was an Land von der Meerenge an bis zu diesen Flüssen reicht, nennen wir auf der einen Seite Afrika, auf der anderen Europa: bis zum Nil Afrika, bis zum Don Europa. Alles, was jenseits davon liegt, ist Asien.» (Pomponius Mela 1, 8)

Auch diese beiden Flüsse liegen sich offenbar symmetrisch gegenüber; während das Mittelmeer zunächst als West-Ost-Achse vorgestellt wurde, erscheinen nun als weitere Grenzen zwei symmetrisch gegenüberliegende (*ex diverso*), eine Nord-Süd-Achse bildende Flüsse, zu denen ebenfalls hier nicht angegeben wird, daß sie anders als in einer geraden Linie verlaufen. So ergeben sich die drei durch Mittelmeer, Don und Nil getrennten Kontinente der *oikumene*: Afrika, Europa und Asien. Damit hat Pomponius Mela die *summa* des theoretischen Wissens über die Form der Welt zusammengefaßt.

Europa als Hinterland von Meeresküsten und Umland von Flüssen

«Europa hat als Grenzmarken im Osten den Don, die Mäotis und den Pontus, im Süden die übrigen Teile unseres Meeres, im Westen den Atlantischen, im Norden den Britannischen Ozean.» (Pomponius Mela 1, 15)

Zu diesen Küsten und Ufern beschreibt Pomponius Mela sodann die Details ihres Verlaufs und ihr jeweiliges Hinterland: Europa wird dabei nicht als «eigenständige» Fläche präsentiert, sondern als Hinterland der jeweiligen Küsten und Ufer. Diese Form der Präsentation geographischer Details ist nun ganz typisch für die antike Geographie und prägt bis weit in die Kaiserzeit die Wahrnehmung Europas in den antiken Darstellungen. Europa wird dabei nicht «kohärent» präsentiert, sondern als Hinterland des Don und des Mittelmeers und dann der Meere im Westen und Norden; Inseln – namentlich Britannien – werden nach der Logik dieser Form der Darstellung als Küstenfahrt, schließlich gesondert abgehandelt. Versucht man eine genauere Darstellung des Binnenlands, folgt auch diese regelmäßig den großen Flüssen, namentlich an Rhone, Rhein und Donau.

Während die *summa* der Geographie und die Beschreibung der *oikumene* in schematischer Weise Flächen in den Blick nimmt, folgt die detaillierte Beschreibung Linien. Für das Thema dieses Bandes, der den «Grenzlinien» gewidmet ist, hat diese Form der Raumerfassung unmittelbare Relevanz, zeigt sie doch, daß die «lineare» Form der Raumerfassung, die Definition von geographischen Einheiten als Hinterland von Küsten, Ufern und – später – Grenzlinien, die römische Geographie insgesamt kennzeichnete und umgekehrt dazu beitrug, nach Aufgabe des Anspruchs auf eine allumfassende Herrschaft über die *oikumene* genau solche Linien zu schaffen, um das Imperium Romanum nicht nur militärisch-politisch, sondern eben auch mental erfaßbar zu machen. Davon nun zeugen die in diesem Band dargestellten Grenzlinien des Imperium Romanum.

Abb. 1
Das Imperium Romanum zur Zeit
seiner größten Ausdehnung im 2. Jh.

Römische Außenpolitik und militärische Strategie

Géza Alföldy

Die Römer glaubten daran, daß sie dazu auserwählt waren, andere Völker zu beherrschen. Sie fühlten sich sogar zur Weltherrschaft berufen und kannten keine Hemmungen, ihre Macht einem Volk nach dem anderen aufzuzwingen. In der Aeneis, dem unter Augustus verfaßten römischen Nationalepos, läßt Vergil den obersten Gott Juppiter von den Römern sagen: «*His ego nec metas rerum nec tempora pono; imperium sine fine dedi*» – «ihnen setze ich weder räumliche noch zeitliche Grenzen; ich gab ihnen die Herrschaft ohne Grenze.» In der Tat ist aus dem ehemaligen kleinen Stadtstaat schon während der Republik ein Weltreich geworden. Augustus, der Begründer der kaiserlichen Monarchie, fügte dem Imperium so viele neue Provinzen hinzu wie niemand vor oder nach ihm. Seinem Vorbild folgten, wenn auch in weitaus bescheidenerem Maße, auch andere Herrscher, vor allem Claudius, Vespasian und Trajan. Noch in späteren Zeiten träumte man in Rom nicht nur davon, daß die Ungarische Tiefebene, die heutige Slowakei und Tschechien römische Provinzen werden und ganz Germanien Roms Herrschaft anerkennt, sondern auch davon, daß sich das Römische Reich eines Tages auch auf Irland, ganz Afrika, Sri Lanka und sogar auf die ganze Welt ausdehnen werde.

Trotz seines Glaubens an die grenzenlose Macht Roms war Augustus ein Realpolitiker. In der Varusschlacht 9 n. Chr. gingen drei der damaligen 27 Legionen Roms und mit ihnen das rechtsrheinische Germanien verloren. Zugleich zeigte der große Aufstand auf dem Nordbalkan 6–9 n. Chr., daß Roms Herrschaft in seinen neuen Provinzen noch nicht gefestigt war. Augustus sah ein, daß Roms Kräfte für eine endlose Expansion nicht ausreichten. Als er 14 n. Chr. verstarb, hinterließ er seinem Nachfolger Tiberius den Rat, das Reich innerhalb der bestehenden Grenzen zusammenzuhalten. Der endgültige Übergang auf die defensive Politik fand jedoch erst hundert Jahre später statt. Als Kaiser Trajan im Jahre 117 n. Chr. starb, gab sein Nachfolger, Kaiser Hadrian, die von seinem Vorgänger eroberten, noch unbefriedeten neuen Provinzen im Osten sofort auf. Er wäre, heißt es in seiner Biographie, auch mit dem elf Jahre zuvor annektierten Dakien am liebsten so verfahren, wenn sich dort inzwischen nicht schon viele römische Siedler niedergelassen hätten. Der Historiker Florus, ein Zeitgenosse Hadrians, vertrat die Meinung, daß es leichter sei, eine Provinz zu erobern als sie zu behalten. Er

fragte sich sogar, ob es für Rom nicht besser gewesen wäre, sich mit Sizilien und Nordafrika als Provinzen zu begnügen oder seine Herrschaft nur auf Italien zu begrenzen. Seit der Regierung Hadrians hielt sich Rom jedenfalls – bis auf einige spätere, bescheidene Grenzerweiterungen teils aus strategischen, teils aus ideologischen Gründen, wie unter Antoninus Pius in Britannien und Obergermanien sowie unter Septimius Severus in Mesopotamien, Nordafrika und wiederum in Britannien – an die Maxime des Augustus, daß das Reich innerhalb seiner bestehenden Grenzen zu bewahren sei (Abb. 1).

Angesichts so unterschiedlicher Entwicklungen kann man nicht sagen, daß Roms Herrscher jahrhundertelang aufgrund eines einheitlichen Konzeptes gezielt und bewußt eine geradlinige Außenpolitik verfolgt hätten. Nicht wenige außenpolitische Handlungen wurden kurzfristig beschlossen und galten als Reaktionen auf unerwartete Entwicklungen. In diese Kategorie gehören so unterschiedliche Maßnahmen wie z. B. im Jahre 6 n. Chr. die Absetzung des Archelaus, des Sohnes von Herodes d. Gr., als Regenten von *Iudaea*, der mit seinen Untertanen in einen für Rom gefährlichen Konflikt geraten war und dessen Land damals als militärische Präfektur dem Reich angegliedert wurde; die Aufgabe der von Agricola betriebenen Expansionspolitik in Britannien durch Domitian angesichts der Notwendigkeit von Truppenkonzentrationen in Germanien und an der Donau; der plötzliche Entschluss in den späteren Jahren des Antoninus Pius, Obergermaniens Ostgrenze vorzuverlegen; die Räumung Südwestdeutschlands unter Gallienus und Dakiens unter Aurelian, die zur Einsicht kamen, daß die dortigen vorgeschobenen Militärgrenzen nicht mehr zu halten sind.

Einzelnen Herrschern sollte man freilich ein klares – und aus römischer Sicht durchaus richtiges – außenpolitisches Konzept nicht absprechen, wie u. a. gerade den Kaisern Gallienus und Aurelian, die davon ausgingen, daß die Rhein- bzw. die Donaugrenze einen besseren Schutz für das Reich bieten als der obergermanische oder der dakische Limes. Ähnliches gilt schon für Augustus, dessen Expansionspolitik in Germanien sowie im Alpen- und Donauraum nicht einfach von Zufälligkeiten diktiert, sondern zweifellos u. a. von der Absicht getragen wurde, die Nordgrenze des Reiches, die bisher weitgehend mit Italiens Nordgrenze identisch war, viel weiter nach Norden vorzuschieben. Höchst beeindruckend ist das politische Grundkonzept des Kaisers Hadrian, der die wichtigsten Militärgrenzen Roms schon durch seine frühere Tätigkeit als römischer Offizier an der Donaufront, am Rhein und in Dakien bestens kannte. Das Imperium sollte demnach ein innerlich homogenes Reich sein, dessen Völker auf der Grundlage der politischen Hoheit Roms und der Überlegenheit der griechisch-römischen Kultur gleichberechtigt in Frieden und Wohlstand leben, das sich aber zugleich von der Außenwelt erkennbar abgrenzt. Wo es keine großen Grenzflüsse wie den Rhein, die Donau und den Euphrat gab, wurden die Reichsgrenzen, die *limites*, deutlich markiert und befestigt. In Obergermanien ließ Hadrian den Limes, der bisher nur ein mit Kastellen und Wachttürmen bestückter Grenzweg war, mit einer Palisade versehen. In Britannien ließ er an der schmalsten Stelle der Insel in Nordengland, wo Agricola vier Jahrzehnte zuvor eine Ost-West-Straße errichtet hatte, eine 130 km lange Steinmauer erbauen (Abb. 2). In seiner Biographie wird der Grund für diese Maßnahmen präzise erklärt: Sie zielten darauf, Römer und Barbaren voneinander zu trennen. Auf diese Zeit und auf dieses Konzept geht auch das *fossatum Africae*, ein bis zu 10 m breiter Graben in Algerien und Tunesien an der nordafrikanischen Militärgrenze Roms, zurück. Daß sich das römische Militär an den damals vorhandenen Grenzlinien auf Dauer einrichtete, ist auch daran zu erkennen, daß in den nördlichen Grenzprovinzen die bisher aus Holz und Erde erbauten Kastelle unter Kaiser Hadrian bzw. in den darauf folgenden Jahrzehnten, soweit nicht schon früher geschehen, überall durch Festungen aus Stein abgelöst wurden. Ähnlich wurden z. B. an der Grenze Obergermaniens die aus Holz gebauten Wachttürme schon bald nach dem Tod Hadrians durch Steintürme ersetzt.

Die unterschiedlichen einzelnen Maßnahmen, die auf die Sicherung der Grenzen gegen fremde Völker zielten, zeugen freilich von einem durchaus konstanten Element in der Politik jener Herrscher, die – oder deren Ratgeber – sich über den Fortbestand des Imperium Gedanken machten. Die kaiserlichen Regierungen waren bestrebt, der Bevölkerung des Reiches gegen feindliche Angriffe dauerhaften Schutz zu bieten. Dies geschah keineswegs nur durch die Anwendung militärischer Mittel. Auch die Diplomatie spielte eine große Rolle. Augustus ging nicht nur als der größte Eroberer in die Geschichte Roms ein, sondern auch als jener Mann, dem es gelang, von den Parthern, einem Volk, dessen militärische Schlagkraft die Römer immer wieder hart auf die Probe stellte, die bei der Niederlage des Triumvirn Crassus verlorengegangenen römischen Feldzeichen dank seines diplomatischen Geschickes zurückzubekommen. Die friedliche Beilegung von Konflikten mit anderen Mächten galt, wie damals, nicht selten auch später als ein fast so großer Erfolg wie ein militärischer Sieg. Man bemühte sich besonders darum, jenseits der Reichsgrenzen die Herausbildung von Machtkonzentrationen zu fördern, die Roms Interessen dienten. Romfreundliche lokale Herrscher wie z. B. Herodes und andere orientalische «Klientelkönige» wurden von Rom tatkräftig unterstützt; manche Völker, wie z. B. die Armenier oder die germanischen Quaden, erhielten in Einzelfällen einen von Rom ernannten König (Abb. 3). Die Römer verstanden es aber auch, den durch Kriege geschwächten Völkern auf der anderen Seite der Reichgrenze Verträge aufzuzwingen, die sie z. B. dazu verpflichteten, in der Grenznähe eine Pufferzone zu respektieren und ihre kampffähige Jugend dem römischen Heer zur Verfügung zu stellen. Zugleich schreckten die Herrscher nicht davor zurück, den Frieden notfalls durch Tributzahlungen an «barbarische» Völker zu erkaufen, wie dies etwa unter Commodus oder Macrinus geschah. Zudem kam es schon unter Marc Aurel und in der späten Kaiserzeit häufig vor, daß fremde Völker ins Reich aufgenommen wurden, nicht zuletzt um ihr militärisches Potential auszunützen. Freilich zeigte vor allem die Geschichte der Goten, daß eine derartige Vorgehensweise mit den größten Risiken verbunden war.

Die wichtigsten Mittel für die Sicherung der *pax romana*, des ungestörten Friedens für die im Rahmen des römischen Imperium zusammengefassten Völker, waren jedoch die militärischen. Von einer «großen Strategie» der Römer in dieser Hinsicht können wir in dem Sinne sprechen, daß die Herrscher Roms das von Augustus geschaffene, um die Mitte der

Kaiserzeit etwa 400.000 Mann starke Berufsheer, das zugleich die kaiserliche Macht zu sichern und eventuelle innere Aufstandsbewegungen zu ersticken hatte, vor allem in den am ehesten gefährdeten Grenzprovinzen stationieren ließen, und zwar zunehmend mit der Aufgabe, die Grenzabschnitte, die an die Wohngebiete fremder Völker grenzten, militärisch zu sichern. Die Konzentration der Legionen, der Hilfstruppen und der meisten Provinzflotten in den Grenzländern beruhte

Abb. 2 Der Hadrianswall (UK) bei Walltown Crags.

zwar auch auf der Absicht, so den größten Teil des römischen Heeres möglichst weit weg von Rom zu garnisonieren, um zu verhindern, daß das Militär dort in das politische Leben eingreift (verschiedene Aktionen der in Rom stationierten Einheiten, vor allem der Prätorianergarde, haben mehrfach gezeigt, welche Gefahren damit verbunden sein konnten). Auch waren innere Aufstände, wie dies z. B. durch die Vorgänge 6–8 n. Chr. auf dem Nordbalkan, 69–70 n. Chr. am Niederrhein und in Nordgallien und mehrfach in *Iudaea* deutlich wurde, eher in den erst vor nicht langer Zeit unterworfenen Provinzen an der Peripherie des Reiches als in seinen Kernländern zu befürchten. Vor allem aber: Das in den Grenzprovinzen stationierte Heer konnte feindliche Einbrüche schon an der Grenze oder zumindest in den Grenzregionen abwehren und stand außerdem bereit, für den Fall von Eroberungs- oder Straffeldzügen außerhalb des Reiches in das Feindesland vorzudringen.

Bei der Dislokation der Truppen in den einzelnen Grenzprovinzen bzw. an den einzelnen Grenzabschnitten folgten die kaiserlichen Regierungen den strategischen Notwendigkeiten. Schon seit der Regierungszeit des Augustus bildeten sich in den Grenzregionen, in denen Rom es mit besonders gefährlichen Gegnern zu tun hatte, einzelne starke Militär- bzw. Provinzblöcke heraus, deren Truppen in politischen Krisensituationen oft gemeinsam handelten, wie die beiden germanischen Provinzen zusammen mit Britannien, die Donauländer mit den Provinzen im Vorderen Orient. Während Tacitus von der Regierungszeit des Tiberius noch sagen konnte, daß sich Roms stärkste Heeresgruppe – mit acht Legionen und vielen Hilfstruppen – am Rhein befand, verschob sich später das Übergewicht auf die Donauländer. Unter Marc Aurel lagen dort – wie auch anderswo, von zahlreichen Auxiliareinheiten unterstützt – zwölf der insgesamt dreißig damaligen Legionen, dagegen nur sieben im Nordwesten des Reiches und acht im Vorderen Orient, wozu noch je eine Legion in Hispanien, Numidien und Ägypten hinzukam. Unter Septimius Severus wurden die Ostarmeen um zwei Legionen verstärkt, und eine ebenfalls neu gegründete Legion erhielt ihren Platz vor den Toren Roms, in Albanum, um die Herrschaft der Kaiser in unmittelbarer Nähe der Reichshauptstadt zu bewachen. Schon diese Veränderungen machen deutlich, daß das «klassische» System der römischen Grenzverteidigung der mittleren Kaiserzeit weder auf einen Schlag entstand noch konstant blieb. Im mittleren Donauraum z. B. hatten die Legionen zu Beginn der Kaiserzeit ihre Standlager noch nicht wie später an der Donaugrenze, sondern im Süden Pannoniens, u. a. in *Poetovio*/Ptuj (Slowenien). Sie führten nur in den Sommerzeiten Kontroll- und Übungsmärsche bis zur Nordgrenze oder darüber hinaus durch. Erst seit dem Ende des 1. Jhs. n. Chr. waren alle Donaulegionen – wie auch die Hilfstruppen der einzelnen Donauarmeen – entlang des Grenzflusses (in Raetien z. T. auch nördlich davon) aufgereiht. In der *Germania Inferior* lagen alle Truppen schon früher an der Rheingrenze.

Abb. 3 Münze des Kaisers Antoninus Pius mit der Reverslegende REX QVADIS DATVS. Institut für Archäologische Wissenschaften, Abt. II der J. W. Goethe-Universität, Frankfurt a. M.

Wo es keine großen Flüsse als natürliche Annäherungshindernisse für feindliche Volksgruppen gab, wie in Britannien, Obergermanien und in dem unter Trajan unterworfenen Dakien, aber auch im syrisch-judäisch-arabischen Raum, blieben die Legionen als strategische Reserve in Hinterland, während die Hilfstruppen (oder die meisten von ihnen) an die äußersten Grenzlinien verlegt wurden.

Die starke Präsenz der Truppen in den Grenzdistrikten, ihre imposanten Festungen und die übrigen Wehr- oder Grenzmarkierungsanlagen eigneten sich freilich nur solange dazu, die *pax romana* zu sichern, bis Rom keinem wirklich starken und schlagkräftigen Gegner Widerstand leisten mußte. Sie vermittelten jedoch, zumindest in den ersten beiden, eher friedlichen Jahrhunderten der Kaiserzeit, bei der Reichsbevölkerung das Gefühl, daß Rom für den Schutz seiner Untertanen sorgt. Um die Mitte des 2. Jhs. n. Chr. bewunderte der griechische Redner Aelius Aristides die Römer auch wegen ihrer Verteidigungsstrategie: «Über den äußersten Ring des Erdkreises hinaus legtet ihr ganz ähnlich wie bei der Umwallung einer Stadt noch eine weitere Grenzlinie an ... Dort führtet ihr Befestigungsanlagen auf und erbautet Grenzstädte. ... [Dieser Ring] schließt das gesamte Gebiet ein, das ... auf der einen Seite vom Euphrat und der großen, letzten Insel im Westen [d. h. Britannien] begrenzt wird.» Auch Herodian, ein Schriftsteller im 3. Jh. n. Chr., hob hervor, daß das Reich durch große Flüsse, Schutzwälle, Berge und kaum begehbare Wüsten geschützt, außerdem von Legionen und Hilfstruppen gesichert wird, deren Festungen sozusagen eine Schutzmauer für das Imperium bilden. Zugleich dürften die Schlagkraft der Grenzarmeen und die Grenzbauten bei den Gegnern Roms zumindest Respekt hervorgerufen haben. Diesen Angst vor Roms Macht einzuflössen, gehörte jedenfalls zu den Hauptzielen der Reichsverteidigung. Bei Themistios, einem spätantiken Schriftsteller, lesen wir, daß das Reich nicht durch Flüsse und Wälle zu schützen sei, die überwunden werden können, sondern durch die Angst der Feinde. Und von einem Panegyriker unter Konstantin d. Gr. vernehmen wir: Die wirklich unüberwindbare Schutzmauer des Reiches sei nichts anderes als die Angst der Barbaren vor der Stärke Roms. Roms Verteidigungsstrategien bedienten sich auch psychologischer Mittel.

Die Nachteile der rein linearen Grenzverteidigung haben sich im Donauraum allerdings bereits bei den ersten größeren Barbareneinbrüchen in das Reich unter Marc Aurel gezeigt (Abb. 4). Die Erfahrungen der militärischen Krisen des 3. Jhs. infolge der Einbrüche auch starker neuer Gegner wie vor allem der Franken, Alamannen, Goten und Perser haben Kaiser Gallienus veranlasst, eine aus Reitern bestehende, mobile Reservearmee zu schaffen, die jeweils nach Bedarf in die Kämpfe in den einzelnen Grenzregionen eingreifen konnte. Mit der Trennung der an den Grenzen stationierten *limitanei* (Grenzarmee) und den mobilen *comitatenses* (Feldarmee) durch Konstantin d. Gr. wurde in der späten Kaiserzeit definitiv ein neues strategisches Konzept verwirklicht, das sich von dem früheren wesentlich unterschied. Daß an die Stelle des linearen Verteidigungskonzeptes die Idee einer stärkeren Staffelung der Abwehrkräfte trat, geht auch aus anderen Tatsachen hervor. So wurde z. B. in der Ungarischen Tiefebene, im östlichen Vorland der pannonischen Donaugrenze mit ihrer nach wie vor bestehenden Kette der Kastelle, im 4. Jh. n. Chr. unter Leitung römischer Militäringenieure ein Schutzwall errichtet, welcher das Land Sarmatien umgab: Die Barbarenstürme sollten schon dort, im Vorfeld der Reiches, aufgehalten werden. Zugleich wurde im Binnenland Pannoniens, u. a. in der Gegend des Plattensees, eine eher flächen- als linienförmig konzipierte Gruppe von Festungen errichtet. Sie bildeten für den Fall eines feindlichen Durchbruchs ein zusätzliches Verteidigungssystem und dienten zugleich als Nachschubzentren für die Versorgung der Truppen an der Donau. Doch selbst die neue strategische Konzeption des tief gestaffelten Verteidigungssystems war nur vorübergehend erfolgreich und konnte den Angriff starker und rasch beweglicher Völker wie vor allem der Hunnen nicht mehr aufhalten.

Abb. 4
Der Kaiser Marcus Aurelius empfängt germanische Abgesandte, Säule des Marcus Aurelius in Rom (I).

Rom und die Barbaren in Europa

Hans-Ulrich Voß

Bei der Schilderung der Kämpfe des Germanicus mit den germanischen Stämmen im Jahre 16 n. Chr. erwähnt Tacitus (*Ann.* II 19,2) einen breiten Wall, den die Angrivarier zur Abgrenzung gegen die Cherusker errichtet hatten. Der archäologischen Forschung sind andere Wallanlagen jüngerer Zeitstellung im germanischen Barbaricum bekannt geworden, deren genaue Datierung jedoch wie im Falle mehrerer Anlagen in Jütland (DK) noch nicht hinreichend geklärt ist. Für die Konstruktion des Olgerdiget in Südjütland (DK) wird die bewußte Nachahmung des Limes diskutiert. Auch wenn sich dies bestätigen sollte, haben germanische Stämme der nach wie vor beeindruckenden römischen Grenzbefestigung, die dennoch kein «eiserner Vorhang» war, nichts Vergleichbares entgegengestellt. Die Abgrenzung gegen das lange Zeit überlegene Imperium Romanum manifestiert sich im archäologischen Fundniederschlag auf andere, vielfältige Art und Weise.

Der Einfluß Roms auf die Barbaren Mittel- und Nordeuropas wird noch immer vor allem durch eine Vielzahl von Gräbern faßbar, die in unterschiedlichem Maße mit römischen Metall- und Glasgefäßen sowie Keramik, ferner Schmuck und Ausrüstungsgegenständen bis hin zu Waffen ausgestattet wurden. Wenngleich dabei etwa anhand der Beigabe des Gefäßpaares Kanne und Griffschale im 1. Jh. n. Chr. Gemeinsamkeiten im Grabbrauch von Eliten unterschiedlicher Herkunft, aus Gallien, Böhmen bis hin zum Kaukasusvorland sichtbar werden, ist dieses Bild doch dem Filter der Grabsitten geschuldet. Im Einzelfall, so anhand der Inschrift «Silius» auf einem Silberbecher von Hoby auf Lolland (DK), kann vermutet werden, daß derart qualitätvolle Erzeugnisse als Geschenke hochrangiger römischer Persönlichkeiten an Vertreter barbarischer Eliten gelangten. Hier käme Caius Silius, von 14–21 n. Chr. Kommandeur des obergermanischen Heeres in Mainz (D), in Betracht. Schlaglichtartig wird damit das Verhältnis der Bevölkerungsgruppen des Barbaricums zum Imperium Romanum im Spannungsfeld zwischen Kooperation und Konfrontation erhellt, von dem seit Julius Caesar die antiken Autoren berichten. Andererseits haben Ereignisse wie die Niederlage der Legionen des Varus im Jahre 9 n. Chr. mit den gewaltigen Verlusten an persönlicher Ausrüstung und Bewaffnung keinen nennenswerten Fundniederschlag in Gräbern und Siedlungen Nordwestdeutschlands nach sich gezogen. Der berühmte Hildesheimer Silberschatz wird nach derzeitigem Forschungsstand zumeist in spätere, flavische Zeit datiert (Abb. 1).

Die systematische Aufnahme aller Erzeugnisse provinzialrömischer Herkunft im Rahmen eines internationalen Forschungsprojektes ermöglicht es, die Unterschiede der Fund-

Abb. 1
Der Hildesheimer Silberschatz.

Abb. 2 Inventar des germanischen Fürstengrabes von Gommern (Sachsen-Anhalt), 3. Jh. n. Chr.

verbreitung und die Zeitphasen des gehäuften Auftretens sowohl in den grenznahen Regionen wie im Inneren des – im Norden bis zum Polarkreis reichenden – Barbaricums präziser als bisher zu erfassen. Das Fundspektrum umfaßt sowohl mit Massenartikeln, als auch Gegenständen hoher Qualität sowie Luxusgütern, wie z. B. Achatgefäßen oder Kameeglas, nahezu alle Materialien und Lebensbereiche: Gefäße aus Metall, Glas und Keramik, Schmuck aus Edel- oder Buntmetall sowie Glas, Waffen und Ausrüstungsgegenstände, medizinische und kosmetische Gerätschaften, Handwerksgerät, Spielsteine, Münzen, Statuetten, Textilien, Rohstoffe – z. B. für Farben, pflanzliche Produkte und Tiere – vom Rind bis zum Schoßhündchen. Allerdings spiegelt der Formenschatz dieser Erzeugnisse die Bedürfnisse der «Barbaren» und ist etwa bei den Gefäßen im wesentlichen auf Trinkgeschirr reduziert. Dennoch gewinnt das aus den Schriftquellen vielfach nur bruchstückhaft erschließbare, oft wechselhafte Verhältnis Roms zu einzelnen Völkerschaften damit weiter an Kontur, läßt sich überlieferte Ereignisgeschichte gelegentlich in Fundkarten ablesen. Entscheidend ist dabei natürlich der Zeitpunkt der «Ausfuhr», der sich im Fundkontext des Barbaricums nicht immer hinreichend fassen läßt.

Abb. 3
Gefäße nach römischen Vorbildern aus den Töpfereien von Haarhausen in Thüringen.

Widmete sich die Forschung zunächst vor allem den Ursachen des Fundaufkommens – Geschenke, Handel, Beute, Sold – und dem Zusammenhang zwischen römischen «Importen» und sozialem Status (Abb. 2), so gilt inzwischen Zeugnissen römischen Einflusses in Handwerk und Landwirtschaft sowie Nachahmungen römischer Gegenstände oder römisch beeinflußten Sachgütern besonderes Interesse. Für die Landwirtschaft liegen bislang nur vergleichsweise wenige Untersuchungen vor, danach gibt es keine Hinweise auf eine nachhaltige Beeinflussung der Tierhaltung oder des Pflanzenanbaus im Barbaricum. Lediglich im Bereich der Getreideverarbeitung ist erkennbar, daß vor allem im heutigen Nordwestdeutschland Mahlsteine aus Mayener Basaltlava sehr geschätzt und zahlreich verwendet worden sind.

Deutlich besser ist die Quellenlage für die handwerkliche Produktion. Nicht selten diente qualitätvolle römische Keramik Töpfern im Barbaricum als Vorbild und konnte in den Töpferöfen von Haarhausen bei Erfurt in Thüringen (D) serienmäßig produziert werden (Abb. 3). Allerdings blieb diese Übernahme römischer Produktionsanlagen und -technik auf einen kurzen Zeitraum während der zweiten Hälfte des 3. Jhs. n. Chr. beschränkt. Wie die Herstellung im Barbaricum unbekannter Reibschüsseln, einer spezifischen Gefäßform für die Zubereitung römischer Speisen, unterstreicht, dürfte hier wie im westlichen Mainfranken/Bayern (D) mit dem Wirken verschleppter oder angeworbener provinzialrömischer Handwerker zu rechnen sein.

Dem Metallhandwerk dienten römische Gegenstände aus Edel- und Buntmetallen, aber auch aus Eisen sowie Glas als Rohstoffe. Im Unterschied zum Eisen konnten Edel- und Buntmetalle in römischer Zeit im Barbaricum nicht oder nur sporadisch gewonnen werden, für die Glasherstellung sind noch keine Nachweise bekannt geworden.

Besonders aufschlußreich sind die Fibeln, die bereits in einer frühen Phase des Kontaktes eine gegenseitige Beeinflussung römischer und germanischer Formen erkennen lassen. Nach Aussage der Aucissa- sowie Augenfibeln Almgren III, 45 und weiterer Formen (z. B. Almgren 19; 22) des frühen 1. Jhs. n. Chr. dürfte dabei Germanen in römischem Militärdienst die Vermittlerrolle zugefallen sein. Bereits in diesen Fällen kann die Unterscheidung nach «römisch» und «germanisch» Schwierigkeiten bereiten. Daß derartige Zuordnungen nicht in jedem Fall die Realität korrekt wiedergeben müssen, zeigt beispielhaft die Herstellung einer großen Anzahl von als originär «barbarisch» erachteten Augenfibeln der sogenannten preußischen Nebenserie Almgren III, 57/58 in *Augusta Vindelicum*/Augsburg (D) (Abb. 4), die um die Mitte des 1. Jhs. n. Chr. im Barbaricum vor allem in den Landschaften östlich der Oder verbreitet sind.

Neben formenkundlich-stilistischen Studien führen hier vor allem Untersuchungen der Herstellungstechnik weiter. Für das elbgermanische Barbaricum konnte gezeigt werden, daß die Metallhandwerker dort in gleicher Weise wie ihre «Kollegen» in den römischen Provinzen mit den Eigenschaften der jeweiligen Werkstoffe und den verschiedenen Standard-Legierungen vertraut waren. Unterschiede ergeben sich bei der Verwendung bzw. Bevorzugung spezieller Herstellungs- und Verzierungstechniken wie Gießen (Feinguß), Löten, Tauschieren, Verzinnen und Vergolden. So wurden im mitteleuropäischen Barbaricum keine Emailarbeiten hergestellt, wohl ein Grund für die große Beliebtheit provinzialrömischer Emailscheibenfibeln seit dem ausgehenden 2. und während des 3. Jhs. n. Chr. Ebensowenig war man bis zum späten 4. Jh. n. Chr. in der Lage, Nielloverzierung sowie – von einzelnen Ausnahmen abgesehen – Feuervergoldung auszuführen. Statt dessen treten nach den Markomannenkriegen (166–180 n. Chr.) im Barbaricum fast schlagartig vergoldete Silberpreßbleche sowohl an militärischer Ausrüstung als auch beim Schmuck in Erscheinung. Die dafür verwendete Technik der Diffusionsbindung, für die man nicht auf das ebenfalls zu importierende Quecksilber samt kompliziertem «know how» angewiesen war, ist vermutlich aus den Provinzen vermittelt worden. Ähnlich dürfte es schon vorher, im 1. Jh. n. Chr., mit der Granulation für aufwendig verzierten Goldschmuck gewesen sein.

Schon seit dieser Zeit gab es offenbar ein nach Fähigkeiten und den Möglichkeiten des Materialeinsatzes in sich differenziertes germanisches Bunt- und Edelmetallhandwerk, das Fertigkeiten und Kenntnisse aus dem römischen Weltreich rezipierte. Wie weit die Vertrautheit mit dem römischen Feinschmiedehandwerk ging, bezeugen eindrucksvoll die zu Beginn des 3. Jhs. n. Chr. im Thorsberger Moor/Schleswig-Holstein (D) geopferten Zierscheiben (Abb. 5), die neben herstellungstechnischen Übereinstimmungen Elemente der römischen wie germanischen Formensprache vereinigen. Hier und in anderen Fällen exzeptioneller Spitzenerzeugnisse etwa aus dem Königsgrab von Mušov in Mähren (CZ) aus der Zeit der Markomannenkriege oder dem in der zweiten Hälfte des 3. Jhs. n. Chr. angelegten «Fürstengrab» von Gommern bei Magdeburg (D) ist es naheliegend, auch mit römisch ausgebildeten Handwerkern oder gar der Anwesenheit römischer Spezialisten in für höchste Ansprüche tätigen Werkstätten zu rechnen. So ist in Gommern (D) ein Ledergürtel germanischer Machart blattvergoldet und der Schild mit römischen Farben – Ägyptischblau und Zinnober – bemalt worden, während der Aufsatz des silbernen Schildbuckels feuervergoldet wurde – wie die Blattvergoldung der bisher erste sichere Nachweis im mitteleuropäischen Barbaricum. Natürlich kann auch nicht völlig ausgeschlossen werden, daß im Einzelfall provinzialrömische Werkstätten Aufträge nach dem Geschmack hochrangiger «Barbaren» erfüllt haben.

Abb. 4 Germanische Augenfibeln aus Augsburg.

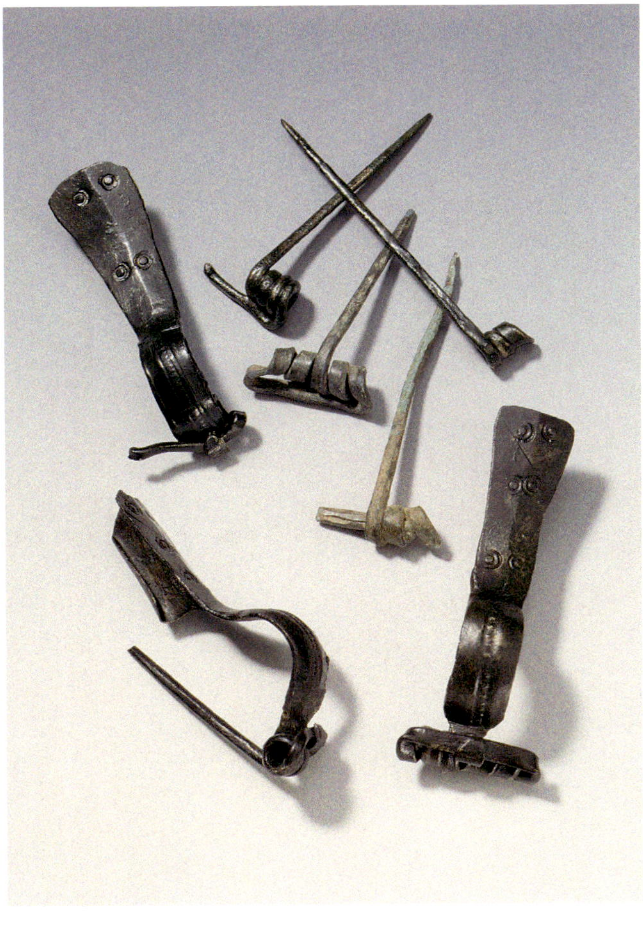

Deutlich wird aber, daß gerade im Falle statusmarkierender Gegenstände römische Vorbilder nicht einfach kopiert, sondern einheimischem Geschmack und Stilempfinden angepaßt wurden. Nachdrücklich zeigen dies in spätrömischer Zeit die kerbschnitt- oder punzverzierten Militärgürtelbestandteile, deren gehäuftes Vorkommen zwischen unterer Elbe und Niederrhein ebenfalls mit zurückgekehrten germanischen Söldnern, aber auch dem Wirken provinzialrömischer Handwerker in Verbindung gebracht wird.

Wie sehr der militärische Aspekt die Kontakte zwischen dem Römischen Reich und dem Barbaricum geprägt hat, geht nicht nur aus antiken Schriftquellen, sondern mit geradezu brutaler Anschaulichkeit aus den Heeresbeuteopfern des fortgeschrittenen 2. bis 5. Jhs. n. Chr. in südskandinavischen Mooren hervor (Abb. 6). Dort finden sich unter anderem römische Schwertklingen und Bestandteile der Schwertscheide, letztere auch in Nachahmungen. Offenbar waren Schwerter, die nicht oder nicht in ausreichender Anzahl in vergleichbarer Qualität von heimischen Waffenschmieden hergestellt werden konnten, unverzichtbare Voraussetzung erfolgreicher innergermanischer Auseinandersetzungen. Zudem läßt die Zusammensetzung der Heeresbeuteopfer vermuten, daß selbst im peripheren nordeuropäischen Barbaricum auch römische Organisationsformen übernommen worden sind. Auffällig ist dabei, daß derartige Befunde erstmals bald nach den Markomannenkriegen gehäuft in Erscheinung treten.

Damit einher ging der Zustrom von Bronze- und Glasgeschirr, das nun in noch größerem Ausmaß als zuvor die überdurchschnittlich bis exzeptionell ausgestatteten Gräber in Skandinavien wie auf dem Kontinent prägt. Neben stabilen Handelsbeziehungen zu einigen Regionen und z. T. innerbarbarischem Austausch dürften vertragliche Bindungen an das Römische Reich die Grundlage dafür gewesen sein. So wird

Abb. 5
Zwei Zierscheiben, vergoldete Bronze, aus dem Thorberger Moorfund (Schleswig), 3. Jh. n. Chr.

die inzwischen zahlreich durch Fundspektren von Siedlungen untersetzte Ausstattung reicher Körper-, aber auch Brandbestattungen in Mitteldeutschland (Thüringen und südliches Sachsen-Anhalt; (Abb. 2) mit der besonderen Bindung dortiger Gruppen an das Gallische Sonderreich (259 – 274 n. Chr.) erklärt. Zahlreiche römische Goldmünzen (*aurei*) dieser Zeit aus Gräbern und Einzelfunden dürften die einstigen Soldzahlungen an die wichtigen germanischen Verbündeten (*ingentia auxilia Germanorum*) der Usurpatoren widerspiegeln. Den Umfang derartiger Zahlungen führen des weiteren zahlreiche Hortfunde vor Augen, wobei der von Großbodungen in Thüringen mit 21 spätantiken Goldmünzen (*solidi*) und rücksichtslos zerhacktem, qualitätvollem Silbergeschirr aus dem ersten Drittel des 5. Jhs. n. Chr. besonders beeindruckt. Daneben wurden – vor allem im 3. Jh. n. Chr. – große Mengen Plünderungsgut und wohl auch zahlreiche Gefangene aus den Provinzen verschleppt.

Der Eindruck, den das Imperium Romanum bei jenen «Barbaren» hinterließ, die in ihre Heimat zurückkehrten, dürfte insgesamt dennoch eher zwiespältig gewesen sein. Manche Anregungen blieben offenbar Episoden ohne nachhaltige Wirkung. So die wenigen Hinweise auf nach römischem Vorbild errichtete Bauten etwa, darunter ein *horreum* (Getreidespeicher) in Archsum auf Sylt (D), ebenso gepflasterte Wege aus der jüngeren römischen Kaiserzeit in Dänemark oder die eingangs erwähnten Töpferöfen von Haarhausen (D).

Nicht unterschätzt werden sollte hingegen der Einfluß Roms auf die Entwicklung der sozialen Verhältnisse und Organisationsformen. Die Eliten waren eingebunden in ein Kommunikationsnetz, das große Teile des Barbaricums umfaßte und zumindest partiell über den limes hinweg in das Imperium Romanum reichte. Ihre Gräber bezeugen die Kenntnis römischen Lebensstils, insbesondere der Trinksitten, aber auch anspruchsvoller Brettspiele wie des *ludens latruncolorum*. Diskutiert wird, ob auch die Anregungen zur Verwendung der Runenschrift aus der Erfahrung lateinischer Schriftkultur erwachsen sind, etwa analog zu den in der Bildkunst faßbaren Einflüssen. Die wenigen erhaltenen Textilien und Gegenstände aus Leder geben Hinweise, daß auch römische oder aber nach römischem Zuschnitt gefertigte Kleidung und Schuhwerk getragen worden ist.

Dem wurde – gelegentlich fast demonstrativ – mit Statussymbolen, Schmuck und Ausrüstung das Bewußtsein eigener kultureller Identität entgegengesetzt. Die pragmatische Auswahl der übernommenen Sachgüter, Techniken, Kenntnisse und Fertigkeiten ist somit wohl nicht in jedem Fall den Grenzen des Machbaren oder eigenem Unvermögen geschuldet, sondern ein Stück weit auch Resultat betonter Eigenständigkeit und Abgrenzung gegenüber der antiken Weltmacht.

Abb. 6
Goldbelegter Ringknauf eines römischen Ringknaufschwertes aus Vimose/Fünen (DK), 2. Jh. n. Chr.

Der Limes in Europa

Mario Becker

Es gab für die Gestaltung der Grenzen des Imperium Romanum eines mit Sicherheit nicht: einen Masterplan! Je nach Beschaffenheit der Landschaft, nach den Möglichkeiten, ein neu hinzugewonnenes Gebiet und dessen Bevölkerung zu romanisieren oder der Gefährlichkeit eines Nachbarn, der als Kaledonier, Germane, Sarmate oder Parther nur über einen sehr verlustreichen Krieg zu unterwerfen war, richtete man die sichtbaren und befestigten Grenzen ein. Dahinter stand eine gewaltige militärische Logistik, standen jahrzehntelange Erfahrungen und Kenntnisse, ob sich in einem Gebiet, das von einer künstlichen Grenze gesichert wird, die hoch entwickelte Landwirtschaft der Römer umsetzen läßt, ob eine Arbeitsteilung erreicht wird oder die Anlage von Städten, von Zentralorten möglich ist.

Wir sehen in den Provinzen des Römerreichs, die über gesicherte Militärgrenzen verfügen, immer dann Städte, kleinere Siedlungen und Landgüter römischer Ausprägung aus dem Boden wachsen, wenn die militärische Situation vermeintlich sicher scheint. Zumindest geben das die Untersuchungen des zivilen Hinterlandes der römischen Grenzen wieder, in Britannien, Germanien, Raetien, Noricum oder Pannonien, aber auch in Nordafrika und Kleinasien (s. Beitrag Alföldy, Abb.1).

Sind es in Britannien die Einfälle der Kaledonier, die mehrfach die Grenzen im römischen Britannien veränderten und am Ende die Hadriansmauer und den Antoninuswall notwendig machten, so werden in den am Ende des 1. Jh. n. Chr. eingerichteten germanischen Provinzen nach dem Präventivkrieg des Kaisers Domitian die Militärgrenzen unter den Kaisern Trajan und Hadrian jenseits des Rheins und bis zur Donau vorgeschoben. Die epigraphische Forschung entnimmt heute den Grab- und Weihesteinen, den Militärdiplomen und Ziegelstempeln der römischen Armeeangehörigen und Truppenkörpern Informationen über zahlreiche Verschiebungen militärischer Einheiten, aber auch über die Integration einer keltisch-germanischen Bevölkerung, die bereits kurz nach ihrer Unterwerfung Hilfstruppen zur Grenzsicherung abstellte. Gerade am Nieder- und Mittelrhein und im Donauraum beobachtet man in dieser Phase eine verstärkte Aktivität, die wohl mit der politischen Großwetterlage – an der mittleren Donau bedrohte der Dakerkönig Decebalus die dortigen römischen Provinzen schon seit längerer Zeit – erklärt werden kann. Unter diesem Aspekt ist auch bezeichnend, daß die Kaiser, die bemerkenswerte Spuren an den römischen Grenzen des Imperium Romanum hinterlassen haben, diese Grenzen und Provinzen persönlich kannten bzw. besucht hatten. Unter Trajan wurde das spätere Limesgebiet in Obergermanien und Raetien verstärkt. Der Kaiser war sich durch seine militärischen Laufbahn wohl bewußt, wie gefährlich eine Unsicherheit an der germanischen Grenze sein kann, wenn man gleichzeitig im Donauraum operiert. Der Aufstand des Legaten Saturninus in Mainz 89 n. Chr. gegen Kaiser Domitian zeigte dies überdeutlich, und noch klarer wurde es nach dem Selbstmord Neros im Jahr 68 n. Chr., als in den folgenden Thronwirren entlang der Rheingrenze die Kastelle und Siedlungen in Flammen aufgingen und machthungrige Truppenkommandeure gegen die eigene Hauptstadt marschierten. Trajan ließ vor dem Dakerkrieg 101/102 n. Chr. die Grenzen

Abb. 1 Münzabbildung des Kaisers Hadrian (117–138 n. Chr.).

Abb. 2
Die römische Armee war eine Berufsarmee – bestehend aus Spezialisten innerhalb der Legionen und Hilfstruppen (Auxilia). Grabstein des Monimus, Soldat der 1. Ituräer-Kohorte. Er trägt in der Linken einen Reflexbogen, in der Rechten ein Bündel Pfeile. FO: Mainz-Zahlbach, 1. Hälfte 1. Jh. n. Chr., AO: Landesmuseum Mainz.

Obergermaniens und Raetiens sichern und verstärken, sein Nachfolger Hadrian wird an dieser klugen Grenzpolitik festhalten (Abb. 1). Überhaupt: Werfen wir einen Blick auf die verschiedenen Exkursionen des kunst- und kulturfreundlichen «Reisekaisers» Hadrian, dann fällt die erste Reise (121–125 n. Chr.) gerade deshalb aus dem Rahmen, weil er zunächst die gallisch-germanischen Provinzen und Britannien und dann erst Spanien, Mauretanien, Kleinasien und Griechenland (mit einem Abstecher in die Donauprovinzen) besuchte. Auf dem Programm dürften anfangs weniger Kunstobjekte, vielmehr Truppeninspektionen und disziplinarische Maßnahmen gestanden haben. Der Britannienbesuch fand dann später auch seinen literarischen Niederschlag in der *historia Augusta, vita Hadriani* XI: «...nachdem er so auf Herrscherart das Heerwesen umgeformt hatte, begab er sich nach Britannien; auch hier traf er viele Verbesserungen und führte als erster über eine Strecke von achtzig Meilen eine Mauer, die eine Grenzscheide zwischen den Barbaren und Römern bilden sollte.»

Während der Vorgänger Hadrians, Trajan, zwischen 101 und 106 n. Chr. Dakien eroberte, 106 n. Chr. das Nabatäerreich annektierte und 114/115 n. Chr. Armenien und Mesopotamien kurzzeitig für Rom gewann, setzte Hadrian mehr auf die Grenzsicherung und gab sogar die beiden letztgenannten Ostprovinzen wieder auf. Die Zeit der großen Eroberungen war vorbei, wir sprechen heute von der Zeit der *pax romana* – der römischen Friedenszeit –, die auch unter der Regierung des Nachfolger Hadrians, Antoninus Pius (138–161 n. Chr.), anhielt. Die Sicherheit der Provinzen, die militärisch und wirtschaftlich für das Imperium Romanum von größter Bedeutung waren, wurde durch fast ein halbe Million römischer Berufssoldaten gewährleistet, wovon wir etwa die Hälfte als Legionssoldaten ansprechen dürfen (Abb. 2). Um 150 n. Chr. haben wir in der Provinz *Pannonia Superior* die *legio I Adiutrix* und die *legio X Gemina*, in *Pannonia Inferior* die *legio XIV Gemina* und die *legio II Adiutrix*, in *Germania Superior* die *legio VIII Augusta* und die *legio XXII Primigenia*, in *Germania Inferior* die *legio I Minervia* und die *legio XXX*

Abb. 3 Technischer Vorsprung auch beim Militär – Innerhalb der Legionen gab es Spezialisten für Torsionsgeschütze. Rekonstruktion durch die Römerkohorte Opladen.

Ulpia und in Britannien die *legio II Augusta*, die *legio VI Victrix* und die *legio XX Valeria Victrix* als ständige Einheit. Später werden weitere Legionsstandorte im Donauraum hinzukommen, die eine Reaktion auf die unsicher gewordene Lage im mittleren Donaubereich waren und infolge der Markomannenkriege zusätzliche Grenzverstärkungen und Truppen an diesem Grenzabschnitt notwendig machten.

Im unteren Donauraum waren in der Provinz *Moesia Superior* die *legio IV Flavia*, die *legio VII Claudia Pia Fidelis*, in *Moesia Inferior* die Legionen *I Italica*, *V Macedonica* und *XI Claudia Pia Fidelis*, in den Provinzen *Cappadocia* und *Syria* die Legionen *XII Fulminata* und *XV Apollinaris* bzw. *III Gallica*, *IV Scythica* und *XVI Flavia*. In der Provinz *Numidia* (Nordafrika) reichte mit der *legio III Augusta* ebenso eine Legion aus, wie in Spanien die *legio VII Gemina*. Wie wechselvoll die Geschichte und das Schicksal dieser großen Truppenkörper im Verlaufe des 1. und 2. Jhs. n.Chr. sein kann, belegen schriftliche und archäologische Quellen (s. Beitrag Gechter) und gerade am Niederrhein können wir deren Entwicklung relativ gut verfolgen.

Zu diesen Kerntruppen der römischen Armee, die jeweils aus ca. 6000 Mann schwerer Infanterie bestanden, kamen noch Pioniereinheiten und Hilfstruppen hinzu, die den Grenzsicherungsdienst übernahmen, Zollkontrollen durchführten und auch für infrastrukturelle Arbeiten, wie Straßen-, Brücken- und Kanalbau herangezogen wurden (Abb. 3). Die zahlreichen Kastellanlagen und Wachtürme entlang der Grenze, die zunächst nur in Holz errichtet wurden, baute man jetzt in Stein aus, vergrößerte sie zum Teil beträchtlich und größere zivile Vorstädte entstanden im Umfeld von Legions- und Hilfstruppenlagern. Diese als *canabae* oder *vici* bezeichneten Lagervororte beherbergten nicht nur die Angehörigen der Soldaten, sondern auch Handwerker, Händler, Gewerbetreibende aller Art, ausgediente Soldaten usw. Auch Einheimische ließen sich hier nieder, und innerhalb von zwei oder drei Generationen dürfte man kaum noch einen größeren ethnischen Unterschied der dortigen Bewohner festgestellt haben. Der römischen Armee kam damit über die Grenzsicherung in den Provinzen eine bedeutende Rolle zu, nicht als Besatzer im herkömmlichen Sinne, sondern vielmehr durch die Tatsache, daß man in der römischen Antike Militär und ziviles Dasein nur schwer trennen konnte. Der Begriff und die Erscheinungsformen der Romanisierung, die antiken Historikern bekannt gewesen sein dürften, waren und sind Diskussionsthemen der modernen Geschichtswissenschaft. Es bleibt für viele ein Faszinosum, daß es der römischen Besatzung gelingt, innerhalb von wenigen Generationen eine einheimische Bevölkerung zu integrieren, in Britannien, Germanien und Pannonien an die römische Lebensweise zu gewöhnen, mehr noch, die Möglichkeit zu eröffnen, als vermeintlich besiegter Gegner unter der Herrschaft Roms selbst römischer Bürger werden zu können (Abb. 4).

Abb. 4 Grabstein mit Darstellung des romanisierten Kelten Blussus, seiner Frau Menimane und deren Sohn Primus. Blussus trägt einen keltischen Kapuzenmantel, seine Frau keltische Fibeltracht. FO: Mainz-Weisenau, Mitte des 1. Jhs. n. Chr., AO: Landesmuseum Mainz.

Daß Truppen in den Grenzregionen durch Soldaten, die aus der unmittelbaren Umgebung stammten, verstärkt oder aufgefüllt wurden, ist nicht neu und in der praktischen Umsetzung die einfachste Lösung für feste Standlager entlang der römischen Grenze. So nennt uns eine Inschrift aus dem obergermanischen Limeskastell Kapersburg einen *numerus Nidensium* als Besatzung, wohl eine Einheit, die im Umfeld des Hauptortes der *civitas Taunensium*, *Nida*, rekrutiert wurde. Aus dem Umfeld von Echzell – einem der größten Kastelle am obergermanischen Limes – wurde jüngst eine Iupitersäule mit Inschrift wiederaufgerichtet, die wohl zu einem Heiligtum einer *villa rustica*, einem Landgut, gehörte. Geweiht wurde die Säule für den Göttervater von Lucius Quintionius Servianus, einem Veteran der *ala Indiana*, der im Limesgebiet seinen Dienst versah und sich hier wohl einen bescheidenen Wohlstand aufgebaut hatte. Der Kommandant der *cohors IIII Aquitanorum*, Marcus Petronius Florentinus aus *Saldae* (Bejaja im heutigen Algerien) weihte dem Iupiter einen Altar in Obernburg am Main. Ein Fleischhändler namens Ibliomarus Placidus aus dem Trierer Land ließ sich im *vicus* von Groß-Gerau nieder und stiftete eine Merkurstatue im dortigen Mithrasheiligtum. Wohl ebenfalls in das Limeshinterland

Abb. 5
Sesterz des Kaisers Antoninus Pius (138–161 n. Chr.). Die Vorverlegung von Limesstrecken in Obergermanien und Britannien fanden unter seiner Regierung statt – einer der längsten Friedensphasen des römischen Reichs.

Obergermaniens sind die Bewohner des Landguts von Wölfersheim-Wohnbach zugewandert, die – nach Ausweis des archäologischen Befunds – in fremdartigen, mauerumsäumten Grabhügeln *(tumuli)* bestattet wurden, ein Grabtyp, der sich im Verlauf des 2. Jh. n. Chr. vor allem im Trierer Land reger Nachahmung erfreute. So wanderten Neusiedler in die Grenzprovinzen ein, ließen sich hier nieder oder blieben nach ihrem Militärdienst mit ihren Angehörigen im Umfeld ihres ehemaligen Dienstortes. Innerhalb der *civitates* und ihrer Hauptorte, aber auch in den großen Städten, stellten Einheimische unter Aufsicht Roms die Verwaltung und in den Provinzen wurden Landtage abgehalten. Damit waren die Grundlagen der römischen Zivilisation gegeben, die sehr stark auf Städte und Siedlungen ausgerichtet waren, jetzt jedoch nicht mehr, wie in den Zeiten der Republik, auf Italien und das unmittelbare Umfeld, sondern auf einen gewaltigen Flächenstaat, der sich in Provinzen unterteilt rund um ein Binnenmeer sowie in Ost- und Nordwesteuropa ausgedehnt hatte.

Die gesicherten Militärgrenzen Roms in Britannien, Germanien, Raetien, Noricum, Pannonien und Moesien waren der Garant für den ruhigen Aufbau einer Zivilisation mit einem geregelten Binnen- und Außenhandel (auch mit dem nicht von Rom kontrollierten Teil Germaniens!), dem Umlauf römischer Münzen, der Zahlung von Steuern, der Beachtung römischer Gesetze und einer Sicherung des Rechtsstandes der Menschen. Unter Hadrian erhielten eine Reihe von Städten der genannten Provinzen munizipales Stadtrecht (s. Beitrag Ubl) in einem Umfeld, in dem die Romanisierung stark fortgeschritten war.

Im Jahr 156 n. Chr. hielt der bekannte Rhetor Aelius Aristides seine berühmte Romrede für Kaiser Antoninus Pius (Abb. 5), in der er ausdrücklich hervorhebt, daß das Römische Reich «...und der gesamte Erdkreis wie an einem Festtage sein Gewand aus Eisen abgelegt habe und sich im festlichen Schmuck zeige...» und «...die Städte in strahlendem Glanz und in Anmut stehen...» In der gleichen Zeit verlegte man den Limes im Odenwald-Neckar-Gebiet und die sogenannte ältere raetische Grenzlinie um knapp 30 km ostwärts, die Hadriansmauer wurde durch den Antoninuswall im Norden Britanniens abgelöst. Auch wenn wir nicht in letzter Konsequenz die Beweggründe des Kaisers und seiner Berater hierfür kennen, so waren es wohl nur Grenzkorrekturen, die im Falle der britannischen Vorverlegung nicht von langer Dauer waren. Trotz der relativ langen Friedensphase waren die Militärgrenzen Roms ungeeignet zur Abwehr eines größeren Angriffs, hatten bestenfalls Meldefunktion über ihre zahlreichen Wachtürme und bildeten eine Vorfeldsicherung und gleichzeitig eine politische Grenze. Bei regelrechten Kriegen kam es zu Truppenkonzentrationen, auch zum Heranziehen der Legionen, was allerdings zeitaufwendig und kostspielig war. Einfälle germanischer Stämme mußten an fast allen Grenzabschnitten an Rhein und Donau abgewehrt werden. So sind die Einfälle der Chauken und später der Franken in die Rheinprovinz (s. Beiträge Gechter und van Enckevoort) sowie der Markomannen in die Provinzen Pannonien und Noricum – weniger nach Raetien (s. Beitrag Thiel) – nur Momenterscheinungen, die relativ rasch von der römischen Grenzverteidigung bereinigt werden konnten. Schwieriger wurde es im Verlauf der Bürgerkriege in severischer Zeit, als Thronprätendenten zwischen Britannien und Syrien, also entlang der gefährlichsten Land- und Flußgrenzen, die Truppen abzogen um gegen ihren jeweiligen Kontrahenten anzutreten. Wenn sich auch in Pannonien, Germanien und Raetien unter dem am 9. April 193 n. Chr. in *Carnuntum* von den Truppen zum Kaiser ausgerufenen Septimius Severus (193 – 211 n. Chr.) und seinem Sohn und Nachfolger Caracalla (211 – 217 n. Chr.) die Situation beruhigte und auch der ab 213 n. Chr. in den Quellen erscheinende neuformierte Stammesverband der Alamannen in Süddeutschland besiegt werden konnte, war ein Zerfall der Reichsautorität unverkennbar. Auf dem Weg zur Macht mußte Severus seinen Gegenkaiser Clodius Albinus vor den Toren von *Lugdunum* in einer für beide Seiten verlustreichen Schlacht am 19. Februar 197 n. Chr. ebenso überwinden, wie drei Jahre zuvor den Widersacher im Osten C. Pescennius Niger. Durch die im vorderen Orient erstarkten Parther wurde eine verstärkte militärische Präsenz entlang einer Fluß- und Landgrenze (Euphratlimes und *limes Arabicus*) sowie teure Offensivkriege in dieser Region notwendig – immer mit der Gefahr, daß Usurpatoren im Rücken eines im Feld stehenden Kaisers agierten oder eine unzufriedene Soldateska regelrecht «gekauft» wurde.

Das derartige Unsicherheiten nicht spurlos an der Bevölkerung innerhalb des Römischen Reichs vorbeigingen, belegen literarische, archäologische und epigraphische Zeugnisse gleichermaßen. Dennoch trat mit Septimius Severus und Caracalla eine Zeit der Offensive in den Rhein- und Donauprovinzen ein. Severus dankte dem pannonischen Heer anläßlich seines Besuchs im Jahr 202 n. Chr. für die Hilfe bei seiner Machtübernahme und inspizierte die Donaukastelle, die sich unter Caracalla – der ebenfalls diesen Grenzabschnitt 214 n. Chr. besuchte – besonderer Aufmerksamkeit erfreuten. Nicht ohne Grund, nahmen doch die Spannungen an der obergermanisch-raetischen Grenze sowie im Karpatenbecken zu und rasch wurden die Donaulegionen zu den stärksten im Reich – wohl auch, weil sie der Hauptstadt, im Vergleich zu den anderen Provinzen, am nächsten gelegen waren. Caracallas Präventivkrieg gegen die Alamannen wurde am 11. August 213 n. Chr. mit einem Übertritt des Kaisers und eines starken Heeres am raetischen Limes durchgeführt, wofür man auch Truppenteile vom Niederrhein abkommandierte und sich im Vorfeld der Loyalität für den Kaiser sicher sein konnte, wie eine Weihung der *legio I Minervia* unter dem Kommando ihres Legaten C. Fabius Agrippinus aus dem Jahr 211 n. Chr. beweist. Der Sieg über die Alamannen dürfte schon nach kurzer Zeit erreicht worden sein, die raetische Grenze wurde mit dem oben erwähnten Pannonienbesuch des Kaisers verlassen und schon bald begab sich Caracalla nach Kämpfen an der mittleren Donau gegen die Karpen über Makedonien nach Syrien, von wo aus im Jahr 216 n. Chr. ein Feldzug gegen die Parther unter ihrem König Artabanos V. geführt wurde. Wechselnde Erfolge und letztlich die Ermordung Caracallas am 8. April 217 n. Chr. durch eine Verschwörung der Praetorianer brachten mit M. Opellius Macrinus einen Praetorianerpraefekten an die Spitze, der sich rasch mit den Parthern verständigte und für die Zahlung von beachtlichen 50 Millionen Denaren kurzzeitig die Provinz *Mesopotamia* behielt. Aber auch Macrinus Herrschaft war nur von kurzer Dauer und mit Elagabal wird zwischen 218 – 222 n.Chr. ein schwacher Kaiser unter der Lenkung seiner Mutter Julia Soaemias die Geschicke des Reichs bestimmen, bis beide am 11. März 222 n. Chr. in Rom ihr Ende fanden.

Mit Severus Alexander wird wiederum ein junger Kaiser unter dem Einfluß seiner Mutter Julia Mammaea die Herrschaft erlangen, doch standen nach wie vor die Alamannen in Südwestdeutschland und germanische Stämme am Niederrhein in feindlicher Haltung zu den dortigen Grenzabschnitten, während im mittleren Donaubereich die Sarmaten häufiger die Grenzen überschritten und im Orient mit König Ardaschir I. ein machthungriger Sasanidenherrscher im Jahr 227 n. Chr. das Partherreich zerschlug. Severus Alexander rüstete zum Krieg, zog mit begrenztem Erfolg gegen die Sasaniden und brach den Feldzug dann ab, um einen Einfall der Alamannen in Raetien und Obergermanien abzuwehren. Das Zögern des Kaisers und Verhandlungen mit dem Feind führten zu einer Revolte, in deren Verlauf Kaiser und Kaisermutter in Mainz ermordet wurden. Auch wenn jetzt mit dem von der Armee zum Kaiser ausgerufenen Maximinus Thrax ein Erfolg über die Alamannen gelang, waren die Zerstörungen im Limesgebiet immens und es blieb eine verunsicherte Bevölkerung zurück. Man war auf römischer Seite bemüht, so weit wie möglich die Schäden auszubessern und die dezimierten oder aufgelösten Truppenkörper neu zu besetzen. Besonders auffällig ist dies im Falle des aufgegebenen vicus von Nidderau-Heldenbergen in der Wetterau, wo weite Teile der Siedlung zwischen 213 und 233 n. Chr. in Schutt und Asche gelegt und zahlreiche Bewohner des Ortes getötet wurden. Das in unmittelbarer Nähe gelegene Limeskastell von Altenstadt wurde wiederhergestellt, wie eine Inschrift aus dem Jahr 242 n. Chr.

Abb. 6 Teile des sog. «Weissenburger Tempelschatzes» gerieten im Verlauf der unruhigen Zeiten des 3. Jh. n. Chr. in den Boden. FO: Weißenburg, Lkr. Weißenburg-Gunzenhausen, AO: Prähistorische Staatssammlung München.

nachweist. Gleiches geschah auch mit den angeschlagenen Kastellen Echzell und Butzbach am obergermanischen Limes. Am 4. Dezember 241 n. Chr. weiht man im raetischen Limeskastell von Öhringen eine neue Wasserleitung ein, eine weitere Inschrift aus Öhringen erwähnt uns die Renovierung einer Wasserleitung mit der Datierung 23. Juli 231 n. Chr. und der Ratsherr der *civitas Taunensium*, C. Sedatius Stephanus, ließ 240 n.Chr. eine zuvor schon einmal renovierte Iupitersäule wiederaufstellen. Innerhalb der *civitas Taunensium* kam es dann auch noch zur Aufstellung von Meilensteinen (249 n. Chr.), eine Tatsache, die vom Ratsbeschluß bis hin zur Aufstellung durch kommunale Bedienstete eine intakte Verwaltung voraussetzt, die in dieser Phase offenbar noch immer funktionsfähig war. Auch durch Beispiele aus Heidelberg und Ladenburg sehen wir das Bemühen, die Infrastruktur im Süden Obergermaniens aufrecht zu halten. Archäologisch können wir heute durch Versteckfunde in Raetien oder Obergermanien die Reaktion einer flüchtenden römischen Bevölkerung ermessen, ein Phänomen, daß später auch über die Zeit des Limesfalls hinausreicht (Abb. 6). Häufig können mit Hilfe von vergrabenen Münzen feinere Datierungen ermittelt werden, und es zeichnet sich ein chronologischer Schwerpunkt zwischen den Jahren 213 und 260 n. Chr. deutlich ab, einer Phase, in der weitere kurzzeitige Soldatenkaiser (Gordian I. und II. 238 n. Chr., Gordian III. 238–244 n. Chr., Philippus Arabs 244–249 n. Chr., Decius 249–251 n. Chr., Trebonianus Gallus 251–253 n. Chr. und M. Aemilianus 253 n. Chr.) die Geschicke des Reichs mit wechselnden Erfolgen lenkten.

Mit Kaiser P. Licinius Valerian wurden dann für den Feldzug gegen den Sasanidenkönig Shapur I. Truppen der germanischen Provinzen abgezogen, während er seinen Sohn und Mitregenten Gallienus mit der Sicherung des Westens beauftragte. Einen Angriff der Alamannen nach Nordwest-Raetien konnte man nicht mehr abwehren, aber ihr Vordringen nach Gallien mit Hilfe der aus Britannien herbeigeholten Vexillationen abwehren. Ein Hinweis darauf, daß die Truppenstärke am Rhein entscheidend geschwächt war. Geradezu katastrophal wurde die Situation für das Römische Reich, als Valerian die Schlacht von Edessa 260 n. Chr. gegen Shapur I. verlor und in Gefangenschaft geriet. Gallienus sah sich einem Chaos gegenüber, der gesamte Osten schien Rom verloren zu gehen und Usurpatoren wurden – wie in Pannonien, Ingenuus – auf den Schild gehoben. Um gegen den pannonischen Widersacher bestehen zu können, zog auch Gallienus die Truppen aus Ober- und Untergermanien ab und marschierte an die Donau – was geradezu einem Signal für Alamannen und

Abb. 7 Sensationsfund in Stein – Der «Augsburger Siegesaltar» berichtet von Kämpfen des gallischen Sonderreichs gegen Iuthungen und Semnonen, 260 n. Chr. FO: Augsburg, Römisches Museum Augsburg.

Franken gleichkam. Spuren von Kämpfen und zahlreichen Getöteten in Krefeld-Gellep (*Gelduba*) am Niederrhein, aber auch die Aufgabe nahezu aller Kastelle am obergermanisch-raetischen Limes zeugen vom massiven Schlag der Alamannen, denen nur die raetischen Truppen des rechten Donauufers entgingen (*cohors III Britannorum* in *Abusina*/Eining oder die *cohors IX Batavorum* in *Batavis*/Passau). Wenn in diesen Jahren der Statthalter M. Cassianus Latinius Postumus in Köln zum Gegenkaiser aufstieg und mit dem Gallischen Sonderreich zwar die römische Sache und damit die römische Grenze Niedergermaniens gegen die Franken und – nach Ausweis der Inschrift des Augsburger Siegesaltars – wohl auch Raetiens gegen die Juthungen und Semnonen verteidigt wurde, so hatte die Militärgrenze Roms doch eine empfindliche, wenn nicht sogar die entscheidende Schwächung in dieser Phase ihrer Geschichte erhalten (Abb. 7). Freilich gelang es den nachfolgenden Kaisern die Situation an Rhein und Donau zu beruhigen, auch die zeitweiligen Unsicherheiten entlang der Grenze Nordbritanniens in den Griff zu bekommen, aber das alte Grenzsicherungssystem erlangte nie mehr seine Stärke. Angriffe der Germanen gelangten jetzt auch immer öfter auf italischen Boden, Kaiser Aurelian (270–275 n. Chr.) verfügte 271 n. Chr. den Bau einer gewaltigen Stadtmauer, die noch heute in weiten Teilen Roms zu sehen ist. Seit der Regierungszeit des Septimius Severus (193–211 n. Chr.) wurde der Silbergehalt der Münzen ständig verringert, der Ausstoß des Silbergeldes allein schon für die Bezahlung der Truppen immens gesteigert. Hinzu kamen in der Folge auch Subsidienzahlungen an die erstarkten Germanen und Sasaniden. Handel und Wirtschaft erbrachten nicht mehr die Leistungen vergangener Tage, in den Provinzen machte sich die Korruption und das Bandenunwesen breit und in vielen Städten stellte man einen Schwund der Bevölkerung fest. Auch wenn Kaiser Probus (276–282 n. Chr.) die Grenze an Rhein, Iller und Donau wiederherstellen konnte, verlor man mit dem obergermanisch-raetischen Limes doch eine Militärgrenze, selbst wenn Rom noch bis in das beginnende 5. Jh. n. Chr. das ehemalige Limesgebiet als römisches Territorium erachtete und sich darin mit gelegentlichen Feldzügen oder Materialtransporten bewegte. In den umfassenden Verwaltungs- und Heeresreformen des Kaisers Diokletian (284–305 n. Chr.) wurden an der Donau (s. Beitrag Visy) und am Rhein (s. Beitrag Gechter) neue Befestigungsanlagen geschaffen, die auch später unter den Kaisern Julian und Valentinian verstärkt wurden. Die alte Schwäche jedoch, ständige Usurpationen, das Abkommandieren starker Legionsverbände von den eigentlichen Standlagern weg, hatte Bestand. Da sich inzwischen auch die politische Großwetterlage stark verändert hatte, übernahmen Germanen die Grenzsicherung (s. Beitrag Gechter) und hielten die Grenze am Rhein und an der Donau bis zum ersten Viertel des 5. Jh. n. Chr. Zur Abwehr germanischer Völker wurden in England Kastelle entlang des Saxon Shore an Kanal- und Nordseeküste errichtet. Man sicherte jetzt auch verstärkt die in das Landesinnere führenden Straßen, was in Nordafrika und im Vorderen Orient deutlich erkennbar ist und auch in byzantinischer Zeit weitergeführt wurde. Die Völkerwanderung und die z.T. chaotischen Verhältnisse in einem inzwischen in zwei Hälften geteilten Reich ließen die Militärgrenzen Roms – die sich im Laufe von immerhin vier Jahrhunderten stetig wandelten und veränderten – zerbrechen.

Als am 15. Juli 2005 in Durban/Südafrika die Welterbekommission der UNESCO beschloß, den obergermanisch-raetischen Limes in die Liste der zu schützenden Kulturdenkmäler dieser Welt aufzunehmen, folgte man dem 1987 mit dieser Ehre ausgezeichneten Hadrianswall und ist unter dem gemeinsamen Dach des Projekts «Grenzen des Römischen Reichs» («Frontieres of the Roman Empire») zusammengeschlossen. Es ist geplant, nach und nach auch andere römische Grenzabschnitte in Europa innerhalb dieses Gesamtprojekts zu präsentieren. Seinen Platz in der provinzialrömischen Forschung hatte der Limes, hatten die Militärgrenzen Roms schon lange, internationale Kongresse beleuchteten das Thema auch über eiserne Vorhänge hinweg im Europa des 20. und 21. Jahrhunderts. Vorbei an ideologischer Sichtweise forschte man auf internationaler Ebene. So sind die Militärgrenzen und die Geschichte und Kultur Roms und seiner Provinzen heute fester Gegenstand der schulischen Ausbildung unserer Kinder, besuchen Tausende von Touristen die Kastellanlagen und den Hadrianswall im Norden Großbritanniens, die Saalburg und das Limesmuseum in Aalen oder die Ausgrabungsstätten und Museen von Aquincum und Carnuntum. Sie sehen museal präsentiert Forschungsergebnisse und erleben dann mit Hilfe der «Experimentellen Archäologie» das römische Leben in vielen Facetten «live», sehen marschierende Legions- und Hilfstruppensoldaten, Gladiatoren, römisch gewandete Zivilisten – pardon – Museumsmitarbeiter und erfahren dann auch von den zivilisatorischen Leistungen der Römer, die bis in die Gegenwart hineinreichen und noch heute Bestand haben. Städte, eine Infrastruktur, Gesetze, eine Amtssprache, eine Zeitrechnung, eine sich verändernde Religion und stabile Grenzen, die als wirtschaftliche und gesellschaftspolitische Lenkungsmöglichkeit eingesetzt wurden, all das bildet das römische Erbe bis in unsere Zeit.

Die Grenze im Nahen Osten

Phil Freeman

Der Begriff «die Ostgrenze des Römischen Reiches» impliziert Homogenität in der Form und indirekt auch in Organisation und Funktion dieser Grenze. Wenn man dann tatsächlich über die östliche Grenze des Römischen Reiches schreibt, begegnet man einer Phalanx von Widersprüchen und Einfluß nehmenden Faktoren, wie sie in dieser Weise für die römischen Grenzen in Europa nicht zu finden sind. Auf der einen Seite verführt die Idee, das Ganze als ein System zu betrachten dazu, die Tatsache zu ignorieren, daß die 1400 km lange Grenze (überraschend kurz verglichen mit den ca. 3000 km des europäischen Gegenstücks der Rhein-Donau Grenze) (Abb. 1) durch eine Vielzahl geographischer,

Abb. 1
Karte der Ostgrenze. R. Szydlak, Tübingen.

geologischer, topographischer und ökologischer Zonen führt, die durch die Zeiten hindurch alle ihren Einfluß auf jeden Aspekt menschlichen Lebens hatten. Auf der anderen Seite haben wir es aber auch mit einer Region zu tun, die, verglichen mit dem europäischen Gegenstück, für eine wesentlich längere Periode politische Einheiten durch ein sehr viel höher entwickeltes System internationaler Diplomatie voneinander trennte und wo subtile Nuancen eine Rolle spielten.

Rom und seine Nachbarn im Osten

Eine andere Merkwürdigkeit der römischen Ostgrenze kann darin gesehen werden, daß Rom dort fast während der gesamten Zeit nur einem Gegner gegenüber stand: Persien. Von der Mitte des 1. Jhs. v. Chr. bis ins Jahr 224 n. Chr. waren es die Parther und danach die Sasaniden, die bis zum Jahr 636 n. Chr. in Persien die Kontrolle übernahmen. Auch blieb diese Grenze während der 700 Jahre des Kontaktes zwischen Persien und dem Römischen Reich relativ stabil, trotz einiger eindrucksvoller römischer Feldzüge mit spektakulären Siegen und vernichtenden Niederlagen. Es gab Zeiten, in denen Rom in der Lage war, die Bedingungen zu diktieren, während zu anderen Zeiten Persien die Oberhand hatte. Wir sollten aber nicht die Augen davor verschließen, daß es trotz all dieser Schwankungen im römisch-persischen Verhältnis auch andere Faktoren gab, welche die römische Politik in der Region beeinflußt haben. Es war unvermeidlich, daß die römisch-parthische Rivalität auch auf die umliegenden Gebiete übergriff, und die Frage, wer *Armenia* kontrollieren sollte, war dabei nur das offensichtlichste Problem. Dieses Königreich war so wichtig, weil es den Zugang zum (römischen) Anatolien und damit auch nach Mesopotamien kontrollierte. Die Einflußnahme durch Römer oder Parther erfolgte dabei zuerst durch die Installierung der jeweils eigenen Kandidaten auf dem armenischen Thron. Vom 2. Jh. n. Chr. an änderte sich die Situation hin zu einer direkteren Kontrolle durch Annektierung. Für andere Teile der Region war die Bedrohung durch die Sarmaten, besonders vom Transkaukasus her, ein oft unterschätzter Faktor in der römischen Diplomatie im Osten, wie dies D. Kennedy so richtig beschrieben hat. Weiter im Süden, in *Syria* und *Arabia*, stellte die wachsende Anzahl von Stammeskonföderationen ein zwar weniger greifbares, aber trotzdem konkretes Problem dar. Dies waren Zusammenschlüsse von Nomaden, mit denen Rom eine Form des Umgangs finden mußte.

Es ist erstaunlich wie klein, verglichen mit den westlichen Entsprechungen, die Garnisonen im Osten waren: Im 1. Jh. n. Chr. etwa 50 % kleiner als in Europa, noch dazu mit der Einschränkung, daß über 20 % dieser Truppen in einer nicht an der Grenze liegenden Provinz, nämlich *Judaea*, stationiert waren. Dies ist ein wichtiger Hinweis auf die Rolle der Truppen als Sicherheitskräfte. Auch wenn das Verhältnis der Truppen in Ost und West sich langsam zugunsten des östlichen Reichsteils entwickelte, so blieb der Osten doch trotz all seiner Bedeutung immer relativ dünn besetzt.

Eine Geschichte der Ostgrenze

Die historischen Hintergründe der römischen Präsenz in den östlichen Provinzen sind relativ gut bekannt. Nach den Feldzügen von Lukullus und Pompeius im 1. Jh. v. Chr., die sich zuerst gegen Mithridates von Pontus gerichtet hatten, konzentrierte sich das römische Interesse von der Mitte des 1. Jh. v. Chr. von *Pontus* nach *Anatolia*, und am Ende desselben Jahrhunderts nach *Syria* und *Armenia*, um dann endlich im 1. Jh. n. Chr. noch weiter südlich bis *Judaea* und zu Beginn des folgenden Jahrhunderts bis nach *Arabia* zu reichen. Nach der Niederlage des Crassus bei Carrhae (TR) im Jahr 53 v. Chr. konzentrierte sich die römische Aufmerksamkeit hauptsächlich auf das parthische Reich und damit auch auf die Kontrolle des Königreichs von *Armenia*. Unter Augustus wurde damit begonnen, die Grenze zu formalisieren, indem römische Militärstützpunkte als sichere Basis aufgebaut wurden. Zur selben Zeit führte die augusteische Diplomatie zur Bildung eines ganzen Netzwerks von prorömischen Regierungen. Dieses Netzwerk von Klientel-Königreichen ermöglichte die relativ geringe Größe der römischen Besatzung im Osten, die nur aus vier Legionen im Norden der Provinz *Syria* bestand. Vermutlich diente die geographische Verteilung dazu, die wahrscheinlichsten parthischen Einfallsrouten zu blockieren und so die wohlhabendsten Städte unter römischer Kontrolle zu schützen. Seit Claudius konnte beobachtet werden, daß römische Garnisonen nun ständig am Euphrat stationiert wurden, um die Verteidigung von *Armenia* zu sichern. Unter den Flaviern in der 2. Hälfte des 1. Jh. n. Chr. kam wohl das Ende der Klientelstaaten, die stattdessen in regulär verwaltete Provinzen überführt wurden. Die wichtigste Entwicklung in dieser Richtung war die Ausweitung der Provinz Kappadokien. Es ist allerdings unwahrscheinlich, daß es eine regelrechte Strategie der Annektierung gab, da es in dieser Region praktisch unmöglich ist, eine reguläre Grenzlinie zu finden. Vielmehr ist dieser Zeitabschnitt durch die Fortsetzung der julisch-claudischen Politik einer Intensivierung der römischen Militärpräsenz am Euphrat gekennzeichnet. Aber statt Garnisonen an den wohlbekannten Flußübergängen bei *Samosata* (TR) und *Zeugma* (TR) als Teil einer durchgeplanten linearen Grenze zu stationieren, sah die Wirklichkeit eher so aus, wie C. R. Whittaker 2002 feststellte: «...diese Orte bildeten weniger eine militärische Frontlinie als vielmehr die Ausgangspunkte für Feldzüge nach *Armenia* und *Mesopotamia* und ermöglichten die Kontrolle der aus dem Osten kommenden Karawanenrouten.» Erst im Jahre 106 n. Chr., unter Kaiser Trajan, wurde das nabatäische Königreich formal in die Provinz *Arabia* eingegliedert. Dies wurde durch den Bau der *via nova traiana* vom Roten Meer zu den Grenzen Syriens bekräftigt, die auf einer alten, vorrömischen Nord-Süd Trasse verlief. Trajan begann auch den Parthischen Krieg (113–116 n. Chr.), der zu der kurzfristigen Gründung der Provinzen *Armenia*, *Mesopotamia* and *Assyria* führte. Kaiser Hadrian gab diese Provinzen wieder auf und kehrte zur Politik der Klientel-Königreiche zurück. Wie D. Kennedy gezeigt hat, hatte die Truppenstärke im Osten in der Mitte des 2. Jh. n. Chr. stark zugenommen und zwar als Konsequenz der zunehmenden Zahl direkt verwalteter römischer Provinzen. Zu diesem Zeitpunkt gab es zwei Legionen in Cappadocia, die *legio XV Apollonaris* in *Satala* (TR) und die *legio XII Fulminata* in *Melitene* (TR) eine in *Arabia*, die *legio III Cyrenaica* in *Bostra* (SYR) und drei in *Syria*, die *legio III Gallica* in *Raphaneae* (SYR), davon zwei am Euphrat (*legio XVI Flavia Firma* in *Samosata*, TR und *legio IV Scythica* in *Zeugma*, TR), wozu noch die beiden Legionen in Palästina hinzu gerechnet werden müssen. Die Auxiliartruppen hatten mit etwa 32.000 Mann ebenfalls zugenommen. Dies ergab zusammen eine Verdopplung der römischen Stationierung verglichen mit der Situation 100 Jahre zuvor.

Zu Beginn des 3. Jhs. n. Chr. hatte Kaiser Septimius Severus bereits zwei parthische Kriege geführt, die 199 n. Chr. zu der Gründung der neuen Provinz *Mesopotamia* führten. Alle diese Zugewinne, von Zeitgenossen als nicht überlebensfähig angesehen, zeigen den Zenit römischer Macht und römischen Einflusses im Osten, unterstützt durch den relativen Niedergang der Parther. Mit dem Aufstieg der Sasaniden wendete sich Roms Glück, wobei die zusätzlichen Probleme des Reiches in Europa nicht gerade hilfreich waren. Der Tiefpunkt wurde in den Jahren 253–260 n. Chr. erreicht, als Kaiser Valerian von Sapor I. gefangen genommen wurde (Abb. 2). Das Geschick änderte sich erst durch den Aufstieg von *Palmyra* (SYR), zuerst unter Odaenthus, später unter seiner Frau Zenobia und ihrem Sohn Vaballuthus. Eine weitere bemerkenswerte Entwicklung im späten 3. Jh. n. Chr. ist das Auftauchen der Tanukh, einer Stammeskonförderation aus der südlichen syrischen Wüste, der es gelang, ein Gebiet unter ihre Kontrolle zu bringen, daß vom Hauran ostwärts bis zum Euphrat und nach Süden bis zur Provinz *Arabia* reichte. Erst die Kaiser Diokletian und Konstantin stellten die römische Vorherrschaft gegenüber Persien wieder her. Diokletian wird die Wiederinstandsetzung der östlichen Grenzverteidigung zugeschrieben. Auch wenn ihm oft die Wiederherstellung einiger Teile der Grenzbefestigung persönlich zugeschrieben wird, so war doch seine bedeutendste Leistung sicher der Bau der *strata Diocletiana*, einer Straße von *Sura* am Euphrat (SYR) zur *via nova Traiana* in der Provinz *Arabia*, unter Anbindung der Städte *Palmyra* (SYR) (Abb. 3) und *Damascus* (SYR). Wie der spätantike Historiker Ammianus Marcellinus berichtete, begannen die Kriege mit den Sasaniden erneut am Ende der Regierungszeit Konstantins. Die sasanidischen Geschicke waren dagegen unter Sapor II. zum Besseren gewendet worden, da dieser die Kontrolle über *Armenia* und *Mesopotamia* wiedererlangte (Abb. 4). Zu dieser Zeit konzentrierte sich die Kriegsführung zunehmend auf die Belagerung befestigter Städte, eine logische Konsequenz aufgrund der wachsenden Bedeutung städtischer Verteidigungsanlagen. Die Situation in Europa war in etwa vergleichbar, da auch dort in dieser Periode eine Zunahme der Belagerungstaktik zu beobachten ist. Dies reflektiert auch die Veränderungen in der römischen Armee, ein Prozeß, der im späten 3. Jh. n. Chr. begonnen hatte und unter Diokletian sichtbar wird. Zeitgleich kann die Entstehung einer weiteren Stammeskonförderation beobachtet werden, die der Sarazenen im südlichen *Arabia*. Die Ergebnisse des erfolgreichen Persienfeldzuges von Kaiser Julian im Jahre 363 n. Chr. waren mit seinem Tod verloren und Jovian mußte einen schmachvollen Frieden abschließen, in dem Rom sowohl *Armenia* als auch *Mesopotamia* aufgeben mußte.

Die Grenze im Osten

Im Rahmen dieses recht kurzen Überblicks erscheint es gerechtfertigt, die römische Ostgrenze in vier Hauptabschnitte zu unterteilen, deren erste drei hauptsächlich westlich des Euphrats liegen, *Cappadocia*, *Syria* und *Arabia*, während der vierte Teil den Regionen östlich des Euphrats entsprach. Es gab über viele Jahre eine Debatte über die mögliche Existenz einer formalen Grenze im südlichen Palästina, des *limes Palestinae*. Trotz der Anstrengungen einiger Beteiligter in dieser Debatte besteht immer noch große Skepsis, ob ein solch formales System wirklich jemals existiert hat. Die Gründe (und Gegengründe) finden sich ausführlich dargestellt in M. Gichons Buch, das 2002 publiziert wurde.

Die Ostgrenze führte von *Trapezeus* (TR) am Schwarzen Meer südwärts bis nach *Akaba* (JO) am Roten Meer und durchquert dabei im Norden und Süden zwei unterschiedliche Regionen. Diese sind nicht notwendigerweise mit den römischen Provinzgrenzen identisch. Am nördlichen Ende, im östlichen Anatolien, gleichzusetzen mit *Colchis*, *Cappadocia* und *Armenia* und im nördlichen *Mesopotamia* ist die Landschaft durch hohe Gebirge und tiefe Flußtäler gekennzeichnet. Das Schwergewicht mußte hier auf der Kontrolle der Einfallsstraßen liegen, und der einfachste Weg, dies zu erreichen war die Kontrolle der Hauptgebirgspässe. In der südlichen Türkei ändert sich die Topographie hin zu Steppe und Wüstengebieten mit einzelnen Bergketten. Es gibt einige wenige, seit langer Zeit benutzte Ost-West Routen. Im Norden laufen die Hauptrouten entlang des Schwarzen Meeres und dann von *Satala* nach *Ancyra* (TR). Weiter südlich in der Zentraltürkei und im modernen Syrien (z.B. im alten *Commagene*) war der Euphrat das Haupthindernis, so daß die größte Bedeutung

Abb. 2 Felsrelief mit der Darstellung des Kaisers Valerian nach seiner Gefangennahme vor Sapor I.

hier auf jene Orte gelegt wurde, bei denen die Überquerung des Flußes möglich war (z. B. bei *Samosata* und *Zeugma*, TR). Noch weiter südlich, in Südsyrien und Jordanien bis hinunter zum Roten Meer, gab es praktisch keine andere natürliche Grenze als die Wüste. Die Hauptverbindungsstraßen verlaufen hier gewöhnlich zwischen einzelnen Oasen und entlang saisonaler Wadis. Die Verbindung zwischen *Syria* und *Arabia* von den Städten der *Dekapolis*, über *Petra* (JO) zum Golf von Akaba wurde durch die alte Trasse gebildet, die in der Bibel als Königsweg bekannt ist, in Teilen in die *via nova Traiana* integriert wurde und entlang derer die römische Militärpräsenz verteilt war. Es ist in der Tat seit langem klar, daß die Grenze hier mehr einer Zone als einer geraden Linie glich und die Umwelt eine große Rolle für die Besiedlungsmuster spielte. Im nördlichen Abschnitt war Ackerbau für die größtenteils seßhafte Bevölkerung möglich. Archäologische Surveys belegen die relativ hohe Siedlungsdichte. Im südlichen Syrien und in Jordanien ist das Bild uneinheitlicher. Hier gibt es einige bedeutende urbane Zentren, wie auch in Westsyrien, an der levantinischen Küste, Palästina und im Nordwesten Jordaniens. Daß die meisten von ihnen auf der Westseite einer wie auch immer zu definierenden Grenze lagen, wurde manchmal als Ergebnis einer römischen Politik gesehen, nur bestimmte Gebiete zu annektieren. Archäologische Surveys zeigen auch eine intensivere Landnutzung als dies heute der Fall ist.

Sowohl Topographie als auch Umweltbedingungen haben die Form und das Aussehen der Grenze in einer Art und Weise beeinflußt, wie das in Europa nicht der Fall war. Eine besondere Eigenschaft der gesamten Grenze im Osten besteht in dem Fehlen künstlicher Anlagen, die diese natürliche Grenze in irgendeiner Form verstärkt hätten. Das schwierige Gelände

Abb. 3 Die Säulenstraße von Palmyra.

Abb. 4 Büste des sasanidischen Königs Sapor II.

im Norden machte eine Konzentration auf den Ausbau von Straßen notwendig. Im mittleren Abschnitt gab es den Euphrat als natürliche Barriere. Erst südlich des Flusses änderten sich die Bedingungen. Die Existenz einer größeren Zahl von Städten, einer durch Wüstengebiete gekennzeichneten Landschaft und dem Vorhandensein von Nomaden führten dazu, daß auch hier Straßen und deren Schutz von und zu den Wasserquellen, und hier besonders Oasen, von größter Bedeutung waren.

Cappadocia

Auf dem Papier war dieser Teil der Grenze etwa 800 km lang und reichte von der Schwarzmeerküste im Norden bis zu *Barsalium* am Euphrat. Unsere Kenntnisse über diesen Grenzabschnitt sind ausgesprochen dürftig. Hinzu kommt die geringe Zahl epigraphischer Quellen. Die Möglichkeit Form und Verlauf der Grenze zu rekonstruieren ist durch die in den vergangenen Jahren gebauten Stauseen entlang des Euphrats noch verschlechtert worden, da diese zur Überflutung großer Teile des Flußtales geführt haben, was zum endgültigen Verlust von so bedeutenden antiken Orten wie *Samosata* (TR) und Teilen von *Zeugma* (TR) führte.

Wenn auch, verglichen mit den anderen Abschnitten der Ostgrenze, wenig über *Cappadocia* bekannt ist, so gab es doch einen Vorteil. Unter Kaiser Hadrian war der Schriftsteller und Historiker Flavius Arrianus Statthalter der Provinz (131 – 135 n. Chr.). Während seiner Amtszeit war Arrian auch für die Zurückschlagung eines alanischen Vorstoßes in seine Provinz im Jahre 134 n. Chr. verantwortlich.

Was mit einem bestimmten Grad an Sicherheit festgestellt werden kann ist, daß die Form der Grenze in *Cappadocia* stark durch die Topographie der Region geprägt war. Dies muß wiederum die Verteilung der einzelnen Einheiten beeinflußt haben, so daß besonders Einfallrouten und andere Zugänge kontrolliert werden konnten.

J. Bennett wies darauf hin, daß in julisch-claudischer Zeit die Provinz eine Besatzung aus Auxiliartruppen hatte, die wahrscheinlich an entsprechenden taktischen Punkten und in städtischen Niederlassungen stationiert war. Vom Jahre 51 n. Chr., wenn nicht früher, war eine römische Hilfstruppe ständig in *Gorneae* (IQ) stationiert, nahe bei der Sommerresidenz der armenischen Monarchen. Ungefähr zur gleichen Zeit, unter Claudius, gibt es Belege, die auf eine Lagerbesatzung deuten, welche eher aus lokalen Einheiten denn aus regulären römischen Truppen bestand. Die Aktionen des Corbulo in *Cappadocia* erlauben es, eine Situation etwas besser zu verstehen, in welcher der neu ernannte Kaiser Nero Pläne für eine Wiederherstellung des status quo in *Armenia maior* schmiedete. Corbulo standen neben den Kräften, die bereits in der Provinz stationiert waren, zwei Legionen aus Syrien und aus den germanischen Gebieten zusammen mit ihren Auxiliartruppen zur Verfügung. Der Einsatz wurde um drei Jahre verschoben, weil Corbulo es für notwendig hielt, seine Truppen erst einmal zu ertüchtigen. Es mag sein, daß diese Periode auch für den Bau von Kastellen genutzt wurde, von denen einige für seine geplante Angriffslinie von *Trapezeus* (TR) nach *Satala* (TR) die notwendige Unterstützung liefern sollten. Im Jahr 72/73 n. Chr. wurde *Commagene* dann der Provinz *Syria* angeschlossen, während gleichzeitig *Cappadokia* mit *Galatia* zu einer neuen Provinz vereinigt wurde und Legionsstandorte bei *Melitene*, TR (*legio XVI Fulminata*) und *Satala*, TR (*legio XVI Flavia*) hatte. Die Bedeutung dieser militärischen

Abb. 5 Dura Europos.

Präsenz und der ganzen Region wird klar, wenn man bedenkt, daß die Truppen für Trajans Parthischen Krieg und für den Einmarsch nach *Armenia* bei *Satala* (TR) zusammengezogen wurden. Kaiser Hadrian verstärkte die kappadokischen Legionen mit der *legio XV Apollonaris* in *Satala* (TR) und der *legio XII Flavia* in *Melitene* (TR) wieder auf ihre frühflavische Stärke.

Syria

Unser Verständnis der Grenze in der syrischen Provinz ist etwas besser als für die Grenze in *Cappadocia*. Von all den verschiedenen Abschnitten der Ostgrenze ist über den Teil in *Syria* am meisten aus schriftlichen antiken Quellen bekannt. Die Provinz war immerhin der wichtigste Begegnungsplatz von Rom und Parthien. Dies alles erleichtert es, Aussagen über diese Grenze zu treffen, da die international anerkannte Grenze zwischen dem Römischen Reich und Parthien der Euphrat selbst war. Die wichtige Rolle, die der Euphrat für die Verteidigung der Provinz *Syria* und mindestens auch für den südlichen Teil der Provinz *Cappadocia* spielte, spiegelt sich in der Existenz eines eigenen Flottenverbandes, der *classis Syriaca*. Das Gebiet des römischen Syrien war überzogen mit zahlreichen aufstrebenden Städten, von denen die meisten ihre Macht und ihren Einfluß aus ihrer Position an den Hauptverkehrsadern zogen, entlang derer der Personen- und Warentransport abgewickelt wurde. Es kann daher kaum überraschen, daß sich an diesen Orten auch römische Garnisonen befanden. Wie N. Pollard unterstrichen hat, war es in den westlichen Provinzen häufig der Fall, daß der Bau eines Kastells die Entwicklung einer städtischen Ansiedlung zur Folge hatte. Im Osten war aber das Gegenteil der Fall, hier benutzte die Armee bereits existierende städtische Strukturen.

In der julisch-claudischen Zeit wurde der Kern der syrischen Garnisonen von Legionssoldaten und Hilfstruppen gebildet, die überwiegend als vollständige Einheiten zusammen und von der eigentlichen Grenze entfernt stationiert waren. Dieses Vorgehen erinnert stark an die strategische Flexibilität und taktische Mobilität, wie sie aus dem Westen des Römischen Reiches zu dieser Zeit bekannt ist. Ein wesentlicher Unterschied liegt in der Tatsache, daß die ursprüngliche Stationierung der vier Legionen in den großen Städten, *Laodicea*, SYR (*legio VI Ferrata*), *Cyrrhus*, TR (*legio X Fretensis*), *Raphanea*, SYR (*legio XII Fulminata*) und *Zeugma*, TR (*legio III Gallica*), die interne Sicherheitslage genauso widerspiegelt wie die eigentliche Grenzverteidigung. Unglücklicherweise wissen wir praktisch nichts über Art und Aussehen dieser Lager, ob sie z. B. den gleichen Plan hatten wie ihre westlichen Entsprechungen oder ob Aussehen und Grundriss aufgrund ihrer Lage geändert und adaptiert wurden. Unter den Flaviern scheint generell das gleiche Muster beibehalten worden zu sein. So bleiben zwar verschiedene Einheiten in den größeren Städten stationiert, *legio IV Scythica* in *Zeugma* (TR) *legio III Gallica* in *Samosata* (TR) und *legio XVI Flavia Firma* in *Antiochia* (TR), aber es scheint auch zu einer größeren Verteilung der Einheiten gekommen zu sein. Die Situation bleibt im großen und ganzen während des 2. und 3. Jhs. n. Chr. unverändert, wenn auch eine langsam steigende Tendenz beobachtet werden kann, die Truppen entlang der Grenze zu stationieren. Am Ende des 2. Jhs. n. Chr. war das Militär größtenteils entlang der östlichen Grenze der Provinz (am Fluß) verteilt, mit einer besonderen Konzentration im Nordosten, um dort die Parther aufhalten zu können. Aber es gab immer noch Einheiten, die in Städten wie *Palmyra* (SYR) und besonders in *Dura Europos* (SYR) (Abb. 5) stationiert waren.

Das auffälligste Phänomen der Grenzanlagen in Syria war ein Netzwerk von Straßen, welche die bedeutenderen Städte verbanden. Die einzige dieser Straßen, die im Zusammenhang mit der Grenze gesehen und sicher datiert werden kann, ist die *strata Diocletiana*, welche von *Sura* am Euphrat durch Südsyrien über *Resafa*, *Palmyra* und Dumeir (alle SYR) bis nach *Damascus* verläuft. Die *strata* war nur bedingt Teil des eigentlichen Grenznetzwerkes, sondern sollte als Teil des Wegesystems in der Provinz verstanden werden. Andere wichtige Routen verliefen in ost-westlicher Richtung, wenn möglich, wie im Norden um die Wüste herum, wo dies nicht möglich war auch durch sie.

In einem Teil des nördlichen Syrien, zum Euphrat hin (ein Teil des *Syria Euphratensis*), wurden kürzlich von einem deutschen Team Oberflächenuntersuchungen durchgeführt, mit dem Ziel, die Reihe von Kastellen zu untersuchen, die eine Fortsetzung der *strata Diocletiana* bilden könnten. Es konnte festgestellt werden, daß das römische Militär von der zweiten Hälfte des 1. Jhs. n. Chr. an die ersten Bewohner der untersuchten Orte stellte. Als Standort für die Siedlungen wurden Wadis ausgesucht, in denen die Wasserversorgung gesichert war. Zieht man spätere geographische Quellen hinzu, deutet sich die Möglichkeit an, daß die Kastelle auch an bereits etablierten Karawanenrouten gebaut wurden, um so die Wüstenstraßen zu beobachten, wenn nicht sogar zu kontrollieren.

Der Survey ergab auch, daß *Sura* als Schwachstelle in diesem Abschnitt der Grenze betrachtet wurde. Diese Stelle ließ Diokletian verstärken und dort stand die stärkste Befestigungsanlage an der Grenze bis zum Ende des Ostreiches. Trotz dieser Feststellung meint M. Konrad, daß dieser Teil der Grenze während der meisten Zeit relativ ruhig war.

Später bestanden die römischen Grenzbefestigungen in *Syria* aus zwei Legionslagern an den wichtigen strategischen Punkten bei *Sura* (SYR) mit der *legio XVI Flavia Firma* und bei *Oresa* (SYR) mit der *legio III Scythica*. Beide Orte waren durch eine unbefestigte Straße verbunden und etwa 90 km voneinander entfernt. Kleinkastelle lagen in regelmäßigen Abständen von ca. 15 km an dieser Straße. Interessanterweise lagen militärische *vici* neben den meisten der (größeren) Anlagen, oft mit ihren eigenen Verteidigungsmauern. Die *vici* hatten hier aber ein gänzlich andere Bedeutung als in den westlichen Provinzen. Da sie an Wasserstellen gebaut wurden, dienten die Anlagen wohl auch als Stützpunkte für Reisende und Karawanen sowie als Marktflecken.

Später wuchs im Osten des römischen Reich die Zahl der befestigten Städte und der darin stationierten Garnisonen weiter an, in *Syria* und *Mesopotamia* mit Festungsstädten, während sich zwischen Euphrat und Tigris Kastelle und kleinere Anlagen dicht zusammenballten. Die spätrömische Verteidigungslinie bestand dann aus einer Reihe von befestigten Städten, wie *Circesium*, *Zenobia* (Abb. 6), *Callinicum*, *Sura* und *Neocaesarea* (SYR).

Arabia

Im Vergleich zu den Grenzen von *Syria* und *Cappadocia* ist die Grenze der Provinz *Arabia* zwar am wenigsten in den historischen Quellen dokumentiert, aber dafür weit besser untersucht und somit gilt diese Grenze als diejenige, die wir am besten verstehen

Die Annektierung des nabatäischen *Arabia* führte letzten Endes zur Verlegung der *legio III Cyrenaica* mit ihren Auxiliartruppen aus Ägypten in die neue Provinz. Während über den ursprüngliche Einsatzort (nach dem Jahre 106 n. Chr.) nicht viel bekannt ist, hatte diese Einheit ihre Basis später in *Bostra* (SYR) (Abb. 7) und es ist wahrscheinlich, daß Teile davon, gemeinsam mit anderen Hilfstruppeneinheiten, in den verschiedenen Städten und Dörfern stationiert waren. Gleichzeitig haben andere Einheiten wohl frühere nabatäische Militärstützpunkte neu genutzt (einige nabatäische Einheiten waren in die römische Armee integriert worden), während anderenorts neue Kastelle errichtet wurden. Eine andere wichtige Maßnahme, die mit der römischen Eroberung zusammenhing, war der Bau, oder präziser ausgedrückt der Ausbau einer gut bekannten vorrömischen Straße, der *via nova Traiana*, die *Aila*/Aqaba (JO) mit der Provinz *Syria* verband.

Vom frühen 3. Jh. n. Chr. an, möglicherweise aus severischer Zeit, finden wir erhebliche Bautätigkeit, die im nordöstlichen *Arabia* mit der Errichtung neuer Kastelle zur Kon-

Abb. 6 Zenobia: Blick über die Festungsruine. Die heute sichtbaren Bauten datieren in die Zeit des Kaisers Justinian I. (kurz nach der Mitte des 6. Jhs. n.Chr).

Abb. 7 Bostra, Straße zum Legionslager.

trolle der Oasen diente und mit der Anlage neuer Straßen weiter die Wüstenregionen erschließen sollte. Die nächste größere Phase von Bautätigkeiten um 300 n. Chr. ist mit Diokletian verbunden. Die Strukturveränderungen der Armeeeinheiten, die aus dem 3. Jh. n. Chr. stammten, beeinflußten Form und Verteilung der römischen Anlagen. Wir sehen z. B. in dieser Zeit den Bau von drei neuen, aber wesentlich kleineren Legionskastellen in *Betthorus*/Lejjun, *Adrou*/Udruh und *Aila*/Aqaba, JO, die von ebenfalls kleineren Festungen begleitet wurden, welche ihrerseits die Nutzung von mehr Reitereinheiten widerspiegeln. Im 4. Jh. n. Chr. ist das Bild verwirrender: Nur im nördlichen Teil der Region sind Bautätigkeiten dokumentiert. Aber verschiedene Dokumente zeigen, daß viele Garnisonsanlagen auch im Süden weiter benutzt wurden und zwar in städtischen Gebieten genauso wie in Steppenorten oder entlang der großen Straßen. Es gab aber auch deutliche Einschränkungen. Viele der vorgezogen liegenden Kastelle im Nordosten wurden verlassen. Die Belege deuten an, daß in diesem und dem folgenden Jahrhundert die Garnisonen der Region immer weiter verkleinert wurden. Es wurde versucht, diese Vorgänge durch eine verstärkte Kontrolle mit diplomatischen Mitteln und der Unterstützung für die Anführer der lokalen (nomadischen) Bevölkerung zu kompensieren.

Das Hauptproblem dieses Erklärungsansatzes liegt in der Bedeutung der Bedrohung durch die Nomaden. Andere Forscher haben die Idee einer nomadischen Bedrohung vollständig zurückgewiesen und argumentieren vielmehr, daß die Grenze dazu diente, die innere Sicherheit zu festigen und der Unterdrückung jeglichen Widerstandes. Weniger überzeugend haben andere argumentiert, daß sie dazu gedient haben sollte, die südöstliche Flanke des Reiches gegen einen parthischen Einfall zu schützen.

Zusammenfassung

Im Westen, wo die Position der Militäreinheiten generell gut bekannt und die Grenze klar definiert ist, entweder als vom Militär gebaute Anlage oder aber indem sie natürliche Hindernisse (wie z. B. Flüsse etc.) nutzte, konnte die Forschung gerade auch durch Ausgrabungen zunehmend zahlreiche offene Fragen klären. Im Osten dagegen bleiben die Lage und Position der Anlagen, die Bewegungen der einzelnen Einheiten und sogar die Lokalisierung einzelner Abschnitte oder ganzer Teile der Grenze, sowie die Lokalisierung neuer Kastelle, ein fortdauernder Prozeß. Kurz gesagt ist unser Verständnis der Grenze im Osten verglichen mit der im Westen unvollständig. Mitverantwortlich dafür ist, daß viele dieser Arbeiten von Forschern aus dem Westen durchgeführt wurden, die aus der europäischen Tradition der Limesforschung kommen. Diese Ausgangssituation erklärt, warum so viele Konzepte und Tendenzen, die angeblich im Osten beobachtet werden können, tatsächlich aus einer europäischen Perspektive kommen. Nicht die unwichtigste dieser eher europäischen Sichtweisen besagt, daß sich das Konzept der Grenzen in Abhängigkeit von erst hegemonialem und dann territorialem Reichsgedanken angeblich im Osten entwickelte, genauso wie die größten Veränderungen in der Struktur der römischen Armee ebenfalls dort sichtbar sind. Die Ungleichgewichtigkeit in der Entwicklung archäologischer Forschungen an der Ostgrenze ist deutlich sichtbar, wenn man sieht, daß die Region als Ganzes erst seit relativ kurzer Zeit einen größeren Platz in den Publikationen der verschiedenen Limeskongresse einnimmt. Dies wurde in jüngster Zeit durch eine Anzahl von Kongressen, die sich ausschließlich mit der Ostgrenze beschäftigten, ausgeglichen und außerdem durch einige spezielle Publikationen ergänzt.

Was aber am Ende dieses kurzen Überblicks über die östliche Grenze des Römischen Reiches klar sein sollte, ist die Tatsache, daß wir aufgrund der historischen Quellen und des epigraphischen wie numismatischen Materials in einer guten Position sind, um über die römische Armee im Osten grundlegendes aussagen zu können. Ein offensichtlicher Unterschied zwischen der Grenze im Osten und den Erfahrungen der Römer im Westen liegt in dem völligen Fehlen künstlicher Anlagen, die eine solche Grenze sichtbar machten. Dies ist eine ganz andere Situation wie die Beispiele des Hadrianswalls und des Antoninuswalls in Großbritannien, die verschiedenen Abschnitte des obergermanischen Limes und sogar Teile der Grenze im römischen Nordafrika zeigen. Auf der Grundlage der vorhandenen Belege ist die Bedeutung des Straßennetzes in der Region für das Funktionieren des ganzen Systems sowohl für die römische als auch die byzantinische Grenze besonders charakteristisch. Aber es erscheint notwendig, dieses Straßennetz auch in seiner vorrömischen Tradition mit dann bereits existierenden bedeutenden Straßen zu verstehen, statt es als ein Ergebnis einer gezielten auf die Grenze bezogenen Maßnahme anzusehen. In diesem Sinne ist die Entwicklung der römischen Grenze einfach ein weiterer Faktor in der historischen Beziehung zwischen den Bewohnern und der Umwelt in dieser Region.

Übersetzung aus dem Englischen von S. Kerner und R. H. Barnes

Die Grenze in Nordafrika am Beispiel der Provinzen *Africa Proconsularis* und *Numidia*

Michael Mackensen

Die Südgrenze des Imperium Romanum verlief über ca. 4000 km vom Roten Meer bis zum Atlantik. Der Blick wird hier auf den zentralen Abschnitt mit den Provinzen *Africa Proconsularis* und *Numidia* gerichtet, der das westliche Libyen (Tripolitanien), Tunesien und das östliche Algerien umfaßt (Abb. 1). Die Provinzen *Aegyptus* und *Cyrene* im Osten sowie *Mauretania Caesariensis* und *Tingitana* im Westen bleiben dagegen unberücksichtigt.

Die Erforschung der archäologischen Hinterlassenschaften des römischen Heeres in Tunesien und Algerien – abgesehen von der großen Anzahl Inschriften und wenigen spektakulären Plätzen wie *Lambaesis* und *Tisavar* – stand während der zweiten Hälfte des 19. und der ersten Hälfte des 20. Jhs. nicht im Mittelpunkt der Altertumswissenschaften. Hervorzuheben sind besonders die Planaufnahmen und die Landesvermessung durch die sog. topographischen Brigaden der französischen Armee zwischen 1880 und 1910, die Flugprospektionen in Algerien (1946–1950) durch J. Baradez und die Untersuchungen R. Rebuffats ab 1967 in Bu Njem.

Die geomorphologischen und die klimatischen Grundbedingungen mit Wasserhaushalt und jährlicher Niederschlagsmenge waren bestimmend für die unterschiedliche landwirtschaftliche Nutzung (vorwiegend Getreide, Wein und Oliven), die ortsgebundene Viehzucht und die Wanderviehwirtschaft in den diesseits und jenseits des breiten Gebirgslandgürtels (Dorsale, Aures, Sahara-Atlas) gelegenen Landschaftsräumen. Sie bedingten den Verlauf der schon in vorrömischer Zeit genutzten, Nord-Süd gerichteten Verkehrswege und ebenso denjenigen neuer, strategischer Straßen sowie der eigentlichen Grenze (*limes*) mit der Anlage einzelner Kastelle und linearer Grenzabschnitte wie des *fossatum Africae*.

Südlich des Medjerda-Berglands, des ostalgerisch-nordwesttunesischen Hochlands und der bis 1540 m hohen Gebirgsstöcke gelangt man in ein ausgedehntes Steppenhochland, das nach Süden meist von bis 1150 m hohen, zerklüfteten Gebirgsketten begrenzt wird. Es folgt das niederschlagsarme südalgerische und südtunesische Tiefland mit den riesigen Salztonbecken (sog. Chotts oder Sebkhas) mit aridem Halbwüsten- und Wüstenklima. In Südosttunesien schließt nach Süden der Dahar an, eine Schichtstufenlandschaft, die in der Ebene in Halbwüste mit geringer Vegetation übergeht und nach Osten zur Djeffara-Küstenebene und dem Böschungsabbruch des tripolitanischen Djebel Nefousa überleitet. Südlich des Djebel erstreckt sich die Steinwüste Hamada al Hamra; die Ausläufer des großen östlichen Erg dehnen sich südwestlich des Dahar und südlich der großen Salztonbecken aus.

Ebenso wie für den Dahar ist für die Steppenbereiche des semiariden Hoch- und Tieflands mit geringen Niederschlägen während der Wintermonate – neben Getreideanbau und Olivenbaumkulturen – vorwiegend eine Nutzung als Weideland für die nicht ortsgebundene Wanderviehwirtschaft (Transhumanz) durch (semi-)nomadische Stämme charakteristisch. Von Bedeutung für die römische Grenzpolitik der frühen und mittleren Kaiserzeit waren gerade diese durch die naturräumlichen und klimatischen Gegebenheiten bedingten Möglichkeiten der Landnutzung durch die autochthone Bevölkerung.

Expansion während der frühen Kaiserzeit

Die während der frühen Kaiserzeit sukzessive erfolgte Erweiterung der Provinz *Africa*, deren Ausdehnung nach Westen ursprünglich der Verlauf der *fossa regia* markierte, ist schwer zu beurteilen. Aufgrund der Triumphalakten lassen sich für die Jahre 36–22/21 v. Chr. mehrere Feldzüge erschließen, bei denen es sich – aufgrund der Verleihung der *ornamenta triumphalia* – um jenseits der Dorsale und im Steppenhochland von den Statthaltern des Kaisers Augustus durchgeführte Eroberungskriege mit Gebietszugewinn gehandelt haben muß. Nur durch Plinius überliefert ist der Feldzug des Cornelius Balbus 21/20 v. Chr. gegen die *Phazanii* und *Garamantes* bis in den Fezzan. Gleichfalls ohne archäologische Evidenz bleibt das im Jahr 6 n. Chr. gegen die *Gaetuli* und die *Musulamii* wohl im ostalgerischen Bergland des oberen Medjerdatals und im Steppenhochland zwischen Tebessa und Batna geführte *bellum Gaetulicum*. Besser beurteilen läßt sich die Situation im Südwesten der senatorischen Provinz *Africa Proconsularis* aufgrund einer inschriftlich bezeugten Baumaßnahme: Im Sommer des Jahres 14 n. Chr. wurde die vom Winterlager (*ex castris hibernis*) der *legio III Augusta* durch das Steppenhochland über *Capsa*/Gafsa bis nach *Tacape*/Gabes an der kleinen Syrte verlaufende, 197 Meilen lange Straße, eine *via militaris*, fertiggestellt. Diese diente auch zur Kontrolle der jahreszeitlich bedingten Herdenwanderungen der (semi-)nomadischen Stämme. Das in den Meilensteininschriften namentlich nicht

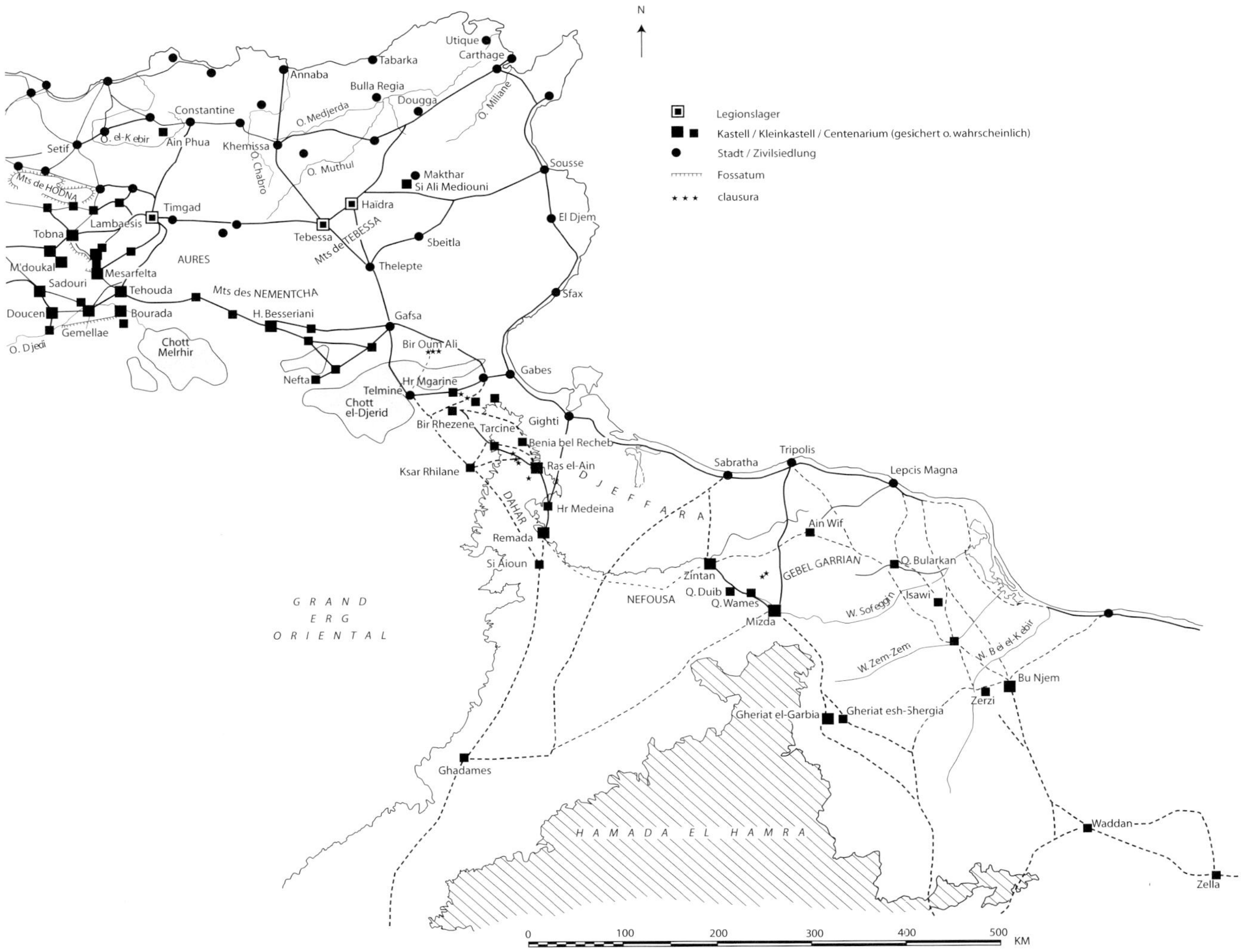

Abb. 1 Römische Kastelle des 1. bis 4. Jhs. n. Chr. in Tunesien und Ostalgerien sowie im westlichen Libyen (Africa Proconsularis und Numidia).

genannte Truppenlager wird nördlich der Dorsale und der Berge von Tebessa in *Ammaedara*/Haïdra angenommen, wo die Legion bis zu ihrer Verlegung nach *Theveste*/Tebessa im Jahr 74/75 n. Chr. stationiert war. Den Überlegungen, die unter Berücksichtigung der Straßenführung, Topographie, Wasserquellen und Militärnekropole zur hypothetischen Lokalisierung des Lagers zumindest des größten Teils der Legion im Zentrum der jüngeren (flavischen) *Colonia Ammaedara* führten, blieben jüngst Ausgrabungen verwehrt. Doch lassen sich ebensowenig die Kastelle römischer Auxiliareinheiten und kleinerer Detachements oder ganzer Kohorten, die von der *legio III Augusta* abgestellt waren, im Süden und Südwesten der Provinz nachweisen. Aufgrund der für die frühe Kaiserzeit bekannten Stationierungsgewohnheiten des römischen Heeres und der Angaben des Tacitus in Zusammenhang mit dem Aufstand des Tacfarinas als Anführer eines Stammesbündnisses (17–24 n. Chr.) ist in der Region von *Thubursicu Numidarum*/Khemissa bis *Thelepte* mit einem flächendeckenden Netz von Truppenlagern für Auxiliareinheiten und Legionsdetachements zu rechnen. Das Heer der *Africa Proconsularis* bestand zu dieser Zeit nach Tacitus (*Ann.* II 52) aus der Legion, mehreren Auxiliarkohorten und zwei Reitereinheiten. Doch weder das aufgrund eines Meilensteins als spätaugusteischer Ausgangspunkt mehrerer Straßen (*caput viarum*) ausgewiesene Si Ali Mediouni bei Makthar läßt sich in seiner Funktion als (militärisches) Zentrum – vielleicht mit einer legionaren Vexillation – beurteilen, noch ist das von Tacitus (*Ann.* IV 25,1) erwähnte *castellum Auzea* lokalisiert, in dessen Nähe Tacfarinas im Kampf den Tod fand.

Es besteht kein Zweifel, daß die Straße von *Tacape* über *Capsa* und *Thelepte* nach *Ammaedara* in spätaugusteischer Zeit nicht nur eine Kommunikations- und Nachschubroute, sondern die eindeutig markierte und militärisch kontrollierte Provinz- und Reichsgrenze nach Südwesten und Süden darstellte, die durch die Gebiete der *Tacapitani*, *Nybgenii* und *Musulamii* lief. Bereits 29/30 n. Chr. wurde das Gebiet bis zum Chott el-Fedjedj durch eine großräumige Limitation in das Provinzterritorium einbezogen. In den ersten Jahrzehnten des

1. Jhs. n. Chr. könnte dem etwa 40 km westlich von *Ammaedara* in Süd-Nord-Richtung verlaufenden Oued Chabro (Ostalgerien) eine Funktion als Grenzfluß (*ripa*) zugekommen sein – auch wenn die archäologische Evidenz dafür noch fehlt. Bis in die frühen 40er Jahre des 1. Jhs. n. Chr. bildete westlich von *Cirta*/Constantine der Fluß *Ampsaga*/Oued el-Kebir bzw. Oued Rhumel die Nordwestgrenze der Provinz gegenüber dem Klientelkönigreich *Mauretania*, doch auch hier fehlen – abgesehen von einigen Grabinschriften von Auxiliarsoldaten – verläßliche archäologische Befunde wie etwa für das bei Ain Phua entdeckte *castellum Phuensium*. Die Grenze von *Tacape* bis zur Mündung des *Ampsaga* betrug etwa 620 km.

Vorstoß nach Westen

Erst nach der Verlegung der Legion nach *Theveste*/Tebessa im Jahr 75 n. Chr. baute man eine Straße nach Westen entlang der Nordseite des Aures-Gebirges. In der numidischen Hochebene wurde 81 n. Chr. in *Lambaesis* eine Legionsvexillation wohl in Kohortenstärke in einem ersten permanenten, 1,75 ha großen Lager stationiert. Territorialer Zugewinn erfolgte durch die offensive, auf Expansion ausgerichtete Politik des Kaisers Trajan: Der Bau einer von *Capsa*/Gafsa nach Westen wohl bis *Thabudeos*/Tehouda bei Biskra führenden Straße erfolgte auf der ariden, fast vegetationslosen Südseite der Berge von Tebessa und Nementcha sowie des Aures-Gebirges, wo im Jahr 104/105 n. Chr. in Abständen von 40–45 km unmittelbar bei Oasen mehrere Auxiliarkastelle wie *Ad Maiores*/Henchir Besseriani zur Kontrolle der Transhumanz- und Handelsrouten sowie zur Arrondierung des Provinzterritoriums errichtet wurden. Die nördlich der ausgedehnten Salztonbecken und der Sahara verlaufende Straße bildete die offene, lineare Südgrenze (*limes*) des Reichs.

Die Verlegung der *legio III Augusta* von *Theveste* an ihren endgültigen Stationierungsort *Lambaesis* erfolgte wohl noch unter Kaiser Trajan um 115/117 n. Chr. – jedenfalls lange vor dem Aufenthalt des Kaisers Hadrian im Sommer 128 n. Chr.

Konsolidierung im 2. Jahrhundert n. Chr.

Südlich des Aures und der Berge von Zab und Oueled Nail bildete ein von Südwest nach Nordost ins Chott Melrhir fließender Fluß, das Oued Djedi (*flumen nigris*), eine natürliche Grenze, die mit der Fruchtlandgrenze zusammenfällt. Von Süden verläuft eine der wichtigen Routen von den fruchtbaren Oasen am Rand des großen östlichen Erg durch die steppenartige Halbwüste in die Region von Biskra mit ihren zahlreichen Oasen und Quellen und von dort weiter nach Norden – durch die Rhoufi-Schlucht und das Oued el-Abiod oder die Schlucht von El Kantara – in die numidische Hochebene. Der grenzüberschreitende Verkehr – vorwiegend gaetulische Nomaden mit ihren Viehherden – war bereits jenseits des Flusses zu kontrollieren; hier waren Passierzölle für Mensch und Tier ebenso wie Aus- und Einfuhrzölle für Waren zu entrichten. Dazu diente das bereits 125/126 n. Chr. inschriftlich bezeugte, 131/132 n. Chr. von einer legionaren Bauvexillation knapp südlich des Flusses errichtete, 2,5 ha große Auxiliarkastell *Gemellae*/El Kasbat. Zusätzlich wurde 3–5 km südlich des Flusses ein etwa um 130 n. Chr. datiertes, ca. 60 km langes Wall-Grabensystem, die sog. Séguia Bent el-Krass, angelegt. Die im Jahr 409 n. Chr. im *Codex Theodosianus* als *fossatum* bezeichneten Anlagen (Abb. 2) bestanden aus einem bis 3,30 m tiefen und 4,5 m breiten Graben mit vier hintereinander gestaffelten Bruchsteinmauern mit Sandverfüllung von insgesamt 20–25 m Breite und rechteckigen Wachttürmen mit zinnenbewehrter Plattform; diese alternierten im Abstand von ca. 750 m mit Toranlagen mit zwei quadratischen, zweistöckigen Türmen. Etwa 10 km südlich lagen im Vorfeld mehrere militärische Außenposten, zusätzlich zwischen dem Oued Djedi und dem *fossatum* auch einige teils erst spätrömische, bis ins frühe 5. Jh. n. Chr. besetzte Befestigungen wie das Kastell Bourada. Ein zweiter, ca. 45 km langer, um 130 n. Chr. datierter Abschnitt des *fossatum* verlief von Mesarfelta nach *Thubunae*/Tobna und sperrte den Zugang von Südwesten zur Schlucht von El Kantara.

Dagegen genügte gleichzeitig im tripolitanischen Dahar und Djebel Nefousa eine offene Grenze, doch wurde zumindest das weit ins südtunesische Steppenhochland vorgescho-

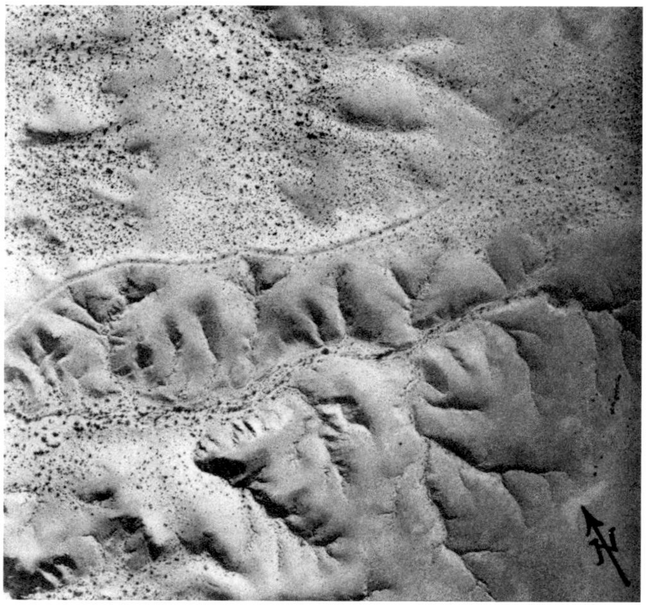

Abb. 2 Fossatum Africae/Séguia Bent el-Krass südwestlich von Gemellae/El Kasbat, Ostalgerien. Vertikalaufnahme mit linearem Grabenverlauf oberhalb des Oueds.

Abb. 3 Tisavar/Ksar Rhilane (früher El Hagueuff), Südtunesien. Kleinkastell (innen 25 x 34 m; 0,08 ha), erbaut 184/191 n.Chr., mit Tor in der Ostmauer und abgerundeter Nordostecke.

bene Auxiliarkastell *Tillibari*/Remada neu errichtet. Bis zum Ende der Regierung des Kaisers Marc Aurel behielt man das hadrianische Sicherungs- und Kontrollsystem mit einem streckenweisen Wall-Grabensystem mit Wachttürmen, Außenposten und Kastellen oder einer durch den Straßenverlauf markierten Grenze mit Auxiliarkastellen im numidischen Westen und einer offenen Grenze im tripolitanischen Osten bei. Auch unter Commodus erfolgten keine grundsätzlichen Änderungen. Nur inschriftlich läßt sich für die späten 80er Jahre des 2. Jhs. n. Chr. am Eingang der Schlucht von El Kantara ein Wachtturm mit Beobachtungs- und Kontrollaufgaben (*burgus speculatorius inter duas vias*) nachweisen, der auch Reisenden Schutz gewähren sollte. In Südtunesien entstanden in exponierter Lage zwei commoduszeitliche Kleinkastelle: *Bezereos*/Bir Rhezene (0,19 ha) liegt am Rand der Sandwüste an der Straße nach Remada und *Tisavar*/Ksar Rhilane (0,08 ha) ca. 40 km vor dieser Straße, aber nahe einer Oase und bereits in den Ausläufern des großen östlichen Erg (Abb. 3). Beide sind auf kleinen Felskuppen etwas erhöht positioniert, die Kontrolle der lebenswichtigen Wasserquellen ist wie der Fernblick auf die Verkehrswege gewährleistet. Bereits Kaiser Hadrian erwähnte in seiner am 1. Juli 128 n. Chr. in *Lambaesis* gehaltenen Ansprache Detachements der *legio III Augusta*; diese waren auf Außenposten (*diversae stationes*) wohl an der Südgrenze abgestellt – vorstellbar ist dies auch für die beiden Kleinkastelle während der 80er Jahre des 2. Jhs. n. Chr. Die Straße von *Turris Tamalleni*/Telmine am Chott el-Djerid durch den Dahar über Remada und entlang des Böschungsabbruchs des Djebel Nefousa bis *Tentheos*/Zintan markierte bereits im späten 2. Jh. n. Chr. – wenngleich erst im *itinerarium Antonini* als *limes Tripolitanus* bezeichnet – die nur von Militärposten gesicherte und kontrollierte Südgrenze.

Gebietszuwachs im frühen 3. Jahrhundert n. Chr. in Tripolitanien

Von entscheidender Bedeutung für die territoriale Erweiterung Tripolitaniens – also des östlichen Teils der Provinz *Africa Proconsularis* – und zahlreiche militärische Baumaßnahmen waren der aus *Lepcis Magna* stammende Kaiser Septimius Severus und der von 196/197 – 201 n. Chr. als Legionslegat (*legatus Augusti* [bzw. *Augustorum*] *pro praetore legionis III Augustae*) und Oberbefehlshaber des *exercitus Africae* mit besonderen Aufgaben betraute Q. Anicius Faustus. Aus senatorischer Familie aus *Uzappa*/El Ksour bei Makthar stammend, war er aufgrund seines provinzübergreifenden Kommandos für die militärische Sicherheit und die Funktionsfähigkeit der afrikanischen Reichsgrenze verantwortlich. Diese erreichte jetzt ihre größte Ausdehnung mit mindestens 1500 km Länge, war jedoch mit der geringen Truppenzahl von ca. 11000 Mann (1 *legio*, 2 *alae*, 7 *cohortes*, 2 *numeri*) zu kontrollieren.

Wahrscheinlich erfolgte während der ungewöhnlich langen Amtszeit des Anicius Faustus die Abtrennung des Westteils der *Africa Proconsularis* und die Provinzialisierung Numidiens, doch wird die *provincia splendissima Numidia* inschriftlich erstmals vor 208/210 n. Chr. bezeugt. Der auf Ehreninschriften für das Kaiserhaus genannte und als *patronus* numidischer Städte bezeichnete Legat dürfte der erste Statthalter der Provinz *Numidia* gewesen sein.

Das jenseits der Djeffara-Ebene gelegene Hinterland der tripolitanischen Küstenstädte *Sabratha*, *Oea* und *Lepcis Magna*, das Hochplateau des Djebel Garrian, wurde wie die zur ariden Halbwüste gerechneten großen Wadis Soffegin, Zem Zem und Bey el-Kebir – nicht zuletzt aufgrund ausgeklügelter Bewässerungssysteme – für Getreideanbau, Ölbaumkulturen und Viehzucht genutzt. Eine aktuelle Bedrohung dieser Region durch kriegerische nomadische Stämme veranlaßte Septimius Severus zum Eingreifen (Aurelius Victor, *De Caes*. 20,9) und zum Bau größerer Kastelle weit im Süden am Rand wichtiger Oasen in Gheriat el-Garbia und *Gholaia*/Bu Njem sowie weiter westlich in *Cidamus*/Ghadames, aber auch kleinerer militärischer Außenposten wie z. B. in Gasr Zerzi und wohl auch in *Zella* – etwa 350 km südlich von Bu Njem gelegen –, die zur Sicherung der Verkehrswege und Karawanenrouten dienten. Aufgrund mehrerer Inschriften aus den Jahren 198/201 n. Chr. wurden die Baumaßnahmen unter dem Oberbefehl des Anicius Faustus von Vexillationen der *legio III Augusta pia vindex* ausgeführt; für Bu Njem steht sogar der Ankunftstermin der Truppe und das Gründungsdatum des Kastells am 24. 1. 201 n. Chr. fest. Charakteristisch für die zwei großen Kastelle ist nicht nur der Grundriß des Haupttors mit Tortürmen mit abgeschrägter vorderer Innenecke, sondern auch die mehrgeschossigen Tortürme mit zinnenbewehrter Turmplattform und mit 12,5 m bis 15,0 m rekonstruierbarer Gesamthöhe (Abb. 4). In einer Instandsetzungsinschrift des Jahres 222 n. Chr. aus Bu Njem werden das Tor (*portam vetustate conlabsam lapidi quadrato arco curvato restituit*) und die in vier Geschosse gegliederten Türme genannt (*excelsae turres quater divisae*).

Das regionale Kommando des Befehlshabers des östlichen Abschnitts der tripolitanischen Grenze ist im 2,28 ha großen Gheriat el-Garbia wohl unter einem ritterlichen Praefekten anzunehmen, während für das westliche Tripolitanien diese Aufgabe dem *praefectus cohortis* des 1,95 ha großen Auxiliarkastells *Tillibari*/Remada zukam. In dem 1,15 ha großen *castra Gholaia*/Bu Njem befehligte bis 238 n. Chr. ein Legionscenturio als *praepositus* eine Vexillation der *legio III Augusta* und – zumindest für 236/238 n. Chr. bezeugt – einen aus Soldaten verschiedener Einheiten zusammengestellten *numerus conlatus*. Von hier wurden Soldaten auf verschiedene Außen-

Abb. 4
Gholaia/Bu Njem, nordwestliches Libyen. Kastell (innen 87 x 133 m; 1,15 ha), erbaut 201 n. Chr. von einer Vexillation der legio III Augusta. Nordtor (porta principalis sinistra) mit Bauinschrift und im Hintergrund das Haupttor (porta praetoria), gezeichnet im Jahr 1818.

Abb. 5 Zentraltunesischer Sigillatateller mit breitem, schräg gestelltem Rand (Form Hayes 55, C³-Qualität) mit Applike eines Transportdromedars; an einem Holzgestell sind zwei Tierbälge für Wasser oder Wein befestigt. Datierung ca. 2. Hälfte des 4. Jhs. n. Chr., Archäologische Staatssammlung München, Inv. Nr. 1988, 3009.

posten abgestellt; dies geht aus mit Tinte beschrifteten Scherben (*ostraca*) hervor, die Teil des Archivs dieser Garnison waren. Auch über die täglichen Rapporte mit Truppenstärke, Dienstanweisungen, Rechenschaftsberichte und ausgeübte Tätigkeiten geben die Ostraka Aufschluß. Von Interesse für die Versorgung der Truppe mit Lebensmitteln sind Frachtbriefe für gelieferte Getreidemengen und Öl durch im Dienste des römischen Heeres stehende einheimische Führer (*camellarii*) von Dromedarkarawanen (Abb. 5).

Die polizeiliche Kontrolle über die tripolitanischen Oasen, die nicht nur Zentren der autochthonen, (semi-) nomadischen Stämme, sondern mit ihren Wasserquellen und Brunnen sowie den Zivilsiedlungen (*vici*) auch logistische Schlüsselstellen als Rast- und Versorgungsplätze waren, übte das römische Militär mit den weit vorgeschobenen Kastellen und Militärposten aus (Abb. 6). Hier ließen sich die nomadischen Wanderungen und die auf Wochenmärkten in der Provinz angebotenen Erzeugnisse der autochthonen Stämme (*Gaetuli*, *Macae*) besser kontrollieren. Zudem führten über diese Oasen die Fernhandelsrouten aus dem Fezzan bzw. von der ägyptischen Oase *Siwa* durch die Wüste ans Mittelmeer. Für den grenzüberschreitenden Personen- und Warenverkehr waren Zollgebühren (*portorium*) zu entrichten. So wurden in Bu Njem in einer *statio camellariorum* beim Grenzübertritt von den Dromedarführern diese Gebühren und für die berechtigte Passage auf überwachten Karawanenrouten ein spezielles Entgelt, das *sumbolon kamelon*, erhoben.

Schon vor der tripolitanischen Expansion war im Jahr 198 n. Chr. am entgegengesetzten Ende des Kommandobereichs des Anicius Faustus im Südwesten der Provinz *Numidia* an einer Transsahara-Handelsroute das 0,5 ha große *castellum Dimmidi*/Messad erbaut worden, das einen für diese Zeit ungewöhnlichen, dem Gelände angepaßten, trapezförmigen Grundriß aufweist. Aber bereits im April/Mai 238 n. Chr. wurde dieses Kastell wieder aufgegeben und in den 40er Jahren des 3. Jhs. n. Chr. erbaute man weiter östlich an der Straße durch die Zab-Berge die Kastelle Doucen und *Ausum*/Sadouri.

Nach der Schlacht gegen den neuen Kaiser Gordian II. und die *cohors I urbana* aus *Karthago* war die *legio III Augusta* als Strafmaßnahme zur Wiederherstellung der militärischen Disziplin im Juni/Juli 238 n. Chr. aufgelöst worden.

Abb. 6 Gheriat el-Garbia, nordwestliches Libyen. Runder Wachtturm (burgus) (Dm. 5,0 m), erbaut 222/235 n. Chr. von einer Vexillation der legio III Augusta, ca. 1 km östlich des Kastells. Blick nach Osten.

Abb. 7 Gasr Wames, nordwestliches Libyen. Kleinkastell (centenarium) (13,2 x 13,2 m), erbaut um 246 n. Chr. an der Straße von Tentheos/Zintan nach Mizda. Ansicht von Osten mit Eingangsbereich.

Die im fernen Tripolitanien stationierten Legionsvexillationen wurden degradiert: In *Gholaia*/Bu Njem wurde sie in *vexillatio Golensis* umbenannt und nun von Offizieren (*decuriones*) einer Reitereinheit (*ala*) befehligt.

Gasr Duib, ein militärisches *centenarium*

An der Verbindungsstraße von *Tentheos*/Zintan nach Mizda wurde im Jahr 246 n. Chr. das inschriftlich als *novum centenarium* [*Philippianum?*] bezeichnete Gasr Duib, ein dreigeschossiges, fensterloses Kleinkastell mit quadratischem Grundriß (16 x 15 m) und kleinem Lichthof, zum Schutz gegen barbarische Einfälle (*incursibus barbarorum*) und zur Kontrolle der Straße errichtet; 25 km weiter folgt mit Gasr Wames ein zweiter ähnlicher Bau (Abb. 7). Genannt wird erstmals die militärische Organisationsstruktur – und zwar nicht nur der numidische Statthalter und Oberbefehlshaber für die gesamte afrikanische Grenze (*legatus Augustorum pro praetore*), sondern auch der für ihre östliche Hälfte, den *limes Tripolitanus*, zuständige Befehlshaber (*praepositus limitis*) und nachgestellt der Tribun einer Auxiliarkohorte, der zugleich der regionale Kommandeur eines Grenzabschnitts, des *limes Tentheitanus* (*regio limitis* [*Ten*] *theitani partita*) war; dieser hatte seinen Sitz wohl in *Tentheos*/Zintan und war Erbauer des *centenarium*. Dem in Gasr Duib und in einer 248 n. Chr. datierten Inschrift aus Bu Njem genannten regionalen Befehlshaber des *limes Tripolitanus* war eine Reihe von Befehlshabern wichtiger Kastelle unterstellt, die für einzelne Grenzabschnitte wie den *limes Tentheitanus* und vielleicht auch einen *limes Golensis* verantwortlich waren.

Wenngleich in Gasr Duib eindeutig ein militärischer Zusammenhang vorliegt, läßt sich der als *centenarium* oder *turris* bezeichnete Bautyp auch als repräsentatives Gebäude der vermögenden Landbesitzerschicht – neben den Gutshöfen der normalen Bauern und Kleinpächter – in der Gebel-Region und im Dahar nachweisen.

Abb. 8 Lambaesis/Tazoult-Lambèse, Ostalgerien. Lager der legio III Augusta mit Ostfassade des Torbaus (groma) (32,80 x 23,25 m), neu erbaut 267/268 n. Chr. unter dem Statthalter (praeses) der Provinz Numidia, Tenagino Probus, über dem Schnittpunkt der Hauptstraßen, davor Nymphaeum, links Innenhof des Stabsgebäudes (principia).

Abb. 9 Benia bel Recheb, Südtunesien. Spätrömisches Kastell (innen 35 x 38 m; 0,13 ha) im Dahar; nordöstlicher Eckturm im Vordergrund, dahinter Westmauer von Nordost.

Räumung der Oasenkastelle im östlichen Tripolitanien

Im Spätsommer 253 n. Chr. stellte Kaiser Valerian die *legio III Augusta* wieder her. Etwa 800 Mann wurden aus Raetien zuerst nach *Gemellae* und schließlich nach *Lambaesis* zurückgeführt (Abb. 8); dort kamen sie wegen einer Erhebung der einheimischen Bevölkerung in der numidisch-mauretanischen Grenzregion oder wegen Einfällen von Sahara-Nomaden zum Einsatz. In den frühen 60er Jahren des 3. Jhs. n. Chr. wurden die vorgeschobenen tripolitanischen Kastelle wie Bu Njem und seine Außenposten aufgegeben. Die vormals im noch nicht lokalisierten Kastell *Secedi* stationierte *cohors VIII Fida* läßt sich 600 km weiter westlich als Besatzung des 263 n. Chr. neu errichteten, 0,86 ha großen Kastells *Talalati*/Ras el-Aïn Tlalet im Dahar nachweisen.

Spätrömische Befestigungsbauten

Als Folge der tetrarchischen Reformen wurden im Jahr 303 n. Chr. die nordafrikanischen Provinzen verkleinert und *Tripolitana* eine eigenständige Provinz. Der Statthalter (*praeses*) war bis zur Einsetzung eines eigenen *dux* um 360 n. Chr. auch militärischer Befehlshaber über die zwölf Abschnittskommandeure und ihre limitanen Truppen (*Not. Dig. oc.* XXXI). Dagegen lag schon ab den 30er Jahren des 4. Jhs. n. Chr. die Befehlsgewalt über die limitanen Truppen an den verschiedenen Abschnitten der numidischen Grenze beim *comes Africae* (*Not. Dig. oc.* XXV), dem auch das comitatensische Heer in den übrigen nordafrikanischen Provinzen unterstand. Es ist bemerkenswert, daß im tripolitanischen Dahar die größeren Kastelle des 2. und 3. Jhs. n. Chr., die als Hauptquartier eines Abschnittskommandeurs bis ins frühe 5. Jh. n. Chr. besetzt waren – wie z. B. *Bezereos*/Bir Rhezene als Sitz des *praepositus limitis Bizerentane* –, nicht mit den typischen, nach außen vorspringenden, rechteckigen oder quadratischen Eck- und Zwischentürmen verstärkt wurden. Außenposten wie *Tisavar* wurden im frühen 4. Jh. n. Chr. aufgegeben und wohl durch das an der Straße gelegene, 303/305 n. Chr. erbaute *centenarium Tibubuci*/Ksar Tarcine ersetzt. Neu errichtete Kastelle wie Benia bel Recheb (Abb. 9) im Dahar zeigen die Merkmale spätrömischen Festungsbaus. Ob die *clausurae*, einige hundert Meter lange Paßsperren wie z. B. diejenige von Bir Oum Ali (Abb. 10) oder die 17 km lange Talsperre zwischen Djebel Tebaga und Djebel Melab alle erst im 4. Jh. n. Chr. zur Kontrolle der Transhumanzrouten errichtet wurden, ist unsicher. Reiternomaden wie die *Austuriani*, die ab 363 n. Chr. mehrfach bis *Lepcis Magna* und *Oea*/Tripolis einfielen, waren an der Grenze von den kleinen Einheiten nicht wirksam zu bekämpfen.

Im Vergleich zu den tripolitanischen Neubauten sind die numidischen Kastelle des 4. Jhs. n. Chr. wie das 303 n. Chr. erbaute, als *centenarium* bezeichnete Kastell *Aqua Viva* bei M'doukal am *limes Tubuniensis* oder Bourada am *limes Gemellensis* wesentlich größer. Das *fossatum* wurde einer Anordnung des Jahres 409 n. Chr. zufolge (*Cod. Theod.* VII 15,1) noch instand gehalten und die Grenze (*limes*) von autochthonen Stämmen in römischem Sold (*gentiles*) kontrolliert. Nach der Eroberung der westlichen nordafrikanischen Provinzen (429 n. Chr.), Karthagos (439 n. Chr.) und Tripolitaniens (455 n. Chr.) durch die Vandalen entzieht sich die numidische und tripolitanische Grenze bisher noch einer verläßlichen Beurteilung auf der Grundlage der archäologischen Hinterlassenschaften.

Abb. 10 Bir Oum Ali, Südtunesien. Ost-West verlaufende Sperrmauer (clausura) mit Toranlage im Bereich der Paßstraße nördlich des Chott el-Fedjedj und südlich der Verbindungsstraße Tacape/Gabes – Capsa/Gafsa von Nordwest.

Belagerungsstätten

Michel Reddé

In der antiken Kriegskunst wird die Belagerung einer feindlichen Festung oft unumgänglich. Durch die Eroberung seiner Städte werden dem Feind seine Machtzentren, Refugien und Nachschubbasen entzogen. Es ist aber auch das beste Mittel, seine eigenen Verkehrswege zu schützen, das Land zu sichern und in der kalten Jahreszeit Schutz zu suchen. Sobald sich ein Sturmangriff als unmöglich erweist, bleibt eine Belagerung in der Tat die einzige Methode, wenn auch nicht immer ohne Risiken. Ist die Festung gut versorgt, kann sich eine Blockade lang ziehen und stellt die von ihren Stützpunkten entfernten Belagerer immer vor große logistische und gesundheitliche Probleme, die in der kalten Jahreszeit für die Belagerer nicht weniger schwerwiegend sind als bei den Belagerten. Somit ist die Belagerung in jedem Fall ein Wettlauf mit der Zeit, der nicht immer zugunsten des Angreifers ausfällt. Deshalb wurden in der Antike schon sehr früh militärische Techniken für diese sehr spezielle Kriegsform entwickelt. Die einen streben einen optimalen Schutz durch mehrere Hindernisse vor potentiellen Angreifern an; für die anderen ist es wichtig, sich den Verteidigungsanlagen des Feindes so weit wie möglich zu nähern, seine Fallen zu vereiteln, seine Mauern zu durchschlagen und all das verbunden mit möglichst wenig Verlusten beim Angriff. Erdarbeiten, Maschinen und Kriegslist sind die Geheimnisse dieser Kriegskunst, die in der Antike mit dem griechischen Begriff «Poliorketik» benannt wurde.

Seit der griechische Historiker Thukydides (Ende 5. Jh. v. Chr.) eine Geschichte des Peloponnesischen Krieges verfaßte, sind die historischen Quellen voll mit Berichten über dieses Thema, und seit der hellenistischen Zeit erschienen theoretische Abhandlungen, wie der wahrscheinlich um 225 v. Chr. von Philon aus Byzanz in griechisch verfaßte Text. Schließlich wurden in Europa wie im Osten verschiedene Belagerungsstätten erkannt und deren Anlagen archäologisch untersucht. Einige, wie die von *Numantia* (E) (134 – 133 v. Chr.), *Gergovia* und *Alesia* (F) (52 v. Chr.), Masada (IL) (72-73 n. Chr.), wurden schon in antiken Berichten ausführlich beschrieben und in neuerer Zeit großflächig ausgegraben.

Ein guter General begann damit, eine Reihe günstig orientierter Lager aufzubauen. Dabei ist aber zwischen den oft beidseitig der Stadt gegenüberliegenden Hauptlagern (lateinisch: *castra*) und den um die belagerte Stadt kranzartig verteilten kleinen Militärlagern (*castella*) zu unterscheiden. In dieser ersten Phase waren die Verbindungen der Belagerten mit der Außenwelt nicht völlig abgebrochen. Dies wurde genutzt, um überzählige Soldaten und vor allem unnütze Esser (Alte, Frauen und Kinder) freizulassen und dadurch die Gefahr einer Hungersnot zu vermeiden. Um sich in dieser gefährlichen Zeit zu schützen, da sie in Reichweite des Feindes arbeiten mußten, errichteten die Belagerer manchmal eilig eine provisorische Linie, um dann in aller Ruhe die endgültigen Belagerungsanlagen zu bauen. Erst nach diesen Vorarbeiten wurde mit der Errichtung des Belagerungsrings begonnen.

Diese Linie wurde mit den zur Verfügung stehenden Mitteln, d. h. mit vor Ort verfügbaren Materialien ausgebaut. Meistens reichte eine einfache Mauer, wie sie Titus vor Jerusalem in drei Tagen auf einer Länge von ca. 7 km und mit etwa 60 000 Mann errichtet hatte (Josephus Flavius, *Bellum Judaicum*, V, 12). Das keltische *Oppidum Vellaunodunum* wurde von Caesar in zwei Tagen und mit sechs Legionen eingeschlossen! In bestimmten Fällen mußten sich die Belagerer selbst absichern. Dies war der Fall 262 v. Chr. in Agrigent, wo ein Graben auf der Innenseite zum Schutz der Römer vor einem Ausfall der Belagerten gezogen wurde, und ein anderer auf der Außenseite, um die Römer und deren Belagerungswerke gegen Angriffe von außen abzuschirmen (Polybios I, 18). In Karthago sicherte sich Scipio mit Palisadengräben ab (Appian, *Punica* 119).

Numantia

Die keltiberische Stadt *Numantia* liegt im nördlichen Zentralspanien bei Garray, am Zusammenfluß von Duero und Merdancho. In dieses *Oppidum* zogen sich die aufständischen Keltiberer während der mehrere Jahrzehnte andauernden Aufstände gegen Rom zurück und wurden schließlich 134/133 v. Chr. nach hartnäckigem Widerstand von Scipio Aemilianus besiegt. Appian (*Iberica* 90), der sich auf Polybios als Augenzeuge stützte, beschrieb den Verlauf der Operationen folgendermaßen: «[Scipio] errichtete zwei Lager ganz in der Nähe von *Numantia*, unterstellte das eine dem Befehl seines Bruders Maximus, während er selbst das Kommando über das andere führte.» Da schlugen ihm die Numantier eine Schlacht vor, die von ihm abgelehnt wurde. Dann «errichtete er sieben Befestigungen um die Stadt [und begann] die Belagerung. Da-

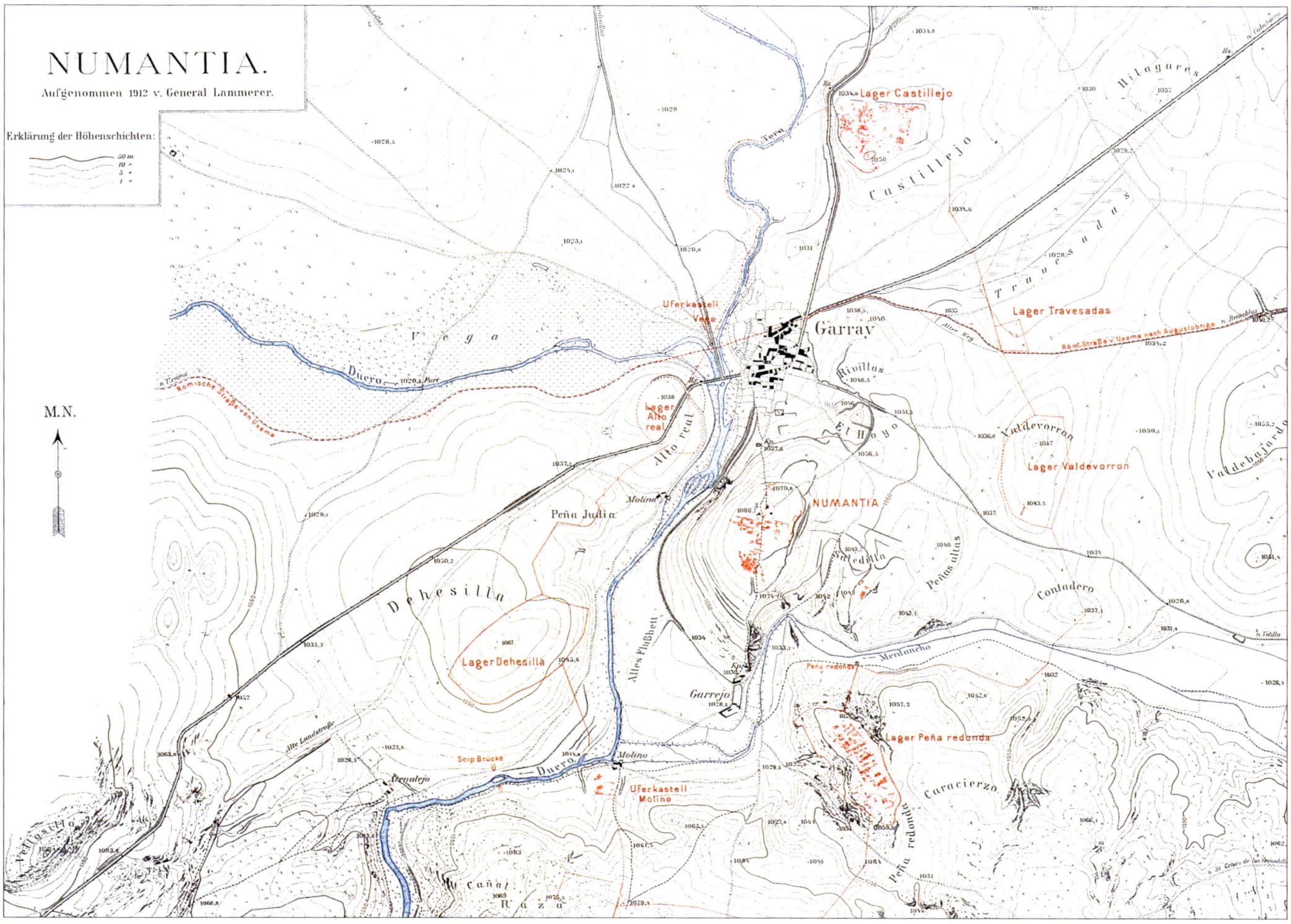

Abb. 1 Plan von Numantia (Prov. Soria, Spanien).

bei ließ er [seine Verbündeten] schriftlich wissen, wie viele Hilfstruppen sie zu entsenden hätten. Als diese dann eintrafen, teilte er sie in viele Gruppen und gleichermaßen auch sein eigenes Heer. Dann bestellte er für jede Abteilung einen eigenen Befehlshaber und befahl ihnen, die Stadt mit Gräben und Palisaden zu umgeben. Der Umfang von *Numantia* selbst belief sich auf 24 Stadien [ca. 4,5 Kilometer], der Einschließungsring auf mehr als das Doppelte. Diese ganze Strecke hatte er jeweils einzelnen Abteilungen zugewiesen und ihnen befohlen, man solle, sofern die Feinde irgendwo Widerstand leisten, ihm ein Zeichen geben, tagsüber durch eine rote Flagge auf einer hohen Lanze, in der Nacht mit einem Feuer, damit er selbst oder Maximus, wo es am nötigsten war, zu Hilfe eilen konnte. Nach all diesen Vorbereitungen und nun in der Lage, Angriffe leicht abzuwehren, ließ er hinter dem ersten einen zweiten Graben mit Palisade ziehen. Dann wurde noch eine acht Fuß [2,4 m] breite und zehn Fuß hohe [3 m] Mauer – ohne die Brustwehr – hochgezogen. Alle 100 Fuß (30 m) aber waren Türme über die ganze Länge hin von ihm erreichtet.» (Übersetzung: Veh 1987, 115f.).

Die römische Anlage wurde vom deutschen Archäologen Ad. Schulten von 1905 bis 1912 ausgegraben (Abb. 1). Ihm gelang es, den Kranz von Lagern und Posten um *Numantia* freizulegen. Nur sieben Anlagen wurden entdeckt; Scipios Lager lag wahrscheinlich im Norden (Castillejo). Der römische Feldherr hatte die Belagerungswerke der früheren Feldzüge von Marcellus (151 v. Chr.) und Pompeius (140 v. Chr.) gegen die Keltiberer wieder verwendet. Der von Appian erwähnte Graben wurde aber nicht gefunden.

Gergovia

Im siebten Jahr der Eroberung Galliens 52 v. Chr. muß Caesar einen massiven Aufstand, der von einem jungen Arverner hoher Herkunft, Vercingetorix, angeführt wird, niederschlagen. Der römische Prokonsul ergreift die Offensive wieder und zieht nach Norden; *Avaricum*/Bourges wird eingeschlossen, erobert und die Einwohner werden niedergemetzelt. Danach kommt er mit sechs Legionen, um die Hauptstadt der Arverner, *Gergovia*, zu belagern, wohin sich der Anführer der

Gallier geflüchtet hat. «Dann besichtigte Caesar die Lage der Stadt. Da sie auf einem sehr hohen Berg lag und daher von allen Seiten nur schwer zugänglich war, gab Caesar den Gedanken an einen Sturmangriff auf...Der Stadt gegenüber befand sich unmittelbar an den Ausläufern des Gebirges eine Anhöhe, die hervorragend geschützt war und nach allen Seiten hin steil abfiel...Caesar brach in der Stille der Nacht aus dem Lager auf, und ehe noch aus der Stadt Unterstützung kommen konnte, hatte er die Wachmannschaft vertrieben und die Anhöhe in seine Gewalt gebracht. Er legte zwei Legionen dorthin und ließ einen doppelten Graben von zwölf Fuß vom Hauptlager zu dem kleineren führen, damit die Soldaten auch einzeln sicher vor einem feindlichen Angriff hin- und zurückgelangen konnten » (Caesar, *De Bello Gallico* VII, 36).

Napoleon III. identifizierte den Siedlungsplatz *Gergovia* und grub 1862 die römische Anlage aus. Das *Oppidum* liegt wenige Kilometer südlich der heutigen Stadt Clermont-Ferrand auf dem Plateau von Merdogne. Trotz verschiedener Kontroversen gelang es durch jüngere Grabungen (V. Guichard, Y. Deberge), die Annahmen von Napoleon III. zu bestätigen und das 35 ha große Lager Caesars auszumachen, das 2,5 km östlich des Oppidums liegt und von diesem durch ein sumpfiges Tal getrennt ist (Abb. 2). Sein Grundriß ist beinahe viereckig mit leicht gerundeten Ecken. Der Graben weist ein regelmäßiges V-Profil auf. Das kleine Lager von ca. 5,5 ha liegt auf dem Hügel Roche Blanche und paßt sich ganz der Topographie an. Die Breite erreicht 3,5 m und die Tiefe 1,8 m. Datierung und Funktion werden durch republikanische Amphoren und charakteristische römische Waffen, wie eiserne Katapult- und Schleudergeschosse, gestützt. Der Verlauf der mittleren Befestigung folgt der Kammlinie von der Südwestecke des Lagers bis zur Roche Blanche. Aber nur einer der von Caesar erwähnten Gräben wurde gefunden.

Alesia

Vor *Gergovia* in Schach gehalten, sieht sich Caesar gezwungen, nach Norden zu ziehen, um seinen wichtigsten Legaten Labienus im Gebiet von Sens zu treffen. Nachdem er seine Streitkräfte neu formiert hat, bricht der Prokonsul gegen Ende des Sommers 52 v. Chr. in der Absicht, die Rhone bei Genf zu überqueren, nach Südgallien auf. Vercingetorix greift unbesonnen diese riesige Armee von 10 Legionen an, wird aber von

Abb. 2 Plan von Gergovia.

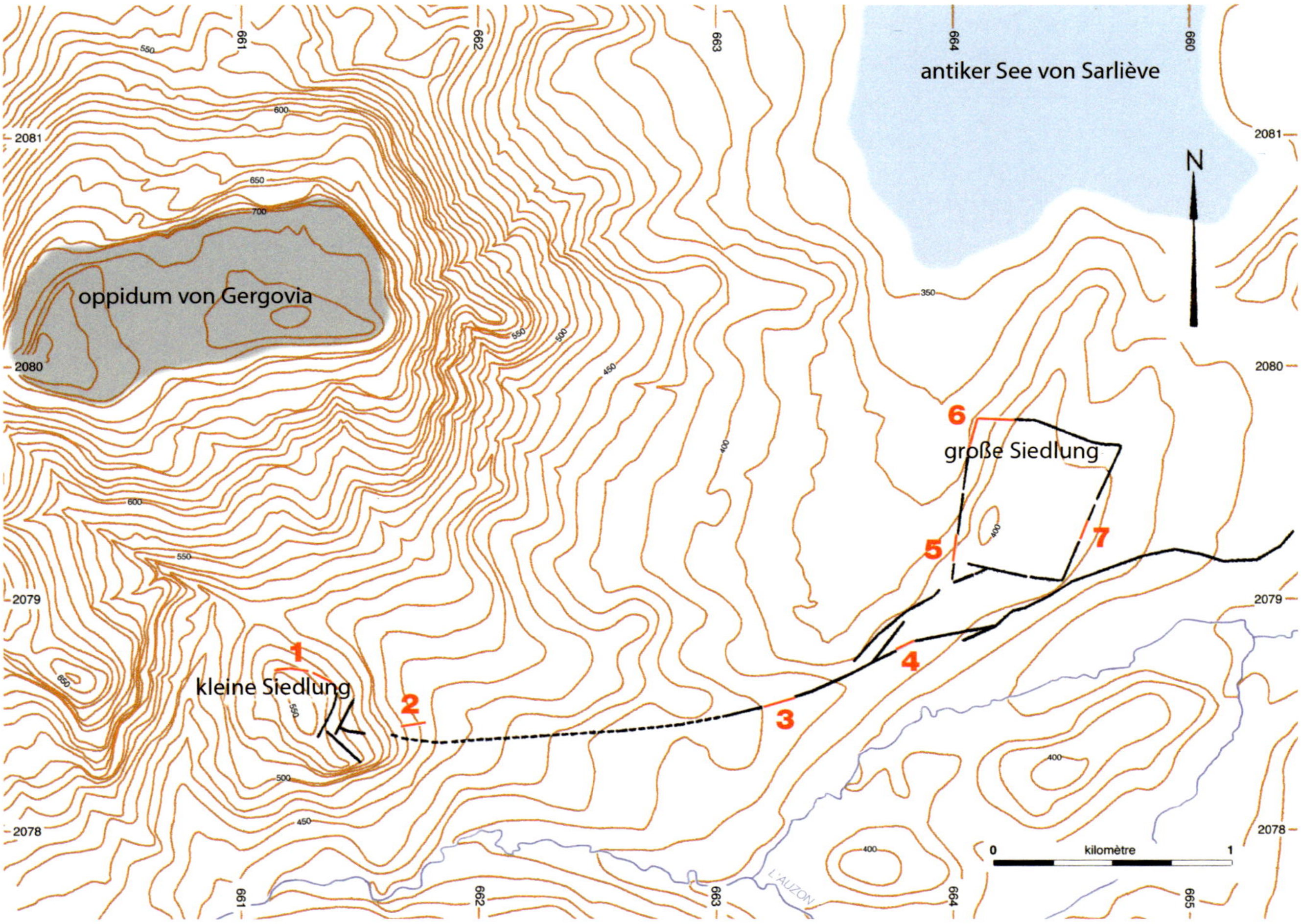

Abb. 3 Blick auf das Oppidum des Mont-Auxois von Osten mit dem modernen Dorf Alise-Saint-Reine im Hintergrund. Das Plateau (97 ha) wird an zwei Seiten von einem kleinen Fluß eingerahmt, der es von den umliegenden Höhen trennt, auf denen die caesarischen Armeen lagerten.

den germanischen Reitern Caesars in die Flucht geschlagen, und muß ins *Oppidum* der Mandubier, *Alesia*, fliehen. Caesar als Beteiligter und Zeuge zugleich beschreibt den Bau der Belagerungswälle folgendermaßen (Caesar, *De Bello Gallico* VII, 69–74): «Die eigentliche Stadt *Alesia* lag hoch oben auf einem Hügel, so daß es aussah, als könne man sie nur durch eine Belagerung erobern. Die Ausläufer des Hügels stießen an zwei Seiten auf Flußläufe. Vor der Stadt erstreckte sich auf etwa drei Meilen in Längsrichtung ebenes Gelände. Ihre übrigen Seiten schloßen in einiger Entfernung Hügel ein, die fast die gleiche Höhe hatten... Der Umfang der Belagerungswälle, die die Römer errichteten, betrug 10 Meilen. An geeigneten Punkten hatten sie Lager errichtet, gleichzeitig mit 23 Kastellen, wohin sie tagsüber kleinere Wachtposten legten, um einen überraschenden Ausfall aus der Stadt zu verhindern...

[Caesar, um die Arbeiter zu schützen,] ließ einen Graben von 20 Fuß mit senkrechten Seiten ziehen, dessen Boden die gleiche Abmessung hatte wie der Abstand zwischen den oberen Rändern. Alle übrigen Belagerungswerke ließ er 400 Schritt von diesem Graben entfernt anlegen... Nachdem er diesen 400 Schritt breiten Streifen dazwischengelegt hatte, ließ er zwei 15 Fuß breite Gräben von gleicher Tiefe ziehen. Den inneren füllte er an den ebenen und niedrigen Stellen mit Wasser, das er aus dem Fluß ableitete. Hinter den Gräben ließ er einen Wall aus Erde und Holz von zwölf Fuß errichten. Dieser Wall wurde zusätzlich mit Brustwehr und Zinnen versehen, wobei große, sich gabelnde Baumstämme an den Verbindungen zwischen Brustwehr und Mauer herausragten, die den Feinden das Hinaufklettern erschweren sollten. Auf dem ganzen Bauwerk ließ er rings Türme errichten, die 80 Fuß voneinander entfernt waren...

Caesar glaubte, man müsse noch daran arbeiten, daß die Belagerungswerke mit einer kleinen Zahl von Soldaten verteidigt werden konnten. Er ließ daher Baumstämme und ziemlich starke Äste schneiden, ihre Spitzen abschälen und zuspitzen, dann fünf Fuß tiefe, durchlaufende Gräben ziehen. Die spitzen Pfähle wurden in den Boden eingelassen und festgemacht, damit man sie nicht herausreißen konnte; mit ihren Zweigen ragten sie oben heraus. Fünf Reihen wurden miteinander verbunden und verflochten. Wenn jemand in den Graben geriet, blieb er in den äußerst spitzen Hindernissen stecken. Sie wurden «Leichensteine» genannt. Vor diesen wurden drei Fuß tiefe Gruben gegraben, die in schräger Reihe kreuzförmig angeordnet waren und nach unten zu allmählich schmäler wurden. Hier wurden glatte, runde Pfähle von Schenkeldicke eingesetzt, die oben spitz und durch Feuer gehärtet waren. Sie ragten nicht weiter als vier Finger breit aus der Erde hervor. Um sie zu befestigen und ihnen Halt zu geben, wurde jeder einzelne Pfahl am Grabenboden in ein Fuß hoher Erde festgestampft, den restlichen Teil der Gruben deckte man mit Weidenruten und Strauchwerk zu, um die Falle zu verbergen. Von dieser Art wurden mit einem Zwischenraum von drei Fuß acht Reihen gegraben. Die Soldaten nannten sie 'Lilien', da sie Ähnlichkeit mit dieser Blume besaßen. Vor ihnen wurden fußlange Pflöcke mit eisernen Widerhaken ganz in die Erde eingegraben und überall mit nur kleinen Zwischenräumen verteilt. Die Soldaten nannten sie 'Ochsenstacheln'...

Nach Vollendung dieser Arbeiten legte Caesar in einem Umkreis von 14 Meilen gleiche Befestigungen der erwähnten Art an, wobei er, soweit es die Landschaft zuließ, möglichst ebenem Gelände folgte. Diese Befestigungen lagen in entgegengesetzter Richtung und waren nach außen gegen den Feind gekehrt, um zu verhindern, daß selbst starke feindliche Truppen, falls diese nach dem Abzug der Reiter einträfen, die Mannschaften, die die Belagerungswerke schützten, einkreisen könnten.»

Auf Initiative Napoleons III. wurden von 1861 bis 1865 größere Grabungen im Siedlungsplatz *Alesia*/Alise-Sainte-Reine (Côte-d'Or) unternommen. Die allgemeine Topographie konnte dabei erkannt werden. Mehrere Lager und kleine Kastelle, sowie zwei konzentrische Linien der römischen Anlage, die eine zu den Galliern des Oppidums, die andere zu den Vercingetorix zu Hilfe gekommenen Truppen gerichtet, wurden identifiziert. Neue wichtige Untersuchungen wurden dann von 1991 bis 1997 durch ein deutsch-französisches Team unter der Leitung von M. Reddé und S. Von Schnurbein durchgeführt. Damit konnten frühere Grabungsergebnisse korrigiert und Caesars Befestigungen detailliert untersucht werden. So ist Alesia die bekannteste Belagerungsstätte geworden (Abb. 3).Wahrscheinlich hat dort auch die Luftbildarchäologie ihren höchsten Entwicklungsstand erreicht.

Der Bericht des Prokonsuls stellt die römischen Arbeiten als einheitliches, auf die Gesamtanlage angewendetes System dar. Jedoch haben die jüngeren Untersuchungen die große Vielfalt der Verteidigungssysteme je nach Topographie, Bodenart, Bedrohung und taktischem Einsatz von Wurfwaffen aufgezeigt. Die Befestigungen von Alesia sind aus den Erfahrungen der Soldaten und aufgrund des militärischen Genie Caesars entstanden und greifen auf alle Techniken der Zeit, wie sie theoretische Abhandlungen in griechisch oder latein beschreiben, zurück (Abb. 4). In der Ebene wird der Wall mit Rasensoden auf einer Basisfläche von 18 Fuß (5,4 m) und mit einer Höhe von 12 Fuß am Wehrgang beidseitig verjüngt gebaut (Abb. 5). Auf den Kalkplateaus hingegen wurde der anstehende Stein genutzt. An Mergelhängen wurden die Erdmauern in Holzschalen eingestampft. Natürlich wurde sehr oft Holz eingesetzt: mit Sicherheit für Türme, aber auch für Zimmerarbeiten an den Befestigungen innen und außen, und für Fallen jeder Art. Vor den Wällen breiteten sich weite, bewaffnete *Glacis* aus, die je nach Fall durch ein bis drei Gräben, und eingetiefte oder aufgeschüttete Hindernisse geschützt waren. Solche Hindernisse wurden auch archäologisch identifiziert: kegelstumpfförmige Fallgruben (trous de loup), Strauchwerk, in den Boden eingesteckte Eisenspitzen, Metalldorne (Abb. 7). Des weiteren wurden typisch römische Hindernisse wie die clavicula, die in Form eines Kreisbogens eine Tür blockiert, oder das geradlinig verlaufende titulum nachgewiesen (Abb. 6).

Abb. 4 Rekonstruktion der Verteidigungsanlage des inneren Belagerungsrings in der Ebene von Laumes.

Abb. 5
Verteidigungssysteme und Reichweite der verschiedenen Waffen.

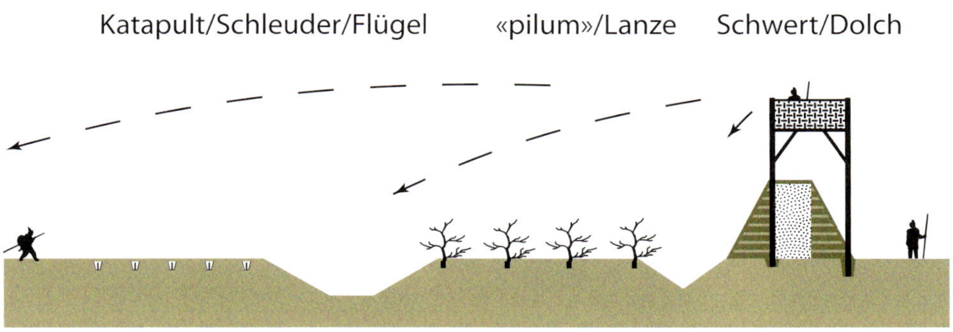

Äußere Verteidigungslinie in der Ebene von Laumes

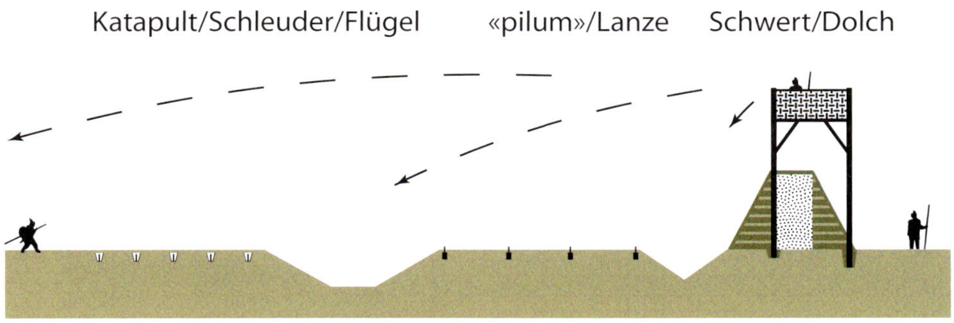

Äußere Verteidigungslinie in der Ebene von Laumes

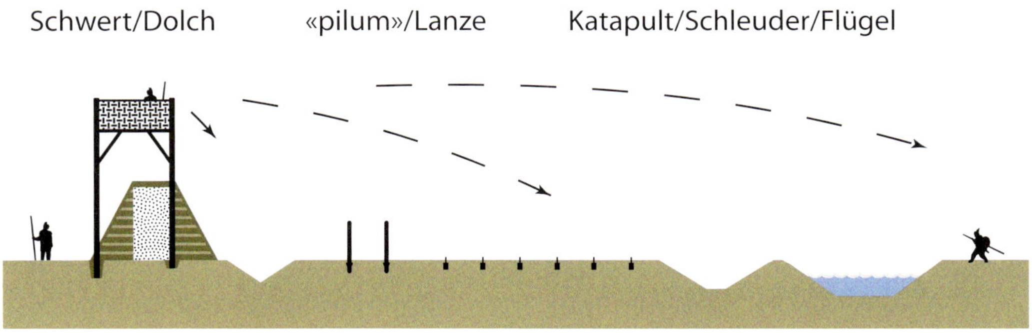

Innere Verteidigungslinie in der Ebene von Laumes

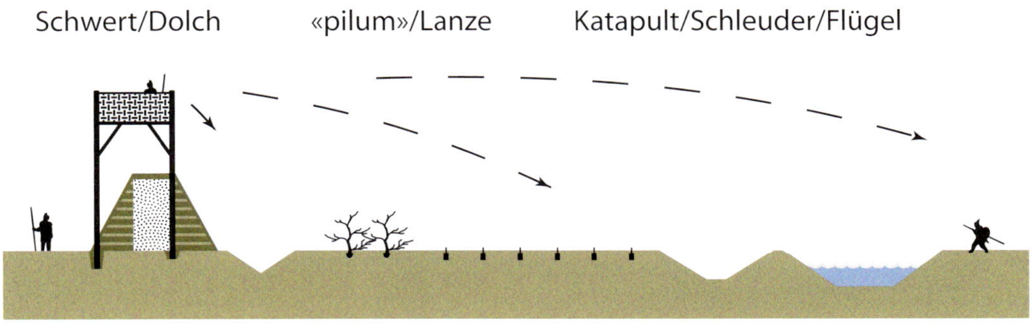

Innere Verteidigungslinie in der Ebene von Laumes

Die Form der Lager passen sich meist der Topographie der Plateaus an. Aber noch nicht alle sind untersucht. Die zwei wichtigsten liegen wie in Numantia nördlich und südlich der römischen Anlage einander gegenüber, und einer von beiden (Lager C) konnte durch zwei gefundene beschriftete Schleudergeschosse als Lager des Labienus identifiziert werden. Außerdem wurde wahrscheinlich der enge Korridor, den beide Linien an den exponiertesten Stellen bildeten, durch kleine Kastelle gesperrt. Eines von ihnen wurde in der Ebene von Laumes wiedergefunden: Es sollte beim Einbruch eines der beiden Verteidigungssysteme einen folgenschweren Einfall verhindern.

Trotz mehrerer versuchter Ausfälle, seiner zahlenmäßigen Überlegenheit und Zangenangriffe auf beiden Seiten der römischen Anlage vermag Vercingetorix die Blockade nicht zu durchbrechen. Ohne Vorräte mußte er sich ergeben und seine Niederlage läutete das Ende, wenn nicht des Krieges, doch wenigstens des allgemeinen Widerstands ein.

Masada

Der beeindruckende, am Toten Meer gelegene Fels von *Masada* war der Schauplatz des allerletzten Widerstands der Juden gegen die römische Herrschaft (Abb. 7). Um nicht in die Hände des Feindes zu geraten, hatten sich 73 n. Chr. die letzten, von Eleazar – ben – Yair angeführten Widerstandskämpfer in diese alte Festung des Herodes geflüchtet. Von Flavius Silvas Truppen eingeschlossen, gaben sich die letzten Widerstandskämpfer den Todesstoß. Flavius Josephus, zu den Römern übergelaufener ehemaliger Anführer der Aufständischen, hat eine dramatische Schilderung dieses Krieges und der letzten Kämpfe überliefert (Flavius Josephus, *Bellum Iudaicum* VII, 251): «Der römische Feldherr führte nun seine Streitmacht gegen Eleazar und gegen die Sikarier, die zusammen mit ihm *Masada* in Händen hatten. Es war für ihn ein Leichtes, die gesamte Gegend sofort zu unterwerfen. An Plätze, die hierfür besonders geeignet waren, stationierte er Wachtruppen. Um die Festung selbst aber legte er eine Mauer, auf der er Wachen postierte, damit den Belagerten die Flucht möglichst erschwert würde. Dann suchte er sich einen Platz für das Lager ganz zum Zweck der bevorstehenden Belagerung, und zwar genau dort, wo die Felsen der Burgfeste an den in der Nähe gelegenen Berg herankamen. Freilich war eben dieser Platz denkbar ungünstig für die Verproviantierung...» Nach dieser bis in die Wortwahl an Caesar erinnernden Einleitung beschreibt Josephus den Felsen von Masada wie «einen Felsen von nicht geringem Umfang und ansehnlicher Höhe, und allseits durch gewaltige, steile Schluchten umgeben..., in die weder Menschen noch Tiere hineingelangen können; nur an zwei Stellen erlaubt der Fels einen allerdings sehr unbequemen Zugang».

Um dieses Hindernis zu überwinden, ließ Silva eine Rampe durch die Zuschüttung eines Teils der Schlucht bauen (ebd. 254): «Die vielen [Soldaten] arbeiteten eifrig, und so erhob sich alsbald ein starker Damm in Höhe von 200 Ellen; doch war er immer noch nicht fest und hoch genug, um die Belagerungsmaschinen aufzunehmen, weshalb oben auf ihm ein 50 Ellen hoher und breiter Aufbau aus gewaltigen Quadern angelegt wurde... Dazu wurde noch ein 60 Ellen hoher Turm errichtet, der völlig mit Eisen beschlagen war und von dessen Brüstung aus die Römer mit einer Menge

Abb. 6
Übersicht über das Nordosttor von Lager C während der Grabung. Links erkennt man das durch zwei parallele Linien gekennzeichnete «titulum».

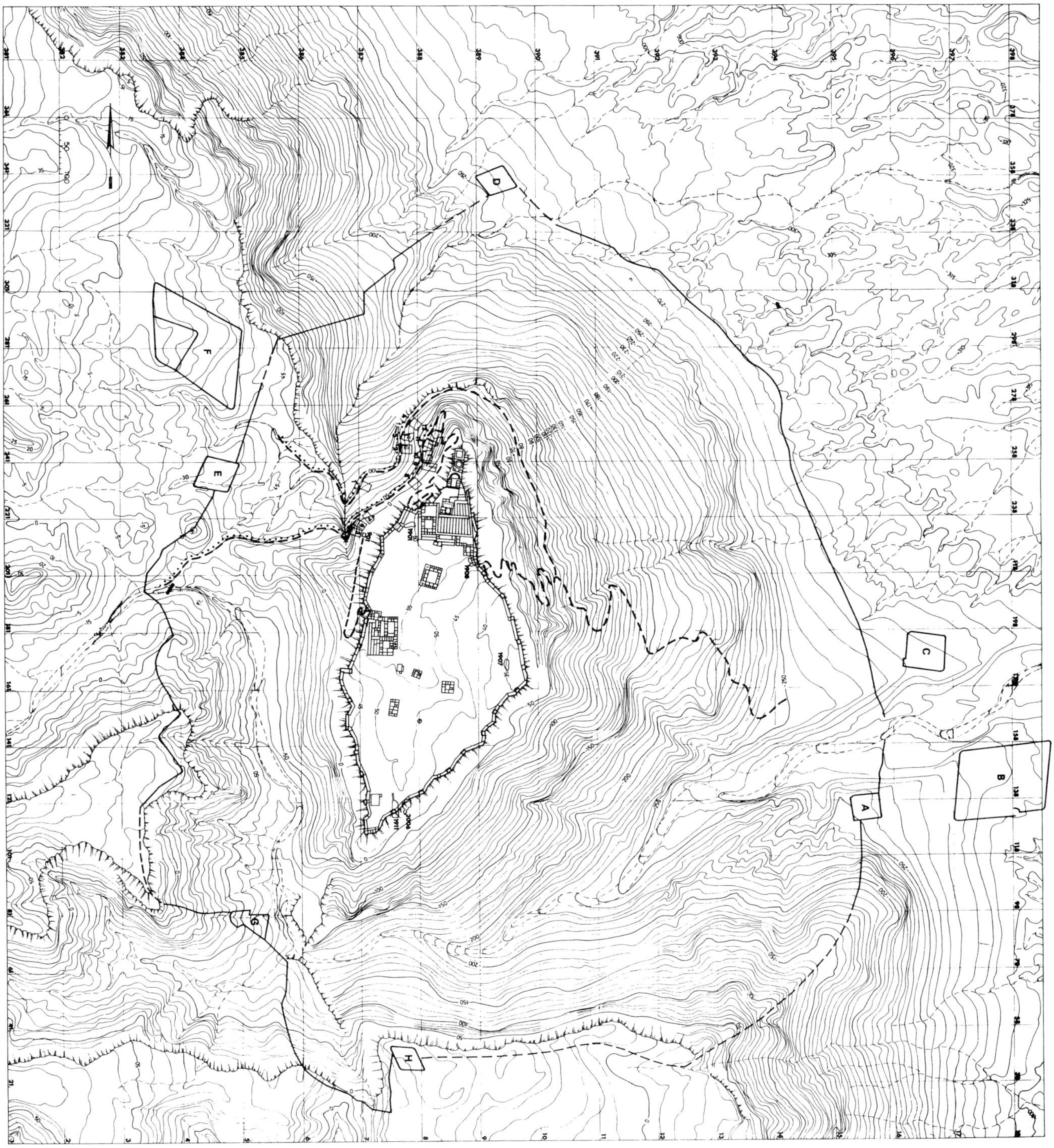

Abb. 7 Plan von Masada mit Circumvallation und römischen Militärlagern.

von Scharfschußvorrichtungen und Steinschleudern die Verteidiger auf der Mauer rasch zurückschlagen konnten... Außerdem ließ Silva einen gewaltigen Rammbock bereitstellen, der fortwährend gegen die Mauer gestoßen wurde, und obgleich diese fast nicht zu erschüttern war, konnte er sie doch schließlich zum Bersten bringen». Das Feuer schaffte schließlich das letzte Hindernis. Josephus beschreibt hier eine schon bekannte Angriffstechnik, die Caesar bei der Belagerung von Marseille 49 v. Chr. schon angewendet hatte (*De Bello Gallico* II, 8 – 10).

Während in der jüdischen Festung *Masada* Grabungen zwischen 1963 und 1965 von Y. Yadin durchgeführt wurden, schenkte man den römischen Belagerungswerken weniger Beachtung. Sie sind jedoch auf diesem Wüstenplateau sehr gut

Abb. 8 Blick von der Felsenfestung Masada auf das römische Lager A.

erhalten geblieben und ihnen wurden von mehreren nahmhaften Archäologen wie dem Deutschen Ad. Schulten Anfang des 20. Jhs. und dem Briten I. Richmond verschiedene Untersuchungen gewidmet. Acht Lager sind noch sichtbar: Hier stehen sich wiederum beide Hauptlager auf beiden Seiten der jüdischen Festung gegenüber (Abb. 8), während kleinere Lager einen Kranz zur Überwachung der Zugänge bilden. Wie in *Numantia* sind diese kleinen Lager durch die mit Türmen versehene Belagerungsmauer miteinander verbunden. Man sieht, daß das militärische Wissen der Römer durch die Generationen weitergegeben wurde. In den Lagern selbst waren Mannschaftsunterkünfte untergebracht, deren Sockel aus Trockenmauerwerk noch sichtbar sind; es ist aber wahrscheinlich, daß ein großer Teil der Truppe, wie bei Belagerungen üblich, zum Schlafen mit Zelten vorlieb nehmen mußte. Eine ausführliche Untersuchung dieser Lager würde unsere Kenntnisse von der alltäglichen Arbeitsweise der römischen Armee auf dem Feld erweitern.

Übersetzung aus dem Französischen von Yves Gautier

Die römische Armee in Spanien

Ángel Morillo Cerdán

Der wissenschaftliche Fortschritt in der Archäologie des römischen Militärwesens in Spanien war, verglichen mit anderen Ländern Europas, verhältnismäßig langsam. Bis vor wenigen Jahrzehnten gab es kaum Ausgrabungen militärischer Anlagen und die Ergebnisse dieser Grabungen wurden auch nur selten veröffentlicht. Dagegen konnte in den letzten 20 Jahren ein wirklich spektakulärer Fortschritt in der Forschung über römische Militäranlagen erzielt werden, auch wenn nicht der gleiche Publikationsstandard wie in den anderen europäischen Ländern erreicht wurde. Unsere Kenntnisse über Kastelle und Verteidigungsanlagen des frühen Römischen Reiches haben in beachtlichem Maß zugenommen, was besonders für die augusteische und julisch-claudische Periode gilt, während das Wissen um entsprechende Anlagen aus republikanischer Zeit nicht in gleicher Weise wuchs. Die Untersuchungen konzentrierten sich vor allem auf die Befestigungsanlagen bzw. auf das geborgene Fundmaterial, während den Innenbauten nur wenig Aufmerksamkeit zuteil wurde. Nahezu unbekannt sind die Strukturen der Zivilsiedlungen vor den Toren der Kastelle (*canabae* und *vici*). Auch die Militärgeschichte der Spätantike ist bis jetzt noch kaum erforscht. 1998 wurden auf der ersten «Conference of Roman military archaeology» in Spanien neue Ergebnisse vorgestellt, die einen wichtigen Forschungsschub für die Geschichte der römischen Armee in Spanien darstellen.

Abb. 1 Militärische Anlagen während der republikanischen Zeit in Hispania.

Forschungsgeschichte

Der lange Zeitraum von zwei Jahrhunderten bis zur völligen Unterwerfung von Hispania (218 bis 19 v. Chr.) und die militärischen Auseinandersetzungen wie die keltisch-iberischen und der Sertorianischen Kriege haben die Aufmerksamkeit der Forschung traditionell auf die Lager und Festungen der republikanischen Zeit gerichtet. Spanien besitzt die beste Sammlung republikanischer Militäranlagen, wie die Surveys und Ausgrabungen A. Schultens in *Numantia*, Renieblas, Cáceres el Viejo und Aguilar de Anguita gezeigt haben. Seine Studien zu den republikanischen Kastellen, die er in den ersten Jahrzehnten des 20. Jhs. durchgeführt hat, sind bedauerlicherweise nicht fortgesetzt worden. Seine ausführlichen Monographien, die sich mit den Lagern bei Numantia beschäftigen, wurden in Spanien kaum zur weiteren Interpretation herangezogen.

Gemäß der Tradition, die von García y Bellido 1961 begonnen wurde, publizierte J. M. Roldán im Jahr 1974 eine monographische Arbeit über die römische Armee in Spanien. 1982 legte dann P. Le Roux seine wichtigen Studien zum selben Thema vor. Aufgrund dieser historisch ausgerichteten Monographien wurde die Bedeutung der Armee für die gebietsmäßige Ausprägung der Nordhälfte der iberischen Halbinsel klar hervorgehoben.

Neue Festungen und Militärlager wurden in den 60er Jahren des vergangenen Jhs. durch Surveys und die Auswertung von Luftbildern entdeckt, wobei dies mit einer Weiterentwicklung der archäologischen Wissenschaften, wie z. B. in Rosinos de Vidriales (Zamora), zusammenfiel. Daher wurden auch in bereits bekannten Lagern und Kastellen, wie dem der *legio VII Gemina* in León, wieder archäologische Untersuchungen aufgenommen.

Römische Militärarchitektur in Spanien: Kastelle und Befestigungsanlagen – die republikanischen Lager

Die Publikation von G. Ulbert über das republikanische Militärlager von Cáceres el Viejo, veröffentlicht im Jahr 1984, eröffnete eine neue Phase der spanischen Militärarchäologie. Trotzdem wurde die Bedeutung dieser Fachrichtung erst während des letzten Jahrzehntes erkannt. Während dieses Zeitraums fanden eine vollständige Erneuerung des methodischen Ansatzes und eine qualitativ neue Herangehensweise statt, die neue Erkenntnisse über die Militärlager erlaubte. Dies kann in den neuesten Untersuchungen über die römische Armee – hauptsächlich für die römische Kaiserzeit – deutlich gesehen werden. Diese aktuellen Ergebnisse sind aber noch nicht von einer vergleichbaren wissenschaftlichen Publikationstätigkeit begleitet (Abb. 1).

In den letzten 20 Jahren wurden keine bedeutenden Entdeckungen in den republikanischen Lagern gemacht, mit der einzigen Ausnahme von Cáceres el Viejo. Dieses Kastell hatte steinerne Wehrmauern mit spitzwinkeligen Ecken und einem Doppelgrabensystem. Es wurde während der Sertorianischen Kriege gegründet und im Jahre 80 v. Chr. zerstört. Die archäologischen Ausgrabungen wurden, genau wie in anderen republikanischen Militäranlagen, die von A. Schulten dokumentiert worden waren, nicht fortgesetzt. Die Ausgrabungen von Lagern und Kastellen rund um *Numantia* haben lediglich geholfen, Teile des bereits von A. Schulten gefundenen Materials neu zu interpretieren und die Chronologie der Anlage zu klären. Einige spezielle Gebäude wurden ebenfalls neu untersucht. In den letzten Jahren wurden die archäologischen Arbeiten an den Lagern bei Renieblas als Teil eines Forschungsprojektes des Deutschen Archäologischen Instituts in Madrid wieder aufgenommen. Diese Untersuchungen haben bisher noch keine bedeutenden neuen Ergebnisse erbracht. Zusätzlich wurden die Arbeiten an Scipios *circumvallatio* um *Numantia* wieder aufgenommen. Gerade in letzter Zeit wurden verschiedene Artikel über die republikanischen Lager in Andagoste (Cuartango, Alava), Muro de Agreda (Soria), Los Cascajos de Sangüesa (Navarra), Ses Salines (Mallorca, Balearen), La Cabañeta de Burgo de Ebro (Zaragoza) und Zalbeta (Aranguren, Navarra) publiziert.

Einer der aktuellsten Erfolge in der Forschung über republikanische Militärlager in Spanien ist die Entdeckung einer Militäranlage in Andagoste (Cuartango, Alava), die in einem durch das Tal des Ebro gebildeten Korridor zur kantabrischen Küste liegt. Die Befestigung befindet sich in der Mitte des Tals auf leicht ansteigendem Gelände Die Anlage weist einen einfachen Graben auf, der in den steinigen Untergrund, der die Siedlung umgibt, eingetieft wurde. An einigen Stellen ist der Grabenrand noch erhalten. Die Struktur der Anlage ist genauso aussagekräftig wie die weiteren archäologischen Überreste. Zu den bemerkenswertesten Funden gehören große Nägelköpfe, Schleuderprojektile und leichte Waffen, die alle in einem weiten Kreis rund um die Befestigungsanlage gefunden wurden. Diese Lokalität eines Schlachtfeld, das anscheinend in aller Eile befestigt wurde, war der Schauplatz einer Belagerung durch die Einheimischen. Die Münzfunde datieren die Anlage auf 40–30 v. Chr., also einige Jahre vor den Ausbruch der kantabrischen Kriege. Diese Datierung bildet zusammen mit der Tatsache, daß die Festung außerhalb des Gebietes liegt, in dem die militärischen Auseinandersetzungen der kantabrischen Kriege stattfanden, den ersten Beleg für taktische Maßnahmen der römischen Armee vor den Kriegen in dieser Region. Es mögen diese Aktivitäten gewesen sein, die den Weg für die Eroberung der Kantabrer und Asturer ebneten.

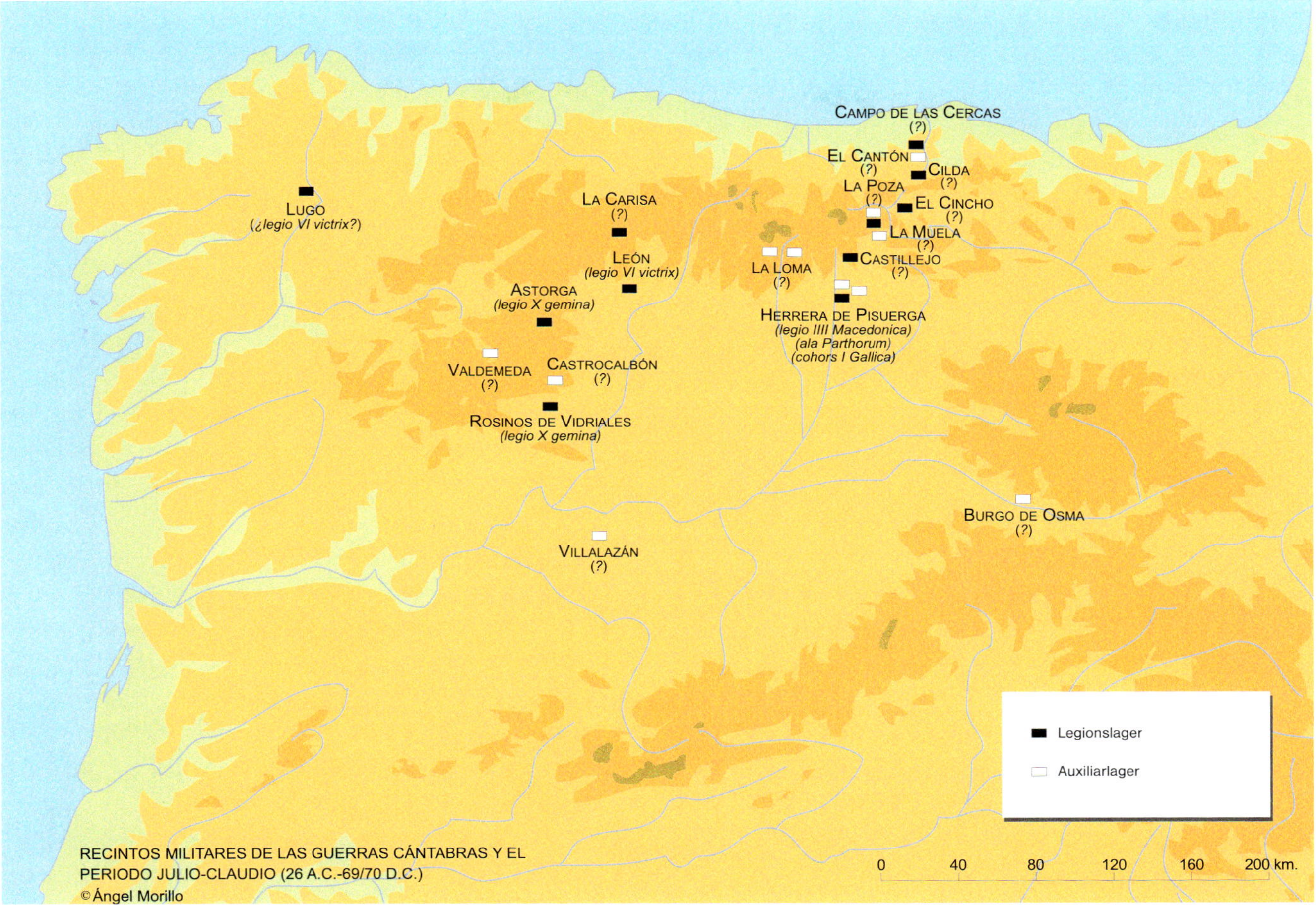

Abb. 2 Legions- und Auxiliarlager während der kantabrischen Kriege und der iulisch-claudischen Periode in Spanien (29 v. Chr. – 69/70 n. Chr.).

Die Lager und Kastelle der frühen Kaiserzeit

Während der letzten 15 bis 20 Jahre war die Forschung in Spanien vor allem auf Ausgrabungen, besonders im städtischen Kontext, konzentriert. Die Anstrengungen waren dabei auf zwei Hauptziele gerichtet: Zum einen auf die Untersuchung des Legionslagers sowie einiger Hilfstruppenlager aus der Kaiserzeit (León III, Rosinos II, A Cidadela, Aquae Querquennae), deren Bauweise zweifelsohne ausgezeichnet dokumentiert ist. Zum anderen auf die archäologische Identifizierung und Beschreibung der Legionslager aus augusteischer und julisch-claudischer Zeit (León I and II, Astorga, Herrera de Pisuerga, Rosinos I), die lange Zeit große Schwierigkeiten bei der genauen Dokumentation der militärischen Anlagen bereiteten. Luftbilder und Ausgrabungen halfen ebenfalls in der Auffindung neuer Kastelle und Lager, wie denen bei Valdemeda, Uxama, Villalazán, La Carisa sowie den Belagerungsanlagen von La Espina del Gallego. Die Ergebnisse dieser Untersuchungen lieferten neue Erkenntnisse sowohl in Bezug auf die Einsatzmöglichkeiten der militärischen Einheiten als auch über die generelle Intention der Armee auf der Iberischen Halbinsel in römischer Zeit (Abb. 2).

Bis vor kurzer Zeit waren die augusteischen und julisch-claudischen Legionslager die am wenigsten bekannten Anlagen der römischen Armee in Spanien. Diese Lager waren während der kantabrischen Kriege (29–19 v. Chr.) als direkte Reaktion auf den Konflikt gebaut worden. Sie treten massiert im Nordwesten Spaniens auf, besonders in der Region zwischen La Meseta und den Kantabrischen Bergen. Da die allermeisten dieser Anlagen später von Städten überbaut wurden, die die älteren archäologischen Spuren beeinträchtigten, bot die Identifizierung der augusteischen und julisch-claudischen Militärsiedlungen noch weitere Probleme. Eine allgemeine Zuordnung wird auch dadurch erschwert, daß sich die Bautechniken von Militärlagern während der Regierungszeit des Augustus und Tiberius noch in einem gewissen Experimentierstadium befanden. Die Lager entstanden in Holzbauweise und waren weder standardisiert noch folgten sie dem typisch rechteckigen Grundriß. Auch das steinige Terrain und die außerordentlichen Temperaturschwankungen im nördlichen Spanien tragen nicht zum Erhaltungszustand der Gebäude bei und erschweren so zusätzlich die Identifikationsmöglichkeiten.

In Anbetracht dieser Probleme wurden Militärlager hauptsächlich mit Hilfe früherer archäologischer Berichte und durch die Dokumentation und Sammlung von römischen Funden in militärischem Kontext, z. B. Terra sigillata, Vogelkopflampen und Volutenlampen des älteren Typs, militärische Ausrüstungsgegenstände und Münzen mit militärischem Inhalt, wie jene *caetra* Prägungen u.a., identifiziert und zugewiesen. Vergleiche dieses Materials mit dem der ersten römischen Lager im Rheinland haben sich ebenfalls als hilfreich erwiesen.

Die Kriege gegen die einheimischen Kantabrer (29–19 v. Chr.) machten die Konzentration einer zahlenmäßig bedeutsamen Militärmacht – fast sieben Legionen – in dieser nördlichen Region Spaniens notwendig. Die Lager aus dieser Periode sind jedoch bis jetzt kaum bekannt. Während der letzten Jahre machte die Forschung aber Fortschritte, so daß jetzt einige militärische Anlagen direkt mit den Kantabrischen Kriegen verbunden werden können. Diese Kastelle sind im Inneren Kantabriens zu finden, an der Südseite des Kantabrischen Gebirges. Sie kontrollierten dort einen natürlichen Korridor, der das Landesinnere mit der Küste verband. Sie liegen in bergigem Terrain auf sehr unebenen Gebirgshängen und waren rund um eine wichtige einheimische Siedlung angelegt, das «castro» genannt La Espina del Gallego (Cantabria). Sie bildeten ein vollständiges Belagerungssystem, das an die Befestigungen um *Alesia* (F) erinnert. Die wichtigste dieser Befestigungen ist das Legionslager von Cildá. Das Lager, das eine Größe von 25 ha aufwies, war von einigen rechteckigen Verteidigungslinien umgeben, die entlang der Hänge verliefen. Es hatte einen doppelten Spitzgraben (*fossa fastigata*) und auf der Innenseite einen Erdwall, der einen Steinkern umschloß (Abb 3). Das Legionslager hatte außerdem zahlreiche Tore, die mit *claviculae* und *tituli*, besondere Grabenstücke, die zum zusätzlichen Schutz der Tore angelegt wurden, befestigt waren. Das Kastell von El Cantón, das sich in einiger Entfernung befindet, ist kleiner, von ovaler Form und weist einen Verteidigungsagger sowie Tore mit *claviculae* auf. Beide Festungen und möglicherweise eine weitere bei Campo de las Cercas sind direkt in situ erkennbar und werden zur Zeit archäologisch untersucht. Diese Anlagen wurden von der römischen Armee während ihrer Militärkampagnen gebaut, um die *transmontani* genannten Einheimischen zu unterwerfen und außerdem den Zugang zur kantabrischen Küste zu kontrollieren. Weitere Militäranlagen wurden in der Region El Castillejo, la Muela (Sotoscueva, Burgos) und El Cincho (Población de Yuso, Cantabria) gefunden. In jüngster Zeit wurde ein weiteres Legionslager aus dieser Zeit in Asturias, El Castichu de La Carisa (Lena) identifiziert.

In den Legionslagern der folgenden Periode haben sich keinerlei Überreste, die in die erste Phase der Kantabrischen Kriege gerechnet werden können, erhalten. Das vermutete Lager von *Lucus Augusti*, heute die Stadt Lugo, birgt ein großes Problem in seiner tatsächlichen Identifizierung. Neuere Ausgrabungen weisen auf eine erste militärische Ausbauphase während der Kantabrischen Kriege hin. Das Lager wäre dann von der *legio VI Victrix* besetzt gewesen, deren Zeichen auch in einen Steinblock geritzt gefunden wurde. Trotzdem lassen sich zum momentanen Zeitpunkt keine militärische Anlagen eindeutig nachweisen, und die Aussage des Fundmaterials ist widersprüchlich.

Das Ende des Krieges und die nachfolgende Verlegung des größten Teils der Truppen in die nördlichen Provinzen des Reiches haben eine deutliche Veränderung in den Beziehungen zwischen der römischen Armee und der Iberischen Halb-

Abb. 3
Römisches Kastell bei Cildá (Kantabrien). Fossa duplex.

insel zur Folge gehabt. Von nun war eine langfristige Besetzung des Landes die Basis für die Militärstrategie. Dies wurde mit der Errichtung des *exercitus hispanicus* erreicht, der aus drei Legionen bestand: die *legio IIII Macedonica*, die *legio VI Victrix* und die *legio X Gemina* (Abb. 4). Eine bekannte Passage bei Strabo erwähnt drei Einheiten in Spanien, zwei davon in Asturien und eine in Kantabrien (Geogr. III 3,8 and III 4,20). Während der Folgezeit und durch die ganze julisch-claudische Periode vermehren sich die archäologischen und epigraphischen Quellen, die sich mit Präsenz und Schicksal der römischen Armee auf der Iberischen Halbinsel beschäftigen. Zu diesem Zeitpunkt wurde für diejenigen Truppen, die im Nordteil der Halbinsel stationiert waren, eine Reihe von «dauerhaften» Basislagern errichtet. Die Anlagen bei Herrera de Pisuerga, Astorga, León und Rosinos de Vidriales waren die ersten ständigen augusteischen Legionslager, die sich archäologisch belegen lassen. Sie lagen alle an ähnlichen strategischen, geographischen und topographischen Positionen und standen in Kontakt mit den natürlichen Kommunikationswegen, die den nordwestlichen Rand von La Meseta mit den Küstenregionen von Galizien und der kantabrischen Küste verbinden. Die Anlagen bildeten einen Schutzwall gegen die Gebiete südlich des Kantabrischen Gebirges, der «Limes ohne Grenze» genannt wurde. Sie geben bereits einen Hinweis auf die Maßnahmen, die an den nördlichen Grenzen des Reiches wenige Jahre später durchgeführt wurden. Die Verteilung der spanischen Armee entlang der Südseite der Kantabrischen Berge wurde während der gesamten Zeit des Römischen Reiches beibehalten.

Der Bau des Legionslagers von Herrera de Pisuerga (Palencia) kann um 20/15 v. Chr. stattgefunden haben, entweder während Agrippas Feldzug oder wenige Jahre davor. Die Festung liegt am Fluß Pisuerga, der die Hauptverbindung zwischen den Bergen im Landesinneren und dem Ozean bildet. Im Lager war die *legio IIII Macedonica* stationiert, die dort auch während der Regierungszeit des Augustus und des Tiberius blieb, bis zum Jahr 39 n. Chr. als sie nach *Mogontiacum*/Mainz (D) verlegt wurde. Wir haben bis jetzt keine ausreichenden Kenntnisse über das genaue Aussehen dieses Legionslagers. Im späten 1. Jh. v. Chr. wurde das Lager stark verändert, als in den Kasernen die älteren Bauteile aus Holz durch festere und solidere Strukturen ersetzt wurden, in denen nun neben Holz auch Lehmziegel und Steine für die unteren Mauerteile verwendet wurden. Feldarbeiten in *Asturica Augusta*/Astorga (León), der Hauptstadt des *conventus asturum*, ermöglichen uns dort jetzt eine erste militärische Besatzungsphase nachzuweisen. Die Reste verschiedener Konstruktionen wie Fundamentgräben und Pfostenlöcher, wohlbekannte Beispiele von Militärarchitektur, sind heute hier bekannt. Die jüngst erfolgte Entdeckung eines doppelten Spitzgrabens, der zum Verteidigungssystem der Befestigung gehörte, bildet ein ganz entscheidendes Element für eine militärische Interpretation der frühen Besiedlung Astorgas. Das Fundmaterial dieses Platzes läßt auf ein Gründungsdatum der Anlage um 15/10 v. Chr. – nach den kantabrischen Kriegen – schließen. Mehrere Grabinschriften für Soldaten sowie zwei großen Steinblöcken mit der Inschrift L X G, die in großen, eckigen Großbuchstaben eingeschnitten wurden, ermöglichen es die *legio X Gemina* als Besatzung des Lagers zu identifizieren.

Der Wandel Astorgas von einem Legionslager hin zu einer Stadt könnte um 15/20 n. Chr. stattgefunden haben, gleichzeitig mit dem Beginn des Goldabbaus in dem Gebiet, wodurch die Etablierung eines städtischen Zentrums für die Verwaltung und die Kontrolle notwendig wurde. Nachdem die *legio X Gemina* in das neue Legionslager bei Rosinos de Vidriales (Zamora) 50 km weiter südlich verlegt wurde, kann in Astorga eine größere städtische Neuorientierung beobachtet werden. In Rosinos de Vidriales war bereits vor einiger Zeit eine 17,5 ha große, rechteckige Verteidigungsanlage mit abgerundeten Ecken festgestellt worden. Ihre Befestigungsanlagen bestanden aus einer massiven, aus Steinen und Mörtel errichteten Mauer und einem doppelten Graben. Allerdings sind in diesem Lager noch keine systematischen Ausgrabungen durchgeführt worden. Die bisherigen Funde deuten auf eine spätere augusteisch-tiberische Gründung. Das Ende der Anlage fällt mit der Verlegung der *legio X Gemina* nach *Carnuntum* (A) im Jahre 63 n. Chr. zusammen. Diese Legion kehrte nur für einen kurzen Aufenthalt zwischen 68 und 70 n. Chr. nach Spanien zurück, wofür sich Anzeichen in Rosinos de Vidriales, ihrem früheren Lager, finden.

Zu den bemerkenswertesten Entwicklungen der römischen Militärarchäologie in Spanien in den letzten Jahren gehören die vielen neuen Erkenntnisse zu den Militäranlagen in der

Abb. 4 Rückseite einer römischen Münze aus Caesaraugusta/Zaragoza mit dem Namen von drei Legionen – legio IIII Macedonica, legio VI Victrix and legio X Gemina – der nach-augusteischen Armee in Hispania.

Abb. 5 León. Das julisch-claudische Kastell. Blick auf die Erdwälle.

Stadt León. Die *legio VII Gemina* kam im Jahre 74 n. Chr. in die Stadt und blieb dort bis zum Ende des Weströmischen Reiches. Archäologische Ausgrabungen aus den letzten Jahren konnten die Existenz eines Legionslagers, das älter als das Lager der *legio VII Gemina* ist, belegen. Es wurde vielleicht in der Zeit des Augustus, möglicherweise um die Zeitenwende, angelegt. Diese erste Anlage hatte einen *agger* mit einem Spitzgraben und einem Erdwall; doch haben sich keine Reste einer Palisade erhalten. Außerhalb von Wällen und Graben lag eine 7 m breite Straße. Um 15/20 n. Chr. Erfolgte der Abriß dieses Lager (León I) und ein neues (León II) entstand über den älteren Bauresten. Während dieser Umbauten legte man einen Erdwall mit einer Gesamtstärke von etwa 4 m an, dessen Schalenmauern aus Torfblöcken bestand, während der Zwischenraum mit einer Mischung aus Erde und Flußkieseln gefüllt wurde (Abb. 5). Die Außenmauer dieses Erdwalls wurde genau wie die Gräben durch die Neuerrichtung des Lagers der *legio VII Gemina* (León III) zerstört, da man dieses Kastell auf den Verteidigungsbauten der früheren Anlage errichtete. Entlang der Innenseite der Verteidigungswälle von León II befand sich ein *intervallum*, der Raum zwischen der Umwehrung und dem Lagerinneren, das von einer Lagerstraße (*via sagularis*) begleitet wurde. Eine Kaserne mit Steinfundamenten lag parallel zu den neuen Verteidigungsmauern. Die Gebäude wurden durch die Anlage von Mannschaftsunterkünften (*contubernia*) des späteren Lagers (León III) direkt über ihnen stark gestört. Einige Indizien deuten auf die *legio VI Victrix* als Besatzung der Lagers León II, die bis zu ihrem endgültigen Abzug von der Iberischen Halbinsel im Jahr 69/70 n. Chr. in diesem Ort stationiert war.

Die großen Legionslager der augusteischen und julisch-claudischen Periode im nördlichen Spanien waren alle von einer unbestimmten Zahl kleiner Kastelle umgeben. Die Kastelle in Valdemeda (León), Villalazán (Zamora) und Burgo de Osma (Soria) sind zum momentanen Zeitpunkt bekannt. Über dem alten Lager der *legio IIII Macedonica* in Herrera de Pisuerga wurde ein neues Kastell von den *ala Parthorum* gebaut. Und an gleicher Stelle wurde eine weitere Anlage von den *cohors I Gallica* zwischen der Regierungzeit Neros und dem Beginn des 2. Jhs. n. Chr. errichtet.

Die Untersuchung der Kastelle, die nach 74/75 n. Chr. angelegt worden sind, brachten ebenfalls bemerkenswerte Ergebnisse. Die Standardisierung der Grundrisse und der Gebrauch von Stein als Baumaterial vereinfacht die Identifikation der Militärlager aus dieser Zeit wesentlich. Die Existenz des neuen Legionslagers (León III) und einiger Kastelle konnte bestätigt werden (Abb. 6). Um 74 n. Chr. errichtete die *legio VI Gemina* ein neues Lager in Leon, worin sie bis zum

Ende des Weströmischen Reiches blieb. Die Befestigungen umschlossen ein Gebiet von 20 ha und die meisten Mauern sind noch erhalten. Die Grabungen von A. García y Bellido im Jahr 1968 zeigten, daß sich an diese Mauer noch zwei weitere Mauerzüge anlehnten. Eine dieser Mauern von 1,8 m Stärke wurde an der Innenseite der älteren Mauer errichtet, während zu einem späteren Zeitpunkt eine weitere Mauer auf der Außenseite gebaut wurde, die das Ausmaß des gesamten Verteidigungswalls damit auf insgesamt 7 m erweiterte. Jüngste Forschungen haben gezeigt, daß die innerste Mauer eigentlich zum Verteidigungssystem der flavischen Anlage gehört. Diese Mauer hatte eine Außenseite aus *opus vittatum* und einen Betonkern, während der zugehörige Erdwall auf der Innenseite nicht mehr gefunden werden konnte. Drei Türme, die auf der Außen- und Innenseite der Mauer jeweils leicht vorragten, und das rechte Lagertor, die *porta principalis sinistra*, mit einem Doppelportal und flankiert von zwei monumentalen, rechteckigen Türmen, konnten belegt werden. Teile der Konstruktionen im Inneren des Lagers wie Straßen, Mannschaftsunterkünfte, das Bad und die außerhalb des Lagers liegende Zivilsiedlung (*canabae*) (Abb. 7) wurden kürzlich untersucht. Diese Verteidigungswälle der flavischen Anlage der *legio VII Gemina* stellen ohne Zweifel die ältesten Beispiele für den Steinausbau von Militärlagern in Spanien dar. Dieses Beispiel in León wurde in zahlreichen Hilfstruppenlagern imitiert, so in Cidadela (A Coruña), *Aquae Querquennae*/Ourense und Rosinos de Vidriales II (Zamora). Im bereits vor einigen Jahren identifizierten Cidadela haben Ausgrabungen eine Steinmauer mit Berme, dem schmalen Streifen zwischen Wehrmauer und Verteidigungsgraben, nachgewiesen, die eine Fläche von 2,4 ha umschloß. Eines der Tore und Gebäude, die wohl der *principia*, dem Stabsgebäude, und dem *praetorium*, dem Wohnhaus des Kommandanten, entsprachen, sind ausgegraben worden. Die Funde belegen, daß das Lager zwischen dem Beginn des 2. und dem Beginn des 4. Jhs. n. Chr. von der *cohors I Celtiberorum* besetzt war. Das Kastell von *Aquae Querquennae* war 3 ha groß und von einer Mauer des gleichen Typs wie der in Cidadela umgeben. Sie hatte Wehrgänge und quadratische Türme in regelmäßigen Abständen sowie einen äußeren Spitzgraben. Die *porta principalis sinistra*, die mit Doppelflügeln und rechteckigen Türmen des gleichen, wohlbekannten Typs wie in León flankiert

Abb. 6 Legions- und Hilfstruppenlager zwischen 74/75 und der Mitte des 3. Jhs. n. Chr. in Hispania.

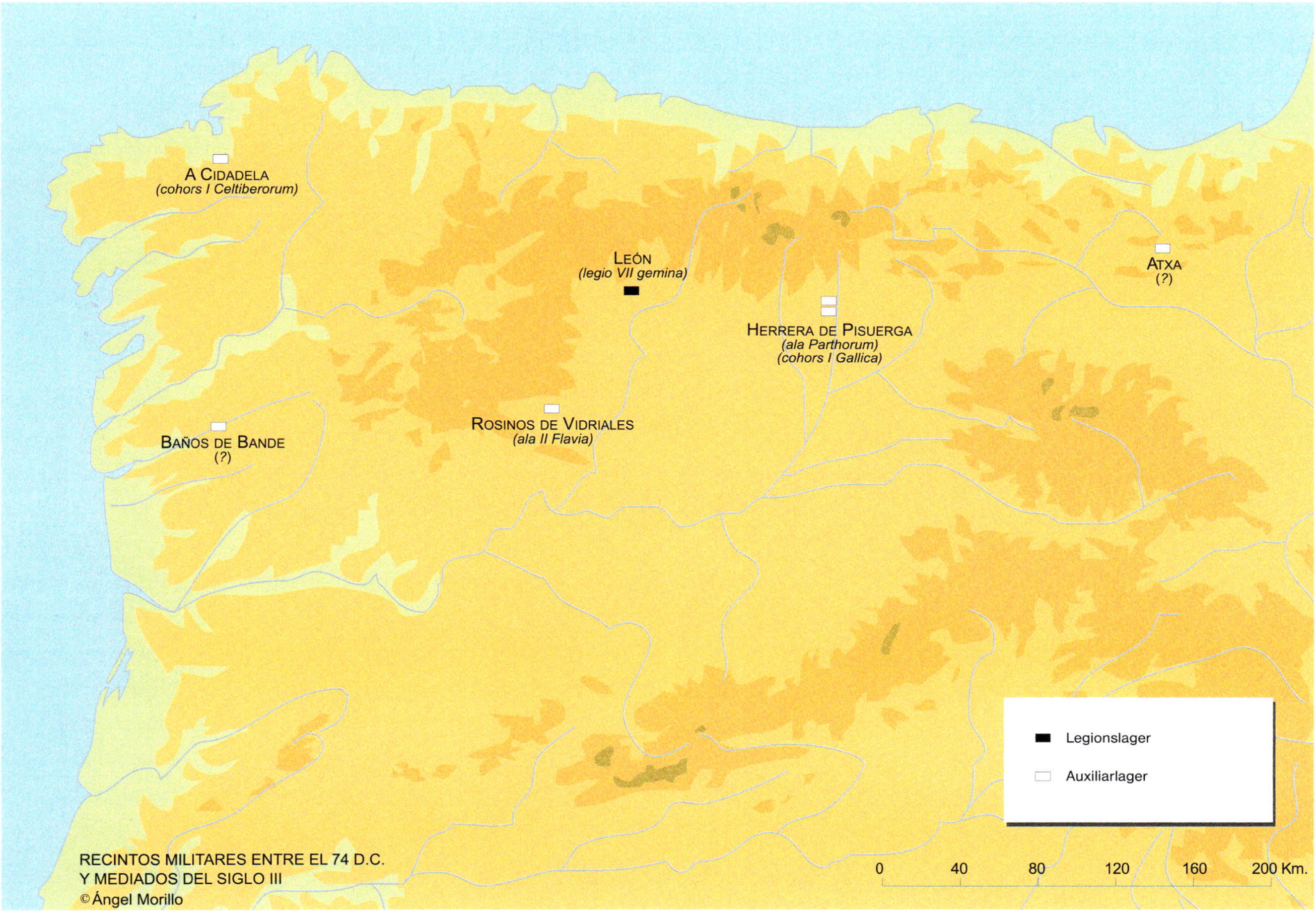

Abb. 7
León. Contubernia des julisch-claudischen (legio VI Victrix) und flavischen Lagers (legio VII) übereinander.

war, wurde genauso vollständig ausgegraben wie mehrere Mannschaftsunterkünfte und die *horrea* (Getreidespeicher). Das Lager wurde zwischen dem Ende des 1. und der Mitte des 2. Jhs. n.Chr. genutzt.

Zwischen dem Ende des 1. Jhs. n. Chr. und der Regierungszeit Hadrians wurde ein weiteres Kastell von 4,7 ha Größe über dem alten Legionslager von Rosinos de Vidriales gebaut und von der *ala II Flavia* besetzt. Dieses neue Lager ist dem vorhergehenden sehr ähnlich. Die *porta decumana*, das rückwärtige Tor, eine einflügelige Tür geschützt von zwei quadratischen Türmen, wurde vollständig ausgegraben; die *porta praetoria*, das Haupttor, ebenfalls mit zwei quadratischen Türmen hatte eine Doppeltür. Das Innere der Anlage wurde bisher noch nicht ausgegraben. In Atxa (Vitoria, Alava) haben Ausgrabungen die Strukturen einer weiteren Militäranlage, mit einer Kaserne sowie Teilen der *principia* und der *horrea*, erbracht.

Die römische Armee in der Spätantike

Traditionell wird die *Notitia Dignitatum* (Not. Dig. Oc. XLII 1,25), ein Staatshandbuch der römischen Behörden in der Spätantike, als Quelle für unser Wissen über die Militärlager in Spanien während der Spätzeit des Römischen Reiches herangezogen. Dieses Dokument belegt die Anwesenheit der verschiedenen Militäreinheiten in Nordspanien: die *legio VII Gemina* in León, die *cohors Lucensis* in *Lucus Augusti*/Lugo, die *cohors II Flavia Pacatiana* in *Paetaonio*/Rosinos de Vidriales, die *cohors Celtiberae* in *Iuliobriga*, die *cohors I Gallica* in *Veleia*/Iruña (Alava) und die *cohors II Gallica* an einem nicht lokalisierten Ort mit Namen *ad Cohortem Gallicam*. Zusammen mit verschiedenen archäologischen Belegen haben diese Informationen zu der Annahme geführt, daß in Nordspanien im 4. Jh. n. Chr. ein Limes existierte; diese Hypothese ist allerdings nicht allgemein anerkannt.

Es ist bedeutsam, daß drei Einheiten der *limitanei* (Grenztruppen), die in der *Notitia Dignitatum* erwähnt sind, in Städten stationiert waren, die massive Verteidigungsanlagen aufwiesen: León, Lugo und Iruña. Diese Tatsachen belegen die engen Verbindungen zwischen den ständig stationierten Truppeneinheiten und den befestigten Städten des nördlichen Spaniens, die während der Tetrarchie gebaut worden sind: Braga, Lugo, Astorga, León, Gijón and Iruña. Ein regionaler Stil oder ein regelrechtes Programm zur städtischen Befestigung kann postuliert werden, das nach unserer Meinung nur militärischen Ursprungs sein kann. Wir müssen allerdings noch die Gründe für die neue strategische Notwendigkeit finden, weshalb die regionalen Verbindungsstraßen, die man auch nutzte um die Abgaben (*annona militaris*) einzutreiben, befestigt und außerdem an den Nordrand des Reiches verschoben wurden. In jüngster Zeit konnten auch mehr oder weniger allgemeine Informationen über die Kastelle und spätrömischen Festungen in Orten wie Tedeja (Traspaderne, Burgos), El Cristo de San Esteban (Muelas del Pan, Zamora), Bernardos (Segovia) oder Roc d'Enclar (Andorra) gewonnen werden.

Zusammenfassung

Diese Untersuchung der militärischen Einrichtungen der römischen Armee in Nordspanien ist nur Teil einer größeren Studie zum selben Thema auf der ganzen Iberischen Halbinsel. Besonders die Herstellung von Ziegeln und Keramik durch die Armee, sowie militärische Ausrüstungsgegenstände aus allen Perioden wurden bereits genauer untersucht und führten unter anderem zur Publikation der Ausgrabung einer Werkstatt in León, in der Ausrüstungsteile für das Militär hergestellt wurden. Dies sind aber nur zwei weitere Facetten des reichen Materials, das Spanien für weitere Studien zum römischen Militär beitragen kann: eine große Menge an Funden vom 3. Jh. v. bis zum 5. Jh. n. Chr, die auch die vielfältigen Aktivitäten der römischen Armee in diesem Gebiet belegen.

Übersetzung aus dem Englischen von S. Kerner und R. H. Barnes

Die Grenzen Roms in der heutigen Schweiz

Eckhard Deschler-Erb

Die Publikationen der letzten Jahre zur Schweiz in römischer Zeit vermitteln den Eindruck, daß dieses Land mit den Grenzen bzw. der Grenzsicherung des Römischen Reiches eigentlich nie viel zu tun gehabt habe. Dies täuscht, denn während längeren Phasen verlief die Grenze des Römischen Reiches auch über Schweizerisches Gebiet. Vor allem für den Norden des Landes spielte das römische Militär keine geringe Rolle.

Zwei Zeitabschnitte sind im Zusammenhang mit der römischen Grenzsicherung für uns relevant: Der erste Abschnitt umfaßt die Spanne von der caesarischen Eroberung Galliens um die Mitte des 1. Jhs. v. Chr. bis zum Abzug der 11. Legion aus *Vindonissa*/Windisch um 101 n. Chr. Der zweite Abschnitt umfaßt die Zeitspanne vom Ende des 3. Jhs. n. Chr. bis zum Ende der römischen Präsenz in Mitteleuropa im 5. Jh. n. Chr.

Von Caesar bis Trajan

Die Entwicklung der Grenzsicherung läßt sich innerhalb des ersten Zeitabschnitts in mehrere Phasen unterteilen (Abb. 1).

Die Phase 1 umfaßt den Zeitabschnitt von der caesarischen Eroberung Galliens um die Mitte des 1. Jhs. v. Chr. bis zum Beginn der Alleinherrschaft des Augustus 27 v. Chr. Eine römische Grenzsicherung auf Schweizer Gebiet begann genau

Abb. 1 Grenzentwicklung im 1. Jh. v. bis 1. Jh. n. Chr.

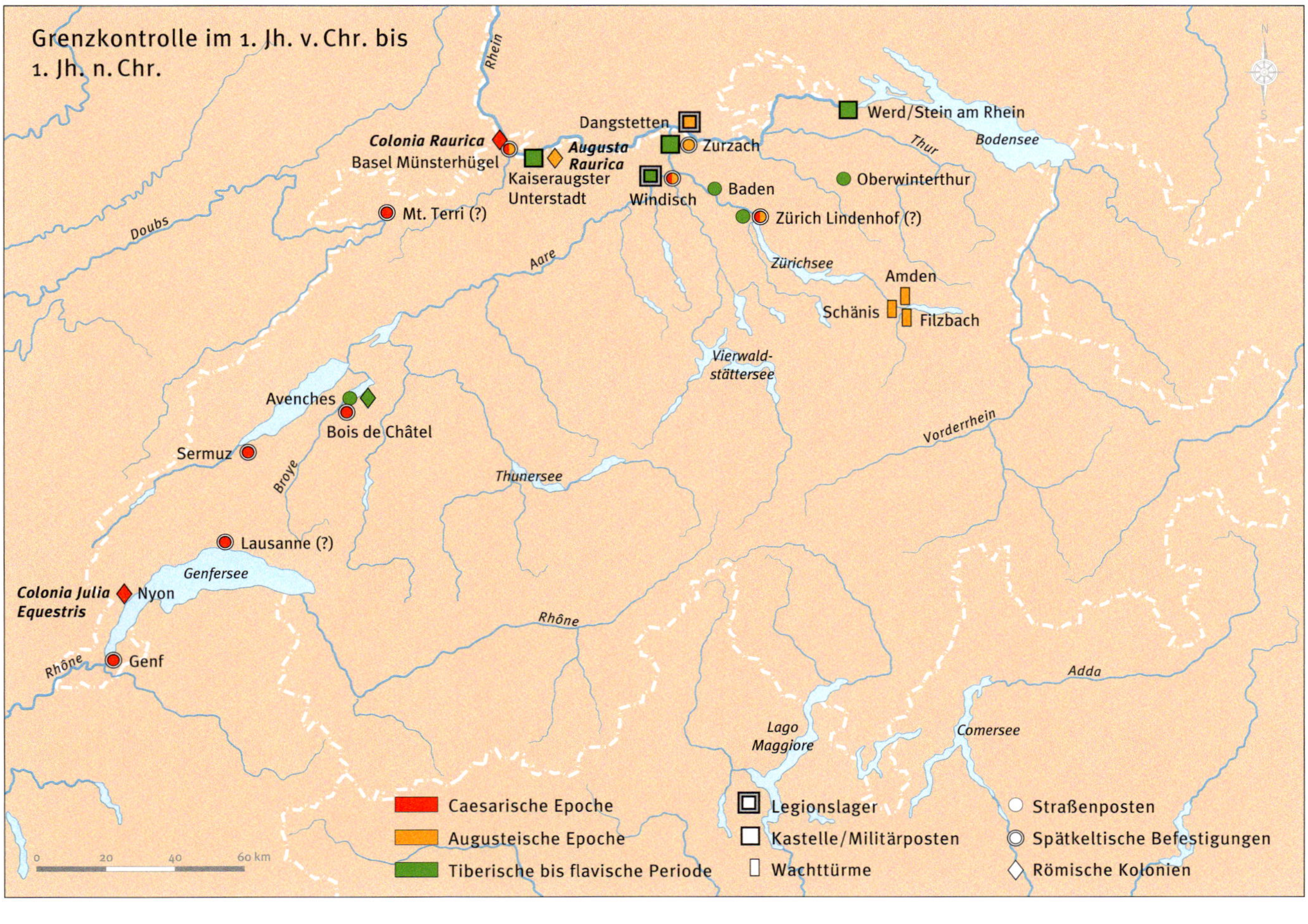

genommen bereits 122/121 v. Chr., als bei der Einrichtung der Provinz *Gallia Narbonensis* auch das allobrogische Oppidum Genf (GE) unter römische Herrschaft geriet. Hier verhinderte Caesar 58 v. Chr. den direkten Durchmarsch der Helvetier und ihrer Verbündeten (u. a. die Rauriker) auf ihrem Weg nach Westen. Dazu wurden entlang der Rhone Befestigungsanlagen errichtet. Grabensysteme, die in diese Zeit datieren sollen, konnten im 19. Jh. nachgewiesen werden, ihre Bestätigung durch moderne Grabungen steht aber noch aus. Die Helvetier und ihre Verbündeten setzten die Auswanderung dennoch fort. Erst bei *Bibracte*/Mont Beuvray konnten sie endgültig gestoppt werden. Caesar schickte sie mit dem klaren Auftrag zurück, das Gebiet der heutigen Schweiz vor den Germanen zu schützen.

Mit dem Sieg über Vercingetorix und dessen Truppen – unter anderem auch helvetische Verbände – 52 v. Chr. bei *Alesia* konnte Caesar Gallien für das Römische Reich in Besitz nehmen. Damit bildete der Rhein die Grenze Roms und Siedlungsgebiete, wie das der Rauriker am Oberrhein, gehörten offiziell zum Römischen Reich. Das Schweizer Mittelland befand sich noch außerhalb der römischen Herrschaft. Es stand aber unter verstärkter Kontrolle und das hier befindliche Stammesgebiet der Helvetier diente als Pufferstaat zum Schutze Galliens.

Die Grenzsicherung in dieser Phase wurde auf indirekte Art und Weise organisiert. Sie bestand aus kleinen, maximal 5–6 ha großen, in einheimischer Technik befestigten Anlagen, die von keltischen Adeligen und deren Truppen im Auftrag Roms besetzt waren. Es ist zu vermuten, daß den einheimischen Truppen einige wenige römische Legionäre als «Militärberater» und Kontrolleure zur Seite standen. An Befestigungsanlagen dieser Art sind unter anderem für den Schweizer Raum zu nennen:

Basel Münsterhügel (BS), Mt. Terri (JU) (?), Sermuz (VD), Bois de Châtel (VD) (?), Lausanne (VD) (?), Windisch (AG), Zürich Lindenhof (ZH) (?) und Genf (GE). Am Ober-

Abb. 2 Basel Münsterhügel. Blick von der mittleren Rheinbrücke in Richtung Süden mit dem steil ansteigenden Hang des Münsterbergs und dem Münster in der Bildmitte.

Abb. 3 Amden (SG), Betlis-Stralegg. In der Bildmitte zwischen den Bäumen ist die Ruine des augusteischen Wachtturms zu erkennen. Im Hintergrund erstreckt sich der Walensee mit den Glarner Alpen.

rhein, im Jura und in Genf dürften diese Befestigungen mehr oder weniger direkt unter römischer Kontrolle gewesen sein. Im Schweizerischen Mittelland hingegen scheint die direkte Befehlsgewalt noch in den Händen der Helvetier gelegen zu haben.

Ein gutes Beispiel für die «republikanische Grenzsicherung» stellt der Basler Münsterhügel dar (Abb. 2). Hier wurde in der Spätlatènezeit eine ca. 5 ha große Siedlungsfläche auf einem natürlich gebildeten Sporn mit einem Holz-Erdewall und einem breiten Sohlgraben befestigt. Aufgrund des reichen Fundmaterials lassen sich als Besatzung keltische Adelige und deren Gefolge erkennen. Einige wenige spätrepublikanische Militaria geben zu der Vermutung Anlaß, daß außer keltischen Bewohnern auch römische Militärpersonen vor Ort waren.

Im Zusammenhang mit der caesarischen Grenzsicherung muß auch auf zwei Colonia-Gründungen im Bereich der heutigen Schweiz hingewiesen werden. Die eine, mit dem Namen *Colonia Julia Equestris*, wurde 45/44 v. Chr. im Bereich des heutigen Nyon (VD) gegründet. Diese Koloniestadt kontrollierte eine der Einfallachsen nach Gallien entlang dem Rhonetal. Die andere Colonia-Gründung mit dem Namen *Colonia Raurica* soll 44 v. Chr. am Oberrhein gegründet worden sein. Mit ihr wäre die Einfallachse entlang der Burgundischen Pforte abgesichert. Bislang ist dazu allerdings noch kein archäologischer Nachweis bekannt. Wahrscheinlich übernahm die einheimische Befestigung auf dem Basler Münsterhügel die Funktion der wohl nie über die Gründung hinausgekommenen Kolonie.

Die Phase 2 beginnt mit der Alleinherrschaft des Augustus (27 v. Chr. – 14 n. Chr.) und reicht bis zur Niederlage der römischen Legionen im Jahre 9 n. Chr. unter Varus im «Teutoburger Wald». Innerhalb dieser Zeitspanne liegt der sogenannte Alpenfeldzug 15 v. Chr. in dessen Verlauf die beiden kaiserlichen Prinzen Drusus und Tiberius den gesamten Alpenraum eroberten. Ausgangspunkt des Feldzuges könnte im Westen die am Hochrhein gelegene Militärbasis Dangstetten (D) gewesen sein. Der Schweizer Raum mußte nicht mehr erobert werden, denn wie oben bereits gesagt, war das Stammesgebiet der Helvetier nach der endgültigen Eroberung Galliens durch Caesar bereits mehr oder weniger abhängig von der römischen Macht. Für eine solche Überlegung spricht zum einen das Fundmaterial, das bereits seit frühaugusteischer Zeit starke römische Einflüsse aufweist. Zum anderen fällt auf, daß in den zahlreichen historischen Quellen zum Alpenfeldzug die Helvetier und ihre direkten Nachbarn kein einziges Mal als unterworfene Völker genannt werden.

Zur Unterstützung von Dangstetten (D) wurden entlang des Ober- und Hochrheins sowie am Walensee in Richtung Alpenrhein Militärstationen und Wachttürme eingerichtet. Bereits 16 v. Chr. dürfte P. Silius Nerva mit einem dritten Heeresverband über die Bündner Alpen hinweg ziehend das Alpenrheintal unterworfen haben. Am Oberhalbstein (GR) ist seit kurzem eine Fundstelle mit zahlreichen frühkaiserzeitlichen Militaria (Bleigeschosse, *Pila* usw.) bekannt, die vielleicht im Zusammenhang mit dem Kriegszug von 16 v. Chr. zu sehen ist.

Nach diesen umfangreichen logistischen Vorbereitungen startete Tiberius von Westen her die Eroberung der raetischen Alpen, während Drusus mit seinen Truppen von Süden her wahrscheinlich über den Brenner marschierte. Der siegreiche Abschluss des Feldzuges von 15 v. Chr. ist in einem Monument mit Inschrift in La Turbie (F) oberhalb von Monaco verewigt. Unter den dort aufgelisteten besiegten Völkerschaften fehlen bezeichnenderweise die Helvetier und die Rauriker.

Die oben erwähnten Militärstationen sind für den Schweizer Raum in Basel Münsterhügel (BS), Windisch (AG), Zurzach (AG) (?) und Zürich Lindenhof (ZH) zu lokalisieren . Zum Aufbau dieser Lager bzw. der darin stationierten Truppen ist nur wenig bekannt. Es handelt sich um Anlagen, die wohl durch eine Palisadenmauer mit Spitzgraben gesichert waren und soweit bekannt einen unregelmäßigen Grundriß aufwiesen. Als Besatzungen stellt man sich gemischte Abteilungen aus Auxiliar- und Legionärstruppen vor. Außer regulärem Militär scheinen in vielen dieser Anlagen auch Zivilisten gewohnt zu haben. Besser Bescheid weiß man über die zum größten Teil ausgegrabene Militärbasis von Dangstetten (D). Das im Grundriß unregelmäßige Lager hatte eine Fläche von mindestens 12 ha. Die Umwallung bestand aus einer Holz-Erdemauer mit Türmen in jeweils 40 m Abstand. Vor der Mauer verlief ein Doppelspitzgraben, der im Bereich von zwei nachgewiesenen Toranlagen mit Tortürmen unterbrochen war. Im Inneren des Lagers ließen sich Mannschaftsunterkünfte, Verwaltungs- und Wirtschaftsbauten freilegen, wobei die Mannschaftsbauten zum Teil noch aus ausgebauten Zeltreihen bestanden. Als Besatzung sind neben Legionstruppen – inschriftlich belegt ist die 19. Legion – auch Auxiliartruppen zu Pferd und zu Fuß aus dem gallischen, thrakischen (?) und orientalischen Raum nachgewiesen.

Als eine Besonderheit dieser Phase sind die drei Wachttürme von Filzbach (GL-Vor dem Wald), Amden (SG-Betlis-Stralegg) und von Schänis (SG-Biberlikopf) entlang dem Walensee zu nennen (Abb. 3). Diese Anlagen bestehen aus ge-

Abb. 4 Vindonissa/Windisch (AG). Blick vom Nordtor des Legionslagers in Richtung der Aare auf ihrem Weg zum Rhein.

mauerten turmartigen Bauten mit charakteristischen Mauerabtreppungen sowie einer Umfassungsmauer, welche einen ovalen oder rechteckigen Hof umschließt. Zwei von ihnen weisen im Erdgeschoß eine Tankzisterne auf. Im Innern der Höfe standen Fachwerkbauten. Bauten dieser Art sind sonst im militärischen Bereich in dieser Zeit nirgends belegt; die Frage, auf welcher Tradition diese Bauweise basiert, konnte bis jetzt noch nicht gelöst werden. Außer der Bauweise sind auch die Militaria aus diesen Türmen von besonderem Interesse. Diese wirken altertümlich – unter anderem mehrere sogenannte Harpunenpila – so daß der Verdacht aufkommt, daß hier reaktivierte Veteranen mit einer Ausrüstung caesarischer Zeit stationiert gewesen waren.

Die bis jetzt vorgestellten Anlagen hatten nur bis ins 1. Jahrzehnt v. Chr. Bestand. Über die Grenzsicherung der folgenden 20 Jahre in unserer Region ist nichts Konkretes bekannt. Es scheint, als ob in dieser Zeit außer kleineren Militärposten keine größeren Einheiten im Bereich der heutigen Schweiz stationiert waren.

Die Phase 3 reicht von der Reorganisation der Grenze unter Tiberius (14 – 37 n. Chr.) von 10/17 n. Chr. bis zu den Bürgerkriegen im Umfeld des sogenannten Vier-Kaiserjahrs 69 n. Chr. In der Folge der Niederlage des Varus 9 n. Chr. im «Teutoburger Wald» und der Vernichtung von drei Legionen mitsamt zahlreichen Auxiliartruppen, wurde durch Tiberius die Sicherung der römischen Grenze am Rhein völlig neu organisiert. Das Militär wurde entlang der Rheinlinie postiert mit Schwerpunkten in den Legionslagern von Mainz (D), Straßburg (F) und *Vindonissa*/Windisch (AG). Daneben entstand eine linksrheinische Kette aus Kastellen und kleineren Posten, die sich über den Bodensee hinweg bis ins bayerische Alpenvorland hinzog. Im Bereich der heutigen Schweiz handelte es sich dabei um Kastelle in der Kaiseraugster Unterstadt (AG) und in Zurzach (AG), um einen Militärposten auf der Insel Werd/Stein am Rhein (TG) sowie eventuell kleinere Straßenposten in Baden (AG), Zürich (ZH) sowie *Vitudurum*/Oberwinterthur (ZH). Weitere derartige kleine Straßenposten sind entlang der Hauptwege durch das Schweizer Mittelland in Richtung Alpenpässe in allen größeren Siedlungen zu erwarten. Als Besatzungen der verschiedenen Lager und Militärposten dienten Auxiliartruppen, die teilweise auch durch kleinere Kontingente von Legionären unterstützt wurden.

Die Posten- und Kastellkette wurde vom 14 n.Chr. gegründeten Legionslager in *Vindonissa*/Windisch aus kommandiert (Abb. 4). Für die Anlage konnten mehrere Ausbauphasen festgestellt werden. Zu Beginn errichtete eine Abteilung der *legio XIII Gemina* eine mittelgroße Befestigung mit ca. 12 ha Innenfläche. Von der Inneneinteilung dieses frühesten Lagers, das ausschließlich in Holz gebaut war, ist bis heute noch nicht viel bekannt. Bis um 30 n.Chr. setzte sich der Ausbau fort, so daß zum Schluß eine Fläche von ca. 20 ha belegt war. Zu diesem Ausbauzustand sind mehrere der Innenbauten – zumeist Mannschaftsunterkünfte – bekannt und vor allem die Befestigung läßt sich gut rekonstruieren. Sie bestand aus einer Holz-Erdemauer mit an drei Seiten vorgelagertem doppeltem Spitzgraben und zusätzlich durch Türme gesicherten Toranlagen. Die vorhandene Fläche konnte nun außer der 13. Legion auch Auxiliareinheiten beherbergen.

Um 45/46 n. Chr. löste die *legio XXI Rapax* die *XIII Gemina* als Besatzung von *Vindonissa*/Windisch ab. Bis auf die Befestigungen erfolgte eine völlige Reorganisation der Lagerstruktur. Ab dieser Reorganisation sind der Aufbau und die Struktur der Innenbebauung bekannt und bis zum Ende von *Vindonissa*/Windisch erfuhr die Lagerstruktur keine tiefgreifende Änderung mehr. Auch im Lager der 21. Legion waren zusätzlich verschiedene Auxiliareinheiten untergebracht. Diese (und auch andere) Auxiliareinheiten dienten zur Besatzung der verschiedenen oben genannten Kastelle und Militärposten.

Im Verlauf der Phase 3 läßt sich eine Veränderung der Grenzlinie beobachten. Ab spättiberischer Zeit (35/40 n. Chr.) wurde die Rheingrenze mit den dort befindlichen Kastellen aufgehoben und nach Norden verschoben. Neu führte nun eine Strasse vom Kastell Oedenbourg/Biesheim (F) über den Schwarzwald an die obere Donau nach *Brigobannis*/Hüfingen (D). Von diesem Lager aus wurde entlang der Donau eine Kastellkette aufgebaut und damit dieser Fluß als eindeutige Grenzlinie markiert. Die Koordination der verschiedenen Grenzverlagerungen erfolgte von *Vindonissa*/Windisch aus. Ab dieser Zeit verlief bis in die Spätantike keine Außengrenze des Römischen Reiches mehr durch Gebiete der heutigen Schweiz.

In der Phase 3 ist das Grenzsystem sicher auf Verteidigung des bisherigen Territoriums ausgelegt. Der Charakter dieser Verteidigung ist aber eher nach vorne ausgerichtet und hat einen offensiven Charakter. Die zugehörigen Militärlager waren Kasernen mit einer einfachen Befestigung, deren Besatzungen sich bei einem Angriff nicht eingeigelt, sondern die Entscheidung außerhalb der Wälle im offenen Kampf gesucht hätten.

Die vierte und letzte Phase der frühen Grenzorganisation umfaßt die Epoche ab den Bürgerkriegswirren, die im Kampf um die Nachfolge des Kaisers Nero (54 – 68 n.Chr.) ausgebrochen waren. Als Sieger aus diesen Kämpfen ging Vespasian (69 – 79 n. Chr.) hervor. Unter seiner Herrschaft kam es zu erneuten Änderungen in der Grenzverteidigung. Im Legionslager *Vindonissa*/Windisch löste die *legio XI Pia Fidelis* die *legio XXI Rapax* ab und in den folgenden Jahrzehnten wurde das gesamte Lager inklusive der Umwallungen in Stein ausgebaut. Eine römische Armee unter dem General Cn. Pinarius Cornelius Clemens eroberte ab 73/74 n. Chr. das sogenannte Dekumatenland (Baden-Württemberg bis zum Neckar) und sicherte den gesamten Bereich mit zahlreichen Kastellen ab. Das Gebiet der heutigen Schweiz wurde damit vollends zum

Hinterland, einzig das Legionslager von *Vindonissa*/Windisch verblieb noch für ca. 30 Jahre als Verwaltungs- und Kontrollzentrum in militärischer Hand. Jedoch auch dieses letzte Zeugnis der Grenzsicherung wurde 101 n. Chr. aufgehoben. Die *legio XI Pia Fidelis* wurde für einen Krieg gegen die Daker von Trajan (98 – 117 n. Chr.) abgezogen und für die nächsten 150 Jahre befanden sich im Bereich der heutigen Schweiz keine größeren Militärverbände mehr.

Von Diokletian bis Stilicho

Auch der zweite Abschnitt der Grenzsicherung, der von der zweiten Hälfte des 3. Jhs. n. Chr. bis ins 5. Jh. n. Chr. reicht, kann in mehrere Phasen unterteilt werden.

Die Phase 1 beginnt mit dem Zusammenbruch der rechtsrheinischen Herrschaft Roms um die Mitte des 3. Jhs. n.Chr. und reicht bis zur Installation einer neuen Grenzsicherung durch Diokletian (284 – 305 n.Chr.). Phase 1 ist durch innen- und außenpolitische Wirren sowie durch das zeitweise völlige Fehlen einer übergeordneten Autorität und Verwaltung gekennzeichnet. Ein Schutz der Bevölkerung war nur durch lokale Initiativen gewährleistet und die Besiedlung verlagerte sich deshalb von den offenen Siedlungen der mittleren Kaiserzeit zu mit Wall und Graben gesicherten Refugien. Ein gutes Beispiel für ein solches Refugium bietet die Befestigung von Augst-Kastelen (BL), die auf einem Sporn von ca. 3 ha Fläche inmitten der mittelkaiserzeitlichen Stadt *Augusta Raurica* eingerichtet wurde. Sie war für die Restbevölkerung mit doppelten Abschnittsgräben und einer Mauer gesichert. Dieses Refugium hatte bis ins 4. Jh. Bestand und wurde danach durch die neu entstandene Befestigung in *Castrum Rauracense*/Kaiseraugst (AG) ersetzt.

Die Phase 2 umfaßt die Zeit der Tetrarchie – aufgeteilte Herrschaft über das Reich mit zwei *Augusti* und darunter zwei *Caesares* – ab 293 n. Chr. bis zum Beginn der Alleinherrschaft von Konstantin I. im Westen (311 – 337 n. Chr.). Im Verlauf dieser Phase wurde entlang von Rhein, Bodensee, Iller und Donau eine neue Grenze geschaffen (Rhein-Iller-Donau-Limes), die im Prinzip den Verlauf der oben beschriebenen tiberischen Grenzsicherung wieder aufnahm. Dabei wurden die Gewässer aktiv in die Grenzsicherung einbezogen, zum einen als Schutz und zum anderen als willkommene Transportmöglichkeit für Truppen- und Waren-

Abb. 5 Rhein-Iller-Donau-Limes.

Abb. 6 Der Kaiseraugster Silberschatz. Bei dem um 350/353 n. Chr. im spätantiken Castrum Rauracense vergrabenen Tafelsilber handelt es sich um den größten derzeit bekannten Schatzfund aus der Spätantike, AO: Römerstadt Augusta Raurica.

transporte. Die Sicherung der Grenze erfolgte auf verschiedene Art und Weise. Als erstes wurden bestehende Zivilsiedlungen auf verkleinertem Raum befestigt und mit Truppeneinheiten belegt. Als zweites errichtete man aber auch völlig neue Befestigungen. Diese waren im Gegensatz zu den oben beschriebenen Anlagen der frühen Kaiserzeit völlig anders konstruiert und sie besaßen nun einen ausgeprägten Festungscharakter. Die Besatzungen dieser Festungen stellten sich nicht mehr im aktiven Kampf einem Gegner im Feld, sondern sie verteidigten ihre Stellungen, bis größere Truppeneinheiten aus dem Hinterland heran geführt waren um den Feind aktiv zu bekämpfen. Entsprechend dieser Taktik wurde die römische Armee neu aufgeteilt. Zum einen gab es das mobile Feldheer, das im Hinterland als Eingreiftruppe zur Verfügung stand, und zum anderen gab es in den Grenzbefestigungen mehr oder weniger stationäre Milizen. Der Rhein-Iller-Donau-Limes entstand nicht auf einmal, sondern in zahlreichen Aufbauschritten, die sich über das gesamte 4. Jh. n. Chr. hinweg zogen und die im Einzelnen noch nicht in jedem Fall exakt datiert werden können (Abb. 5).

Ein gutes Beispiel für die Befestigung einer Zivilsiedlung in tetrarchischer Zeit (Phase 2) gibt die inschriftlich auf 294 n. Chr. datierte Mauer von *Vitudurum*/Oberwinterthur. Eine weitere Inschrift wohl aus dem gleichen Jahr belegt den Neubau eines Kastells in *Tasgetium*/Stein am Rhein. Auch *Basilea*/Basel dürfte bereits in dieser Zeit wieder befestigt worden sein. Als wichtigste Baumaßnahme dieser Zeit ist die Errichtung des *Castrum Rauracense* in Kaiseraugst (AG) zu nennen. Dieses Kastell stellt mit 3,6 ha Fläche die größte und sicher imposanteste Anlage am Rhein-Iller-Donau-Limes dar. Sie war mit einer Wehrmauer von insgesamt 850 m Länge und nahezu 4 m Dicke umgeben. Dazu kamen 20 Eck- und Zwischentürme sowie vier Tore mit Doppeltürmen sowie ein umlaufender Befestigungsgraben. Als Besatzung dürften Einheiten der *legio I Martia* gedient haben; wahrscheinlich wohnte außer dem Militär aber auch Zivilbevölkerung innerhalb der Mauern.

Mit unserem heutigen Wissensstand ist davon auszugehen, daß in der Zeit der Tetrarchie am Donau-Iller-Rhein-Limes noch keine Kleinbefestigungen/Wachttürme direkt an der

Abb. 7
Rheinau-Köpferplatz (ZH). Luftaufnahme der spätantiken Fundamente eines valentinianischen Wachtturms am Ufer des Hochrheins.

Flußgrenze gebaut wurden. Allerdings läßt es sich nicht ausschließen, daß die zukünftige Forschung doch noch Zeugnisse von Holzbefestigungen dieser Zeitstellung zutage bringt.

Die dritte Phase umfaßt die Regierungszeiten von Konstantin I. (306–337 n. Chr.) sowie seiner Söhne Constantius II. (337–361 n. Chr.), Constans (337–350 n. Chr.) und Konstantin II. (337–340 n. Chr.) bis hin zu den verheerenden Einfällen der Germanen zur Zeit des Magnentius (350–353 n. Chr.).

In dieser Epoche fand keine grundlegende Neugestaltung der Grenze statt, sondern ein ständiger, weiterer Ausbau des Systems. Dabei wurden nicht nur steinerne, sondern auch hölzerne Anlagen errichtet.

Ein gutes Beispiel für eine Holzbefestigung dieser Phase stellt dabei die erst 2001 entdeckte und ergrabene Befestigung in Rheinfelden, Augarten West (AG), dar. Hier wurde direkt am Rhein eine Fläche von ca. 0,8 ha durch Spitzgraben und Palisade gesichert und im Innern mit einem Speicherbau für Getreide (*horreum*) besetzt. Die Forschung geht davon aus, daß hier Nahrung zur Versorgung der Grenztruppen lagerte. Aufgrund der gefundenen Keramik und vor allem der Münzen datiert man die Anlage in die erste Hälfte des 4. Jhs. n. Chr. Ebenfalls in Holz dürfte auch eine erste Linie von Wachttürmen errichtet worden sein, die entlang dem Hochrhein zur direkten Überwachung der Grenze dienten. An Steinbauten der Phase 3 ist vor allem die Befestigung von *Eburodunum*/Yverdon-les Bains (VD) zu nennen, die dendrochronologisch auf die Jahre 325/326 n. Chr. datiert wird. Für die gleiche Phase sind weiterhin rechtsrheinische Brückenköpfe – zum Beispiel in Grenzach-Wyhlen (DE) – und Umbauten in bestehenden Befestigungen – zum Beispiel in *Basilea*/Basel – durch Ziegel der *legio I Martia* belegt, deren Produktion in die erste Hälfte des 4. Jhs. n. Chr. zu datieren ist.

Die gesamte Grenzverteidigung dieser Phase ging im Verlauf eines verheerenden Einbruchs germanischer Völker um 352 n. Chr. zugrunde. Dieser Einbruch war die Folge des Krieges von Constantius II. gegen den im Westen des Römischen Reiches regierenden Usurpator Magnentius. Im Laufe der Kämpfe zog Magnentius mit allen verfügbaren Truppen nach Osten gegen Constantius II., verlor den Krieg aber in einer Entscheidungsschlacht 351 n. Chr. bei Mursa im heutigen Kroatien. Die Entblößung der Grenze nutzten die Germanen 352 n. Chr. zu einer Invasion ins Römische Reich auf breiter Linie. Im Verlauf dieser Invasion gab es in den Grenzprovinzen großflächige Zerstörungen. Ein Zeugnis dieser Kriege stellt der weltberühmte Silberschatz aus dem damals ebenfalls zerstörten *Castrum Rauracense*/Kaiseraugst dar, der als das vergrabene Tafelsilber eines oder mehrerer Offiziere aus der Armee des Magnentius gedeutet wird (Abb. 6).

In der Phase 4 nach dem Sieg über die Germanen und deren Vertreibung aus dem Reichsgebiet durch Julian (355/361–363 n. Chr.) erlebte die Grenzverteidigung und insbesondere der Rhein-Iller-Donau-Limes unter Valentinian I. (364–375 n. Chr.) ihren endgültigen und letzten Ausbau.

Alle Elemente der Grenzsicherung, die schon vorher vorhanden waren, wurden nun perfektioniert und aufeinander abgestimmt. Zuvorderst erstreckte sich entlang dem Hochrhein über die Iller bis hin zur Donau eine nahezu ununterbrochene Linie aus steinernen Wachttürmen, von denen aus der Verkehr auf dem Wasser direkt überwacht werden konnte (Abb. 7). Flußübergänge wurden zusätzlich durch größere Kastelle mit gegenüber liegenden Brückenköpfen abgesichert. Dahinter befanden sich entlang der Hauptverkehrsachsen bis weit ins Hinterland an allen wichtigen Kreuzungen weitere Befestigungen, um den eingedrungenen Feind auch hier noch aufzuhalten. Selbstverständlich waren auch alle weiteren Zivilsiedlungen durch Mauern gesichert. Zur Versorgung der Truppen dienten befestigte Speicher, die nun nicht mehr – wie oben in Phase 4 – aus Holz, sondern ebenfalls aus Stein gebaut waren. Bei den Speicherbauten ist besonders auf den nur regional vorkommenden sogenannten «Typ Mumpf» hinzuweisen, bei dem ein Rechteckbau mit halbrunden Bastionen an den Schmalseiten ergänzt wurde.

Ein Charakteristikum valentinianischer Befestigungen ist deren spezielle Bautechnik (Abb. 8). Die Basis des Fundaments bildete ein Rost aus eingerammten Pfählen. Darüber legte man mehrere Balkengitter, füllte diese mit Steinen auf und festigte sie mit Kalkmörtel. Darauf folgten mehrere Lagen eines gemörtelten Fundaments. Zuletzt folgte das aufgehende Mauerwerk in Zweischalentechnik und mit einer Füllung aus Gußmörtel.

Die Grenzbefestigung dieser letzten Phase war so gut ausgebaut, daß sie bis ins 5. Jh. n. Chr. hinein als effektiver Grenzschutz wirkte. Daran änderte sich auch nicht viel nach dem Abzug der letzten «offiziellen» Truppen durch den Heermeister Stilicho (395–408 n. Chr.) um 401 n. Chr. und dem verheerenden Einfall germanischer Stämme um 406 n. Chr. Denn ein wirkliches Eindringen germanischer Völker in das Gebiet der heutigen Schweiz – insbesondere der Alamannen – fand erst gegen Ende des 5. Jhs. n. Chr. statt, und bis weit ins Frühmittelalter hinein bildeten die größeren Kastelle des Rhein-Iller-Donau-Limes Siedlungszonen für die romanische Restbevölkerung innerhalb einer «germanischen» Umwelt.

Abb. 8 Basel Utengasse (BS). Die Errichtung des valentinianischen sogenannten «Munimentum» im Modell. Gezeigt sind alle Arbeitsschritte von der Anlieferung des Baumaterials, über die Aushebung des Fundamentes bis hin zur Errichtung der Mauern.

Die Grenzen in Britannien

David J. Breeze

Die durch Julius Caesar 55 und 54 v. Chr. erfolgte Einnahme Britanniens brachte die Gebiete im südöstlichen Teil der Insel komplett unter die Kontrolle Roms. Diese Eroberung war aber in der politischen Entwicklung der späten Republik begründet und Caesars Nachfolger, Augustus, hatte genau wie Tiberius andere Schwerpunkte und Ziele, und so blieb Britannien vorerst sich selbst überlassen. Erst Claudius, der unter ungewöhnlichen Umständen 41 n. Chr. auf den Thron kam, und persönliche Glaubwürdigkeitsprobleme überwinden mußte, schiffte sich zu einer neuen Invasion ein. Sueton konstatierte, daß Claudius nach den Ehren eines überzeugenden Triumphes strebte und Britannien als beste Möglichkeit auswählte, einen solchen zu erlangen.

Die neu geschaffene Provinz umfaßte zuerst nur die Gebiete im südlichen Teil der Insel. Weiter westlich befanden sich die noch nicht eroberten Stammesgebiete der Waliser und im Norden lag das Klientelkönigreich der Briganten mit ihrer Königin Cartimandua. Neros Versuch einer Expansion endete im Jahre 61 n. Chr. mit der Rebellion der Boudicca und erst Vespasian gelang 10 Jahre später die vollständigen Eroberung der Insel. Drei energische Statthalter brachten die Briganten und die Stämme sowohl von Wales als auch von Süd- und Ostschottland unter die Kontrolle Roms. Dieser unerbittliche Vormarsch endete schließlich im römischen Sieg über die Kaledonier beim *Mons Graupius*.

Es gab allerdings eine Unterbrechung dieses Vormarsches. In seinem Bericht über die Kampagne des Agricola 80 n. Chr. schreibt Tacitus: «Die vierte Kampagne wurde damit verbracht, zu sichern, was er überrannt hatte, und wenn der Geist der Armee und der Ruhm des Namen Roms es erlaubt hätten, wäre eine Grenze mitten durch Britannien errichtet worden. Denn die Festungen an den Flüssen Clyde and Forth ... sind nur durch eine schmale Landzunge voneinander getrennt. Diese wird jetzt durch die Garnisonen sicher gehalten....» (Tacitus, *Agricola* 23). De facto erlaubte der Ruhm des Namens Rom eine solche Grenze nicht und nur zwei Jahre später überquerte Agricola den Forth und nahm *Caledonia* ein.

Der erste Vorstoß nach Schottland

Der Grund für das Ende des römischen Vormarsches an der Landenge der Flüsse Forth-Clyde ist nicht eindeutig festzustellen. Möglicherweise gab der neue Kaiser Titus den Befehl hierzu, vielleicht hat auch Agricola mit Hinweis auf die lokale Situation diesen Rat gegeben. Im vorhergehenden Jahr war er bis auf Sichtweite an das schottische Hochland vorgedrungen und konnte einen Eindruck von den Mühen – und den möglichen Früchten – eines weiteren Vormarschs nach Norden gewinnen. Detailkenntnisse der militärischen Anlagen Agricolas an dieser Stelle gibt es kaum. Lager, die ungefähr in diese Zeit datieren, sind aus Camelon, Mollins und Barochan bekannt, während Funde von verschiedenen Stellen entlang des Antoninuswalls möglicherweise auf eine Besatzung aus dieser Zeit deuten.

Am Ende des Jahres 83 n. Chr. gelang Agricola ein Sieg über die Kaledonier beim *Mons Graupius*. Die Tatsache, daß weiterführende Pläne offensichtlich vor ihrer Vollendung abgebrochen wurden, erklärt unsere Probleme, die Absichten Roms in Bezug auf das nördliche Britannien nach dieser Schlacht zu interpretieren: Wie Tacitus anmerkt, wurde der nördliche Teil Britannien erobert, jedoch sofort wieder aufgegeben. Die Verteilung der römischen Militärlager zeigt somit auch nur einen Teil eines nicht fertig gestellten Puzzles. Die Stationierung einer Legion in Inchtuthil am Tay Fluß ist als Indikator einer geplanten Eroberung des Hochlands angesehen worden. Die dazugehörenden Hilfstruppen wurden in zwei verschiedene Gruppen geteilt. Eine war entlang der Gebirgsketten verteilt, mit der Aufgabe die Mündung der Täler zu kontrollieren. Zwei Interpretationen sind für ihre dortige Stationierung gegeben worden: Entweder sollten sie den Zugang zur (oder aus) der Provinz blockieren, oder sie sollten als militärische Basis für einen Vorstoß in die Täler dienen. Die Festungen der zweiten Gruppe bildeten eine Linie nach Südosten. Die Kastelle hier wurden durch kleinere Befestigungen und Türme ergänzt, die letzteren waren dabei so dicht gesetzt, daß sie nicht als Signaltürme, sondern eher als Wachtürme gedient haben dürften. Aber es ist weiterhin eine offene Frage, ob sie eine regelrechte Grenzlinie bilden sollten oder errichtet worden waren, um eine wichtige Kommunikationsroute zu schützen.

Eine weitere Interpretationsschwierigkeit liegt in den baulichen Veränderungen, die bei den Ausgrabungen festgestellt wurden. Es gibt zwei Phasen des Legionslagers Inchtuthil, sowie in einem der benachbarten Kastelle, das wiederum neben einer kleineren Anlage liegt als auch in einigen der Türme. Münzfunde zeigen, daß alle diese Anlagen zwischen dem Ende des Jahres 86 n. Chr. und dem Beginn des

Abb. 1 Meilenkastell Cawfields (MC 42) am Hadrianswall. Blick auf das Nord- und Südtor. Der Durchbruch durch den Hadrianswall im Vordergrund des Bildes ist modern.

Jahres 88 n.Chr. aufgelassen wurden. Diese Aufgabe war keinesfalls durch die Situation an der nördlichen Grenze Britanniens begründet, sondern wurde vielmehr durch die römischen Niederlagen gegen die Daker an der Donau hervorgerufen, wodurch Truppenverstärkungen auch aus Britannien notwendig geworden waren. Eine Legion wurde aus Britannien abgezogen, eventuell von einigen Hilfstruppen begleitet, und in der Folge wurden praktisch alle Kastelle nördlich der Cheviot Hügel (die heutige schottisch-englische Grenze verläuft entlang dieser Linie) verlassen. Die restlichen Kastelle bis zur Tyne-Solway Linie wurden offenbar um 103 n. Chr. verlassen.

Die Anlage des Hadrianswall

Von nun an lag die nördliche Grenze Britanniens, mit Ausnahme des kurzen Zwischenspiels des Antoninuswalls und der noch kürzerer Lebensdauer der Eroberungen des Kaisers Septimius Severus, zwischen Tyne und Solway, wo der Hadrianswall ab ca. 120 n. Chr. erbaut wurde (Abb. 1). Die Kastelle dort waren durch eine Straße verbunden, die wir mit ihrem mittelalterlichen Namen, Stanegate, kennen.

Im frühen 2. Jh. n. Chr. kamen mindestens ein neues Kastell und zwei Kleinkastelle zu den bereits bestehenden hinzu. In der Folgezeit wurde diese Linie mit etlichen Wachtürmen verstärkt und entwickelte sich zu einer Art Grenze, obwohl es kaum diesen Namen verdiente. Sie wurden durch den Hadrianswall ersetzt (Abb. 2).

Kaiser Hadrian besuchte Britannien im Jahre 122 n. Chr. und ließ, nach den Zeugnissen seiner Biographie aus dem 4. Jh. n. Chr., als erster eine 130 km langen Mauer bauen, um die Barbaren von den Römern zu trennen. Dieser neue Wall wurde etwas nördlich der bereits bestehenden Anlagen gebaut, da die römischen Ingenieure sorgfältig alle topographischen Gegebenheiten zum Vorteil der Römer ausnutzen wollten. Von Wallsend am Tyne bis zur Überquerung des Irthing war der Wall 72 km lang und aus Stein gebaut, die verbleibenden 48 km vom Irthing bis zum Solway bestanden aus einem Erdwall. Die Nutzung unterschiedlicher Materialien spiegelt vielleicht die lokal vorhandenen Baumaterialien wieder. Es ist möglich, daß passendes Holz fehlte, und die raue Gegend im zentralen Mittelteil bot wahrscheinlich nicht ausreichend Torf. Alternativ ist aber auch vermutet worden, daß Stein mit der Absicht benutzt wurde, eine bleibende Erinnerung an den Kaiser zu schaffen. Allerdings sollte man dann vermuten, daß die ganze Anlage aus Stein gebaut worden wäre.

Der Wall hatte, ob in Stein oder Erde errichtet, in regelmäßigen Abständen von einer römischen Meile Tore, die mit Kleinkastellen gesichert waren und auch als Meilenkastelle (milecastles) bezeichnet werden (Abb. 1). Im Inneren befand sich ein kleiner Barackenblock und Einrichtungen zum Kochen. Die Meilenkastelle waren entlang der Mauer ebenfalls aus Stein erbaut und entlang des Erdwalls in Holz-Erde Bauweise errichtet. Zwischen den Meilenkastellen befanden sich jeweils zwei Türme, die immer aus Stein erbaut waren (Abb. 3). Die Abstände legen nahe, daß sich auch über dem jeweiligen Nordtor der Meilenkastelle stets ein Turm befand, und somit eine regelmäßige Kette von Türmen gebildet wurde, die 495 m voneinander entfernt als Beobachtungsposten dienten. Die meisten Rekonstruktionszeichnungen des Hadrianswalls zeigen einen von einer Brüstung geschützten Umgang auf der Mauerkrone; die dichte Setzung der Türme könnte einen solchen Umgang allerdings überflüssig gemacht haben (Abb. 4).

Dieser Grenzwall wurde auf der Nordseite zusätzlich durch einen Graben geschützt, der entlang seiner gesamten Länge verlief und nur dort weggelassen worden war, wo bereits natürliche Hindernisse in Form von Felszacken- und klippen

Abb. 3 Rekonstruktion eines Wachtturmes am Hadrianswall. © D. Breeze/M. J. Moore.

Abb. 2 Die Kastelle des Hadrianwalls.

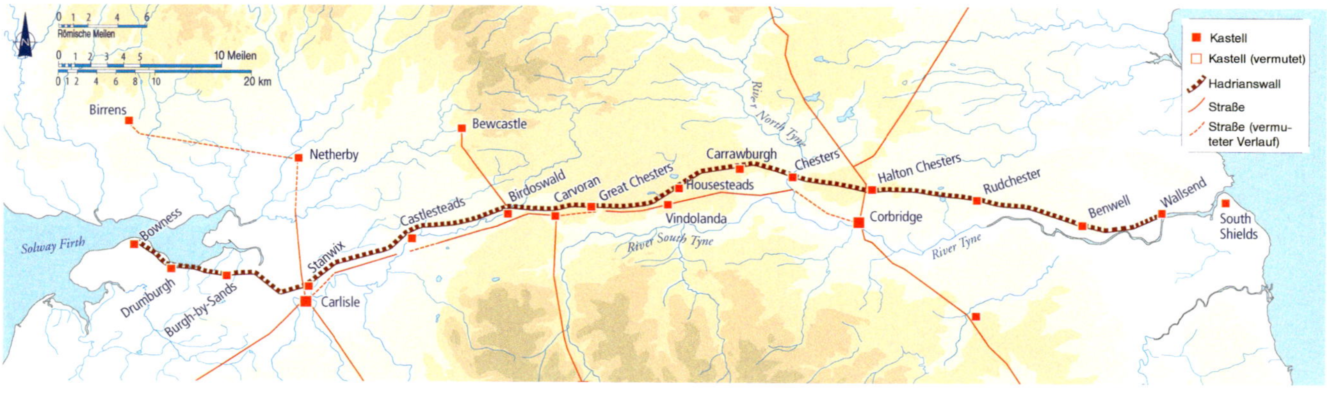

ausreichend Schutz boten. Ein Entdeckung aus den letzten Jahren waren Gruben an drei verschiedenen Stellen am Böschungsansatz, also zwischen der Mauer und dem Graben. Sie enthielten Pfähle und möglicherweise auch andere Hindernisse und werden dazu gedient haben, jegliche Annäherung an die Mauer zu erschweren.

Während die fortlaufende Befestigung bei Bowness am Südufer des Solway endete, setzte sich die Reihe von Kleinkastellen und Türmen für mindestens weitere 42 km entlang der kumbrischen Küste fort. Zusätzlich befanden sich nördlich von Carlisle drei Außenlager. Ihr Zweck könnte darin bestanden haben, einen verwundbaren Abschnitt des Walls zu schützen, als Frühwarnsystem vor Angriffen zu dienen oder möglicherweise, um jenen Teil der Briganten zu schützen, die durch die Errichtung des Hadrianswalls von der übrigen Provinz abgeschnitten worden waren.

Der Hadrianswall stellte eine beachtliche Arbeitsleistung dar. Der steinerne Wall war 10 römische Fuß (3 m) breit und vielleicht 15 Fuß hoch, der Erdwall war 20 römische Fuß (6 m) breit und wahrscheinlich etwas niedriger als die Steinmauer. Die Qualität der Arbeit war, zumindest am Steinwall, nicht sehr hoch, aber ungeheure Mengen an Stein, Kalk, Wasser, Ton, Torf, Holz, Nägel und eventuell Stroh waren notwendig und mußten dafür zum Teil aus erheblicher Entfernung herangeschafft worden sein. Es ist zwar nicht sicher, aber es gibt einige Hinweise darauf, daß alle diese Arbeiten in drei Jahren abgeschlossen sein sollten.

Der Hadrianswall trennte die Barbaren deutlich von den Römern, aber an jeder römischen Meile bot ein Tor die Möglichkeit zum Durchlaß. Hier wurden wahrscheinlich jene Vorschriften, die den Zugang zum Reich regelten, überwacht. Tacitus hat sie überliefert: Personen durften das Reich nur unbewaffnet betreten, unter Aufsicht und bei Zahlung einer Gebühr. Es wäre zweckmäßig gewesen, diese Gebühren – und Zollabgaben – an den Meilenkastellen zu entrichten, aber es gibt keine Belege dafür.

Es ist nicht bekannt, wie die Besatzungen der Meilenkastelle und der Türme organisiert waren. Vielleicht wurden sie von den Kastellen hinter dem Wall abgezogen oder Teile von Hilfstruppen mögen dafür vorgesehen worden sein.

Abb. 4 Das Kastell bei Housesteads aus der Luft aufgenommen. In der Mitte der Anlage liegt das Hauptquartier mit dem Haus des Oberkommandierenden und der Getreidespeicher; die anderen Gebäude sind Baracken und Vorratsgebäude.

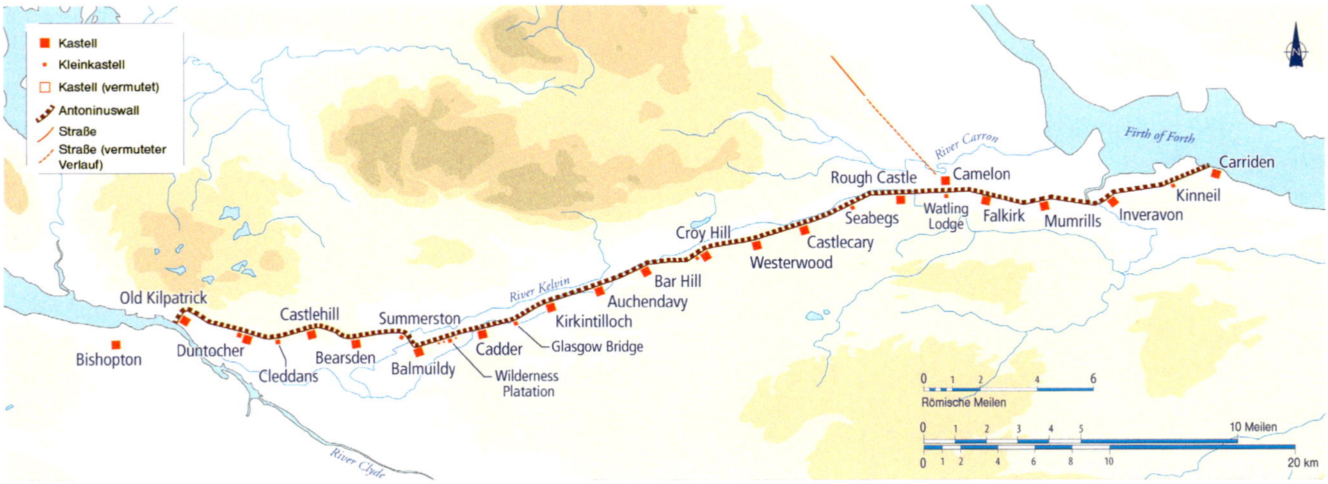

Abb. 5 Die Kastelle des Antoninuswalls.

Die Funde in den Türmen legen nahe, daß die Wachmannschaften nicht permanent dort stationiert waren, sondern in Rotation aus den Meilenkastellen kamen.

Der Hadrianswall benutzte bereits existierende Bauten, wie kleine Kastelle und Türme. Das neuartige Element lag in der Verbindung dieser einzelnen Militäranlagen zu einer durchgehenden Grenze, auch wenn solche Grenzmauern den Römern nicht fremd waren. Die Konstruktion des Walls stellte keinerlei Änderung in der bisherigen militärischen Sachlage dar, mit der Ausnahme dreier vorgelagerter Kastelle. Während der Baumaßnahmen wurde dies allerdings geändert. Möglicherweise in der zweiten Bauphase, als nur wenig des Walls fertig gestellt war, wurde beschlossen, neue Kastelle direkt an die eigentliche Mauerlinie zu bauen (Abb. 4). Dies bedeutete, daß 16 neue Kastelle erbaut werden mußten und eine gleiche Zahl von Befestigungen in Nordbritannien und Wales aufgegeben wurden. Die Kastelle waren so mit der Mauer verbunden, daß der Vorderteil des Kastells über die Mauer hinausragte. Hätten die Römer die Kastelle nördlich der Mauer gebaut, wäre die Kommunikation mit dem Hinterland behindert worden. So wurde eine einzigartige Lösung gefunden. Bei den späteren Kastellen gab man allerdings dieses Schema auf und errichte die Kastelle nicht mehr direkt auf den Wall, sondern südlich davon, wenn auch im direkten Anschluss an die Mauer.

Die neuen Kastelle waren im allgemeinen etwa elf Kilometer, einen halben Tagesmarsch, voneinander entfernt. Am Steinwall waren sie aus Stein erbaut, wenn auch vielleicht mit Holzbaracken im Inneren, und in Holz-Erde Bauweise entlang des Erdwalls. Jedes, mit einer Ausnahme, war so geplant, daß eine komplette Einheit untergebracht werden konnte.

Der Hadrianswall hatte eine weitere Besonderheit als Annäherungshindernis hinter dem Wall, das *vallum*. Es war einen actus (120 römische Fuß) breit und bestand es aus einem zentralen Graben mit Erdwällen zu beiden Seiten. Die Funktion dieser Konstruktion scheint im rückwärtigen Schutz des Walls gelegen zu haben und hatte eine immense Wirkung für die Funktionsweise der Grenze, denn das *vallum* beschränkte die Möglichkeit zur Überquerung der Grenze auf die Kastelle. Somit waren die Grenzübergänge, die tatsächlich benutzt werden konnten, von ursprünglich 80 auf de facto 16 reduziert worden. Warum das? Lag der Grund nur darin, daß die Überquerung der Grenze unter den Augen der führenden Offiziere, die in den Kastellen stationiert waren, stattfinden sollte, statt unter denen der jüngeren Offiziere, die als Außenposten in den Meilenkastellen ihren Dienst versahen?

Als Hadrian seinem Cousin Trajan im Jahr 117 n. Chr. auf den Kaiserthron folgte, wurde berichtet, daß es schwierig war, die Britannier unter römischer Kontrolle zu halten. Die kriegerischen Auseinandersetzungen waren so ernsthaft, daß ihre Beendung 119 n. Chr. mit einer eigenen Münzprägung gefeiert wurde. Dies ist aber nicht der einzige Hinweis auf Kriege in Britannien während Hadrians Regierungszeit. Zwei Inschriften berichten über eine *expeditio Britannica*, die eine militärische Aktion gewesen muß. Zahlreiche Indizien deuten darauf hin, daß die Unternehmung in der Mitte der 20er Jahre des 2. Jhs. n. Chr. stattfand, also in den Jahren in denen der Wall errichtet wurde. Die Auseinandersetzungen waren ernsthaft genug, um Cornelius Fronto, der zwei Generationen später davon berichtete, von schwerwiegenden Verlusten in Britannien unter der Regierung Hadrians sprechen zu lassen. Am Wall selbst gibt es Hinweise, daß die Arbeit an einem Kastell unterbrochen wurde und nach der Wiederaufnahme sank die Qualität der ausgeführten Arbeiten. Auch wurde zu einem Zeitpunkt, als die Entscheidung gefallen war, daß die Kastelle direkt auf dem Wall gebaut werden sollten, die Breite des Steinwalls von 10 auf 8 römische Fuß herabgesetzt. Während diese letzten Änderungen einfach auf das Bestreben der Armee, die Mauer möglichst schnell zu beenden, hindeuten könnte, ist es auch nicht unwahrscheinlich, daß sie kriegerischen Auseinandersetzungen folgten, die zu einem eventuell zweijährigen Baustop zwangen und zu einer Verschärfung der Kontrollen führten, die wir in der Anlage des *vallum* erkennen können. Klar ist dagegen durch inschriftliche Belege, daß die Bauarbeiten sich bis zum Ende der Regierung Hadrians im Jahre 138 n. Chr. hinzogen.

Der Bau des Antoninuswalls (Abb. 5)

Hadrian starb im Juli des Jahres 138 n. Chr. und im folgenden Jahr wurden unter Kaiser Antoninus Pius (Abb. 6) die Vorbereitungen zur Rückeroberung Schottlands und der Vorverlegung der Grenze auf die Forth-Clyde Linie begonnen. Der Sieg konnte im Jahr 142 n. Chr. gefeiert werden und der Bau des neuen Walls, diesmal ganz aus Erde, begann sofort. Der Antoninuswall war nur halb so lang wie sein Vorgänger, bestand aus einer Rasensodenmauer, die über einer 15 Fuß (4,3 m) breiten Steinbasis stand (Abb. 7). Es gab sechs je 13 km voneinander entfernte Kastelle und, so scheint es, Kleinkastelle im Abstand einer römischen Meile. Türme sind nicht bekannt, obwohl an einer Stelle drei kleine Einfriedungen gefunden wurden. Die Kastelle waren durch eine Militärstraße miteinander verbunden, aber es gab kein *vallum*. An drei Stellen wurden «Ausbuchtungen» gefunden, die als Plattformen für die Signalfeuer gedient haben mögen, sie treten stets paarweise auf. Während der Bauarbeiten wurden mehr Kastelle am Wall gebaut, so daß sie am Ende alle etwa je drei Kilometer voneinander entfernt lagen. Die Kastelle der ersten Bauphase waren ausreichend groß, um eine vollständige Einheit von Hilfstruppen unterzubringen, während die späteren kleiner waren und keine vollständige Hilfstruppe aufnehmen konnten: Hilfstruppen- und Legions-Abteilungen sind beide belegt. Es ist vermutet worden, daß eine Unterbrechung im Bauprogramm eintrat, als Truppen aus Britannien abgezogen wurden, um am Mauretanischen Krieg der späten 40er Jahre des 2. Jhs. n. Chr. teilzunehmen. Eine Beteiligung britannischer Truppen würde helfen, das Auftreten von Kochgeschirr aus römisch-afrikanischer Keramik in den späteren Phasen des Antoninuswalls zu erklären.

Der Antoninuswall blieb nur eine Generation besetzt. Kein römischer Chronist berichtet uns, warum er gebaut wurde, auch wenn es Hinweise auf kriegerische Auseinandersetzungen zu dieser Zeit gibt. Vielleicht brauchte der Nachfolger Hadrians, Antonius Pius, genau wie Claudius 100 Jahre früher einen Triumphzug und betrachtete wiederum Britannien als passenden Ort, einen solchen zu erlangen. Wir wissen auch nicht, warum die Mauer am Ende aufgegeben wurde. Vielleicht wurden die Truppen woanders benötigt, vielleicht war es für den neuen Kaiser nicht notwendig, die Erinnerung an diesen Triumph am Leben zu erhalten.

Die Wiederbesetzung des Hadrianswalls

Als der Hadrianswall wieder in Benutzung genommen wurde, wurden zuerst alle dortigen Militäranlagen instandgesetzt. Im späten 2. Jh. n. Chr. fanden dann aber doch Änderungen statt:

Abb. 6 Münze des Antoninus Pius.

Überflüssige Türme wurden verlassen, Meilenkastelle wurden verengt, die Kräfte in den nördlichen Kastellen wurden verstärkt, und zu Beginn des 3. Jhs. n. Chr. wurden auch neue Einheiten stationiert.

Eine einschneidende politische Änderung ereignete sich zu Beginn des 3. Jhs. n. Chr., als die Provinz Britannien zweigeteilt wurde. Während des gesamten 3. Jhs. n. Chr. wissen wir von keinen kriegerischen Auseinandersetzungen und viele der Regimenter im Hinterland wurden von der Insel abgezogen.

Das frühe 4. Jh. n. Chr. erlebte dann den Aufstieg neuer Feinde im Norden, der Pikten. Diese Nachfahren der Kaledonier erneuerten die Kampfansage an Rom. Zahlreiche Kriege sind aus dem 4. Jh. n.Chr. bekannt, die in der «Verschwörung der Barbaren» im Jahre 367 n. Chr. gipfelten, als die Pikten von den Schotten und Attacotti aus Irland unterstützt wurden und die britannische Diözese brandschatzten. Während dieser Jahre wurden die Außenposten verlassen und nach dem Jahr 367 n. Chr. auch das System der Kundschafter aufgegeben: Diese waren 367 n. Chr. zum Gegner übergelaufen! Trotzdem wurden Kastelle auch weiter besetzt, und um etwa 400 n. Chr. wurde eine neue mobile Armee auf der Insel stationiert. Rom hielt seine Überlegenheit bis zum Schluß aufrecht: Kein Pikte durfte im Schatten des Hadrianswalls siedeln.

Übersetzung aus dem Englischen von S. Kerner und R. H. Barnes

Abb. 7
Luftaufnahme des Antoninuswalls nach Osten von Croy Hill nach Bar Hill. © Historic Scotland.

Abb. 1
Das Kastell bei Alphen aan den Rijn. Während der Ausgrabung wurde der zum großen Teil noch erhaltene Holzflur der Mannschaftbaracke freigelegt.

Die Grenze in den Niederlanden

Harry van Enckevort, Tom Hazenberg, Wouter Vos, Erik Graafstal, Rien Polak

Westlich von Nijmegen erstreckt sich das von zahlreichen Flußläufen durchzogene Delta von *Rhenus*/Rhein, *Vahalis*/Waal und *Mosa*/Maas. Eines der am besten untersuchten archäologischen Objekte in diesem Gebiet ist der niederländische Teil des heute so genannten Niedergermanischen Limes (*limes ad Germaniam inferiorum*) (Abb. 3), der den Flußläufen von Nederrijn, Kromme Rijn und Oude Rijn zur Küste hin folgte. Sein Vorläufer dürfte ein Weg (*via militaris*) gewesen sein, der noch vor Christi Geburt auf dem linken Rheinufer angelegt worden war. Das südlich des Limes liegende Grundgebiet der heutigen Niederlande gehörte zur Provinz *Germania Inferior*, nördlich des Rheins blieb es, von einer kurzen Episode römischer Herrschaft abgesehen, germanisch.

Die Aufgabe, in diesem tiefliegenden nassen Gebiet mit seinem weichen, aus ausgedehnten Ton- und Moorsedimenten bestehenden Untergrund und den häufigen Überschwemmungen eine solide Grenzbefestigung aus Kastellen und Wachttürmen mit der zugehörigen Infrastruktur, darunter der sie verbindenden Limesstraße, zu errichten und zu unterhalten, muß den römischen Soldaten und Ingenieuren zeitweilig als nahezu unmöglich erschienen sein. Für Archäologen erweist sich der nasse Boden als Segen, da er die Überreste der Grenzanlagen und im günstigsten Fall auch die zum Transport von Baumaterial und Vorräten verwendeten Schiffe (Abb. 1. 5) ausgesprochen gut erhalten hat. Diese günstigen Konservierungsumstände und die intensiven Untersuchungen der letzten Jahre haben den niederländischen Teil der römischen Grenzlinie zu einem international wichtigen Forschungsobjekt gemacht.

Die niederländische Limesforschung konzentriert sich seit Mitte der achtziger Jahre des 20. Jhs. vor allem auf die Erforschung der militärischen *vici*, der Infrastruktur und der gegenseitigen Abhängigkeit von Limes und Landschaft, der Binnenschiffahrt sowie des Verhältnisses der römischen Soldaten zur einheimischen Bevölkerung der *Frisii*, *Cananefates* und *Ba*-

tavi, die im Vorfeld des Limes und in dessen Hinterland lebten. Ein Schwerpunkt bildet das Studium der materiellen Kultur, wobei gegenwärtig vor allem die Analyse von Baustoffen, Ziegelsteine und Holz, weiterführende Erkenntnisse erzielt.

Die Limesforschung

Die gegenwärtige Limesforschung vollzieht sich im Rahmen einer sich stark verändernden archäologischen Bodendenkmalpflege in den Niederlanden und in Europa. Fast alle Ausgrabungen finden im Vorfeld von Baumaßnahmen zur Stadterweiterung oder zur Sanierung alter Innenstädte statt; reine Forschungsgrabungen gibt es nicht. Von Westen nach Osten wurden seit 1990, mit häufig überraschenden Resultaten, folgende Objekte untersucht:

Katwijk-Zanderij	1995–1996, Siedlung der einheimischen Bevölkerung, Gräberfeld
Valkenburg-Veldzicht	1996, *vicus*, Limesweg
Leiden-Roomburg	1994–2002, Kastell, *vicus*, Corbulo-Kanal (Abb. 2)
Alphen aan den Rijn	1998–2002, Kastell
Bodegraven	1995–2003, Militärsiedlung
Woerden	1999–2003, Kastell, *vicus*, Schiffsfunde
Utrecht-LeidscheRijn	1997–2003, Wachttürme, Limesweg mit zugehöriger Infrastruktur, Schiffsfunde
Houten-Zuid	1998–2003, Siedlungen der einheimischen Bevölkerung
Bunnik-Vechten	1995–1996, *vicus*
Provinz Gelderland	2001–2004, archäologische Landesaufnahme der gesamten Limeszone
Nijmegen	1985–2003, Militärlager Kops Plateau/Hunerberg, *canabae legionis*, Gräberfeld
Malden-Heumensoord	1998–2000, Wachtturm
Cuijk	1992–1993 und 1998, Brücke, *vicus*

Abb. 2 Messingmaske eines Reiterhelms, der um 125 n. Chr. in der Nähe des Kastells von Leiden-Roomburg im Corbulo-Kanal geopfert wurde.

Die meisten Grabungen des letzten Jahrzehntes leitete eine relativ kleine Gruppe zumeist junger Archäologen, die die niederländische Tradition der den landschaftlichen Kontext beachtenden Flächengrabungen fortsetzt. Daneben arbeiten zahlreiche andere Archäologen, Institute und archäologische Firmen an der Erforschung des niederländischen Teils der römischen Grenzlinie. Ausgangspunkte der neueren Forschungen sind vor allem die Resultate der älteren Ausgrabungen in den Kastellen und *vici* von Valkenburg und *Nigrum Pullum*/Zwammerdam, des Hafenkastells von Velsen und der Großgrabungen in Nijmegen; die Resultate der neueren Grabungen bilden ihrerseits die Basis für große, auf Synthese der Kenntnisse über den Limes und sein Vor- und Hinterland gerichtete wissenschaftliche Forschungsprogramme. Inzwischen sind die ersten Vorberichte und Publikationen mit den Ergebnissen der laufenden Untersuchungen erschienen.

Historische Entwicklung des niederländischen Grenzabschnittes

Marcus Lollius' Niederlage 16 v. Chr. veranlaßte Kaiser Augustus, sich persönlich um den Nordwesten seines Reichs zu kümmern. Die in dieser Zeit als Kommandozentren errichteten großen Doppellegionslager von Nijmegen, Xanten (D) und Mainz (D) dienten als Sammellager und Aufmarschbasen für Drusus' erste Feldzüge ins rechtsrheinische, germanische Gebiet (Abb. 3a). Die Festung auf dem Nijmegener Hunerberg wurde um 10 v. Chr. zugunsten eines viel kleineren Lagers auf dem nahe gelegenen Kops Plateau aufgelassen, das einige Jahrzehnte lang als wichtiges Kommandozentrum für das Niederheingebiet in Gebrauch blieb. Den kaiserlichen Feldherrn Drusus, Tiberius und Germanicus stand hier ein luxuriöses *praetorium* zur Verfügung.

Abb. 3A
In der Zeit zwischen Augustus und dem Ende des Gallischen Sonderreiches (274 n. Chr.).

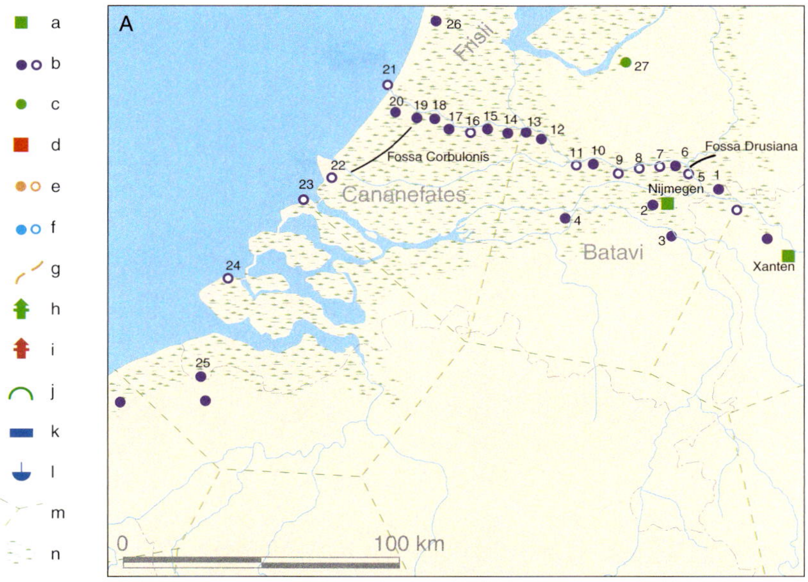

Abb. 3B
Das spätrömische Verteidigungssystem.

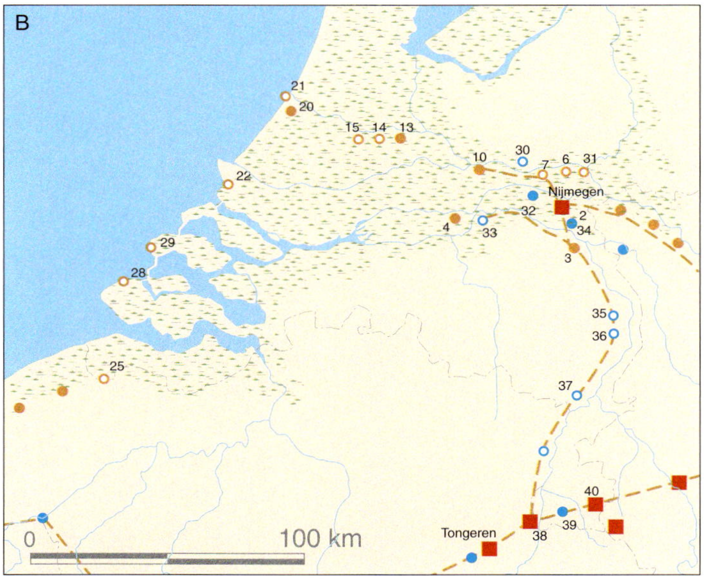

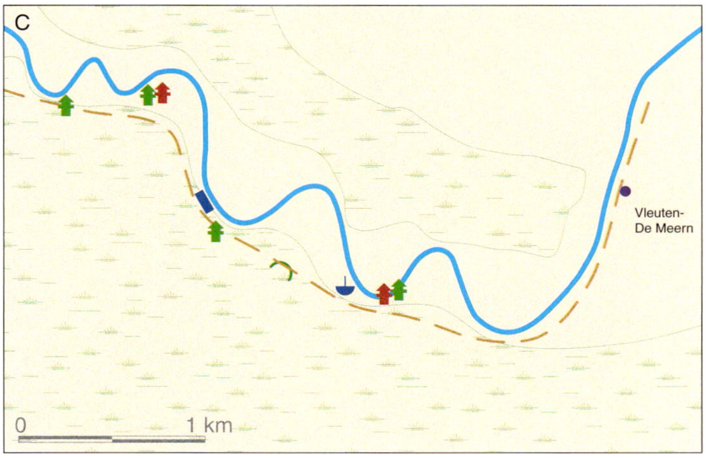

Abb. 3C
Der Limes westlich von Vleuten-De Meern.
a Legionslager; b Auxiliarkastell (fraglich); c Marschlager; d Stadt, befestigter Vicus; e Kastell; f Straßenbefestigung (fraglich); g Straße; h Wachtturm 1. Jh.; i Wachtturm 2./3. Jh.; j Morastbrücke; k Kai; l Schiff; m Civitasgrenze; n Moor, Sietland und Uferwälle. 1 Carvivum/Herwen-De Bijland; 2 Noviomagus/Nijmegen; 3 Ceuclum/Cuijk; 4 Grinnes/Rossum; 5 Loowaard; 6 Castra Herculis/Arnhem-Meinerswijk; 7 Driel; 8 Randwijk; 9 Carvo/Kesteren; 10 Mannaricium/Maurik; 11 Levefanum/Rijswijk; 12 Fectio/Vechten; 13 Traiectum/Utrecht; 14 Vleuten-De Meern; 15 Laurum/Woerden; 16 Bodegraven; 17 Nigrum Pullum/Zwammerdam; 18 Albaniana/Alphen aan den Rijn; 19 Matilo/Leiden-Roomburg; 20 Praetorium Agrippinae/Valkenburg; 21 Lugdunum/Katwijk-Brittenburg; 22 Helinio ?/Oostvoorne; 23 Goedereede-Oude Wereld; 24 Walcheren-De Roompot; 25 Aardenburg; 26 Flevum/Velsen; 27 Ermelo; 28 Domburg; 29 Westerschouwen; 30 Rhenen; 31 Huissen; 32 Ewijk; 33 Kessel; 34 Malden-Heumensoord; 35 Lottum; 36 Blerick; 37 Heel; 38 Traiectrum/Maastricht; 39 Valkenburg aan de Geul-Goudsberg; 40 Coriovallum/Heerlen.

Aus der Zeit des Drusus datieren die ersten Anlagen zur Flußregulierung. An der Gabelung von Rhein und Waal ließ Drusus eine Längsbuhne errichten, die die Wasserzufuhr in den Rhein verstärkte und ihn zu einem echten Annäherungshindernis machte; auch die Schiffahrt profitierte von dieser Maßnahme. Etwa gleichzeitig scheint der sog. Kanal des Drusus angelegt worden zu sein. Von den jüngeren, vor allem auf dem Südufer an markanten Weg- und Flußkreuzungen gelegenen Verstärkungen wurden die Kastelle von Arnhem-Meinerswijk, Bunnik-Vechten und Velsen in Augustus' letzten Regierungsjahren und zu Beginn der Herrschaft des Tiberius als Aufmarschbasen für die Feldzüge des Germanicus (14–16 n. Chr.) errichtet. An diesen Expeditionen nahmen auch in Nijmegen stationierte Hilfstruppen aus Hispanien und dem übrigen Germanien teil.

Das Kastell Valkenburg wurde vermutlich unter Caligula (38–40 n. Chr.) errichtet, um das Mündungsgebiet des Niederrheindeltas zu kontrollieren; möglicherweise sollte es auch im Rahmen der unter diesem Kaiser begonnenen und von Claudius 43 n. Chr. abgeschlossenen Eroberung Britanniens eine Rolle spielen. Neuere Forschungen zeigen, daß auch die Kastelle von Alphen aan den Rijn und Woerden sowie die letzte Phase des Militärlagers auf dem Kops Plateau in Nijmegen in diese Zeit datieren. Mit dem von Claudius 47 n. Chr. befohlenem Rückzug aus dem rechtsrheinischen Gebiet der Friesen und Chauken erhielt der Niederrhein endgültig seine Funktion als Grenze des Römischen Reichs. Mit den Lagern von Zwammerdam, Vleuten-De Meern und Utrecht baute der Legat des niedergermanischen Heeres, Corbulo, diesen Grenzabschnitt weiter aus, des weiteren ließ er für die Binnenschiffahrt parallel zur Küste einen Kanal zwischen dem Rhein und dem Mündungsgebiet von Waal und Maas (*Helinium*) graben.

Die römische Verteidigungspolitik bezog das Limesvor- und -hinterland in ihre Überlegungen mit ein. Diplomatische Kontakte zu Stammesführern im rechtsrheinischen Gebiet und Bündnisse mit ihnen gehörten ebenso zum politischen Instrumentarium wie das Ausnutzen bestehender und das Anstiften und Fördern neuer innergermanischer Konflikte. Von der im direkten Limeshinterland lebenden einheimischen Bevölkerung, der Bataver und Cananefaten, wurde vor allem die Stellung von Rekruten verlangt. Zu einer Romanisierung großer Stammesteile scheint man erst gegen Ende des 1. Jhs. n. Chr. übergegangen zu sein. Die nach der Ermordung Neros entstehende Unruhe im Imperium führte im Nordwesten zu dem von Iulius Civilis geleiteten Aufstand der Bataver und ihrer Bundesgenossen, in dessen Verlauf 69/70 n. Chr. ihr nach römischem Muster angelegter Hauptort, das *Oppidum Batavorum*, und zahlreiche Rheinlager in Flammen aufgegangen. Bei Ausgrabungen wurde in fast allen westniederländischen Kastellen eine dicke, mit diesen Ereignissen zusammenhängende Brandschicht angetroffen.

Der Aufstand zeigte, daß nicht nur das militärische Potential der rechtsrheinischen Germanen eine Gefahr für die nordwestlichen Provinzen darstellte, sondern auch die labile Loyalität der südlich des Rheins lebenden Stämme. Daher wurde nach seiner Niederschlagung die 10. Legion in Nijmegen stationiert, für die ein neues Lager (*castra*) errichtet wurde. Gleichzeitig baute man die zerstörten westniederländischen Kastelle wieder auf und setzte die beschädigte Grenzstruktur instand. Vermutlich datiert auch der Bau der Lager zwischen Bunnik-Vechten und Arnhem-Meinerswijk, mit denen der niederländische Grenzabschnitt seine endgültige Form erhalten zu haben scheint, in diese Zeit. Die nachfolgende Periode relativer Ruhe erlaubte es dem Kaiser Domitian, den militärischen Grenzdistrikt am Niederrhein in die Provinz *Germania Inferior* umzuwandeln. Um die Kastelle und das Nijmegener Militärlager entstanden sich schnell ausdehnende Lagerdörfer (*vici*), die sich zu wichtigen ökonomischen Zentren für ihr Umland entwickelten.

Während der Besuche der Kaiser Trajan (99/100 n. Chr.) und Hadrian (124/125 n. Chr.) in der *Germania Inferior* wurden verschiedene Teile der Grenze, vor allem die Infrastruktur zwischen den Kastellen, stark erweitert und verbessert. Dendrochronologische Datierungen zeigen, daß die Limesstraße beide Male gründlich überholt wurde. Eine in traianische Zeit zu datierende Bauinschrift aus Cuijk bezeugt die Errichtung neuer Gebäude. Auch scheint unter dem Kaiser Trajan die Romanisierung der Bataver im Limeshinterland so intensiviert worden zu sein, daß der Kaiser dies zusammen mit dem Ausbau der Grenzbefestigung offensichtlich für ausreichend hielt und die 10. Legion um 104 n. Chr. von Nijmegen nach *Aquincum*/Budapest (H) verlegte. Das Nijmegener Lager wurde danach noch etwa 70 Jahre lang von relativ kleinen Truppenkontingenten aus England (*vexillatio Britannica*) und Xanten (D) (*legio XXX Ulpia Victrix*) besetzt und instand gehalten.

Zunächst genügten diese Maßnahmen, um Ruhe und wirtschaftliche Entwicklung der römischen Provinzen zu garantieren. Die Grenze war nicht hermetisch geschlossen, und die im Limesvorland lebenden germanischen Stämme, die als Puffer zwischen den römischen Provinzen und den weiter entfernt lebenden Germanen fungierten, konnten bis zu einem gewissen Grad am Wohlstand des römischen Gebiets teilhaben. Ab 170 n. Chr. führten germanische Raubzüge in die *Germania Inferior* und innenpolitische Unruhen dazu, daß mehrere Kastelle und Städte, darunter Nijmegen und Tongern, durch Brand zerstört wurden. Da die ursprünglich reinen Holzkastelle sich als sehr anfällig erwiesen, wurden die Bauten bei den Instandsetzungs- bzw. Renovierungsarbeiten der Folgezeit teilweise in Stein ausgeführt. Die Umsetzung in Steinbau, von der u. a. eine Bauinschrift des Septimius Severus auf einer Kalksteinplatte in Alphen aan den Rijn zeugt, dürfte sich über einen längeren Zeitraum erstreckt haben. In

Abb. 4 Künstlerischer Eindruck des Limes in den Niederlanden. Im Vordergrund das bei Zwammerdam auf dem schmalen natürlichen Damm in der nassen Tiefebene gelegene Kastell Nigrum Pullum mit einigen Häusern des vicus und der Limesstraße.

den Kastellen waren überwiegend osteuropäische, britannische und spanische Hilfstruppen stationiert.

Im 3. Jh. n. Chr. kam es wiederholt zu innenpolitischen Unruhen und Kämpfen um den Thron, die auch die Grenztruppen erfaßten und zu einer Schwächung des Grenzabschnitts führten, der mehrfach von Germanen überrannt wurde. Postumus konnte mit dem Gallischen Sonderreich (*Imperium Galliarum*) für eine kurze Periode relativer Stabilität am Niederrhein sorgen, danach scheint der niederländische Teil des Limes seine Funktion weitgehend verloren zu haben. Neuere Münzfunde deuten darauf hin, daß jetzt nur noch einige Kastelle besetzt waren.

Kaiser Konstantin entwickelte das strategische Konzept eines tiefengestaffelten Verteidigungssystems, das die neue Provinz *Germania Secunda* sichern sollte. Die Frontlinie bildeten neu errichtete Militärlager in Arnhem-Meinerswijk, Nijmegen und Cuijk (Abb. 3b), letzteres übernahm auch, zusammen mit dem Kastell von Maastricht, im Hinterland den Schutz der sie verbindenden Wege und der Brücken über die Maas. Die Fernstraßen wurden offenbar mit einer Reihe von Wachtposten wie dem von Malden-Heumensoord gesichert. Dagegen scheint die westniederländische Kastellreihe nach 300 n. Chr., möglicherweise auch aufgrund der Tatsache, daß das Delta immer feuchter wurde, in der Grenzverteidigung keine wichtige Rolle mehr gespielt zu haben. In einigen wenigen Lagern ließen sich Getreidespeicher (*horrea*) dieser Zeit nachweisen; ob sie mit den in schriftlichen Quellen überlieferten Maßnahmen Julians, der gegen Mitte des 4. Jhs. n. Chr. die rheinaufwärts verschifften Getreidetransporte aus Britannien wieder sichern konnte, in Verbindung gebracht werden dürfen, läßt sich nicht sagen. Entlang der Nordseeküste fanden sich vereinzelte Anzeichen für eine Reihe von Befestigungen, die der des britannischen *limes Saxonicum* entsprochen haben könnten. Die römischen Streitkräfte dieser Zeit bestanden zu einem sehr großen Teil aus fränkischen Söldnern (*foederati*), die, wie etwa Arbogast, bis in die höchsten Ränge aufsteigen konnten. Nach 400 n. Chr. scheint der Limes nicht mehr bestanden zu haben. Historische und archäologische Hinweise auf römische Einflüsse in den südlichen Niederlanden sind für diese Zeit ausgesprochen selten.

Die Infrastruktur des Limes

Unsere Kenntnis der Limesinfrastruktur war bis vor kurzem relativ begrenzt. Durch die umfangreichen, mit der Utrechter Stadterweiterung zusammenhängenden Bauvorhaben ergab sich die Möglichkeit, eine 7 km lange Grenzzone westlich des

Abb. 5 Der in der Nähe des Kastells Laurium gesunkene Prahm (Woerden 7) war so gut erhalten, das erstmals bei einem solchen Schiff die Überreste der im Heck befindlichen Rudervorrichtung nachgewiesen werden konnten.

Kastells Vleuten-De Meern detailliert zu untersuchen (Abb. 3c). Eine vermutlich bereits um 40 n. Chr. auf dem Südufer des Oude Rijn verlaufende Straße entzieht sich bisher archäologischer Wahrnehmung. Der älteste nachgewiesene, dendrochronologisch auf 89 n. Chr. datierte, fünf Meter breite und mit Kiesschotter gedeckte Straßenkörper lag auf einem mehrere Dezimeter hohen Erddamm (*agger*), der über weite Strecken von Straßengräben flankiert und in tiefliegenden, feuchten Geländeteilen stellenweise zusätzlich mit Pfählen gesichert wurde. Die umfangreiche, vom mäandrierenden Fluß vor allem in den Schlingen regelmäßig verursachte Erosion zwang die Ingenieure dazu, die Straße zu verlegen und den Damm zu erhöhen. Schwere hölzerne Uferbefestigungen und Buhnen sowie der Bau von Brücken in sumpfigem Gelände sollten neuerliche Wasserschäden verhindern. Ein nachgewiesener Kai deutet darauf hin, daß zumindest ein Teil des Baumaterials per Schiff herantransportiert wurde.

In seiner ersten Phase ab etwa 40 n. Chr. bestand die Grenzbefestigung aus einer Reihe hölzerner, in regelmäßigen Abständen errichteter Wachttürme, von denen aus der Schiffsverkehr beobachtet werden konnte. Die ältesten Türme standen in geringer Entfernung vom Ufer vor den nach Süden weisenden Mäandern, von wo aus sie eine gute Aussicht auf den Fluß boten. Später, möglicherweise nach der Anlage und Konsolidierung der Limesstraße, wurden sie weiter vorgeschoben und in den nach Norden weisenden Mäandern errichtet. Wenigstens ein Wachtturm wurde im späten 2. oder 3. Jh. teilweise durch einen Steinturm ersetzt.

Kastelle und *vici*

In den östlichen Niederlanden sind Kastelle und *vici* zum Teil späterer Erosion durch den sich verlagernden Rhein zum Opfer gefallen, so daß unsere Kenntnis vor allem von der westniederländischen Situation bestimmt wird. Die neueren Grabungen in diesem Gebiet haben das aus den älteren Forschungen gewonnene Bild bestätigt, daß der traditionelle Bauplan der Kastelle an die begrenzten Möglichkeiten des Rheinufers angepaßt wurde. Alle Lager waren mit ihrer Front auf den Fluß hin ausgerichtet und, bedingt durch die Schmalheit des natürlichen Damms, in ihrer Anlage breiter als lang. Vechten scheint das einzige Kastell mit *retentura* zu sein, in *Nigrum Pullum*/Zwammerdam (Abb. 4) und den übrigen Lagern konnte dieser rückwärtige Lagerteil nicht nachgewiesen werden. Dort, wo das hinter dem Lager sich anschließende Sumpfgelände unbegehbar war, fehlt auch das hintere Tor.

Für unsere Kenntnis der Zivilsiedlungen, die bisher hauptsächlich den Untersuchungen in Zwammerdam entlehnt wurde, haben sich vor allem die seit 1995 ausgeführten Großgrabungen in Bunnik-Vechten, Woerden und Leiden-Roomburg sowie die kleineren Grabungen in Vleuten-De Meern und Alphen aan den Rijn, als wichtig erwiesen. Gut zu erkennen sind die langgestreckten Parzellengrenzen und einige wenige Gebäudegrundrisse wie der des Bootshauses in Woerden; die übrigen Befunde sind sehr divers und schwierig zu interpretieren. Die aus Britannien und der Nachbarprovinz *Germania Superior* bekannte Vicusbebauung konnte bisher nur in Valkenburg nachgewiesen werden, wo in einer langgestreckten Zone beiderseits der Limesstraße Spuren und Befunde von Streifenhäusern, *tabernae*, *horrea* und Gehöften angetroffen wurden. Daß sich zwischen diesen (halb) zivilen Bauten auch Militäranlagen, darunter ein Wachtturm und ein Kleinkastell, befanden, deutet darauf hin, daß das römische Heer sich flexibel an die örtlichen Gegebenheiten auf dem schmalen, natürlichen Damm anpaßte, der zwischen dem Rhein und den tieferliegenden Gebieten lag.

In den Nijmegener *canabae legionis* wurden außer umfangreichen Überresten von *tabernae* verschiedene große Gebäude, darunter eine Herberge, eine Markthalle und ein Amphitheater nachgewiesen. Die Analyse und Interpretation der Befunde wird durch die Tatsache erschwert, daß nur ein sehr geringer Teil der seit dem Zweiten Weltkrieg archäologisch untersuchten, inzwischen einige dutzend Hektar Grundfläche umfassenden Ausgrabungen der Nijmegener Militärlager und der angrenzenden Siedlung analysiert und publiziert ist. Ein Desinteresse an Altgrabungen und die heutige Konzentration der verfügbaren Mittel auf die Ausarbeitung jüngerer, vor allem nach 1995 ausgeführter Ausgrabungen verhindern vorläufig noch, daß der in Nijmegen und andernorts, auch auf dem Gebiet der Militärsiedlungen, entstandene Publikationsrückstand schnell aufgeholt werden wird.

Binnenschiffahrt

Der Rhein war eine wichtige Schiffahrtsroute, über den nicht nur der Transport nach Britannien, sondern auch ein Teil der Versorgung der an diesem Grenzabschnitt stationierten Truppen abgewickelt wurde. Geläufigster, auch im niederländischen Delta mit mehreren Exemplaren nachgewiesener römischer Schiffstyp für den Flußtransport war der Prahm (Abb. 5). Die vier 2003 entdeckten Vertreter dieses Typs datieren aus dem 2. und 3. Jh. n. Chr. und scheinen überwiegend zum Transport des in Deutschland gewonnenen und für den Wiederauf- bzw. Umbau der Kastelle des ausgehenden 2. Jhs. n. Chr. verwendeten Natursteins eingesetzt worden zu sein; eines der Woerdener Schiffe transportierte südbelgisches oder nordfranzösisches Getreide.

Die Grenze in Deutschland – Die Provinzen Obergermanien und Raetien

Andreas Thiel

Süd- und Südwestdeutschland als römische Grenzzone

Das nördliche Raetien (*Raetia*) und noch mehr das angrenzende Obergermanien (*Germania Superior*) waren über rund 400 Jahre lang zentrale Grenzprovinzen des Römischen Reiches. Beide Provinzen bildeten einen vorgeschobenen Schutzschild für das angrenzende Gallien bzw. des italische Kernland selbst.

Die bekannteste Grenzanlage ist sicherlich der obergermanisch-raetische Limes, der gleichzeitig die größte Ausdehnung der beiden Provinzen markiert. Ihm ging eine über mehrere Generationen andauernde, etappenweise Vorverlegung der Militärgrenzen voraus, die vom Rhein aus ostwärts, bzw. vom Alpenvorland über die Donau nach Norden rückten. Während der Okkupationszeit lassen sich dabei drei verschiedene Strategien zum Schutz der Provinzen nach außen erkennen: die Kontrolle von Grenzzonen (v. a. Voralpenland, Schwäbische Alb), die Kontrolle von Flußgrenzen (Donau, Neckar, Rhein) als natürlichen Grenzverläufen und die Anlage künstlich gezogener Grenzlinien (Odenwald und vorderer obergermanisch-raetischer Limes). Diese unterschiedlichen Konzepte folgten nicht zeitlich aufeinander, sondern wurden je nach der historisch-geographischen Situation eingesetzt. Rom ging es bei der Anlage der Grenzen in Obergermanien sicherlich nicht allein um den Schutz der erst um 85 n. Chr. gegründeten Provinz. In Obergermanien wie wohl auch im Norden der rund zwei Generationen zuvor eingerichteten Provinz Raetien begünstigte eine weitgehende Siedlungsleere bei der Ankunft der Römer den Aufbau einer Infrastruktur, die sich sehr stark an den Bedürfnissen des Militärs orientierte. Das Leben in den beiden Provinzen war stets sehr stark durch das Militär geprägt.

Abb. 1
Die unter Kaiser Wilhelm II. wiederaufgebaute Saalburg im Taunus bei Bad Homburg gehört zu den ältesten Kastellplätzen am obergermanischen Limesabschnitt.

Abb. 2 Bei Ausgrabungen im Reiterkastell von Heidenheim wurden die 70 m langen, vermutlich zweistöckigen Mannschaftsbaracken der hier stationierten ala II Flavia festgestellt.

Historischer Hintergrund

Mit dem Alpenfeldzug im Jahr 15 v. Chr. beginnen groß angelegte Feldzüge gegen die Germanen unter den Kaisern Augustus und Tiberius. Neben den bekannten Militärplätzen entlang der Lippe in Niedergermanien (vgl. den Beitrag zum niedergermanischen Limesabschnitt in Deutschland von M. Gechter) zeigen auch in Obergermanien das Truppenlager von Marktbreit am Main und vor allem die Gründung einer mutmaßlichen *colonia* im Lahntal bei Lahnau-Waldgirmes, wie stark die römische Infrastruktur bereits entwickelt war und wie weit auch eher zivil genutzte Stützpunkte bereits nach Germanien vorgeschoben waren. Der pannonische Aufstand 6 n. Chr und schließlich die Varus-Niederlage 9 n. Chr. beendeten nicht nur die ehrgeizigen Expansionspläne, sondern führten auch zur Rücknahme und Konsolidierung der Grenzen an Rhein und Donau.

Bis in frühflavische Zeit überschritt das Militär beide Flüsse nicht mehr. Entlang der Donau entstand in den Jahren 30 – 50 n. Chr. eine Kastellkette, die bereits auf eine durchgehende Überwachung des Flusses von seinem Oberlauf bis kurz vor Regensburg schließen läßt. Auch entlang des Rheins wurden die bestehenden augusteischen Militärposten durch die Anlage weiterer Kastelle verstärkt. *Mogontiacum*/Mainz, seit 13 v. Chr. Standort zweier Legionen, blieb jedoch der wichtigste Militärplatz Obergermaniens und behielt diese Funktion auch nach der Vorverlegung des Limes und der Reduzierung seiner Besatzung auf eine Legion, die *legio XXII Primigenia*, nach 92 n. Chr.

Dieser statische Grenzverlauf in Süd- und Südwestdeutschland änderte sich erst ab 70 n. Chr. durch das allmähliche römische Vorrücken in das Mainmündungsgebiet und die Wetterau bzw. über den Oberrhein und die obere Donau. Gleichzeitig wird die Kastellkette entlang der Donau flußabwärts von *Abusina*/Eining ausgebaut. Spätestens mit dem 74 n. Chr. unternommenen Feldzug des obergermanischen Heeresverbandes unter Gn. Pinarius Clemens wird eine bewußte Abkehr von dem System der eher defensiven Grenzsicherung erkennbar. Motiv für das Ausgreifen über die Höhen von Schwarzwald und Baar war der Wunsch, die Straßenverbindung zwischen den Hauptstädten der zwei Provinzen *Mogontiacum*/Mainz und *Aelia Augusta*/Augsburg zu verkürzen und den bislang notwendigen Umweg über Bodensee und das Rheinknie bei Basel (CH) zu vermeiden. Den vor-

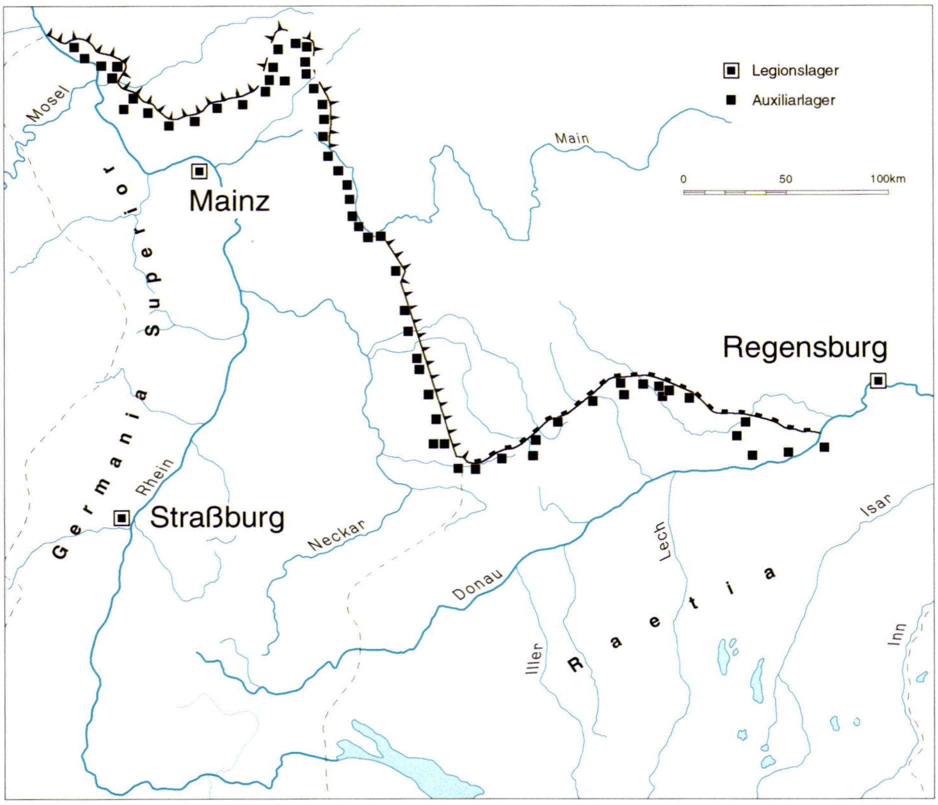

Abb. 3
Verlauf des limes in Obergermanien und Raetien ab der Mitte des 2. Jhs. n.Chr.

läufigen Abschluss dieser ersten Etappe der Grenzvorverlegung bildete die Gründung von *Arae Flaviae*/Rottweil, wo zeitweise auch eine Legionsvexillation (*legio XI Claudia Pia Fidelis*) stationiert war. Der Erfolg dieses Unternehmens und der nachfolgende Sieg über die hessischen Chatten (um 85 n. Chr.) bildeten den Ausgangspunkt für eine weitere Grenzkorrektur: In domitianisch-trajanischer Zeit sicherte sich Rom die Kontrolle über die fruchtbaren Lößgebiete von Wetterau, Mittlerem Neckarland und Nördlinger Ries, die künftig eine wichtige Rolle zur Versorgung der Provinzen spielten. Die Besetzung dieser Landschaften und die Sicherung der dazwischen liegenden Räume durch Militärstraßen gingen einher mit einer planmäßigen Umverteilung der Truppen entlang der Außengrenzen um das Jahr 100 n. Chr. So wurden entlang des Limes in der Wetterau, im Odenwald, des Neckars, auf der Schwäbischen Alb und im Raum Weißenburg i. Bayern Grenzkastelle errichtet. Zur selben Zeit endete das Legionslager von *Vindonissa*/Windisch (CH) und die *legio VIII Augusta* kam nach *Argentorate*/Straßburg.

Unter Kaiser Trajan verlief so bereits eine kontinuierlich überwachte Grenzlinie vom Rhein zur Donau (Abb. 1). Sie begann im Westerwald, folgte dem Taunuskamm, umfaßte in einem weit nach Norden ausholenden Bogen die Wetterau und erreichte bei Hanau den Main. Ab hier bis zum Nordrand des Odenwaldes bildete der Flußlauf die Grenze, bevor der über 70 km lange Odenwaldlimes begann, der südlich der Kochermündung im Raum von Bad Wimpfen endete. Bis hierhin wurden die über Land verlaufenden Limesabschnitte durch Türme gesichert und besaßen möglicherweise bereits eine durchgehende Grenzmarkierung in Form eines massiven Holzzaunes. Der Lauf des Neckars von Bad Wimpfen bis nach *Grinario*/Köngen bildete wieder eine natürliche Flußgrenze. Eine neuerliche Landlinie führte dann ab *Grinario*/Köngen über die Schwäbische Alb nach Südosten auf die Schwäbische Alb und weiter zur Donau, der sog. «Alblimes». Lediglich im Tal der Lauter bei Dettingen/Teck war diese Linie durch die Anlage eines Wall-Graben-Systems gesichert, sonst sind weder entlang des Neckarlimes noch entlang des östlich anschließenden Alblimes Türme oder Sperranlagen nachgewiesen. Die Kastelle der Hilfstruppen (Alen, Kohorten und Numeri) befinden sich in der Regel unmittelbar an der Grenzlinie, während die beiden Legionen in Straßburg und Mainz im Hinterland stationiert blieben. Im Bereich des raetischen Limes ist die etappenweise Entwicklung der Grenze weniger deutlich. Doch unter Kaiser Trajan wird auch hier die Grenze vorverlegt, so beispielsweise die eintausend Reiter starke *ala II Flavia* vermutlich von *Guntia*/Günzburg nach *Aquileia*/Heidenheim (Abb. 2), und der zentrale Limesbogen westlich von *Biriciana*/Weißenburg i. Bayern besetzt. Allerdings halten die Kastelle hier mehr Abstand zur Limeslinie als im benachbarten Obergermanien. Auch die Grenze entlang der Donau wird nun bis nach *Noricum* durch die Neuanlage von Kastellen geschlossen. Insgesamt jedoch dauerte hier in Raetien der Ausbau der Grenze durch neue Kastellplätze bis in hadrianische Zeit an.

Seit dem Beginn des 2. Jhs. n. Chr. standen so der Verlauf des Limes an seinen äußeren Enden im Nordwesten bzw. Südosten fest. Abgesehen von lokalen Grenzkorrekturen behielt der obergermanische Limes vom Rhein durch Westerwald, Taunus und der Wetterau bis an den Main seinen Verlauf bei, und auch der östliche Abschnitt des raetischen Limes im heutigen Bayern veränderte sich nicht mehr. Lediglich an dem zentralen Sektor der Limeslinie südlich des Mains im heutigen Baden-Württemberg wurde eine letzte Grenzkorrektur vorgenommen. Gut 60 Jahre nach Anlage von Odenwald-, Neckar- und Alblimes entstand hier eine jüngste, künstlich gezogene Landgrenze zwischen Miltenberg am Main und dem Tal der Rems bzw. dem Vorland der Schwäbischen Alb bei Aalen. Insgesamt wurden acht größere Militärlager in Obergermanien sowie fünf weitere in Raetien vorverlegt. Außer dem Neubau der Kastellplätze wurden nun auch durchgehende Grenzsperren errichtet, darunter allein weit über 300 Wachttürme. Die archäologischen Daten für den Bau dieser am weitesten vorgeschobene Grenzlinie, die als vorderer oder äußerer obergermanisch-raetischer Limes bezeichnet wird, weisen auf die Jahre um 160 n. Chr. Trotz der nicht unerheblichen Baumaßnahmen und dem sicherlich propagandistisch genutzten Zugewinn an Reichsgebiet fehlen leider eindeutige historische Nachrichten für diese letzte Grenzkorrektur, die vermutlich in die letzten Regierungsjahren von Kaiser Antoninus Pius gehört. Motiv für diese letzte Gebietserweiterung dürfte der Wunsch gewesen sein, auch das bis dahin ungenutzt vor der Grenze liegende östlich Ufer des Neckars mit seinen fruchtbaren Randlandschaften zu kontrollieren. Nach den archäologischen Quellen ist es wahrscheinlich, daß tatsächlich bereits zwei Generationen nach Ankunft der Römer am Neckarr Siedlungsdruck aus den dicht erschlossenen Landschaften weiter westlich ein Ausgreifen über den Fluß hinweg notwendig machte (Abb. 3).

Die Markomannenkriege hatten nach neueren Erkenntnissen vermutlich wenig Auswirkung auf das süddeutsche Limesgebiet, Zerstörungen sind nur schwer nachweisbar. Markantestes Ergebnis der für die weiter östlich anschließende Donaugrenze so einschneidenden Zeit bildet jedoch die Stationierung der *legio III Italica* in *Castra Regina*/Regensburg spätestens ab 179 n. Chr. Ihre Anwesenheit verstärkte die mi-

Abb. 4 Nach dem Ende des Limes geriet der römische Ursprung der meisten Militäranlagen in Vergessenheit, darunter auch die des Kleinkastell Höhnehaus südlich von Walldürn.

Abb. 5 Historische Aufnahme der Zeit der Reichs-Limeskommission.

litärische Schlagkraft des raetischen Heeres nicht unerheblich. Zusätzliche Sicherung erhält der östliche Abschnitt des raetischen Limes ab der Mitte des 2. Jhs. n. Chr. auch durch das nachträgliche Einfügen von Numeruskastellen direkt an der Grenzlinie.

Die Zäsur für die Grenzanlagen des obergermanischen und raetischen Limes bilden die Jahre um 260 n. Chr. Nach dem offenbar noch erfolgreichen präventiven Feldzug Kaiser Caracallas im Jahr 213 n. Chr. gegen Germanen im Vorfeld des Limes, dringen ab den 30er Jahren des 3. Jhs. n. Chr. germanische Heere wiederholt über den Limes bis weit in das Hinterland der Provinzen, ja bis nach Italien selbst vor. Ab dieser Zeit sind sowohl Zerstörungen wie auch zunehmend provisorisch ausgeführte Reparaturen an den Kastellanlagen festzustellen. Schuld für die endgültige Aufgabe der Grenzlinie und dem Rückzug aus dem Land jenseits von Rhein und Donau bald nach der Mitte des 3. Jhs. n. Chr. war vermutlich das Zusammenspiel verschiedener, einander ergänzender Ursachen. Einerseits nahm der Druck der in das Reichsgebiet drängenden Germanen weiter zu, da offenbar auch das bisher bewährte diplomatische System der Grenzsicherung zusammenbrach. Gleichzeitig waren für die Feldzüge im Osten des Reiches immer wieder Soldaten von der Grenze abgezogen worden. Inwieweit der innerrömische Bürgerkrieg zwischen Rom und dem Gallischen Sonderreich, dessen Frontlinie auch quer durch die Grenzprovinzen Obergermanien und Raetien verlief, eine aktive Rolle beim Verlust des Limesgebietes spielte, ist in der jüngeren Forschung kontrovers diskutiert worden. Nachvollziehbar ist jedoch, daß in der für das gesamte Reich äußerst bedrohlichen Situation dieser Jahrzehnte andere Probleme bestanden, als sich um den Schutz der Limesregion selbst zu sorgen (Abb. 4). Wieder – wie schon nach der Varus-Niederlage – wurden die Flußgrenzen von Rhein und Donau befestigt. Der spätrömische Donau-Iller-Rhein-Limes entstand. Weitgehend als Flußgrenze mit festen Plätzen entlang der Verkehrrouten in das Hinterland konzipiert und beständig ausgebaut, entsprechen seine Militäranlagen im Wesentlichen dem auch aus anderen Provinzen bekannten Bild. Er hatte bis an die Wende zum 5. Jh. n. Chr. bestand.

Die Erforschung des Limes in Obergermanien und Raetien

Eine wissenschaftliche Beschäftigung an dem Erbe römischer Geschichte in Deutschland begann im Humanismus. Gelehrte wie Simon Studion (1543–1605) forschten in Kastellplätzen nach Funden – gelockt vor allem durch Inschriften. Daraus erwuchs wenig später auch ein generelles Interesse am Limes. Johann Alexander Döderlein aus Weißenburg (1675–1745) und Ernst Christian Hansselmann aus Öhringen (1699–1775) versuchten, den Verlauf der Grenzlinie exakt festzulegen, um nachzuweisen, welche Regionen Deutschlands einst zum Römischen Imperium gehört hatten. Im 19. Jahrhundert waren dann vor allem die zahlreichen historischen Vereine Träger der Limesforschung. Nach der Reichsgründung 1871 entstand der Wunsch, den Limes mit einem gemeinsamen Projekt der Bundesstaaten vollständig zu erforschen. Insbesondere auf Drängen des späteren Literatur-Nobelpreisträgers Theodor Mommsen entstand 1892 die Reichs-Limeskommission, die in den folgenden Jahren mit großem Aufwand am Limes forschte (Abb. 5), den genauen Verlauf feststellte und an den zugehörigen Kastelle Ausgrabungen unternahm. Die verschiedenen Streckenabschnitte und nahezu alle Kastellanlagen des Limes wurden seitens der Reichs-Limeskommission aufgenommen und ebenso die 900 einzelnen Wachtturmstellen von Ost nach West durchnumeriert. Diese Einteilung ist nach wie vor in Gebrauch. Bis 1937 publizierte die Reichs-Limeskommission in insgesamt 15 Streckenbeschreibungen und 93 Bänden zu den Kastellplätzen den gesamten damaligen Wissenstand zum obergermanischen und raetischen Limes. Dieses mit über 4500 Text- und 600 Tafelseiten bis heute mustergültige Inventar aller bekannten Militäranlagen sichert der Limesforschung bis heute einen Spitzenplatz in der Archäologie und war auch in anderen Ländern Vorbild für die Beschäftigung mit den römischen Grenzen.

Die Anlage der Grenze

Wesen und Funktion der römischen Reichsgrenze in den beiden Provinzen Obergermanien und Raetien lassen sich durch das Zusammenwirken der Einzelelemente Kastelle, Türme und künstlichen Sperranlagen vielleicht leichter verstehen als anderswo. Vorauszuschicken ist allerdings, daß auch in Süd- und Südwestdeutschland viele Fragen zu Entwicklung und Funktion des Limes noch nicht abschließend geklärt werden konnten und Aufgabe seiner zukünftigen Erforschung bleiben müssen.

Nur auf den ersten Blick verläuft der Limes zwischen Rhein und Donau willkürlich. Die künstlich angelegte, durchgehend markierte Grenzlinie mit einer Gesamtlänge von 500 km erfuhr bereits in der Antike besonderes Augenmerk. Bei ihrer Trassierung sind zwei unterschiedliche Vorgehensweisen zu beobachten: Insbesondere die älteren Limesabschnitte verlaufen dem Geländerelief angepaßt über Höhenrücken oder entlang von Wasserscheiden, während jüngere Abschnitte häufig schnurgerade, ohne Rücksicht auf naturräumliche Gegebenheiten angelegt wurden. Beide Methoden setzen gute Geländekenntnis bzw. eine genaue Kartierung im Vorfeld der Baumaßnahmen voraus. Sicher überwachten eigens hinzugezogene Spezialisten die Vermessung, möglicherweise beruht selbst die Bestellung von Caius Popilius Carus Pedo zum Statthalter in den Jahren der Limesvorverlegung um 160 n. Chr. auf dessen Erfahrungen mit der Trassierung von linearen Bauwerken. Die eigentlichen Baumaßnahmen führten dann die am Limes liegenden Truppen mit Unterstützung der Legionen durch.

Eine erstaunlich exakte und konsequent verfolgte Geradlinigkeit über viele Kilometer hinweg ist bereits bei der Trassenführung am südlichen Odenwaldlimes festzustellen. Am vorderen obergermanischen und raetischen Limes stellt sie sogar ein zentrales Element der Planung dar. Besonders deutlich wird dies an dem über 80 km langen Abschnitt des obergermanischen Limes zwischen Walldürn und dem Haghof bei Welzheim in Baden-Württemberg (Abb. 6). Die Vermessung der langen, schnurgeraden Limeslinien ist ein eindrucksvolles Zeugnis antiker Vermessungskunst und macht deutlich, daß der obergermanisch-raetische Limes nicht als militärisches Bollwerk, sondern als unübersehbares Annäherungshindernis errichtet wurde. Die Überwachung eines weiten Vorfeldes (*glacis*) war offenbar nicht für das Funktionieren der Grenzlinie erforderlich, entscheidend war eine Sichtverbindung entlang des Limesverlaufs. Gleichzeitig war dieser streng linear gezogene Grenzverlauf den «barbarischen» Nachbarn gegenüber ein Zeugnis für die technische Überlegenheit Roms.

Die Elemente des Limes

In ihrer ersten Bauphase bestand die Grenze lediglich aus einer in die Wälder geschlagenen Schneise, die durch einen Postenweg kontrolliert wurde, vermutlich bereits mit Hilfe von Wachttürmen. Entlang des obergermanisch-raetischen Limes sind insgesamt etwa 900 Turmstellen bekannt oder anhand der topographischen Gegebenheiten zu vermuten. Die Türme standen in einer Entfernung von unter 300 m bis über 600 m zueinander, wobei ausschlaggebend für ihre Distanz in erster Linie eine gute Sichtverbindung zu den beiden jeweils benachbarten Türmen gewesen sein dürfte. Die Abstände an den jüngeren Limesabschnitten liegen mit Durchschnittswerten von gut 400 m weit unter den durchschnittlich 700 m des älteren Odenwaldlimes. Es fällt zudem auf, daß Türme in verkehrsgünstigen Gegenden, etwa in der Hohenloher Ebene in Baden-Württemberg, regelhaft dichter gesetzt sind – offenbar war hier eine intensivere Überwachung angestrebt. Ihre Bauweise (Höhe, äußere Gestaltung, Raumaufteilung) hing von lokalen Gegebenheiten und Anforderungen ab. Die meist quadratischen Turmbauten mit Seitenlängen von durchschnittlich 4,5 – 5 m dürften zwischen 7 und 9 m hoch gewesen sein, trugen ein festes Dach und hatten wahrscheinlich drei Stockwerke. Unterhalb des Wachtraumes an der Turmspitze besaß ein Turm mindestens noch ein weiteres erhöhtes Geschoß, das als Schlaf- und Aufenthaltsraum diente. Hier lag auch der Eingang, der vermutlich nur über eine Leiter zugänglich war. Ein Untergeschoß im Turmsockel diente wohl als Vorratsraum (Abb. 7). Die Limestürme dürften insgesamt bestenfalls drei bis sechs Mann Besatzung aufgenommen haben, die von den benachbarten Kastellplätzen gestellt wurde. Aufgrund der Funde von Vorratsgefäßen, Mühlsteinen oder

Auf der folgenden Doppelseite:

Abb. 6 Der über weite Strecken schnurgerade gezogene Verlauf des Limes wie hier am raetischen Limes bei Petersbuch wird besonders im Luftbild gut erkennbar.

Abb. 7 Einer von rund einem Dutzend modern nachgebauter Limestürme, bei Buch (Baden-Württemberg).

festen Feuerstellen muß man davon ausgehen, daß die Soldaten über einen längeren Zeitraum in den Wachttürmen wohnten. Gelegentlich sind rings um die Türme auch Befunde zu beobachten, die eine regelrechte Siedlungsaktivität anzeigen.

In der ersten Bauphase noch aus Holz errichtet, wurden die Türme nach den Erkenntnissen des Odenwaldlimes in den 40er Jahren des 2. Jhs. n. Chr. in Stein ausgebaut. Ihr Baumaterial ist in der Regel der lokal vorhandene Bruchstein. Häufig finden sich an einem Standort mehrere Turmstellen, die zu zeitlich aufeinander folgenden Bauphasen gehören. So ist zunächst eine generelle Abfolge von älteren Holztürmen zu jüngeren Steintürmen festzustellen, aber auch mehrere sich ablösende Holztürme, ebenso wie mehrere Steintürme an einem Punkt, sind keine Seltenheit. Mehrmals wurden im Bereich der Turmstellen auch Unterbrechungen in den Grenzsperren beobachtet, die auf kleinere Limesdurchgänge weisen könnten. An den wichtigeren Übergangsstellen standen jedoch Kastellanlagen.

Befunde aus dem Taunus aber auch dem westlichen Raetien weisen darauf hin, daß bereits sehr früh entlang des Grenzverlaufs ein massiver Holzzaun errichtet wurde. Dieser Zaun stellte wohl die erste sichtbare Grenzmarkierung dar. Unter Kaiser Hadrian wurde der Limes mit einer durchgehenden Palisade gesichert, die diesen älteren Zaun ablöste. Ein jüngst am östlichen Wetteraulimes durch dendrochronologische Untersuchungen an Palisadenholz gewonnenes Fälldatum von 119/120 n. Chr. bestätigt eine Textpassage in der *Historia Augusta* (*vita Hadriani* 12,6), die davon spricht, daß die Barbaren vom Reichsgebiet durch große Pfähle nach Art einer Mauer (*in modum muralis*) getrennt werden sollten. Zum Bau der Palisade dienten mächtige, halbierte Eichstämme, die mindestens einen Meter tief in das Erdreich eingegraben wurden. Die flache Seite wies nach Germanien und ähnelte so zumindest aus größerer Entfernung einem Mauerzug. Verschiedentlich sind Querverbindungen nachzuweisen, die mehrere Stämme verbanden. Diese stabile Verankerung der Pfähle im Untergrund läßt darauf schließen, daß die Palisade mindestens doppelt so hoch aufragte, vermutlich sogar 2,5 bis 3 m und ein echtes physisches Hindernis darstellte (Abb. 8). Reste dieser Palisade wurden an allen Abschnitten des obergermanischen wie des raetischen Limes beobachtet und gaben vermutlich den Sperranlagen in der Antike ihren Namen. So ist seit der Zeit Karls des Großen urkundlich der Begriff «Pfahl» (lat. *palus*) für den Limesverlauf nachweisbar, dessen Gebrauch die umgangssprachliche Bezeichnung für die Grenze anzeigt. Erst nach dem Bau der Palisade wurden die

Abb. 8 An mehreren Stellen des obergermanischen limes, wie hier bei Limeshain in der Wetterau, geben Nachbauten ein Bild vom ursprünglichen Aussehen der massiven Holzpalisade.

hölzernen Wachttürme durch Steintürme ersetzt. Nur am vorderen obergermanischen und raetischen Limes standen von Anfang an Steintürme.

Die Palisade stellt nicht die letzte Baumaßnahme entlang der Limeslinie dar. Am raetischen Grenzabschnitt schuf man durch den Bau einer Steinmauer einen dauerhafteren und ungleich eindruckvolleren Ersatz für die im Laufe der Jahre verrottende Holzpalisade. Ihr auf einer Länge von 167 km fortlaufender Mauerzug wird seit dem Mittelalter im Volksmund «Teufelsmauer» genannt. Der Zeitpunkt für den Bau der Steinmauer ist archäologisch nicht gesichert und wird anhand der historischen Situation kontrovers diskutiert, er fand frühestens im ausgehenden 2. Jh. und spätestens wohl zur Zeit Caracallas statt. Daß die raetische Mauer die jüngste Ausbauphase der dortigen Grenzsperren darstellt, ist archäologisch gesichert, da ihre Fundamente häufig über den Resten des Palisadengrabens und des Flechtwerks erbaut wurden. Ihr etwa 1,2 m starkes und wohl maximal 3 m hoch aufragendes Mauerwerk wurde aus lokal anstehendem Bruchstein erbaut. Grund für die Wahl der Bauweise als Mauerzug war sicherlich die Tatsache, daß auf den Jurahochflächen der Schwäbischen und Fränkischen Alb hinreichend Steinmaterial zur Verfügung stand, gleichzeitig aber die Anlage eines Grabens erschwert war. Die militärische Bedeutung der Mauer darf nicht überbewertet werden. Art und Ausführung der erhaltenen Mauerpartien machen deutlich, daß die raetische Mauer eher eine Grenzmarkierung und keine Wehranlage war. Ein Wehrgang oder Zinnen bestanden nicht. Ihre Wirkung beruhte sicherlich auch auf dem nachhaltigen psychologischen Eindruck, den die mit weißem Verputz versehenen Steinbauten in der antiken Landschaft auf einen Betrachter hinterließen (Abb. 9).

Abb. 9 Auch die sogenannte «Teufelsmauer», hier ein nachgebauter Abschnitt nördlich des Hesselbergs in Mittelfranken, war trotz ihrer soliden Bauweise eher eine Grenzmarkierung als ein Wehrbau.

Anders verlief die Entwicklung entlang der über 330 km langen Sperranlagen in Obergermanien. Wohl bereits in Verbindung mit der Limesvorverlegung am Ende der Regierungszeit des Kaisers Antoninus Pius oder kurz darauf wird parallel zur Innenseite des Palisadenzuges ein ca. 8 m breiter und 2,5 m tiefer Spitzgraben ausgehoben. Aus dem anfallenden Erdreich entsteht ein unmittelbar anschließender Wall. Hölzerne Einbauten oder eine Art Brustwehr sind nicht bekannt (Abb. 10). Allerdings wurde dieser «Pfahlgraben» nicht an allen Abschnitten ausgeführt. An allen Streckenabschnitten konnten teils mehrerer Kilometer breite Lücken festgestellt werden. Ob die Baumaßnahmen hier unvollendet blieben, oder ob an solchen Stellen kein Bedarf zum Ausbau der Sperranlagen durch Graben und Wall bestand, ist offen. Probleme bereitet auch die Tatsache, daß bislang kein Palisadenholz entdeckt wurde, daß nach den 60er Jahren des 2. Jhs. n. Chr. gefällt wurde. Offenbar wurden auch am obergermanischen Limes die Eichenstämme nicht regelmäßig erneuert, als die hölzernen Pfähle im Laufe der Zeit morsch wurden. Dies hat zu dem Schluß geführt, daß die Palisade auch in Obergermanien nach einiger Zeit ersatzlos aufgegeben wurde und hier Wall und Graben als einzige Grenzmarkierung die Palisade ersetzt hätten. Anders als in Raetien gibt es aber Beobachtungen, die dem widersprechen: Graben und Wall des obergermanischen Limes ziehen an keiner Stelle über den Palisadengraben hinweg, beide Anlagen verlaufen stets parallel zueinander. Auch sind dort, wo der Limesverlauf einmal verlegt wurde, Palisade, Graben und Wall stets an der älteren wie an der jüngeren Linie nachzuweisen. Schließlich stimmen auch die Abschnitte nachdenklich, an denen außer der Palisade offenbar niemals weitere Annäherungshindernisse errichtet wurden. Diese Beobachtungen führten bereits seitens der Reichs-Limeskommission zu der Schlußfolgerung, daß in Obergermanien der Bau von Graben und Wall hinter der Palisade, eine Verstärkung der Grenzanlagen darstellte. Die Diskussion ist jedoch momentan noch nicht beendet. Schon jetzt wird allerdings deutlich, daß zumindest der obergermanische Limes kein einheitliches Erscheinungsbild zeigte, wie es offenbar bei der Hadriansmauer in Britannien angestrebt war.

Abb. 10 Entlang der Grenzlinie in Obergermanien bildete ein Wall-Graben-System den jüngsten Ausbauzustand des Limes.

Die Grenze in Deutschland – Der niedergermanische Limes in Nordrhein-Westfalen

Michael Gechter

Topographie und vorrömische Besiedlung

Die niederrheinische Bucht bzw. das niederrheinische Tiefland wies in vorrömischer Zeit keine direkte Wegeverbindung durch das Mittelrheintal nach Süden auf. Der Talabschnitt zwischen Bonn und Koblenz war erst seit Bau der Limesstraße unter Claudius für größere Transporte passierbar. Von Osten gab es zwei Naturwegetrassen durch das Bergische Land in das Tal: Im Norden der Hellweg und im Süden die Nutscheidstraße. Möglicherweise waren auch die später durch die Römer zu Straßen ausgebauten Naturwegtrassen auf die Eifelhochfläche nach Süden schon in vorrömischer Zeit genutzt.

In vorrömischer Zeit lebten im Süden die Eburonen und die Menapier im Norden. Wahrscheinlich müssen wir das eburonische Siedlungsgebiet beidseits des Rheins annehmen. Das Bergische Land war zu diesem Zeitpunkt unbesiedelt. Die Sugambrer scheinen nördlich davon im Westfälischen Tiefland ihre Wohngebiete gehabt zu haben.

In das ehemalige Eburonengebiet siedelten sich die Ubier an. Sie haben Bonn als erste Siedlung erbaut. Deshalb gelangten sie wahrscheinlich aus Nordhessen über die Nutscheitstraße in die Niederrheinische Bucht. Diese Einwanderung vollzog sich wohl in mehreren Wellen bis in claudische Zeit.

Die Frühzeit – Eroberung und Konsolidierung

Für ihren Vormarsch an den Niederrhein wählten die Römer die Route über die Hochflächen der Eifel und nicht die später auch genutzte durch die Hessische Senke. Ein wichtiger Stützpunkt war hierbei Trier. Hierhin wurde die Fernstraße aus dem Süden gebaut und von hier aus nach Norden fortgeführt. Anscheinend war diese Straßenverbindung um 17/16 v. Chr. soweit fertiggestellt, daß das erste Mal Truppen an den Niederrhein verlegt werden konnten. Die Straßenverbindung war wichtig, da die Truppen am Niederrhein sich nicht aus der umgebenen Landschaft versorgen konnten, sondern auf Nachschub aus dem Süden angewiesen waren. Die beiden ersten Lager am Niederrhein bestanden in *Noviomagus*/Nijmegen (NL) und *Novaesium*/Neuss. Es waren kleine Lager, deren Besatzung wir nicht kennen, die aber nicht viel stärker als 1000 Mann gewesen sein können. Das Neusser Lager wies keine feste Innenbebauung auf, die Umwehrung bestand aus einem Doppelgraben mit dahinterliegendem Erdwall.

Spätestens im Frühsommer 12 v. Chr. müssen die römischen Truppen in ihren Bereitschaftsstellungen für den geplanten Einmarsch nach Germanien zusammengezogen worden sein. Bislang ging man davon aus, daß dieser allein vom Niederrhein aus erfolgte. Es ist aber wahrscheinlicher, daß diese erste Germanienoffensive sowohl vom Niederrhein als auch von *Mogontiacum*/Mainz über die Wetterau her erfolgte. Im Vorfeld der Offensive wurde die Basis am Rhein verbreitert. Zum südlichsten Punkt, der ubischen Siedlung *Bonna*/Bonn, wurden Truppen verlegt. Diese hatten, genauso wie die Truppen im neuen Lager *Asciburgium*/Moers-Asberg, auch die Aufgabe, die Einmündungen der Ost-West Wege Nutscheid und Hellweg in das Rheintal zu kontrollieren. Bei *Vetera*/Xanten scheint ein Basisstützpunkt für den Vormarsch zu Lande und zu Wasser nach Osten eingerichtet worden zu sein. Alle diese Lager weisen keine feste Innenbebauung auf. Die Truppen lagen hier wohl nur kurzfristig in Zelten. Während der Germanienoffensive standen die eigentlichen Kampftruppen im Lager Oberaden an der Lippe. Am Rhein befanden sich nur rückwärtige Sicherungs- und Durchmarschlager.

Mit dem Ende des ersten Germanienfeldzuges im Jahre 7 v. Chr. hat man die Truppen wieder auf die Aufmarschpositionen am Ober- und am Niederrhein zurückverlegt. Danach gab es am Niederrhein nach wie vor die beiden Sicherungsposten am Beginn bzw. Ende der Ost-West Routen, *Novaesium*/Neuss als Endpunkt der Süd-Nord Route von Trier und *Vetera*/Xanten als ehemaliges Basislager der Offensive. *Noviomagus*/Nijmegen (NL) bestand als zusätzlicher nördlicher Sicherungspunkt dieser Linie. In der Zeit nach Beendigung des Germanienfeldzuges scheinen die Truppen mit dem Aufbau einer Infrastruktur im linksrheinischen Gebiet beschäftigt gewesen zu sein. Als zusätzlicher Stützpunkt wurde jetzt Köln, das *oppidum Ubiorum*, eingerichtet. Gleichzeitig scheint auch mit dem Bau der großen Ost-West Verbindung Köln – Boulogne begonnen worden zu sein. Parallel zu diesem Straßenzug wurde eine zweite Ost-West Straße von Neuss an die Maas eingerichtet.

Abb. 1 Ziegelofen der legio I Germanica in Durnomagus/Dormagen aus tiberischer Zeit.

Zum Ausbau der Lager läßt sich aufgrund der fehlenden Innenbebauung wenig sagen. Die Umwehrungen bestanden nur aus Wall-Grabenanlagen. In Neuss wurde zur Zeit der Drususfeldzuges das Basislager auf ca. 40 ha vergrößert.

Um Christi Geburt breitete sich eine gewisse Unruhe unter den unterworfenen germanischen Stämmen aus. Es mehrten sich die Übergriffe auf römische Einrichtungen und Personen, die die Befehlshaber der Armee nicht in den Griff bekamen. Es ist bislang nicht eindeutig klar, ob die Truppenverlegung von der Rheinbasis in das Westfälische Tiefland eine Folge dieser vereinzelten Aufstände war oder ob die Aufstände eine Reaktion auf die ständige Anwesenheit von römischen Truppen waren. Die Wahrscheinlichkeit ist größer, daß auch eine Infrastrukturverbesserung im Bereich östlich des Rheins vorgenommen werden sollte. Deshalb wurden verstärkt Truppen an die Lippe in festen Lagern verlegt. Am Rhein können wir nur für den Platz *Novaesium*/Neuss eine Vergrößerung des Lagers von 40 auf ca. 70 ha feststellen. Solche riesigen Lager sprechen für die Anwesenheit einer großen Zahl von Versorgungseinheiten mit Fahrzeugen und Zug- bzw. Tragetieren, die hier zusätzlich zu den Kampftruppen stationiert waren. Somit könnte dieses große Lager ein Versorgungsstützpunkt für die neuen Lippelager gewesen sein. Das bedeutet aber auch, daß die Rhein- und Lippelager zu dieser Zeit nach wie vor vom Nachschub abhängig waren. Dieser muß wohl zu einem gewissen Teil über die Straße aus Gallien an den Rhein transportiert worden sein. Schiffstransporte können bislang nicht belegt werden, sollten aber unbedingt angenommen werden. Genauso wie das große Neusser Lager ein Sammellager am Endpunkt eines Transportweges war, muß auch ein solches Lager in *Vetera*/Xanten bestanden haben. Dort befand sich der Ausgangspunkt der Verbindung nach Osten durch das Lippe-Tal. Dieser Stützpunkt wird nicht auf dem Fürstenberg, wo die späteren Lager lagen, sondern am Fuß des Berges, im Bereich des Rheinufers, zu suchen sein. Sobald die Lager an der Lippe eingerichtet wurden, scheint auch das große Neusser Lager aufgelassen worden zu sein. Es wurde jetzt durch eine ca. 6 ha große Wall-Grabenanlage ersetzt. Nach Niederschlagung des germanischen Aufstandes durch Tiberius 5 n. Chr. war eine politische Veränderung geplant, die Einrichtung einer germanischen Provinz.

Aus dieser Zeit zwischen 5 und 9. n. Chr. können wir bislang keine Veränderungen am Lagerbestand am Niederrhein feststellen. Immer noch lagen die Truppen am Rhein in Marsch- oder besser gesagt Durchmarschlagern ohne feste Innenbebauung. Die in *Novaesium*/Neuss kurzfristig stationierten Truppen führten Marschverpflegung mit sich, die auf einen Ursprung aus dem Mittelmeerraum hinweist, wie Kichererbsen und Oliven belegen. Wahrscheinlich aus Indien stammte der Reis, der in dieser Zeit in Neuss verkohlte. Auch die Weizenarten, die mitgeführt wurden, waren als Marschverpflegung entspelzt. Immer noch wissen wir nicht, welche Truppen in den Lagern standen. Nur aus Haltern und Köln gibt es einen Hinweis auf die Anwesenheit von Teilen der 19. Legion. Diese Konsolidierungsphase am Niederrhein sollte mit der Einrichtung einer germanischen Provinz enden. Zu diesem Zweck war der Verwaltungsfachmann Quintilius Varus, ein Schwiegersohn des Agrippa und damit ebenfalls Angehöriger des Kaiserhauses, als Befehlshaber des germanischen Heeres an den Rhein gesandt worden. Wie bekannt, endete diese Phase mit der Niederlage und Tod des Varus. Wir sollten uns aber mittlerweile von der Vorstellung lösen, daß bei dieser Niederlage drei vollständige Legionen und sechs Auxiliarkohorten vernichtet wurden. Wahrscheinlich waren auf diesem Zug des Varus nur Teile der jeweiligen Legionen, aber mit möglichst vielen Feldzeichenträgern und die sechs Kohorten sowie drei Kavallerieeinheiten mitgezogen, wovon nur die Kavallerie entkommen konnte. Dies besagt aber, daß die Hauptmasse des römischen Heeres noch in den Lagern stand. Der Verlust des Legionsadlers bedeutete jedoch für die Römer, daß die Truppe verloren gegangen war. Die Resteinheiten der 17., 18. und 19. Legion wurden auf andere Legionen aufgeteilt.

Die Einrichtung des Limes (Abb. 2)

Von 9 bis 13 n. Chr. übernahm Tiberius wieder das Kommando am Rhein. Unter seiner Führung wurde das verlorengegangene rechtsrheinische Gebiet mit Vergeltungsfeldzügen überzogen. Eine direkte Konsequenz der Niederlage des Varus war die Trennung des germanischen Heeres in einen oberen und einen unteren Militärbezirk. Diese Bezirke waren jeweils mit vier Legionen und deren Hilfstruppen ausgestattet. Bislang kennen wir weder Lager aus dieser Phase im rechtsrheinischen Gebiet, noch haben sich Hinweise auf die Niederlage des Varus in den Rheinlagern finden lassen. Nur im Bereich des *oppidum Ubiorum* kann eine Umwehrung mit diesem Ereignis in Zusammenhang gebracht werden. Auch finden sich keine festen Innenbauten in den Lagern. Dafür kennen wir aber jetzt die neuen Legionen am Niederrhein: Es sind dies die *legio I Germanica*, die *legio V Alaudae*, die *legio XX Valeria Victrix* und die *legio XXI Rapax* nebst ihren Hilfstruppen. Als Truppenstandorte sind *Bonna*/Bonn, *oppidum Ubiorum*/Köln, *Novaesium*/Neuss, *Asciburgium*/Moers-Asberg und *Vetera*/Xanten bekannt, ohne daß wir die Einheiten bestimmten Standorten zuweisen können. In Neuss bestand nach wie vor nur ein ca. 6 ha großes Lager.

Im Frühjahr des Jahres 13 n. Chr. übergab Tiberius seinem Neffen Germanicus das Kommando. Erst für das Jahr 14 n. Chr. kennen wir die Standorte der Legionen am Niederrhein: Je zwei lagen zusammen in einem Doppellager in *Vetera*/Xanten und beim *oppidum Ubiorum*/Köln. Dies zeigt an, daß die alte Konzeption der Truppenverteilung am Rhein aus der Zeit der ersten Ankunft der Römer noch Gültigkeit hatte: Die Truppen standen in wenigen Schwerpunktlagern zwischen *Bonna*/Bonn und *Noviomagus*/Nijmegen (NL). Nach einer Revolte der vier Legionen infolge des Ablebens des Augustus zog Germanicus diese in ein gemeinsames Sommerlager im Ubiergebiet zusammen, das bislang immer mit einem der großen Neusser Lager in Verbindung gebracht wurde. Hiervon müssen wir aber Abstand nehmen, so daß wir nicht wissen, wo sich dies Vierlegionenlager des Jahres 14 n. Chr. befand. Zwischen 14 und 16 n. Chr. unternahm Germanicus mehrere Feldzüge in das Rechtsrheinische.

Mit der Abberufung des Germanicus im Jahre 16 n. Chr. blieb alles beim alten. Wir können jetzt eine Phase von ca. sieben Jahren feststellen, in der keine Veränderungen am Lagerbestand nachgewiesen werden können.

Erst nach dem Treverer-Aufstand des Jahres 21 n. Chr. lassen sich einige Änderungen belegen. In *Novaesium*/Neuss wurde jetzt ein großes Lager von 40 ha Fläche mit einer festen Innenbebauung errichtet. Die Umwehrung bestand nach wie vor aus einem einfachen Wall mit Türmen und vorgelagertem Doppelgraben. Direkt nach Osten schloss sich ein Annexlager von ca. 10 ha Innenraum an. Dieses weist das erste Mal in Neuss einen Wall mit hölzerner Front auf. Möglicherweise löste dies Lager das Doppellegionslager *apud oppidum Ubiorum*/Köln ab. Hier hätten dann die *legio I Germanica* und die *legio XX Valeria Victrix* zusammen gelegen. Nach wie vor hatte die alte Konzeption, nur einige Schwerpunktlager am Niederrhein zu errichten, Gültigkeit.

Auffällig ist bei den Innenbauten dieses Neusser Lagers die Größe des Praetoriums von 16.800 m^2. Es setzt sich aus vier Quartieren, einer Halle mit Nebenräumen und drei Privatquartieren, zusammen. Hier waren die beiden Legionslegaten der *legio I Germanica* und der *legio XX Valeria Victrix* gemeinsam untergebracht und möglicherweise auch der Befehlshaber des unteren germanischen Heeres, wenn er das Neusser Lager besuchte.

Ein Gräberfeld bei Zons in ca. 5 km Luftlinie südlich von Neuss gelegen, scheint auf ein Militärlager dieser Zeit hinzuweisen, wobei dieses bislang der einzige Hinweis auf ein solches Lager ist.

In diese Zeit scheint auch ein größeres Lager auf dem Pirenberg oberhalb von Kalkar – Altkalkar eingerichtet worden zu sein. Zeitgleich hat man auch den Bonner Militärposten für die Aufnahme zweier Hilfstruppen, der *cohors I Thracum* und der *ala Frontoniana*, ausgebaut. Damit wurde das erste Mal der Verwundbarkeit der Mittelrheintals Rechnung getragen.

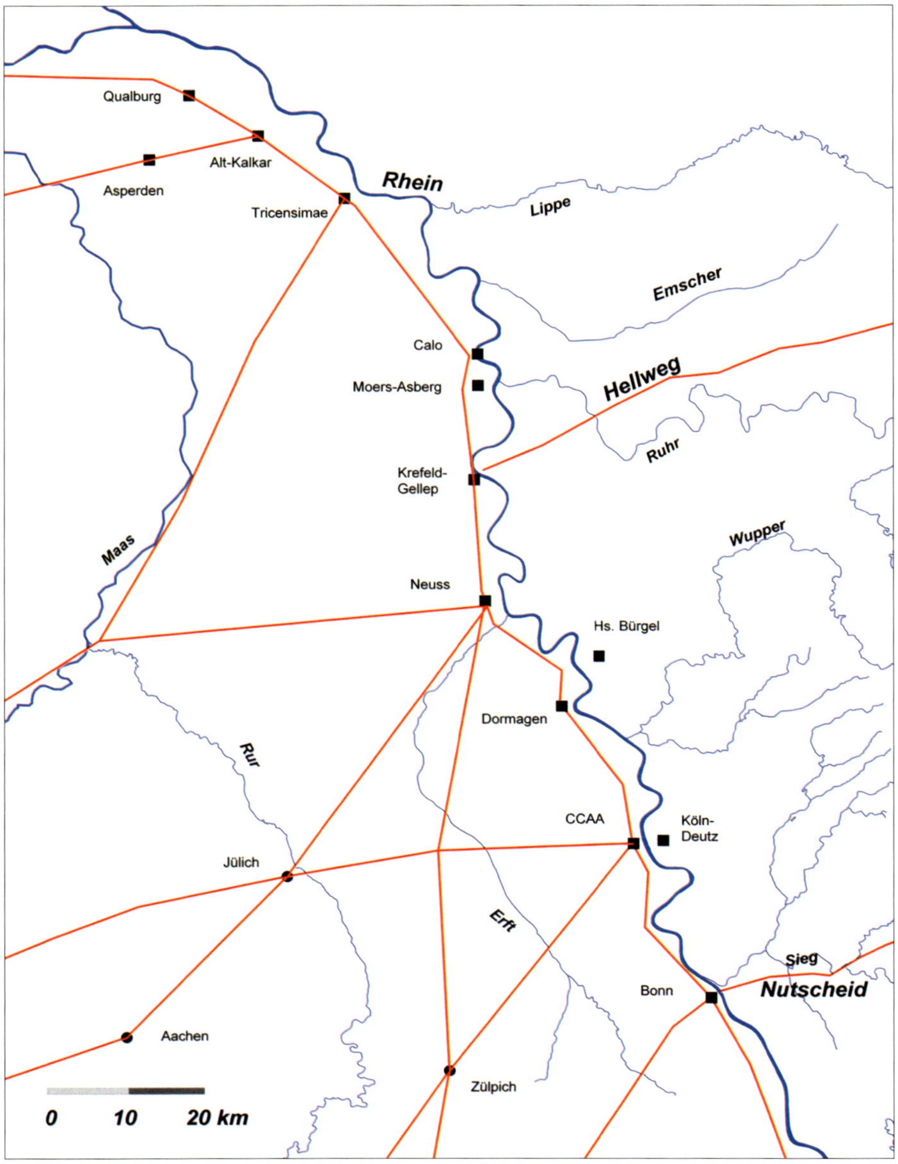

Abb. 2
Die römische Grenze am Niederrhein im 2. Jh. n. Chr. mit zusätzlichem Eintrag der Lager des 1. und 4. Jhs. n. Chr.

Dies hängt auch damit zusammen, daß schon jetzt mit dem Ausbau der Limesstraße nach Süden begonnen worden war. Ein bei Bonn durchgebrochener Gegner hätte sonst die Chance gehabt, über das Moseltal bis nach Innergallien vorzustoßen, ohne mit römischen Truppen in Berührung zu gelangen. Zusätzlich scheint südlich von *Bonna*/Bonn eine militärische Dienststelle eingerichtet worden zu sein. An ihr taten Legionäre der *legio XXI Rapax* aus *Vetera*/Xanten und der *legio I Germanica* aus *Novaesium*/Neuss Dienst. Die Funktion dieser Dienststelle ist bislang unbekannt.

In Köln-Alteburg wurde jetzt ebenfalls ein Truppenlager neu errichtet, dessen Besatzung wir aber nicht kennen.

Ende des 3. Jahrzehnts scheint im Bereich des niedergermanischen Heeres eine vollständige Umorganisierung der Truppenstandorte vorgenommen worden zu sein. Diese, früher Claudius zugeschriebene Maßnahme, muß nach Ausweis der Neusser Befunde bereits unter Tiberius um 30 n. Chr. vollzogen worden sein. In *Vetera*/Xanten blieb das Doppellegionslager bestehen, das Neusser wurde dagegen aufgelöst.

Die 1. Legion wurde nach Bonn verlegt. Diese Maßnahme, die bislang immer in claudische Zeit datiert wurde, muß logischerweise schon in dieser Zeit vorgenommen worden sein. Ob damit dann auch das Bonner Doppelauxiliarlager aufgelöst wurde oder ob es noch bis in claudische Zeit hinein Bestand hatte, ist im Moment ungeklärt.

In *Novaesium*/Neuss entstand jetzt ein Einlegionenlager. Vorher wurden die *principia* für den Befehlshaber des niedergermanischen Heeres gebaut. Im Anschluß errichtete man das Legionslager so, daß die *principia* außerhalb des Lagers im einspringenden Befestigungswinkel sicher lagen. In diesem Lager lag die 20. Legion möglicherweise mit der *cohors III Lusitanorum* zusammen. In den *principia* außerhalb des

Lagers mit anschließendem *praetorium* residierte der Befehlshaber des unteren Heeres, wenn er in Neuss weilte. Da wir später solche separaten Bauten nicht weiter am Niederrhein nachweisen können, scheint dieser Umstand daraufhin zu deuten, daß es wohl erst ab claudischer Zeit einen ständigen Dienstsitz des Befehlshabers in Köln gab. Außerhalb des Legionslagers entwickelte sich dann eine Lagervorstadt mit angeschlossenen Gräberfeldern.

In *Durnomagus*/Dormagen ziegelte zu diesem Zeitpunkt eine Abteilung der 1. Legion. Die Ziegel waren schon in geringem Umfang gestempelt und deren Stempeltyp ist auch in *Bonna*/Bonn nachweisbar. Möglicherweise könnte dies ein Indiz dafür sein, daß Ziegelstempel schon in vorclaudischer Zeit in Gebrauch kamen, da die 1. Legion seit ca. 30 n. Chr. ihr Bonner Lager errichtete (Abb. 1).

In *Asciburgium*/Moers-Asberg können wir für diese Zeit das Lager einer Infanteriekohorte nachweisen, der *cohors Silaucensium*. In *Vetera*/Xanten I lagen die *legio V Alaudae* und die *legio XXI Rapax* in einem Doppellager.

Unter Claudius wurde die Grenzsicherung nur geringfügig verändert. Das Bonner Auxiliarlager wurde aufgelöst und dafür am Niederrhein bei Altkalkar das Lager *Burginatium* errichtet. Das Legionslager *Novaesium*/Neuss mußte wegen der Verlagerung des Rheins an einem anderen Standort etwas weiter vom Strom entfernt neu aufgebaut werden. Die 20. Legion war nach England versetzt und durch die 16. Legion ersetzt worden. Zusätzlich befand sich die *ala Picentiana* mit im Lager. Auch in *Vetera*/Xanten I wechselte eine Legion, die *legio XXI Rapax* wurde durch die *legio XV Primigenia* ersetzt. Die *legio V Alaudae* verblieb in Vetera.

In Köln-Alteburg scheint nach wie vor eine Einheit gelegen zu haben, deren Namen wir nicht kennen. Nach *Asciburgium*/Moers-Asberg zog jetzt eine ehemalige Truppe aus *Bonna*/Bonn, die *ala Frontoniana*, während in *Burginatium*/Altkalkar eine bislang unbekannte Einheit stand.

In *Vetera* I lagen in einem neugebauten 60 ha großen Doppellegionslager neben den zwei Legionen auch noch einige Hilfstruppeneinheiten. Von einer hier stationierten Kavallerieeinheit war der ältere Plinius der Kommandeur gewesen. Obwohl wir es nicht genau belegen können, scheinen auch im Neusser und Bonner Legionslager zusätzliche Auxiliareinheiten stationiert gewesen zu sein. Im Bonner Lager waren in claudischer Zeit die *ala Pomponiani* und die *cohors Silaucensium* sowie in neronischer Zeit die *ala Longiniana* und die *cohors V Asturum* stationiert.

Der Limes im ausgehenden 1. und 2. Jh. n. Chr. (Abb. 2)

Infolge der Unruhen des Vierkaiserjahrs und des nachfolgenden Bataver-Aufstandes gab es im niedergermanischen Heer tiefgreifende Veränderungen. Der Befehlshaber dieses Heeres, A. Vitellius, ließ sich zum Kaiser ausrufen und zog mit einem Teil seiner Truppen nach Rom. Zurück blieben wenig kampfkräftige Rumpfmannschaften, die auch nicht von erfahrenen Kommandeuren geführt wurden. Durch eine verfehlte Politik gegenüber den einheimischen Stämmen, besonders den Batavern, wurden diese zum Aufstand gereizt. Zu den Aufständischen stießen die acht batavischen Hilfstruppeneinheiten, die auf dem Rückmarsch aus Italien vor dem Legionslager *Bonna*/Bonn der dortigen Besatzung eine Niederlage beifügten. Die Hilfstruppeneinheiten wurden meist in ihren Lagern eingeschlossen und kapitulierten. Nur die Mannschaft des Doppellegionslagers Vetera hielt eine Zeitlang aus. Nach der Aufgabe wurden sie auf dem Ausmarsch dann allerdings niedergemacht. Beutegut aus der Plünderung konnte aus dem Rhein bei Xanten geborgen werden. Die Restbesatzungen der Neusser und Bonner Legionen liefen zu den Aufständischen über. Alle Rheinlager wurden erobert und später von den Aufständischen niedergebrannt.

Abb. 3 Xanten, Inschriftenplatte von dem Siegesdenkmal der legio VI Victrix anläßlich der Schlacht bei Vetera im Jahre 70 n. Chr. Rheinisches Landesmuseum Bonn.

Nachdem sich in Rom die neue Zentralmacht unter dem Kaiser Vespasian soweit etabliert hatte, konnte sie sich mit dem Problem an der Rheingrenze befassen. Der kaiserliche Feldherr Cerialis schaffte es innerhalb des Jahres 70 n. Chr. die Aufständischen in der Schlacht bei *Vetera*/Xanten zu besiegen, womit die Erhebung beendet war. Am Ort der Schlacht wurde ein Siegesdenkmal durch die *legio VI Victrix* errichtet (Abb. 3).

Anschließend wurde mit dem Neubau der Verteidigungsanlagen begonnen. Die alten Holzlager wurden in Stein ausgebaut. Die Befestigungsanlagen bestanden jetzt aus einer Steinmauer mit dahinter aufgeworfenem Erdwall. Die Innengebäude waren ebenfalls in Stein errichtet worden. Neu gegründet wurde jetzt ein Lager bei *Gelduba*/Krefeld-Gellep gegenüber dem Hellweg. Zuerst lag hier die *ala Sulpicia*, die dann in domitianischer Zeit durch die *cohors II Varcianorum equitata* abgelöst wurde. Dafür wurde das alte Lager *Asciburgium*/Moers-Asberg, in dem die *ala Moesica* stand, wenig später aufgelassen. Auch entstand wohl in Rindern ein neues Lager. Erst in domitianischer Zeit wurde das Lager *Durnomagus*/Dormagen erbaut. Die Neubaulager errichtete man zuerst noch in Holzbauweise, der Umbau in ein Steinlager erfolgte erst in der Mitte des 2. Jhs. n. Chr. Zwischen den Lagern können wir jetzt auch Wachttürme und Kleinkastelle nachweisen. Infolge der Rheinstromverlagerungen wurde ein Großteil dieser in der Flußaue und auf der Niederterrasse liegenden Anlagen in nachrömischer Zeit abgeschwemmt. Überliefert sind Türme bei Neuss und Xanten, Kleinkastelle bei Neuss und Duisburg-Rheinhausen. Unter dem spätantiken Kastell Haus Bürgel scheint sich nach Ausweis eines Gräberfeldes ebenfalls solch ein Kleinkastell seit flavischer Zeit befunden zu haben. Bei Duisburg-Niederhalen-Beeckerwerth könnte sich das bislang nur aus dem *Itinerarium Antonini* belegte *Calo* befunden haben, das wahrscheinlich als Ersatz für *Asciburgium*/Moers-Asberg errichtet wurde.

Mitte der 70er Jahre des 1. Jhs. n. Chr. nahm die *legio XXI Rapax*, die in *Bonna*/Bonn stand, an einem Feldzug über den Rhein nach Westfalen teil. Auf verlustreiche Kämpfe weist der Fund eines *capricornus* aus Bronze hin, der in einer germanischen Siedlung nördlich von Münster gefunden wurde. Es kann sich hierbei um Teile eines Kohortenfeldzeichens der Bonner Legion handeln.

Abb. 4 Modell des Legionslagers Bonna/Bonn mit Hafen und der südlich anschließenden Lagervorstadt. Dargestellt ist die Zeit zu Ende des 1. Jhs. n. Chr.

Seit domitianischer Zeit bestanden folgende militärische Anlagen in der Niederrheinischen Bucht bzw. dem Niederrheinischen Tiefland: In Bonn (Abb. 4) das Lager der *legio I Minervia* mit Hilfstruppen und der südlich davon befindlichen Sonderdienststelle, in Köln-Alteburg ein Flottenlager der *classis Germanica*, in *Burungum* ab ca. 166 n. Chr. ein Kastell, das Dormagen ersetzen sollte, dessen Lage und Truppe aber unbekannt sind. In *Durnomagus*/Dormagen war die *ala Noricorum* stationiert, während in Haus Bürgel ein Kleinkastell vermutet wird. In Neuss-Reckberg standen ein Turm und ein Kleinkastell. Das erste Lager in *Novaesium*/Neuss, das bis zur Zeit der Kaiser Nerva/Trajan die *legio VI Victrix* einschließlich einer *ala* beherbergte, wird zum reinen Alenlager umgewandelt. In *Gelduba*/Krefeld-Gellep befand sich ein Kohortenlager der *cohors II Varcianorum equitata* und in Duisberg-Rheinhausen ein Kleinkastell. Die Truppe des Alenlagers *Calo* ist unbekannt. Im Legionslager *Vetera* II bei Xanten lagen die *legio XXII Primigenia* bis ca. 92 n. Chr., dann die *legio VI Victrix* bis 122 n. Chr. und danach die *legio XXX Ulpia Victrix*. In Waardt kennen wir einen Wachtturm. Während im Alenlager von *Burginatium*/Altkalkar die *ala Vocontiorum* die *ala Afrorum* ablöste, ist die Truppe des Alenlagers in Rindern unbekannt.

Als sich 89 n. Chr. der obergermanische Statthalter L. Antonius Saturninus gegen Domitianus erhob, zog das niedergermanische Heer diesem entgegen und besiegte Mitte Januar 89 n. Chr. die obergermanischen Truppen bei *Mogontiacum*/Mainz. Seitdem führten die beteiligten niedergermanischen Einheiten den Beinamen *pia fidelis*.

Infolge der auswärtigen Kriege wurde die Bonner *legio I Minervia* immer wieder zu Kampfeinsätzen vom Rhein abgezogen. So kämpfte sie seit 101 n. Chr. im ersten Dakerkrieg und verblieb von 102 bis 105 n. Chr. als Besatzungstruppe in Dakien. Auch an dem zweiten Dakerkrieg nahm sie unter dem Kommando von P. Aelius Hadrianus, dem späteren Kaiser, teil. 108 n. Chr. war sie wieder in ihrer alten Garnison *Bonna*/Bonn. Während dieser Zeit hatte eine Abteilung der 22. Legion aus *Mogontiacum*/Mainz im Bonner Lager gestanden. Zwischen 145 und 152 n. Chr. waren Abteilungen beider niedergermanischen Legionen an der Niederschlagung des Maurenaufstandes in Nordafrika beteiligt.

Abb. 5 Principia des Lagers Durnomagus/Dormagen bei der Ausgrabung 1994.

Abb. 6 Fundamentplatte des Westtores der konstantinischen Kleinfestung Haus Bürgel.

Zwischen 157 und 160 n. Chr. beteiligten sich Abteilungen beider Legionen an der Niederschlagung von Unruhen in Caledonien. 161 n. Chr. nahm die Bonner Legion mit Teilen der Hilfstruppen, u. a. der *ala Noricorum* aus *Durnomagus*/Dormagen, an dem Partherfeldzug des Lucius Verus teil und kehrte 166 n. Chr. nach Bonn zurück. Während ihrer Abwesenheit lag eine Abteilung der Xantener Legion in Bonn. Von diesem Einsatz kam die *ala Noricorum*, die in *Durnomagus*/Dormagen stationiert war, nicht mehr zurück. Ihr Schicksal ist unbekannt. Das Lager brannte kurze Zeit später infolge eines Schadfeuers ab und wurde nicht wieder aufgebaut (Abb. 5). Das neugebaute Ersatzlager *Burungum* scheint einer nachrömischen Rheinstromverlagerung zum Opfer gefallen zu sein.

Die Teilnahme am Partherfeldzug war der letzte Einsatz, an dem die Bonner Legion in ihrer Gesamtheit in entferntere Gebiete des Reiches teilnahm. Später stellte sie nur noch Abteilungen zu solchen Unternehmungen ab. Den Chaukeneinfall um 172 n. Chr. in die truppenlose Provinz Belgica scheint auch das niedergermanische Heer mit bekämpft zu haben.

Die nächsten Kämpfe hatten die niedergermanischen Legionen in den Bürgerkriegswirren zwischen 193 und 197 n. Chr. zu bestehen. Die Legionen an Rhein und Donau votierten für den späteren Kaiser Septimius Severus. Die Truppen mußten gegen den britannischen Thronanwärter Clodius Albinus in Niedergermanien eine Niederlage hinnehmen. Albinus gelang es, den niedergermanischen Statthalter Virius Lupus zu schlagen und ihn mitsamt seinen Truppen aus der Provinz zu verdrängen. Am 19. Februar 197 n. Chr. kam es bei Lyon (F) zur Entscheidungsschlacht zwischen den Heeren beider Thronprätendenten. Die vier germanischen Legionen hatten hierbei einen entscheidenden Anteil an dem Sieg des Septimius Severus.

Im Hinterland, an der Niers, wurde Mitte des 2. Jhs. n. Chr. ein befestigtes Getreidemagazin zuerst in Holzbauweise, später in Stein errichtet. Es diente zu Erfassung von Naturalsteuern, die dann von hier an die einzelnen Lager abgegeben wurden.

Das 3. Jahrhundert n. Chr. und die Frankeneinfälle

Nach der Schlacht von Lyon stellten alle vier germanischen Legionen Truppen nach Lyon (F), der Hauptstadt der *tres Galliae*, ab. Dadurch verringerte sich auf Dauer die Stärke der Legionen. Gleichzeitig müssen die bis dahin im Bonner

Legionslager stationierten Hilfstruppen abgezogen worden sein, da jetzt großflächige nicht bebaute Flächen im Bonner Legionslager nachzuweisen sind.

Im Jahre 205 n. Chr. wurde eine Einheit, die aus Abteilungen aller vier germanischen Legionen bestand, gegen Aufständische in Innergallien geschickt.

229 oder 231 n. Chr. drang eine germanische Streifschar über die Nutscheidstraße in das Rheintal vor. Auf dem rechtsrheinischen Ufer, gegenüber von *Bonna*/Bonn, stellten die Bonner Legion und ihre Hilfstruppen den Gegner und besiegte ihn.

Im Gegensatz zu Obergermanien blieben die Jahre bis zur Mitte des 3. Jhs. n. Chr. am Niederrhein ruhig. 260 n. Chr. konnte der Kaiser Gallienus die beiden niedergermanischen Legionen noch mit Münzbildnissen für ihre Treue bei der Niederwerfung der Gegenkaiser Ingenuus und Regalianus ehren. Kurze Zeit nach der Herausgabe dieser Treuemünzen schlossen sich die germanischen Truppen dem Gegenkaiser Postumus in Köln an. Unter Postumus gelang es, die Germanengefahr am Rhein zu bannen. Ob das Lager *Gelduba*/Krefeld-Gellep, das gegenüber dem Hellweg am Rhein lag, in diesem Jahr von Germanen erobert wurde oder infolge des Bürgerkrieges zwischen Gallienus treuen Truppen und Postumus-Anhängern in Flammen aufging, können wir im Moment noch nicht sagen. Dies ist aber auch das einzige Lager, das am Niederrhein zerstört wurde. Gleichwohl wurde aber die drohende Gefahr von Frankeneinfällen erkannt. Im Innern wurden jetzt befestigte Wachtposten an den Fernstraßen errichtet. Am Niederrhein entstand der Burgus Qualburg. Genauso schützten sich jetzt die Bauern mit festen Türmen auf ihren Höfen.

Der letzte Kaiser des gallischen Sonderreiches Tetricus II. ergab sich Mitte 274 n. Chr. Kaiser Aurelian. Dieser plante einen neuen Feldzug nach Osten und zog dafür Truppen vom Rhein ab.

Durch die Verringerung der römischen Truppenpräsenz am Niederrhein gelang es 275 n. Chr. den Franken, den gesamten Limes zu erobern. Nur die Hauptstadt Köln und das Bonner Legionslager konnten dem Ansturm wiederstehen. Da die 30. Legion später noch erwähnt wird, muß auch sie den Ansturm in ihrem Lager überstanden haben. In diesem Krieg gingen nicht nur alle Hilfstruppen sondern auch die Soldatenfamilien mit unter. In den nachfolgenden Jahren wird immer wieder von fränkischen Überfällen über den Rhein berichtet. Die Lage stabilisierte sich aber langsam. Unter dem Gegenkaiser des Diokletianus, Carausius, der seit 286 n. Chr. das britannische Sonderreich führte, zu dem bis 293 n. Chr. auch das Rheinland gehörte, wurden beide niedergermanischen Legionen mit Münzbildern geehrt. Die letzte Nachricht, die wir von der alten *legio I Minervia* aus ihrem Standort *Bonna*/Bonn besitzen, stammt aus dem Jahre 295 n. Chr. Beide Legionen scheinen erst infolge des zweiten Frankeneinfalls von 353/54 n. Chr. untergegangen zu sein.

Der spätantike Ausbau des Limes in Niedergermanien (Abb. 2)

Erst unter Kaiser Konstantin begann man wieder mit einem Neubau der Festungen. Aufgegeben wurden die Standorte der Sonderdienststelle bei Bonn und das Flottenlager Köln-Alteburg. Gegenüber von Köln wurde auf rechtsrheinischem Gebiet das neue Kastell *Divitia* errichtet. Ein Neubau war auch das Kleinkastell Haus Bürgel gegenüber von Dormagen (Abb. 6). Das Kastell Neuss scheint über dem alten zivilen *vicus* errichtet worden zu sein. Spuren haben wir allerdings bislang noch nicht gefunden. Im Bereich von Xanten wurde das Lager der 30. Legion innerhalb der zerstörten *Colonia Ulpia Traiana* als *Tricesimae* neu aufgebaut.

In dieser Zeit scheint auch der *burgus* von Asperden als Holzbau errichtet worden zu sein. Im Landesinnern wurden die *vici* Zülpich, Jülich und Aachen mit Mauern umgeben.

Das Lager Bonn bestand wie bisher weiter. Nur lebte jetzt auch die Zivilbevölkerung mit im Lager. Das alte Alenlager *Durnomagus*/Dormagen wurde reaktiviert. Die Befestigungsanlage wurde ausgebessert und in der Nord-Ost Ecke ein Kleinkastell errichtet. Die übrige Fläche von über 2 ha bestand nur aus Kiespflaster. Die Lager *Gelduba*/Krefeld-Gellep und *Burginatium*/Altkalkar wurden am selben Platz wieder neu aufgebaut. Durch den Aufstand des Ursurpators Magnentius gegen den Kaiser Constans waren auch wieder die Besatzungen der Kastelle am Rhein betroffen: Die Eliteeinheiten waren zu den Feldzügen des Magnentius abgezogen worden. Dem Frankeneinfall von 353 n. Chr. fielen alle befestigten Plätze im heutigen Rheinland zum Opfer. Selbst die vor 80 Jahren nicht eroberten Anlagen Köln und Bonn wurden diesmal überrannt. Aus Bonn liegen 14 Skelette vor, die alle mehr oder weniger starke Hieb- und Schlagverletzungen aufweisen. Sie wurden einfach in einem alten Brunnen des Kastells entsorgt (Abb. 7).

Unter Kaiser Julian wurde dann versucht, die zerstörten Festungen einigermaßen wieder herzurichten. Diese Arbeit wurde später unter dem Kaiser Valentinian fortgeführt. Nach wie vor bestanden die alten Anlagen in *Bonna*/Bonn, Köln, *Divitia*/Köln-Deutz, *Durnomagus*/Dormagen, Haus Bürgel, *Novaesium*/Neuss, *Gelduba*/Krefeld-Gellep, *Tricensimae*/Xanten und *Burginatium*/Altkalkar weiter. Genauso wurden die Binnenfestungen in *Iuliacum*/Jülich, *Tolbiacum*/Zülpich und *Aquae Granni*/Aachen wieder aufgebaut. Der *burgus* in Asperden wurde jetzt in Stein neu errichtet. In Qualburg und in Moers-Asberg hat man jetzt *burgi* erbaut.

Die Truppen, die jetzt in den Kastellen lagen, bestanden zum größten Teil aus Germanen in römischen Diensten. Diese lebten mit ihren Familien in den Kastellen. Die meisten Kastelle waren darauf eingerichtet, zusätzlich zu der Stammbesatzung auch noch durchmarschierende Truppenteile aufnehmen zu können. Diese kampierten dann inner-

Abb. 7 Menschliche Skelette in einem Brunnen: Zeugnisse des Frankeneinfalls von 353 n. Chr. in Bonn.

halb der Mauern auf den Freiflächen, wie z. B. in Bonn, Dormagen und Haus Bürgel. Nach dem unter Valentinianus abgeschlossenen Wiederaufbau des niederrheinischen Limes blieb es relativ ruhig an diesem Teil der römischen Reichsgrenze. In den 80er Jahren wurde von *Novaesium*/Neuss aus ein Feldzug in das rechtsrheinische Gebiet unternommen. Aufgrund zweier unterschiedlich zu datierenden Münzhorte aus Haus Bürgel können wir vielleicht mit zwei lokalen Kampfhandlungen zu Ende des 4. und zu Beginn des 5. Jhs. n. Chr. rechnen.

Entgegen der landläufigen Meinung zogen die Kastellbesatzungen nicht 411 n. Chr. ab. Sie blieben nach Ausweis der Keramik noch bis mindestens zur Mitte des Jahrhunderts an ihren Standorten. Dies kann für *Bonna*/Bonn, *Durnomagus*/Dormagen, Haus Bürgel und *Gelduba*/Krefeld-Gellep nachgewiesen werden.

Während die Plätze Bonn, Köln, Köln-Deutz, Dormagen, Neuss und Krefeld-Gellep eine Siedlungskontinuität in die Merowingerzeit aufweisen, ist dies bei Haus Bürgel, Xanten, Altkalkar und Qualburg nicht der Fall gewesen. Wie das Beispiel Haus Bürgel zeigt, wurde die Anlagen durch Brechen der Tore entfestigt und dem Zerfall übergeben.

Die römische Donaugrenze in Österreich

Hannsjörg Ubl

Der österreichische Abschnitt der römischen Donaugrenze gegen das nicht römisch gewordene Germanien beginnt an der Staatsgrenze zum Freistaat Bayern und reicht bis an die Staatsgrenze zur Slowakischen Republik (Abb. 2). Damit verläuft er entlang der Donau in den beiden österreichischen Bundesländern Oberösterreich und Niederösterreich. Die Stromregulierung des 19. Jhs. hat den Donauverlauf in Hinsicht auf die römische Donaugrenze nur unwesentlich verändert. Es sind fast alle römischen Donaukastelle Noricums im wesentlichen erhalten geblieben, weil ihre Ruinen schon vor der Flußregulierung nahezu ausnahmslos in mittelalterlichen Siedlungen aufgegangen waren. Daraus erklärt sich dann auch der überaus große Bestand an über Tage erhalten gebliebener römischer Bausubstanz.

Gerechnet in Stromkilometern, beginnend unterhalb der Innmündung (Stromkm. 2223) bis zur Mündung des Marchflußes beiTheben/Devin in der Slowakei (Stromkm. 1880), hatte die römische Donaugrenze im heutigen Österreich eine Länge von ca. 343 km. Davon entfielen auf den norischen Abschnitt 274 km und auf den pannonischen ca.69 km.

Das historische Vorspiel

Der österreichische Donau-Alpen-Raum gehörte in vorrömischer Zeit zum alpenkeltischen Königreich Noricum. Dieses erstreckte sich im Süden bis ins heutige Slowenien und reichte im Osten bis zum Raabfluß und Plattensee in Ungarn.

Abb. 1 Greifenstein, NÖ. Das «Nordkap der Alpen», Wienerwaldsporn zur Donau, Grenzberg zwischen Noricum und Pannonien.

Abb. 2 Der Donaulimes in Noricum.

Abb. 3 Enns, OÖ. Die nordöstliche Grabenecke des Legionslagers Lauriacum.

Das sogenannte *regnum Noricum* war seit dem 2.Jh.v. Chr. mit Rom durch einen wirtschaftlich geprägten Freundschaftsvertrag verbunden, was Kaiser Augustus (27v. – 14 n. Chr.) nicht hinderte, *Noricum* im Jahre 15 v. Chr. auf mehr oder weniger friedliche Weise zu okkupieren.

Die Provinz Noricum in ihrer historischen Entwicklung

Unter Kaiser Claudius (41–54 n. Chr.) erhielt das okkupierte *Noricum* Provinzstatus mit einem Mann aus dem Ritterstand als procuratorischem Statthalter. Zur gleichen Zeit wurde ein Gebietsstreifen des ehemaligen Königreiches *Noricum* im Osten der Nachbarprovinz *Pannonia* zugeschlagen. Die norische Provinzgrenze zu Pannonien verlief seither entlang der östlichen Abhänge des Wienerwaldes (*Cetius mons*) und erreichte die Donau am «Nordkap der Alpen», zwischen den niederösterreichischen Dörfern Greifenstein und Höflein a. d. Donau (Abb. 1).

Eine erste Veränderung erfuhr die norische Provinzverwaltung nach den Markomannenkriegen (Ende 180 n. Chr.) durch die Kommandierung einer Legion (*II Italica*) nach *Lauriacum* (Lorch/Enns, OÖ), deren Kommandant automatisch Provinzstatthalter wurde. Als Befehlshaber des norischen Provinzheeres (*exercitus Noricus*) residierte dieser von nun an am Legionsstandort in *Lauriacum* (Abb. 3).

Durch die Verwaltungsreform des Kaisers Diocletian (284–305 n. Chr.) wurde *Noricum* zweigeteilt: In eine südliche Teilprovinz *Noricum mediterraneum* und eine nördliche Teilprovinz *Noricum ripensis*. Das norische Provinzheer verblieb in den Lagern an der Donaugrenze. Das norische Militärkommando ist später mit jenem der Nachbarprovinz zusammengelegt worden und wurde von einem *dux Pannoniae primae et Norici ripensis* ausgeübt, der in *Carnuntum* residierte.

Die norisch-pannonische Donaugrenze in Österreich

Als Flußgrenze (*ripa*) unterschied sich die Donaugrenze von den Festlandgrenzen (*limites*) anderer Provinzen. Ihre Besonderheit fand Niederschlag in verschiedenen Titeln und Fachbegriffen der römischen Militär-und Verwaltungssprache: *praefectus ripae Danuvii*, *Noricum ripensis* oder *riparienses* als Bezeichnung der Grenztruppen an der Donau.

Ihre Einrichtungen als naße Grenze waren jedoch genauso gestaffelt, wie jene der trockenen Grenzen. Nur war das feindwärts gerichtete Annäherungshindernis der Donaustrom. Auf die Anlage von Gräben, Wällen, Palisaden, oder Sperrmauern konnte verzichtet werden. Landeinwärts des Flußes verlief mehr oder weniger parallel zur Donau als Militärstraße die «Limesstraße» mit geschottertem Oberbau. Sie war auf hochwassersicherem Terrain geführt und umging in weitem Bogen das Bergland, wo solches hart an die Donau herantritt: Zwischen der Donauschlinge von Schlögen und der Stromenge von Aschach, am Kürnberger Wald vor Linz, an den Ausläufern des Strengberges, im Strudenau am Hengstberg zwischen Ardagger und Ybbs, in der Wachau mit den Steilhängen des Dunkelsteiner Waldes und am Wienerwald zwischen Greifenstein und der steilen Nase des Kahlengebirges am Leoboldsberg vor Wien. An solchen Abschnitten fehlen fast ausnahmslos Kastelle nur das Lager von Wallsee, NÖ (*Locus Felicis*) blickt von hohem Standort in das Machland und auf die Flußmündung der Naarn; dafür sind die Wachtürme dichter gesetzt. Sie stehen hochwassersicher an den Taleinschnitten von Nebenflüssen und Bächen, verbunden mit dem Hinterland durch Stichstraßen.

Die Kastelle erhoben sich zwischen Donauufer und «Limesstraße» vorzugsweise an oder zwischen Nebenflüssen der Donau, in unregelmäßigen Abständen, wie das Gelände es zuließ und die strategische Situation es erforderte. Zwischen den Kastellen zog sich die Kette der Wachtürme als Beobachtungsposten und Nachrichtenrelaisstationen.

Neben den Kastellen entstanden die Lagerdörfer als zivile Begleitsiedlungen. Der Landstrich im Hinterland der Grenzeinrichtungen und militärischen Territorien blieb lange ohne bedeutende zivile Nutzung.

Kaiser Hadrian (117–138 n. Chr.) hat im frühen 2.Jh. n. Chr. zwei Siedlungen des grenznahen Hinterlandes der Provinz *Noricum* munizipales Stadtrecht verliehen, in Anerkennung einer fortgeschrittenen Romanisierung der provinzialen Grenzbevölkerung: *Ovilavis* (Wels, OÖ) und *Cetium* (St.Pölten, NÖ). Im frühen 3.Jh.n. Chr. erhielt dann die Zivilsiedlung am Legionslager *Lauriacum* (Lorch/Enns, OÖ) von Kaiser Caracalla (211–217 n. Chr.) den Rang und das Stadtrecht eines Munizipium. Damit hat *Noricum* seine erste und einzige autonome Stadt im direkten Grenzbereich erhalten. Gleichzeitig ist vom selben Kaiser *Ovilavis* zur Koloniestadt erhoben worden.

Im Jahr 6 n. Chr.hatte der Kaiserstiefsohn Tiberius in *Carnuntum* das illyrische Expeditionsheer für den bevorstehenden Germanenfeldzug gegen Marobodius zusammengezogen. Archäologisch gesichert ist das heute bekannte Legionslager von *Carnuntum* (Bad Deutsch-Altenburg, NÖ) erst für claudische

Abb. 4 Bacharnsdorf, NÖ. Südliche Mauer des Burgus.

Zeit. Der Bedeutung des Wiener Beckens und der westpannonischen Ebene bis zur «Porta Hungarica» als bedrohter Einbruchsraum entlang der Marchfurche mit der sich über die Donau auf Provinzgebiet fortsetzenden Bernsteinstraße wurde Rechnung getragen durch die Anlage eines zweiten Legionslagers im westpannonischen Grenzraum zu Beginn des 2. Jhs. n. Chr. an der Stelle eines älteren Hilfstruppenlagers in *Vindobona* (Wien). Die linke Flanke Vindobonas und die Grenze zwischen *Pannonien* und *Noricum* schützte das Kastell von Klosterneuburg, NÖ (*Arrianis*). Zwischen den beiden Legionslagern *Vindobona* und *Carnuntum* lagen die Hilfstruppenkastelle *Ala Nova* (Schwechat, NÖ) und *Aequinoctium* (Fischamend, NÖ). *Carnuntum* selbst verfügte neben dem Legionslager noch über ein eigenes Hilfstruppenlager (Petronell, NÖ) am östlichen Siedlungsrand der Zivilstadt, das jedoch im 3.Jh. n. Chr. nicht mehr von Truppen besetzt war. Östlich von *Carnuntum* konnte auf österreichischem Boden kein weiteres Hilfstruppenlager mehr festgestellt werden.

Die Zivilsiedlung beim Legionslager *Carnuntum* erhielt von Kaiser Hadrian (117–138 n. Chr.) munizipales Stadtrecht und wurde von dem in *Carnuntum* zum Kaiser gekürten Septimius Severus (193–211 n. Chr.) zur Koloniestadt erhoben. Der Zivilsiedlung östlich des Legionslagers *Vindobona* hat später vermutlich Kaiser Caracalla (211–217 n. Chr.) das Stadtrecht eines Munizipium verliehen. Damit lagen am westlichsten Grenzabschnitt Pannoniens neben den Legionslagern zwei autonome Städte direkt an der Donau.

Seit der Teilung Pannoniens unter Kaiser Trajan (98–117 n. Chr.) hatte der Statthalter Oberpannoniens seinen Amtssitz in *Carnuntum*. Die Bedeutung dieses Ortes für die Geschicke des Reiches zeigt sich 193 n. Chr. mit der Kaiserausrufung des Statthalters Septimius Severus und wird 308 n. Chr. wieder deutlich durch die Einberufung der Vierkaiserkonferenz, in der Kaiser Diocletian (284–305 n. Chr.) die Ordnung seines tetrarchischen Herrschaftssystems wiederherstellen sollte. Wenige Jahrzehnte später kann *Carnuntum* noch ein monumentales Repräsentationsbauwerk – das sogenannte Heidentor – erstehen lassen. Als jedoch Kaiser Valentinian I. (364–375 n. Chr.) kurz vor seinem Tode in *Carnuntum* weilt, wird der Ort als verlassen und verlottert beschrieben, jedoch für einen Heerführer immer noch von strategischer Bedeutung. Fünfzig Jahre später war der pannonische Grenzraum um *Carnuntum* dem Reich endgültig verloren.

Römische Militärarchitektur an der österreichischen Donau

Die römischen Lager und Kastelle an der österreichischen Donau folgen dem einheitlichen Planungsschema der rechteckigen, gelegentlich der Geländekonfiguration angepaßt, verschobenen Grundrißform. Ihre Wälle hinter den üblichen Spitzgräben waren ursprünglich in Holz-Erde-Technik ausgeführt, gelegentlich mit luftgetrockneten Lehmplatten (*Comagena*/Tulln, NÖ) verblendet und mit Holzplanken oder Palisaden aufgehöht. Türme und Innenbauten waren aus Holz in Zimmermannstechnik ausgeführt. Ab der Regierungszeit Kaiser Trajans wurden, wie aus Bauinschriften aus *Comagena* (Tulln, NÖ) und *Vindobona* (Wien) zu entnehmen ist, zuerst die Umfassungsanlagen (Tore, Türme, Kurtinenmauern) in Steinbauweise erneuert, danach auch die Innenbauten. Die Lagertürme ragten anfangs nur um weniges vor die Umfassungsmauern vor. Ab dem späten 3.Jh. n. Chr. wurden den Hilfstruppenlagern neue und weit vorspringende Türme angebaut: Tor- und Zwischentürme über U-förmigen, Ecktürme über viertelkreis-fächerförmigen Grundrissen. Bemerkenswert ist das Fehlen derartiger Turmadaptierungen bei den Legionslagern.

Ab der Mitte des 4.Jhs. n. Chr. bis in valentinianische Zeit wurden in einer zentral gelenkten Aktion die Wehrbauten entlang der Donaugrenze großzügig restauriert und erneuert. Die Arbeiten standen unter dem Kommando eigener Bauoffiziere und wurden von eigenen Bautruppen ausgeführt (*milites auxiliares Lauriacenses* am norischen Abschnitt). Neuartige

Abb. 5 Mautern, NÖ. Nordwestlicher Fächerturm des älteren Lagers Faviana, mit nach Norden abstreichender Mauer der jüngeren Lagererweiterung.

	Ortsname (heute)	Kastellname	Truppe ++)	Truppe +++)
a)	(Passau Innstadt)	(Boiodurum)	Kohorte	Kohorte
	Schlögen, OÖ	Joviacum	Kohorte	Legion (liburnarii)
	Eferding, OÖ	Ad Mauros	Numerus ?	Equites
	Linz, OÖ	Lentia	Ala	Equites + Legion
	Lorch-Enns, OÖ	Lauriacum	Legion	Legion + Flottille
	Albing, NÖ +)	Legio ?	aufgegeben	aufgegeben
	Wallsee, NÖ	Locus Felicis	Kohorte	Equites
	Ybbs, NÖ	Adiuvense	?	Legion (liburnarii)
	Pöchlarn, NÖ	Ar(e)lape	Kohorte	Equites + Flottille
	Mautern, NÖ	Faviana	Kohorte	Legion (liburnarii)
	Traismauer, NÖ	Augustiana	Ala	Equites
	Zwentendorf, NÖ	Astura	Kohorte	Kohorte
	Tulln, NÖ	Comagena	Ala	Equites + Flottille
	Zeiselmauer, NÖ	Cannabiaca	Kohorte	Kohorte
b)	Klosterneuburg, NÖ	Arrianis ?	Kohorte	Kohorte
	Wien	Vindobona	Ala/Legion	Legion + Flottille
	Schwechat, NÖ	Ala Nova	Ala	Equites
	Fischamend, NÖ	Aequinoctium	Ala	Equites
	Petronell, NÖ	Carnuntum	Ala	aufgegeben
	Bad Deutsch-Altenburg,NÖ	Carnuntum	Legion	Legion (liburnarii) + (Flottille, abkommandiert)

a) Noricum (Noricum ripensis)
b) Pannonia (P. superior, P. prima)
+) wurde begonnen, aber nicht fertiggestellt
++) 1. bis 3.Jh. n. Chr.
+++) 4.Jh. n. Chr.

Liste der Donaukastelle mit ihren spätrömischen Besatzungstruppen.

schwere Wachtürme (*burgi*) und Kleinkastelle (*centenaria*) verstärkten den Grenzkordon (Abb. 4). In die Ecken der alten Grenzkastelle wurden – die zurückgehenden Mannschaftsstärken berücksichtigend – neuartige Kleinkastelle mit Innenhof hineingebaut (Traismauer, NÖ; Zeiselmauer, NÖ).

Die römischen Grenztruppen an der österreichischen Donau

Das Heer der neugegründeten Provinz Noricum verfügte nur über Hilfstruppen.

In Pannonien standen von Beginn der Provinzwerdung an Legionen, von denen zuerst eine, bald zwei an der österreichischen Donau stationiert waren (*Carnuntum* und *Vindobona*). *Noricum* erhielt erst am Ende des 2. Jhs. n. Chr. eine Legion (*Lauriacum*) und unter Kaiser Diocletian an der Wende vom 3. zum 4. Jh. n. Chr. eine zweite (*Legio I Noricorum*), die das ältere Hilfstruppenlager *Faviana* (Mautern, NÖ) nach Ausbau bezog (Abb. 5).

Tiefgreifende Veränderungen für die Grenztruppen Norikums brachte die Heeresreform des Kaisers Konstantin I. (306–337 n. Chr.), der die römischen Landstreitkräfte in mobile Kriegsarmeen (*comitatenses*, Bewegungsheer) und garnisonsgebundene Grenztruppen (*limitanei* oder *riparienses*) teilte.

Für die mobilen Kriegsarmeen, das «Bewegungsheer», wurden in mehreren Schüben aus den Grenzgarnisonen die fähigsten Soldaten herausgezogen. Was blieb, wurde in Teileinheiten von geringer Mannschaftsstärke aufgesplittert und auf die alten Lager, neuen Kleinkastelle und *burgi* verteilt. An der Wende zum 5.Jh. n. Chr. lagen in *Noricum* und dem österreichischen Abschnitt Pannoniens Splittereinheiten der Legionen *II Italica*, *I Noricorum*, *X Gemina* und *XIIII Gemina* auf acht verschiedene Kastelle verteilt. Einige von diesen Einheiten waren besonders für den Dienst auf dem Fluß trainiert und ausgerüstet (*liburnarii*). Dazu kamen Teileinheiten der Donauflottille: *classis Lauriacensis*, *classis Arlapensis* et *(Co)maginensis* und in *Vindobona* bzw. *Carnuntum* der *classis Histrica*.

Um die Lücken der ausblutenden Grenzeinheiten zu füllen, wurden in verwaiste Kastelle germanische Söldnertruppen (*foederati*) gelegt, die einem eigenen Kommando unterstanden (*tribunus gentis Marcomannorum*), dessen Standort unbekannt geblieben ist. Solche Foederattruppen lassen sich noch um die Mitte des 5. Jhs.n. Chr. nachweisen.

Römische Lager und Lagernamen an der österreichischen Donau

Der spätrömische Ämter- und Truppenschematismus *Notitia Dignitatum* ermöglicht es der Forschung, die archäologisch erkennbar gewordenen römischen Donaugrenzlager namentlich zu benennen und deren spätrömische Garnisonstruppen zu kennen. Inschriftfunde und Ziegelstempeltexte, zusammen mit den aus Militärdiplomen bekannten Listen der

Provinzheere, lassen auch ein – noch nicht vollständiges – Bild der römischen Truppenverteilung der frühen und mittleren Kaiserzeit für *Noricum* und Pannonien skizzieren (siehe die Liste S. 138).

Das Ende der römischen Grenze an der österreichischen Donau und der Fortbestand der Grenzorte ins Mittelalter.

Mit dem Ende des 4. Jhs. n. Chr. wandelt sich das Leben in den Donaugrenzkastellen. Der Mannschaftsschwund der Grenztruppen führte zur Aufgabe von Kasernen und Gemeinschaftsbauten. Die letzten Besatzungstruppen zogen sich in kleine Eckfestungen (Traismauer, Zeiselmauer, NÖ) zurück. Zivilisten aus Lagerdörfern und Siedlungen des Um- und Hinterlandes der Kastelle drängten in den Schutz der Lagermauern. Kasernen wurden in Wohnquartiere mit einfachen Bodenheizungen umgestaltet und auf die Lagerstraßen erweitert. Die Gemeinschaftsbauten wurden umgenutzt, die ehemaligen Fahnenheiligtümer in Kirchen umgestaltet (Abb. 6). Aus den Kastellen entstanden Städte (*oppida*) zivilen Charakters mit Kleingarnisonen.

Um die Mitte des 5. Jhs. n. Chr. löst sich an der norischen Donau die römische Ordnung auf – der pannonische Grenzraum ist dem Reich längst verloren gegangen. Letzte funktionierende Institution öffentlichen Lebens ist die Kirche mit dem Klerus.

Nach der Machtübernahme des Skiren Odowakar in Ravenna – sie wurde ihm im norischen Grenzort *Favianis* (Mautern, NÖ) verheißen – endet die Geschichte der norischen Grenze des (weströmischen) Reiches mit der von ihm anbefohlenen Abwanderung der romanischen Grenzbevölkerung nach Italien. Nur wenige bleiben in der alten Heimat zurück, halten sich vor allem hinter den Mauern des alten Legionslagers *Lauriacum* (Lorch-Enns, OÖ) und westlich des Ennsflußes, des *certus limes* gegen das Land der Langobarden und dann Awaren. *Lauriacum*, nun *Loriaca* oder *Loraha*, wird

Abb. 6 Zeiselmauer, NÖ. Blick in das unter der Pfarrkirche konservierte Fahnenheiligtum des Lagers Cannabiaca.

bairisches, dann fränkisches Machtzentrum an der einst norischen Donau. Von hier marschiert Karl d.Gr. 791 n. Chr. gegen die Awaren ins Pannonische. Mit diesem Frankenvorstoß nach Osten finden mehrere ehemals römische Grenzlager an der Donau Noricums Wiederbelebung: Ybbs, Pöchlarn, Mautern, Traismauer, Tulln und Zeiselmauer in NÖ. In ihnen haben sich Mauern, Tore und Türme der einstigen Grenzkastelle Roms bis heute erhalten.

Die Grenze in der Slowakei

Ján Rajtár

Auf dem Territorium der heutigen Slowakei liegt nur ein kleiner Abschnitt der Nordgrenze des Römischen Reiches (Abb. 1). Die übrigen Gebiete lagen bereits jenseits der Grenze im Barbaricum, doch waren sie dem Imperium zumeist in enger Nachbarschaft verbunden. Das hat nicht nur die über 400 Jahre andauernde Herrschaft der Römer entlang der eigenen Grenzzone geprägt, sondern auch die gesamte Entwicklung des breiten Vorlandes deutlich beeinflußt.

Vor der Ankunft der Römer siedelte der keltische Stamm der Boier beiderseits der mittleren Donau im Raum von Bratislava. Nach einer Niederlage im Krieg mit den Dakern in den 40er Jahren des 1. Jhs. v. Chr., bei dem auch das *Oppidum* von Bratislava zerstört wurde, gerieten die Boier unter den Einfluß, oder sogar direkt unter norische Vorherrschaft. Von diesem Zeitpunkt an lag das neue Zentrum vermutlich auf dem Burgberg von Devín oberhalb des Zusammenflusses von March und Donau (Abb. 2).

Unter Kaiser Augustus erreichte die römische Expansion den Mitteldonauraum und brachte grundlegende machtpolitische und ethnische Änderungen in das Gebiet. Im Jahre 6 n. Chr. unternahmen die Römer unter Führung des Tiberius einen Kriegszug gegen das Markomannenreich des König Marbod. Sie zogen von *Carnuntum* aus entlang der March nach Norden, doch ein unerwarteter illyrisch-pannonischer Aufstand verhinderte den weiteren Vormarsch und ließ die ganze Militäroperation scheitern. Grabungen, die Ende der 90er Jahre des 20. Jhs. durchgeführt wurden beweisen, daß die Felsanhöhe bei Devín aufgrund ihrer hervorragenden strategischen Lage bei diesem Kriegsunternehmen offensichtlich eine wichtige Rolle spielte. Im nördlichen Plateaubereich wurden Reste größerer Holzbauten (wohl Baracken) und die Fundamente eines viereckigen Steinbaues freigelegt. Das Trockenmauerfundament aus großen Steinen besaß die Ausmaße von 3,5 mal 4,8 m und trug vermutlich einen mehrgeschossigen Holzturm. Aufgrund der Funde von feiner frührömischer Keramik, norditalischer Terra sigillata, Münzen, Fibeln und militärischen Ausrüstungsteilen, läßt sich diese Bautätigkeit in die augusteische Zeit setzen und sehr wahrscheinlich direkt mit dem Feldzug des Tiberius im Zusammenhang bringen.

In der Folge verzichteten die Römer auf weitere Eroberungspläne und richteten südlich der mittleren Donau die beiden neue Provinzen *Noricum* und *Pannonia* ein. Als das Markomannenreich aufgrund von inneren Konflikten zerfiel, suchten ihre Anführer Marbod und später auch Katwalda Schutz bei Rom. Zahlreiche Gefolgschaften beider Fürsten

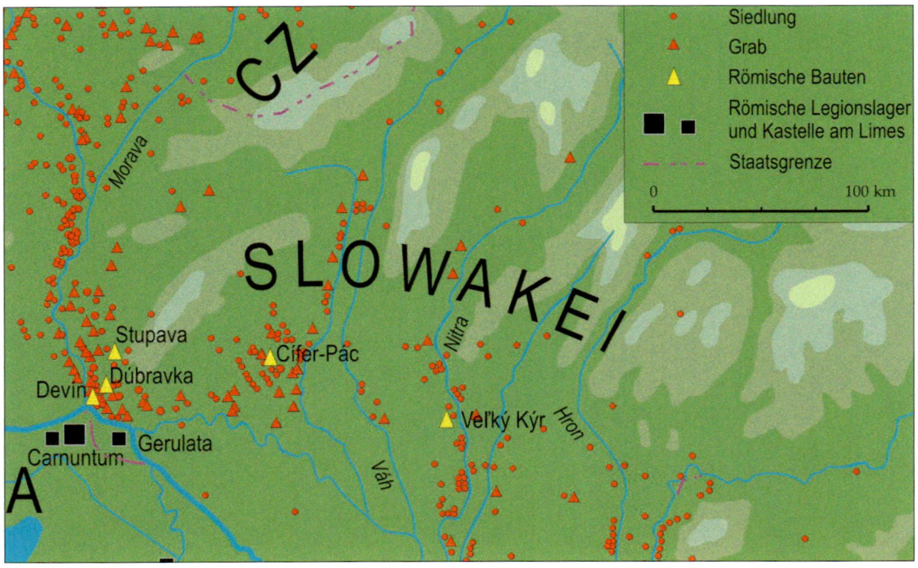

Abb. 1
Der nordpannonische Limesabschnitt, germanische Fundstellen und römische Bauten nördlich der Donau.

Abb. 2 Bratislava-Devín. Die strategische Felsanhöhe oberhalb des Zusammenflusses der March und Donau haben die Römer wahrscheinlich bereits in der augusteischen Zeit während des Feldzugs des Tiberius gegen Marbod im Jahre 6 n. Chr. besetzt.

wurden nördlich der Donau zwischen den Flüssen March und Waag angesiedelt und dem König Vannius, der quadischer Abstammung war, unterstellt. Auf diese Weise lebten in unmittelbarer Nachbarschaft zur römischen Grenze im Bereich des heutigen Niederösterreichs und Südmährens die Markomannen und in der Südwestslowakei die Quaden in einer Vasallenabhängigkeit von Rom. Augrund der günstigen geographischen Position ihrer Stammessitze an der Trasse der wichtigsten mitteleuropäischen Fernhandelsroute – der Bernsteinstraße – kam es zu einer andauernden und anwachsenden Zufuhr römischer Konsumgüter, die sich auch in den reich ausgestatteten Gräbern im Zentrum des *Regnum Vannianum* im unteren Marchtal und östlich der Kleinen Karpaten widerspiegelt (Abb. 3).

Die Einrichtung der Limesanlagen

Zu Beginn entwickelten sich die römisch-germanischen Beziehungen an der mittleren Donau ganz friedlich und die Römer konzentrierten sich auf den Aufbau der Provinzstrukturen. Unter Kaiser Claudius (41 – 54 n. Chr.) wurden nur einige wenige Militäranlagen an strategisch wichtigen Stellen der nordpannonischen Grenze, z. B. in *Carnuntum* (A), *Arrabona* und *Brigetio* (beide H) errichtet. Zu den ersten Feindseligkeiten zwischen den Germanen und Römer kam es in der Regierungszeit des Kaisers Domitian (81 – 96 n. Chr.), als sich die Markomannen und Quaden weigerten, ihn in seinem Krieg gegen die Daker zu unterstützen. Der Kaiser entschloß sich zu einer Strafexpedition, doch wurde der Konflikt zu einem gefährlichen Krieg, der erst unter Kaiser Nerva (96 – 98 n. Chr.) beendet werden konnte. Obwohl die Vasallenabhängigkeit der germanischen Stämme gegenüber Rom erneuert wurde, verließ man sich nicht mehr auf ihre Loyalität und holte neue Legionen und Hilfstruppen nach Pannonien, die in den entlang der Donau errichteten Lagern stationiert wurden.

Zu diesem Zeitpunkt gründeten die Römer südöstlich des Legionslagers von *Carnuntum* (A) auch das Kastell *Gerulata*, das in der Gemeinde Rusovce, einem Vorort von Bratislava, liegt. Das erste Holz-Erde Kastell, dessen Umfang nicht genau bekannt ist, errichtete man am Westufer des ehemaligen Donauarmes. Seine Nordgrenze bildeten zwei parallele Spitzgräben, die man bei den Grabungen in der Flur Bergl entdeckt hat. Von der Innenbebauung kennt man nur einen Teil einer hölzernen Mannschaftsbaracke mit vier Räumen. Die Besat-

Abb. 3 Zohor. Die Funde aus den reich ausgestatteten germanischen Füstengräbern.

zung bildete vermutlich die *cohors V Lucensium Callaecorum*, eine Infantrieeinheit. Später, unter Kaiser Trajan, wurde die *ala I Cananefatum* hierher abkommandiert, eine Reitereinheit die bis in das 3. Jh. n. Chr. im Kastell stationiert war. Bei ihrer Ankunft wurde vermutlich das Holz-Erde Lager abgerissen und durch ein Steinkastell ersetzt. Ein Teil seiner Befestigung, die nicht vollständig bekannt ist, bildeten wohl die älteren Mauerreste in der Flur Bergl. Die in der Nähe der heutigen Pfarrkirche entdeckte mächtige Umwehrungsmauer deutet darauf hin, daß das Kastell am Ende des 3. bzw. am Anfang des 4. Jhs. n. Chr. verkleinert wurde. Die heute sichtbaren Mauern auf dem Bergl gehörten zur Kleinfestung aus dem späteren 4. Jh. n. Chr. (Abb. 4). Die Anlage besitzt einen quadratischen Grundriß von 30 mal 29 m mit einem Innenhof und einem tiefen Brunnen in der Mitte. Die Fundamente der Festungsmauer wie auch der 12 Pfeiler im Innenhof erreichen eine Tiefe von 3–4 m, woraus geschlossen werden kann, daß der Bau mehrere Geschosse aufwies. Bei der Errichtung dieses Kleinkastells in valentinianischer bzw. einer noch späteren Zeit, wurden auch zahlreiche ältere Grabsteine und Altäre sekundär verbaut. Im Südostflügel des Erdgeschosses, der vielleicht als Speicher diente, fand sich eine große Menge von verkohltem, in Säcken gelagertem Getreide. Nach der Erwähnung in der *Notitia Dignitatum* vom Anfang des 5. Jhs. n. Chr. war in *Gerulata*/Rusovce eine Reitertruppe von Bogenschützen stationiert, die *equites sagittarii*.

In der Nähe des Lagers ist bereits Ende des 1. Jhs. n. Chr. eine Zivilsiedlung (*vicus*) entstanden. Seine Spuren fanden sich bei den Grabungen in der nördlichen, westlichen und südlichen Umgebung des Kastells. Am Rande der Besiedlung lagen mehrere Gräberfelder und Werkstätten, z. B. Kalk- und Ziegelöfen. Im Hinterland von *Gerulata*/Rusovce, das noch im 2. Jh. n. Chr. von der einheimischen, keltischen Bevölkerung bewohnt wurde, lagen landwirtschaftliche Ansiedlungen und Gehöfte. Grubenhäuser in traditioneller keltischer Holzpfostenkonstruktion wurde ca. 2,5 km südwestlich des Kastells entdeckt. Erst im 3. Jh. n. Chr. wurde das Areal dieser Siedlung durch ein rechtwinkliges Grabensystem parzelliert, wobei auch zwei neue Gebäude mit Steinfundamenten errichtet wurden. Etwa 4 km südlich von *Gerulata* wurde an der Stelle der älteren keltischen Ansiedlung aus dem 2. Jh. am Anfang des 3. Jhs. ein römischer Gutshof (*villa rustica*) erbaut. Die

Abb. 4 Gerulata/Bratislava-Rusovce. Das spätantike Kleinkastell in der Flur Bergl. Das mittelkaiserzeitliche Kastell befindet sich unter der Bebauung der heutigen Gemeinde.

Abb. 5 Iža. Rekonstruktion des römischen Holz-Erde Kastells an der linken Donauseite im Vorfeld von Brigetio, 2. Jh. n. Chr.

Ansiedlungen im Hinterland belieferten mit ihrer landwirtschaftlichen Produktion die Militärbesatzung und die Zivilbevölkerung von Gerulata.

Das zweite römische Kastell auf dem Gebiet der Slowakei liegt in der Nähe von Iža bei Komárno. Unter dem Kaiser Marcus Aurelius (161 – 180 n. Chr.) kam es im mittleren Donauraum zur Konfrontation mit den transdanubischen Germanen, wobei das Gebiet um die Waagmündung eine große strategische Bedeutung erhielt. Zu diesem Zeitpunkt erbaute das römische Heer gegenüber dem Legionslager von *Brigetio* (H) direkt am nördlichen Donauufer ein Holz-Erde Kastell. Seine Ausmaße sind nicht bekannt, doch nahm es mindestens eine Fläche von 3 ha ein und war mit einer hölzernen Palisade und zwei tiefen Spitzgräben befestigt (Abb. 5). Von der Innenbebauung sind bisher die Reste von 11 Kasernen bekannt, die dicke Mauern aus ungebrannten Lehmziegeln besaßen. Obwohl die Besatzung nicht bekannt ist, kann man aufgrund der Funde schließen, daß es sich zum Teil um Reiterabteilungen mit Bogenschützen gehandelt haben muß. Ausgeprägte Brandspuren lassen vermuten, daß diese erste Anlage einem unerwarteten germanischen Angriff im Jahre 179 n. Chr. zum Opfer fiel.

Nach Kriegsende errichteten die Römer an der gleichen Stelle ein Steinkastell von über 3 ha Fläche (172 x 172 m). Das südliche Haupttor am Donauufer, das mittels einer Holzkonstruktion in seinen originalen Maßen rekonstruiert wurde, hatte eine doppeltorige Durchgangskonstruktion mit einem Mittelpfeiler, der die Torwölbungen stützte. Das Nordtor dagegen hatte nur einen einzigen Durchgang. Das Kastell wurde an drei Seiten von zwei Spitzgräben umgeben. Seine Innenbebauung ist hauptsächlich aus älteren Ausgrabungen bekannt, wobei das Stabsgebäude ungewöhnlich in den Raum beim Westtor plaziert wurde und die Bäder im Südosten untergebracht waren. Der längliche Bau nahe der nordöstlichen Befestigungsmauer kann aufgrund seines Grundrisses mit Stützpfeilern als Getreidespeicher (*horreum*) interpretiert werden. Weitere Gebäude dienten als Kasernen und Ställe. Ziegelstempel bezeugen, daß das Kastell von der *legio I adiutrix* aus *Brigetio* (H) erbaut wurde, der Name der eigentlichen Besatzungstruppe ist bisher aber unbekannt. Unsicher ist auch der antike Name Kelemantia, mit welchem auf Grundlage der Angaben des antiken Geographen Claudius Ptolemaios dieses römische Kastell bezeichnet wird.

Um die Mitte des 3. Jhs. n. Chr. wurde das Kastell durch germanische Angriffe beschädigt, doch stammen die Umbauten an seiner Befestigung erst aus dem 4. Jh. n. Chr. Wahrscheinlich in konstantinischer Zeit wurden am Nordtor und an drei Kastellecken bastionartige Türme errichtet, die deutlich vor die gerade Befestigungslinie vorgeschoben waren. Die letzten nachweisbaren Baumaßnahmen stammen aus der Regierungszeit des Valentinians I. (364–375 n. Chr.), als das Kastell eine bedeutende Rolle bei einem Kriegszug gegen die Quaden spielte. Zu diesem Zeitpunkt wurde wahrscheinlich der Durchgang im Nordtor vermauert und vor dem Südtor in einem breiten Bogen ein Graben ausgehoben. Wenig später ging das römische Kastell in Iža wahrscheinlich gewaltsam unter. In seinem Areal siedelten sich Germanen an, und nach deren Abzug im Verlauf der ersten Hälfte des 5. Jhs. n. Chr. blieb sein Gelände unbewohnt.

Die römischen Feldlager im Quadenland aus der Zeit der Markomannenkriege

Im Jahr 170 n.Chr. griffen die Markomannen und Quaden die nordpannonische Grenze an, zerstörten einige Limesanlagen, verwüsteten Teile der Provinz und drangen bis nach Norditalien vor. In den darauf folgenden Jahren führten die Römer gegen die beiden Stämme mehrere Kriegszüge, wobei römische Heere mehrfach in das Quadenland auf das Gebiet der heutigen Slowakei vorgestoßen sind. Nach der siegreichen Offensive im Jahre 179 n. Chr. ordnete Kaiser Marcus Aurelius an, das Feindesland mit zahlreichen Militäreinheiten zu besetzen. Römische Legionäre drangen darauf hin weit nach Norden vor, und die bekannte Inschrift auf dem Burgfelsen in Trenčín beweist, daß sie unter der Führung des Legaten M. Valerius Maximianus im Jahr 179/180 n. Chr. ein Winterlager in *Laugaritium* aufschlugen. In den 90er Jahren des letzten Jahrhunderts ist es gelungen, durch die Flugprospektion zahlreiche temporäre Feldlager mit rechteckigem Grundriß und gerundeten Ecken, die nur von einem Graben geschützt waren, zu entdecken. Derartige Feldlager wurden in der Slowakei in der Nähe der Donau in Iža, Chotín, Virt und in Mužla, auf der Schüttinsel in Hviezdolavov und im Marchgebiet in Suchohrad und Závod entdeckt. An einigen Stellen hat man mehrere Lager festgestellt, in Iža insgesamt fünf und in Mužla drei. Da sich die Flächen von zwei Lagern jeweils in Virt und in Závod teilweise überlagern, müssen sie zu verschiedenen Zeiten angelegt worden sein. Diese Feldlager, in denen wohl kleinere Abteilungen lagerten, weisen unterschiedliche Größen von 1 bis 6,5 ha auf. Das größte Lager in Virt besaß jedoch eine Fläche von 50 ha, und sein 4,5 m breiter Graben erreichte eine Tiefe von 2,8 m. Es ist anzunehmen, daß sich hier die gesamte römische Invasionsarmee nach dem Überschreiten der Donau ausschiffen konnte. Bald nach dem Tod des Kaisers Marcus Aurelius im Jahre 180 n. Chr. schloß sein Nachfolger Commodus mit den transdanubischen Germanen Frieden, und die römischen Truppen zogen sich erneut an die Donaugrenze zurück.

Abb. 6 Bratislava-Dúbravka. Die Fundamente der römischen Badeanlage im Bereich der älteren germanischen Siedlung, 3. Jh. n. Chr.

Abb. 7 Cífer-Pác. Das Areal des germanischen Fürstenhofes mit zwei gemauerten Bauten während der Grabung, 4. Jh. n. Chr.

Die römischen Bauten im Limesvorland

Am Anfang des 3. Jhs. n. Chr. kam es bei den Germanen nördlich der Donau zu einer erkennbaren Bevölkerungszunahme und einer ungewöhnlichen ökonomischen Entfaltung. Dies geschah wahrscheinlich durch den römischen Einfluß und die Übernahme von Technologien und Produktionserkenntnissen. Daraus entwickelte sich ein außergewöhnliches Phänomen, eine nach römischen Vorbildern gebaute Architektur im quadischen Milieu. Die ältesten derartigen Bauspuren wurden in Stupava, auf einem Hügel mit dem Ausblick auf das Marchtal, freigelegt. Neue Grabungen haben gezeigt, daß hier anstelle der älteren germanischen Ansiedlung in der zweiten Hälfte des 2. bis zum Anfang des 3. Jhs. n. Chr. ein ausgedehnter Baukomplex errichtet wurde. In der letzten Bauperiode ist hier eine villenartige Anlage entstanden, die von einer viereckigen Umfassungsmauer mit der Seitenlänge von 65 bis 73 m umgeben ist. Das Wohnhaus mit einem Innenhof und mehreren Räumen mit bemalten Wänden wurde mit einer Fußbodenheizung ausgestattet. Die Höhe der Wände im Innenhof ist durch die mindestens 4 m lange gestürzte Mauer, in der auch zwei gewölbten Fensteröffnungen erhalten geblieben sind, dokumentiert. Innerhalb des eingefriedeten Areals lagen eine Badeanlage, ein großes Wasserreservoir und mehrere Zisternen. Außerhalb, südlich der Umfassungsmauer, hat man noch die Fundamente eines großen Getreidespeichers freigelegt. Vielleicht wurde diese villenartige Anlage von den Römern als Sitz für einen befreundeten germanischen Fürst ausgebaut, doch könnte sie auch eine andere Funktion, z. B. eine Station an der Fernhandelsroute der Bernsteinstraße gehabt haben.

In Bratislava-Dúbravka, einige Kilometer südlich von Stupava, entdeckte man im Bereich einer germanischen Niederlassung die Reste einer römischen Badeanlage aus dem ersten Drittel des 3. Jhs. n. Chr. (Abb. 6). Die mächtigen Fundamente bildeten ein Viereck mit drei Räumen und drei halbkreisförmigen Apsiden von insgesamt 11 x 13 m. Wegen der fehlenden Heizvorrichtung nimmt man an, daß das ursprüngliche Projekt geändert und das Gebäude als Wohnobjekt genutzt wurde. In einer Entfernung von 80 m entdeckte man noch einen hallenartigen Bau mit einer Holzpfostenkonstruktion, der wohl als Getreidespeicher diente. Obwohl es unklar bleibt, ob germanische Adelige oder gar Veteranen hier Ihren Stammessitz nach römischem Vorbild aufbauten, sind doch in jedem Fall enge Kontakte zwischen den hiesigen Germanen und dem römischen Milieu nachgewiesen.

Dieser starke Einfluß auf die germanische Nobilität läßt sich auch im 4. Jh. n.Chr. nachweisen. Darauf deutet die ausgedehnte germanische Niederlassung in Cífer-Pác hin, in der ebenfalls ein außergewöhnlicher Baukomplex freigelegt wurde (Abb. 7). In einem etwa 60 x 70 m großen, mit einer Holzpalisade abgegrenzten Hof befanden sich die Reste eines steinfundamentierten Hauptgebäudes und Spuren von zahlreichen hölzernen Block- und Pfostenbauten. In unmittelbarer Nachbarschaft dieses zentralen, in römischer Bautechnik errichteten Areals, wurden außerhalb der Palisade noch Reste eines kleineren steinfundamentierten Gebäudes, Spuren von Webereien, Töpferöfen und Brunnen, aber auch germanische Grubenhäuser freigelegt. Diese villenartige Anlage aus dem zweiten Drittel des 4. Jhs. n. Chr. wird als Residenz eines germanischen Fürsten interpretiert. Ein weiterer ähnlicher Komplex dieser Zeitstellung in Milanovce, heute Veĺký Kýr, im Nitratal, kann wohl ähnlich interpretiert werden.

Obwohl die andauernde Besiedlung des Burgberges von Devín bis zur Neuzeit viele ältere Siedlungsspuren zerstört hat, konnten auch hier, neben den Bauten aus augusteischer Zeit, weitere Hinweise auf eine römische Bautätigkeit entdeckt werden. Bisher fehlen zwar Spuren von römischer Anwesenheit für das spätere 1. und 2. Jh. n. Chr., doch ist es sehr unwahrscheinlich, daß die Römer die hervorragende strategische Lage in der Zeit der Markomannenkriege nicht genutzt haben. Reste von insgesamt zehn römischen Bauten auf dem Burgberg können dem 3. und 4. Jh. n. Chr. zugeordnet werden. Ein größerer, viereckiger Bau mit vier oder fünf Räumen auf der Nordterrasse der Burghöhe wurde wahrscheinlich während der Regierungszeit der Severer am Anfang des 3. Jhs. n.Chr. errichtet und im 4. Jh. n. Chr. umgebaut bzw. erneuert. Die Funktion des Gebäudes ist unklar, doch hat es im 4. Jh. n.Chr. vermutlich als Wohnbau gedient. Oberhalb des nördlichen steilen Berghanges wurden weitere Gebäudestrukturen mit quadratischem oder rechteckigem Grundriß festgestellt, vielleicht Teile einer Militärarchitektur aus der zweiten Hälfte des 4. Jhs. n. Chr. Weitere Bauten gehören bereits in das späte 4. Jh. n. Chr. Ein Gebäude mit leicht asymmetrischem Innenraum besaß die Ausmaßen von 2,5 x 3,1 m. Die Mauern aus Bruchsteinen und vertikalen Holzständern bildeten einen vorgezogenen Eingangsbereich, der Fußboden und die Wände waren mehrmals mit dünnen Kalkmörtelschichten verputzt. Hier wurde in einer der Pfostengruben ein mit Zinn überzogener Eisenbeschlag in Form eines Kreuzes gefunden, weshalb das Gebäude als frühchristliches Heiligtum interpretiert wird.

Übersetzung aus dem Englischen von S. Kerner und R. H. Barnes

Die Grenze in Ungarn

Zsolt Visy

Die Provinz *Pannonia* bestand vom Zeitpunkt der römischen Eroberung des Gebietes in der Regierungszeit des Kaisers Augustus und der formalen Gründung der Provinz durch Kaiser Claudius bis in die 20er und 30er Jahre des 5. Jhs. n. Chr. Die Grenze dieser Provinz entlang der Donau war immer einer der wichtigsten Grenzabschnitte innerhalb des gesamten Römischen Reiches, was durch die starke Militärpräsenz in *Pannonia* belegt wird. Die Truppen bestanden aus anfangs drei, später vier Legionen und durchschnittlich 30 Auxiliareinheiten. Die Grenze von *Pannonia* erstreckte sich vom Kastell bei Klosterneuburg (A) bis nach *Singidunum*/Belgrad (YU). Ein etwa 400 km langer Abschnitt dieser Grenzlinie befindet sich auf dem Territorium des heutigen Ungarn (Abb. 1). Vom Beginn des 1. Jhs. n. Chr. an war der Großteil des Provinzheeres entlang dieser Grenzlinie stationiert. Hieraus entstand ein dichtes und sorgfältig geplantes System von Grenzbefestigungen. Im Bereich des heutigen Ungarn können zwei ständige Legionslager, etwa 24–25 Hilfstruppenkastelle, zahlreiche Feld- und Marschlager, einige spätrömische Festungen und etwa 200 Türme, kleine Befestigungen und Brückenköpfe lokalisiert werden. Die Kastelle sind jeweils 10 bis 30 km voneinander entfernt, wobei die Entfernung zwischen den Signaltürmen, vor allem während der spätrömischen Periode, 1–2 km betrug, in einigen Fällen sogar weniger als 500 m; sie hatten zueinander jedenfalls immer Sichtkontakt. Für die Armee bestand keine Notwendigkeit andere Hindernisse oder Erdwälle entlang der Grenzlinie aufzuschütten, da der Fluß selbst die Grenzlinie bildete. In dieser Art befestigte Grenzen wurden *ripae* genannt. Die Donau, generell ein bedeutender Wasserweg, spielte neben dem Limes-Weg, der die einzelnen Kastelle miteinander verband, eine wichtige Rolle im Verteidigungssystem der Grenze.

Die Entwicklung der Grenzanlagen in *Pannonia*

Während der ersten Jahre nach der Eroberung von *Pannonia* waren die Legionen und Hilfstruppen im Inneren der Provinz, hauptsächlich im südlichen Teil stationiert. Entlang der Donau wurde das erste Legionslager spätestens unter Kaiser

Abb. 2
Grundriß des Auxiliarkastells von Intercisa/Dunaújváros.

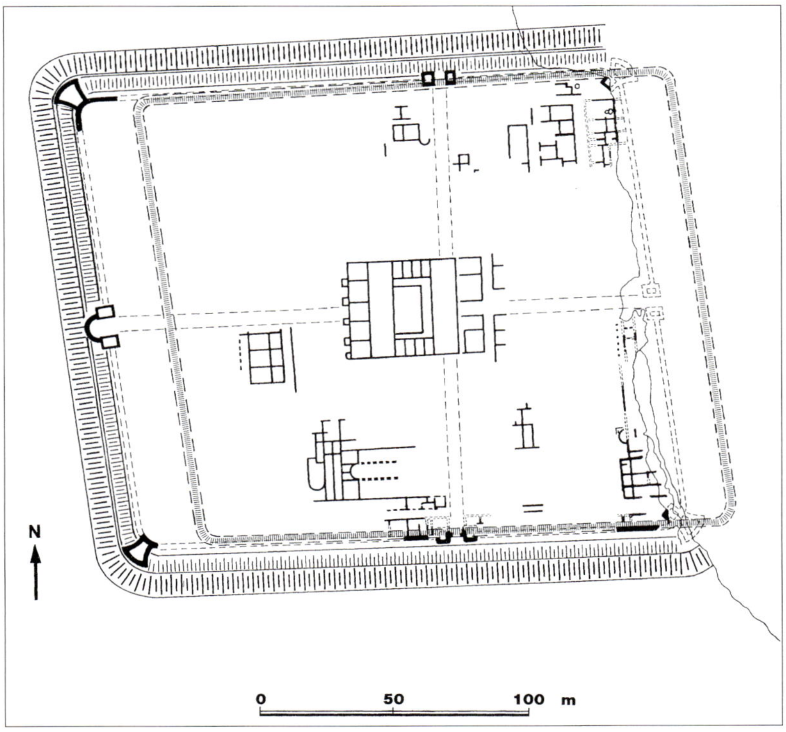

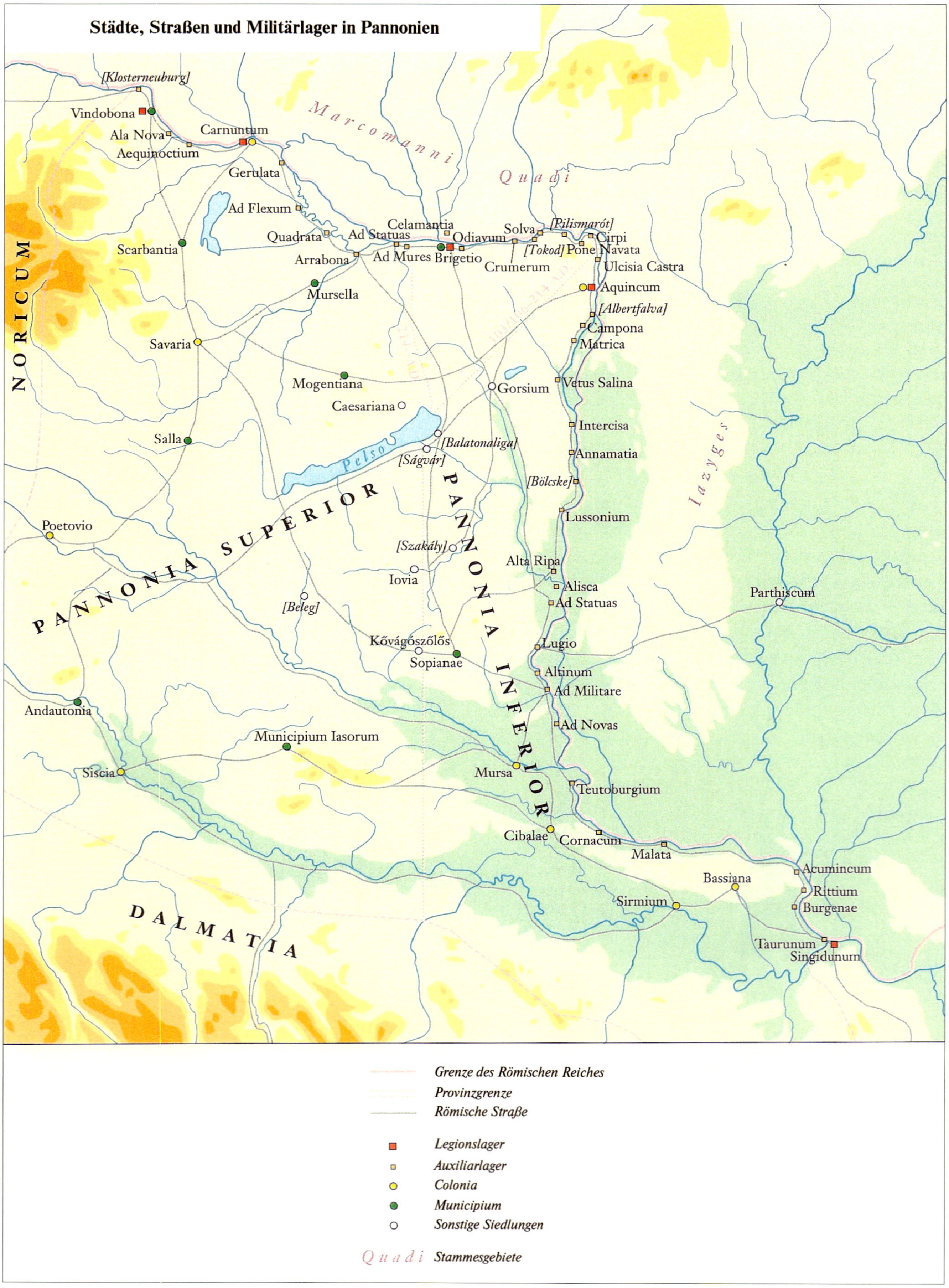

Abb. 1 Karte mit dem Grenzverlauf in Ungarn.

Claudius bei *Carnuntum* (A) gebaut. Dank der zahlreichen archäologischen Forschungen der letzten Jahre konnte die Zahl der bekannten Hilfstruppenlager bedeutend erhöht werden. Einige dieser Befestigungen wurden zuerst im Inneren der Provinz angelegt, aber von der Regierungszeit des Claudius an errichtete man die Lager der Hilfstruppen mehrheitlich entlang der Donau. Zu den frühesten Hilfstruppenlagern gehören *Arrabona*/Győr, *Brigetio*/Szőny, *Aquincum*/Budapest-Viziváros, *Lussonium*/Dunakömlőd und *Lugio*/Dunaszekcső. Zusätzliche Truppen waren in *Solva*/Esztergom, *Cirpi*/Dunabogdány sowie *Aquincum*/Budapest untergebracht und während der Zeit des Kaisers Vespasian vermutlich auch in *Intercisa*/Dunaújváros. Die ersten Auxiliarkastelle bei *Albertfalva* and *Vetus Salina*/Adony wurden, wenn nicht schon früher, zur gleichen Zeit gebaut, und das Kastell bei *Campona*/Nagytétény wurde eventuell unter Kaiser Domitian gegründet. Auch das Legionslager in *Aquincum*/Budapest legte man unter Domitian an (Abb. 3). Die Festungen des 1. Jhs. n. Chr. waren Holz-Erde Lager, wobei die im Inneren umlaufende Böschung aus dem Erdreich bestand, das beim Ausheben der Gräben (*fossae*) außerhalb der Mauer anfiel. Steinmauern waren in dieser Periode eher selten, doch wurden sie ab dem 2. Jh. n. Chr. häufiger. Legionslager wurden als erste Anlagen in Stein ausgebaut. Nicht später als unter der Regierung des Commodus wurden auch zahlreiche Hilfstruppenlager in Stein ausgebaut (Abb. 2). Zahlreiche Straßen überquerten die Donau und der Fluß selbst bot gute Verkehrs- und Transportmöglichkeiten. Es ist kaum ein Zufall, daß die frühesten Truppenkonzentrationen an diesen Stellen identifiziert werden konnten, denn alle frühen Kastelle liegen an wichtigen Flußübergängen.

Die vollständige und dauerhafte Besetzung der Grenzlinie erfolgte unter Kaiser Trajan. Das Legionslager von *Brigetio*/Szőny wurde um 100 n. Chr. gebaut, und fast alle bisher bekannten Auxiliarlager wie *Ad Flexum*/Mosonmagyaróvár, *Quadrata*/Barátföldpuszta, *Ad Statuas*/Ács-Vaspuszta, *Azaum*/Almásfüzitő, *Ulcisia Castra*/Szentendre und *Matrica*/Százhalombatta datieren aus derselben Zeit. In einigen Fällen waren die Befestigungsanlagen verlegt worden. Es ist sehr wahrscheinlich, daß einige der frühen Holz-Erde Lager verlassen und an anderer Stelle, entweder in der direkten Umgebung oder etwas weiter entfernt, wieder aufgebaut wurden; einige dieser Lager sind bisher noch nicht entdeckt worden. Wir wissen heute, daß *Matrica* nicht verlegt worden ist, aber genau das scheint der Fall bei *Intercisa* gewesen zu sein (Abb. 4). Ein Spitzgraben, der auf die Existenz einer älteren Anlage deutet, wurde südlich der bereits bekannten Baureste gefunden. Eine ähnliche Verlagerung des Kastells könnte

Abb. 3 Das Südtor (porta principalis dextra) des Legionslagers von Aquincum/Budapest.

Abb. 4 Antikes Tonmodell des Auxiliarkastells von Intercisa. Ungarisches Nationalmuseum.

in *Lussonium* stattgefunden haben. Das erst kürzlich gefundene Auxiliarlager nahe Sárszentágota war ebenfalls eine Holz-Erde Anlage, die nach der Größe zu urteilen von einer Kohorte angelegt wurde. Die Lage des Kastells und seine Entfernung zur Donau legen eine Datierung in die flavische Periode nahe, auch wenn dies bisher weder mit archäologischem noch mit epigraphischem Material belegt werden kann. Etliche neue Lager konnten, meist auf der Grundlage von Luftbildern, in der Region um *Brigetio* identifiziert werden. Einige davon liegen in der Provinz Pannonien, während andere im Barbaricum auf der gegenüberliegenden Donauseite gefunden wurden. Insgesamt wurden hier 23 Marsch- und Feldlager erfaßt. Auch wenn die genaue Datierung dieser Lager bis zur endgültigen Auswertung der Funde, die während der Oberflächensurveys und Ausgrabungen geborgen wurden, warten muß, legen die Erkenntnisse der slowakischer Kollegen, die vergleichbare Strukturen untersucht haben, nahe, daß die Mehrzahl der Lager während der Markomannenkriege angelegt wurden. Selbst bei äußerst vorsichtiger Einschätzung kann davon ausgegangen werden, daß die endgültigen linearen Verteidigungssysteme beider pannonischer Provinzen nicht später als unter Kaiser Hadrian angelegt wurden, nachdem die große Provinz im Jahre 106 n. Chr. in zwei Provinzen geteilt wurde. Der westliche Teil wurde zu *Pannonia Superior*, während der östliche Teil, mit *Aquincum*/Budapest als Provinzhauptstadt, von nun an *Pannonia Inferior* genannt wurde. Die in beiden Provinzen in nahezu gleicher Anzahl vorhandenen Auxiliarlager boten ausreichend Schutz, die Grenzen zu verteidigen. Dieses Konzept wurde bis ins 4. Jh. n. Chr. beibehalten.

Geschichte der Grenze in der Spätantike

In der spätrömischen Zeit ist die Geschichte der Festungen und ihrer Organisation untrennbar mit den Militärreformen verbunden. Wegen der anhaltenden Gefahr wurde die ursprünglich lineare Grenzbefestigung durch ein neues System ersetzt. Dieses neue Verteidigungssystem stützte sich auf zusätzliche Kastelle, die im Provinzinneren von Pannonien angelegt wurden. Neben den mobilen Truppen und ihren Basislagern spielten die unter Kaiser Constantius II. gebauten Binnenfestungen und die befestigten Städte eine wichtige Rolle. Beide konnten, wenn sich das als notwendig erwies, mit mobilen Militäreinheiten agieren. Neue Befestigungen, die der jeweiligen Topographie angepaßt waren, wurden auf Bergkuppen und an steilen Abhängen angelegt. Die Mauern der älteren Festungen wurden verstärkt und erhöht, um sie gegen Belagerungen abzusichern. An den Ecken und entlang der Mauern wurden Fächer- bzw. Hufeisentürme angebaut, wodurch auch neue Gräben in weiterer Entfernung von den Mauern ausgehoben werden mußten. Nachdem die Zivilbevölkerung Zuflucht in den Befestigungen suchte, wurden die an der Innenseite der Mauern liegenden Straßen mit Reihen von Unterkünften überbaut.

Neue Befestigungen wurden auch in der spätrömischen Periode noch angelegt (Abb. 5). Einige waren standardmäßige rechteckige Anlagen, die dem traditionellen Lagerschema entsprachen. Diese zeigen, daß die kaiserliche Verteidigungspolitik prinzipiell beibehalten wurde, doch paßte man die meisten Verteidigungsanlagen an die jeweiligen Gegebenheiten des Terrains an, um feindliche Angriffe zurückschlagen zu können. Die genaue Datierung dieser Kastelle ist oft unklar. Mit der Ausnahme von Pilismarót, das mit *Castra ad Herculem* gleichgesetzt werden kann und um 300 n. Chr. in die Zeit der Tetrachen datiert, kann man die anderen Lager, einschließlich das in *Lussonuim*/Dunakömlőd, nur ganz allgemein in die Regierungszeit der Kaiser Konstantin I., Constantius II. und Valentinian datieren.

Eine beachtliche militärische Bautätigkeit fand in *Pannonia* unter Kaiser Valentinian statt. Nach seinem Tod folgte eine letzte Bauphase, in der turmähnliche Befestigungen mit 10–30 m Seitenlänge erbaut wurden. Einige davon wurden komplett neu gebaut, während andere auf dem Gelände bereits bestehender Anlagen errichtet wurden. Diese Tatsache zeigt deutlich, daß zum Zeitpunkt dieses Ausbaues die Truppenstärke nicht mehr ausreichte, um die älteren, flächenmäßig größeren Anlagen zu bemannen. Anhand der Ausgrabungen in *Intercisa*/Dunaújváros und *Lussonium*/Dunakömlőd können diese neuen, kleineren Anlagen ans Ende des 4. bzw. den Beginn des 5. Jhs. n. Chr. datiert werden.

Die Grenzanlagen an der Donau

Aufgrund der Darstellung von Wachttürmen auf der Trajanssäule in Rom kann geschlossen werden, daß solche hölzernen Türme spätestens seit dem 1. Jh. n. Chr. ein charakteristisches Merkmal der Grenzanlagen bildeten. Ein Ergebnis der archäologischen Luftbildforschung in Ungarn während der letzten 20 Jahre war der gewaltige Erkenntniszuwachs, daß diese Türme, selbst in Gegenden wo ihre Existenz bisher praktisch unbekannt war, auftreten. Zum gegenwärtigen Zeitpunkt sind etwa 200 Wachttürme entweder nachgewiesen oder können vermutet werden.

Abb. 5
Die konservierten Mauerreste des spätrömischen Kastells von Tokod.

Bisher sind nur wenige hölzerne Wachttürme nachgewiesen, und die Zahl derer, die sicher in das 2. Jh. n. Chr. datiert werden können, ist noch geringer. Die meisten Türme wurden in der Donauschleife nördlich von *Aquincum*/Budapest gefunden. Einige von ihnen, mit einer Seitenlänge von 16 m, waren auch in Stein ausgebaut.

Nahezu identische Bauinschriften beziehen sich auf *burgi* (Wachttürme) und *praesidia* (Militärstationen), die unter Kaiser Commodus errichtet wurden. Sie berichten uns von Türmen, die entlang der Donau erbaut wurden, um heimliche Einfälle von Räuberbanden (*latrunculi*) zu unterbinden. Derartige *burgi* wurden entlang der Plateaukante von *Intercisa*/Dunaújváros entdeckt. Türme, die von rhomboid angelegten Gräben umgeben sind, können in die Zeit der Tetrachie datiert werden, wie ein ergrabener Turm in *Intercisa* belegt. Alle Türme aus der Zeit des Kaisers Valentinian in der Donauschleife sind Steinbauten. Weiter südlich, um *Intercisa*/Dunaújváros und *Annamatia*/Baracs, baute man sie aus Holz. Aufgrund der gleichen Abmessungen von Wall- und Grabenanlagen kann geschlossen werden, daß die Soldaten nach zentral vorgegebenen Plänen bauten.

Wachttürme unterscheiden sich von Signaltürmen. Wenn sie sich direkt am Donauufer oder an Flußeinmündungen befinden, können die Wachttürme deutlich von den Signaltürmen getrennt werden, da letztere meist auf der Innenseite der Limesstraße, weiter entfernt vom Ufer, zu finden sind. Dort allerdings, wo die Limesstraße direkt neben dem Fluß verläuft, wie z. B. in der Donauschleife, kann man keine Unterscheidung zwischen Signal- und Wachttürmen treffen.

Eine typische Erscheinung des spätrömischen Verteidigungssystems der pannonischen Provinzen bildet eine Reihe von Brückenkopffestungen entlang der Donau. Ähnliche Anlagen sind von der Rheingrenze bekannt. 14 Brückenkopffestungen sind entweder bekannt oder werden entlang der pannonischen Grenze vermutet. Meist sind sie paarweise, auf den gegenüberliegenden Ufern der Donau angeordnet. Man nimmt an, daß sie zwischen 324 und 375 n. Chr., gleichzeitig mit den großen Erdwällen in der Ungarischen Tiefebene, erbaut wurden.

Der Limesstraße in Pannonia wird relativ ausführlich im *Itinerarium Antonini* und in der *Tabula Peutingeriana* beschrieben. Trotzdem kann uns keines der beiden Dokumente bei der genauen Rekonstruktion des Straßenverlaufes helfen. Auf der Grundlage von archäologischen Daten und Luftbildern aus älterer und jüngerer Zeit, können wir heute den genauen Verlauf der Trasse auf einigen Teilstücken mit bis zu 30–40 km Länge bestimmen. Ausgehend von den bekannten Straßenabschnitten wissen wir, daß die Militäringenieure die Straße unter Berücksichtigung der topographischen Verhältnisse, so dicht wie möglich an der Donau entlang geführt haben. Wenn möglich vermieden sie sumpfiges Gelände, und an bestimmten Stellen, wie z. B. in Szekszárd, wurde die Straße durch zusätzliche Aufschüttungen befestigt. In einigen Abschnitten verläuft die Limesstraße über 10–20 km schnurgerade, was die präzise und technisch sorgfältige Arbeit der römischen Armee belegt. Meilensteinen informieren uns über Entfernungen in römischen Meilen, wobei jeweils von den Legionslagern ausgegangen wird.

Es wurde auch festgestellt, daß die Limesstraße innerhalb der Kastelle und der angeschlossenen Zivilsiedlungen anders als in der offenen Landschaft konstruiert war. Die Limesstraße innerhalb der Kastelle bestand aus großen Steinplatten auf einem starken Fundament, wie es die Ausgrabungen in *Brigetio*/Szőny, *Aquincum*/Budapest und *Intercisa*/Dunaújváros gezeigt haben. Außerhalb der Siedlungen bestand die Straße aus kiesigem Schotter. Zahlreiche Schnitte durch die Straße haben gezeigt, daß sie eine mittlere Breite von 7 m hatte. Das Fundament bestand aus 0,8 m hohem Lagen aus Erde und Bruchsteinen mit einer nach oben abschließenden Kiesschüttung.

Die Grenze in *Pannonia* stellte nicht nur ein einfaches Befestigungssystem dar, sondern hatte auch einen gewichtigen ökonomischen und kulturellen Hintergrund, der das Leben der ganzen Provinz beeinflußte. Das Grenzland entwickelte einen Wohlstand, wo die Einheimischen in Kontakt mit den – de facto fremden – Militärangehörigen traten, wodurch es zu einer Romanisierung der Grenzregion kam. Der Sold und die Abfindungen der Soldaten und Veteranen stellten eine nicht unbeträchtliche Kaufkraft dar, welche die Einwohner der nahen und auch ferneren Siedlungen angezogen haben wird. Die große Mehrheit der ehemaligen Soldaten lebte in den Zivilsiedlungen direkt neben den Lagern. Sie bewohnten Häuser im römischen Stil, erbaut aus Stein, zusammen mit ihren illyrischen, keltischen oder einheimischen pannonischen Frauen. Ihre Kinder und Enkel arbeiten für die römische Armee oder traten ihr bei und wurden dann auch nach römischer Sitte beerdigt. Das beachtlichste Element der pannonischen Romanisierung war die Ausbildung eines Grenzgebietes entlang der Donau mit militärischen Anlagen und den benachbarten Zivilsiedlungen. Sowohl in Brigetio/Szőny als auch in Aquincum/Budapest wurden dicht neben den Legionslagern neue Städte gegründet, die in keiner direkten Beziehung zu den militärischen canabae standen. Beide Städte erhielten zuerst den Status eines municipiums, später den einer colonia.

Übersetzung aus dem Englischen von S. Kerner und R. H. Barnes

Die Grenze in Kroatien

Mirjana Sanader

Augustus hat sich an seinem Lebensabend damit gerühmt, daß er die Grenzen Illyricums bis an die Donau vorgeschoben hat (*Res Gestae divi Augusti* 30). Wenn man in Betracht zieht, daß die Römer zu dieser Zeit bereits zwei Jahrhunderte Kriege um die Erweiterung Ihrer Grenzen führten, wird klar, daß Pannonien verhältnismäßig spät in den Blickpunkt ihres Interesses geraten ist. Das von Augustus erwähnte Ereignis hat zur Zeit seiner Eroberungszüge im Jahr 35 v. Chr. stattgefunden. Auf welchen Vorstoß sich der erwähnte Satz des Kaisers bezieht verdeutlicht Florus (*Epitome* 2,28 f). Er beschreibt, daß Lentulus, ein Legat des Kaisers, zwischen 10 und 6 v. Chr. *praesidia* (Militärstationen) an der unteren Donau befestigt hat. Allerdings verfügen wir über Angaben, die darauf hinweisen, daß die endgültige Eroberung des Gebietes vom Ostrand der Julischen Alpen, über das Zwischenstromland der Drau und Save bis zur mittleren Donau erst unter dem Kommando des Tiberius vollzogen wurde. Auf diesem Gebiet liegt Papuk – der mit dem antiken *Mons Claudius* gleichgesetzt wird – jener Berg, der zu Ehren der Eroberungen des Tiberius benannt wurde (Velleius Paterculus II 112,3; Plin. *Naturalis historia* III 148). Unter Tiberius waren die Lager von *Siscia*/Sisak, *Poetovio*/Ptuj und *Emona*/Ljubljana Ausgangspunkte militärischer Vorstöße.

Die Vorverlegung der Grenze bis an die Donau bedeutet allerdings nicht, daß die eroberten Gebiete sofort durch den Bau von Lagern und Kastellen befestigt wurden. Es ist belegt, daß der Donaulimes in mehreren Phasen ausgebaut wurde und daß der Baubeginn in die Zeit der Flavier fällt. Das älteste Kastell am kroatischen Teil des Limes scheint *Teutoburgium*/Dalj zu sein, wo bereits im 1. Jh. Reitereinheiten stationiert waren, nämlich die *ala II Hispanorum Aravacorum* und die *ala I civium praetoria Romanorum*.

Die geographische Lage

Der kroatische Teil der Grenzlinie entlang der Donau ist 188 km lang. Er erstreckt sich von Batina skela bis Ilok (Abb. 1). Der Limes verläuft durch zwei verschiedene Regionen (Baranja und Slawonien), die sich in ihrer geomorphologischen

Abb. 1
Topographische Karte des kroatischen Abschnittes des Donaulimes.

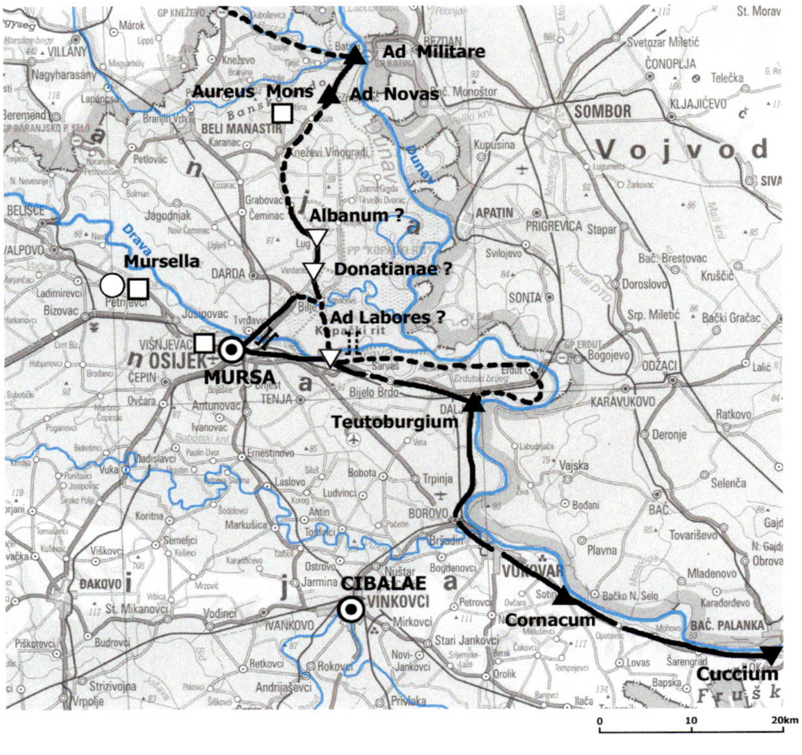

Struktur unterscheiden. Die von Donau und Drau begrenzte Baranja im Nordwesten ist eine flache Landschaft in der der Berg Bansko brdo (243 m) und das Sumpfgebiet Kopački Rit dominieren, während sich in Slawonien das Gebiet entlang der Donau durch ein hohes und steil abfallendes Ufer auszeichnet. Der kroatische Teil des Donaulimes zwischen Batina skela und Ilok kann in drei Zonen eingeteilt werden: in die Uferzone (es muß angenommen werden, daß sich der Lauf der Donau hier geändert hat), das unmittelbare Hinterland und das weiter liegende Hinterland.

Zum Stand der Limesforschung in Kroatien

Obwohl in den 60er Jahren des vorigen Jahrhunderts zahlreiche Studien über den Donaulimes in Kroatien veröffentlicht wurden, beruhen diese vor allem auf Kabinettstudien und Feldbegehungen. Die Straßenverbindung zwischen Klosterneuburg (A), dem westlichsten Kastell in Pannonien und *Taurunum*/Zemun (YU) an der Grenze zu Moesien, die von den Römern zwecks schnellerem Truppen- und Warenverkehr gebaut wurde, verlief entlang der Donau und passierte natürlich auch den kroatischen Teil des Limes. Diese Verkehrsverbindung wurde bereits in der Urgeschichte genutzt und wird zum Teil auch noch heute verwendet. Neben der Limesstraße gab es im südlichen Abschnitt der Provinz Pannonien noch andere wichtige Straßenverbindungen, deren Verlauf mit Hilfe antiker Quellen – vor allem antiker Itinerare – und mit Feldbegehungen und Meilensteinfunden festgestellt wurde. Die bisherigen Forschungsarbeiten haben gezeigt, daß sich die Limesstraße an zwei Stellen von der Donau entfernt. Zum ersten Mal biegt sie südlich von *Ad Militare*/Batina skela ab, wo sie zum Südhang des Bansko brdo und dem dort gelegenem Kastell *Ad Novas*/Zmajevac führt. Von Zmajevac aus führte auch eine Straße nach Westen in die Richtung *Sopianae*/Pécs, während die Limesstraße weiter nach Süden verläuft und dabei die heutigen Siedlungen Dragojlov Brijeg, Grabovac, Lug, Vardarac und Kopačevo passiert. An diesem Streckenabschnitt überlappen sich die moderne und die römische Straße. Nach Kopačevo biegt die Straße ein zweites Mal Richtung Westen ab, um einerseits in das Provinzinnere nach *Mursa*/Osijek zu führen, bzw. sich andererseits nach Süden fortzusetzen, wo sich bei *Ad Labores*/Nemetin ein Drau-Übergang befand. Von diesem Übergang führte die Straße über Sarvaš und Bijelo Brdo nach /*Teutoburgium*/Dalj an die Donau zurück.

In den letzten Jahrzehnten haben sich die archäologischen Grabungen in Kroatien stark vermehrt, fast alle aber finden im Vorfeld von Baumaßnahmen statt. Aus diesem Grund gibt es auch bis heute kaum Angaben über architektonische Reste zu den römischen Militärbauten am kroatischen Grenzabschnitt. Unsere Kenntnisse beruhen auf den literarischen Quellen und den Funden (Abb. 2). Ein weiteres Forschungsproblem stellt auch der Umstand dar, daß in antiken *Itineraria* – der *Tabula Peutingeriana*, dem *Itinerarium Antonini* bzw. der *Notitia Dignitatum* – an diesem Abschnitt des Donaulimes Orte erwähnt werden, deren Lage die Forschung noch nicht bestimmen konnte. Dies bezieht sich z. B. auf *Ad Novas et Aureo Monte*, *Antianis*, *Donatiana* und *Albano*. Andererseits kennen wir archäologische Funde aus den modernen Orten Dragojlov brijeg, Lug, Kopačevo, Sarvaš, Aljmaš usw., die wiederum keine Erwähnung in antiken Quellen finden.

Obwohl der Donaulimes für die Römer ein einheitliches Gebilde war, ist er heute durch die modernen Grenzen unter verschiedenen Staaten aufgeteilt. So liegt *Altinum*/Kölked

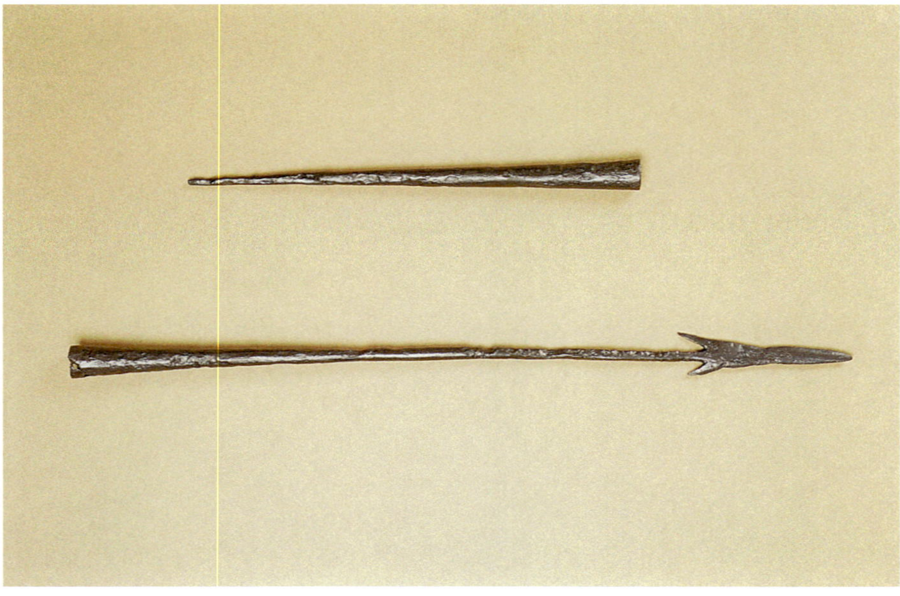

Abb. 2
Eisernes gaesum aus Vukovar, Länge der Spitze 39,9 cm, Länge der Sohle 23,4 cm, Archäologisches Museum Zagreb, Inv. Nr. 14728, 3. – 5. Jh. n. Chr.

Abb. 3 Dreiteilige Pferdekopfrüstung aus Dalj, 18,5 x 29 cm; Archäologisches Museum Zagreb, Inv. Nr. 9231, 1. Jh. n. Chr.

noch in Ungarn bzw. *Ad Militare*/Batina, das nächste Kastell stromabwärts, bereits in Kroatien. Das Kastell *Ad Militare* wurde im 1. Jh. n. Chr. errichtet. Heute liegt an seiner Stelle der Ort Batina. Im Jahr 1870 wurde hier ein Meilenstein gefunden, der besagt, daß *Ad Militare* 176 *milia passum* (CIL III 10647) von *Aquincum*/Budapest (H) entfernt liegt. An der Nordseite des Plateau Gradac fanden sich Spuren römischer Gebäude und Baumaterialien, die aber 1947 bei der Errichtung eines monumentalen Siegesdenkmals vernichtet wurden. Archäologische Grabungen in den Jahren 1970 und 1971 haben die Fundamente einer Ecke der Wehrmauer des römishen Militärlagers freigelegt. In diesem Kastell waren die *cohors II Augusta Thracum equitata*, die *cohors II Asturum et Gallaecorum equitata* und die *cohors II* (*VII*?) *Breucorum* sowie zeitweise Vexillationen der *legio II Adiutrix*, der *legio VI Herculia* und der *equites Flavianenses* stationiert.

In Zmajevac, auf dem Plateau oberhalb des Dorfes, befand sich nach den Angaben der älteren archäologischen Literatur das Kastell *Ad Novas*. Heute sind keinerlei Reste der römischen Gebäude, die eine Fläche von 150 x 120 m einnehmen sollten, zu erkennen. In unmittelbarer Nähe wurde eine römische Nekropole entdeckt, in der zweifellos Angehörige des römischen Militärs bestattet waren. Sie wird zur Zeit erforscht, wobei bereits 72 römische Gräber freigelegt wurden.

Das Kastell *Ad Novas*, in dem zeitweise die *equites Dalmatiae Novas*, die *equites Dalmatiae Albano*, die *cohors I Montanorum*, die *cohors III Alpinorum*, die *cohors VII Breucorum* bzw. Abteilungen der *legio VI Herculia* stationiert waren, wurde im 2. Jh. n. Chr. errichtet.

Der in den antiken Quellen genannte Ort *Aureus Mons* (*Itin. Ant.* 243; *Not. Dig. oc.* XXXII 92,45) stellt ein interessantes Problem dar, das zahlreiche Diskussionen hervorgerufen hat. Bis heute ist ungeklärt geblieben, ob es sich um den antiken Namen des Baranjaberges oder um einen befestigten Stützpunkt handelt. Obwohl in der *Notitia dignitatum* (XXXII 92,45) ein *praefectus legionis sextae Herculeae cohortis quintae partis superioris Aurea Monte* erwähnt wird, konnte diese Angabe archäologisch nicht bestätigt werden.

Albanum (?)/Lug liegt direkt an der Limesstraße an einer wichtigen strategischen Position. Im Bereich des Ortes wurden mehrere spätantike Gräber und Münzfunde registriert. Aus diesem Grund wird in Erwägung gezogen, daß der Ortskern um die Kirche im 4. Jh. n. Chr. Standort des spätantiken Kastells *Albanum* gewesen sein könnte.

Mehrere Feldbegehungen haben auf einem kleinen Hügel nördlich des Dorfes Vardarac Reste römischer Architektur bestätigt. Es kann angenommen werden, daß es sich um das im 4. Jh. n. Chr. errichtete Kastell *Donatianae* handelt, das sowohl auf der *Tabula Peutingeriana* (VI 1) als auch bei Ravennas Anonymus (*Geogr. Rav.* IV 20) erwähnt wird.

Auch am Nordrand des Dorfes Kopačevo wurden bei Feldbegehungen Reste römischer Gebäude registriert, die zu einem Kastell gehören könnten. In der Ortschaft wurden auch römische Gräber, diverse Spuren weiterer Baumaterialien, Münzen und ein Weihaltar des Jupiter gefunden. In Kopačevo zweigt eine antike Straße Richtung *Mursa*/Osijek ab.

Östlich von Nemetin befand sich wahrscheinlich ein römischer Drau-Übergang. Südlich des Ortes wurden in Močari zahlreiche Funde römischer Baumaterialien, vor allem Ziegel, beobachtet. Einer von ihnen trägt den Stempel *LEG VI HRCX.* Aus diesem Grund wird angenommen, daß Nemetin der Ort des spätantiken Kastells *Ad Labores* ist, das ebenfalls auf der *Tabula Peutingeriana* (VI 2) als auch bei Ravennas Anonymus (*Geogr. Rav.* IV 19, IV 20) erwähnt wird.

Auf dem Gebiet von Dalj wurde im 1. Jh. n. Chr. das Kastell *Teutoburgium* errichtet. Die Überreste des Kastells sind durch den Verlauf der Donau stark untergraben bzw. infolge der Baumaßnahmen für eine moderne Ziegelfabrik fast vollständig zerstört worden. Allerdings haben sich von hier mehrere Soldatengrabsteine und zahlreiche Gegenstände der militärischen Ausrüstung erhalten (Abb. 3), die davon zeugen, daß in *Teutoburgium* die *ala II Hispanorum Aravacorum*, die *ala I civium Romanorum*, die *ala I praetoria civium Romanorum*, die *equites Dalmatae*, Teile der *legio VI Herculia* und die *cohors II Augusta Dacorum pia fidelis* stationiert waren.

In Sotin sind nur bescheidene architektonische Reste des im 1. Jh. n. Chr. errichteten Kastells *Cornacum* und der zugehörigen Zivilsiedlung erhalten geblieben. Zahlreiche Kleinfunde (Abb. 4) und Feldbegehungen zeugen allerdings davon, daß das Zentrum des antiken *Cornacum* auf Popovo brdo zu suchen ist. Dieser topographisch herausragende Ort hatte Sichtkontakt zu den Kastellen in *Teutoburgium*/Dalj und *Cuccium*/Ilok. Seine strategische Bedeutung wird durch die Tatsache betont, daß er von drei Seiten durch steile und sehr tiefe Hänge gut geschützt lag. Die zivile Siedlung hat sich südöstlich des Kastells entwickelt. In Sotin waren die *cohors I Montanorum*, die *cohors II Aurelia Dardanorum Antoniniana* und die *equites Dalmatae* stationiert.

Das römische Kastell *Cuccium*, das an jener Stelle lag, an der sich heute Gornji grad in Ilok befindet, wies ebenfalls eine hervorragend geschützte Lage auf. Die strategische Bedeutung des Kastells, das vermutlich am Ende des 1. bzw. am Anfang des 2. Jhs. n. Chr. errichtet wurde, wird durch die Tatsache betont, daß es Sichtkontakt zum Kastell in *Carnacum*/Sotin hatte bzw. einen weiten Blick über die Grenze weg ins Barbaricum bot. Von einer antiken Wasserleitung zeugen aus Ton gefertigte Rohre, die von der Quelle Dekan über Vodena glava bis zum Gornji grad verlegt waren. Im Kastell *Cuccium* waren die *cuneus equitum Promotorum Cuccis* und die *equites Sagittarii Cuccis* stationiert.

Abb. 4
Maske eines Paradehelmes aus Sotin 12 x 13,3 cm, Archäologisches Museum Zagreb, Inv. Nr. 16908, 2.–3. Jh. n. Chr.

Die Donaugrenze in Serbien

Gerda Sommer von Bülow

Von dem ca. 430 km langen Donauabschnitt, der die Nordgrenze der Provinz *Moesia superior* bildete, gehören etwa 320 km von der Save- bis zur Timokmündung heute zu Serbien (Abb. 1). Die in diesen Bereich eingeschlossene große Flußschleife des Đerdap (Eisernes Tor) verdient dabei ganz besondere Aufmerksamkeit.

Der Name der Provinz leitet sich ab von dem bei dem griechischen Geographen Strabon (ca. 64 v. Chr. – ca. 20 n. Chr.) erwähnten Volk der Moesier/Mysier, das neben den Skordiskern, Dakern und anderen Stämmen zu beiden Seiten der Donau siedelte und durch wiederholte Angriffe die Nordgrenze der 146 v. Chr. gegründeten und unter Augustus umstrukturierten Provinz *Macedonia* bedrohte. Als Gegenmaßnahme legten die Römer Straßen für Truppenbewegungen an, die von *Macedonia* aus unter Vermeidung der Đerdap-Schleife östlich des Timok auf die untere Donau trafen.

Die Entwicklung des Sicherungssystems der Nordgrenze von *Moesia superior*

In der Regierungszeit des Kaisers Augustus ist von mehreren Dakerkriegen die Rede, und die «moesischen Kriege» (29/28 v. Chr.) des M. Licinius Crassus brachten den Römern wichtige militärische Erfolge in der Region. Wahrscheinlich wurden in diesem Zusammenhang die ersten Truppenverbände an diesem Donauabschnitt stationiert und Militärstationen (*praesidia*) eingerichtet. Nach weiteren Auseinandersetzungen konnte der Statthalter von Pannonien, Gn. Cornelius Lentulus, im letzten Jahrzehnt v. Chr. die Daker vom rechten Donauufer vertreiben. Zu dieser Zeit bestand wahrscheinlich schon ein moesisches Heereskommando mit einem kaiserlichen Legaten an der Spitze. Dieses war zunächst dem Statthalter von *Macedonia* zugeordnet, der über kein eigenes Trup-

Abb. 1 Limes der Provinz Moesia Superior.

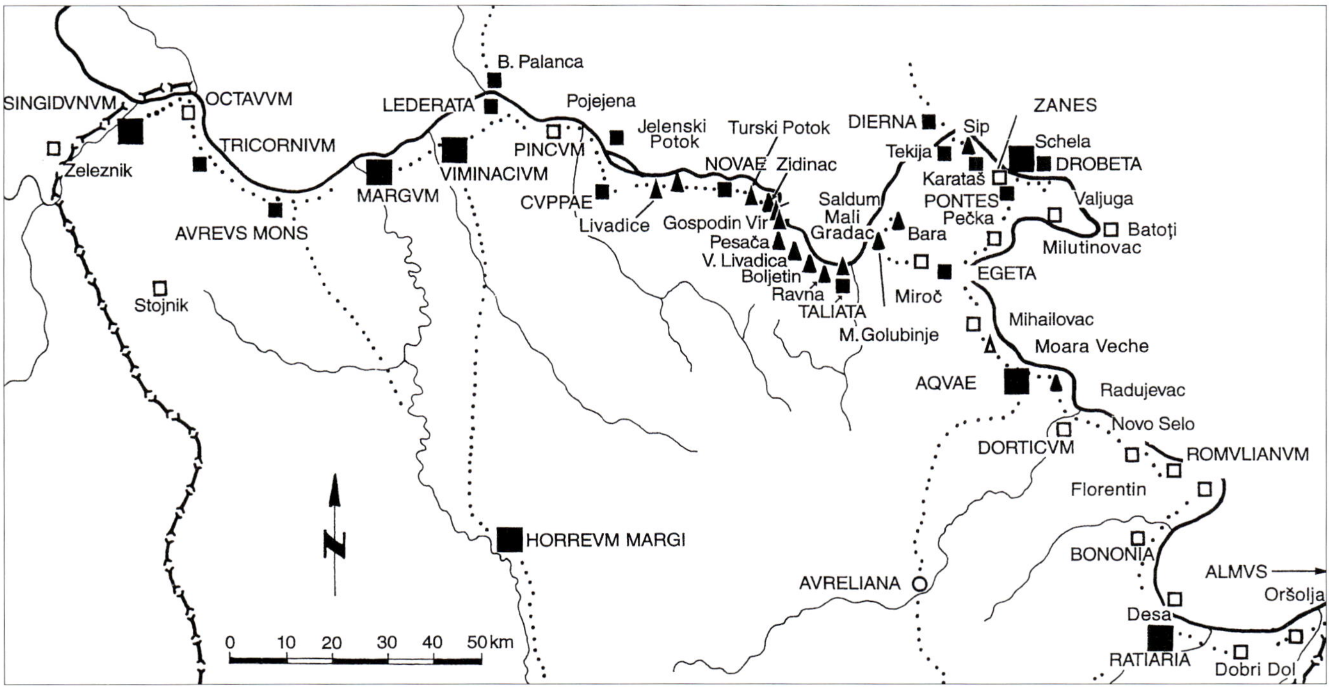

■ Legionslager – ▪ Auxiliarkastell, gesichert – □ Auxiliarkastell, unsicher – ▲ Kleinkastell oder Wachtturm, gesichert
○ römische Ortschaft – Provinzgrenze – ··· Straße

penkontingent verfügte. Für das Jahr 15 n. Chr. belegt eine Nachricht in den Annalen des Tacitus, daß die Provinzen *Achaia* und *Macedonia* dem Legaten von *Moesia* unterstellt waren, was von der Forschung überwiegend als Zeitpunkt für die Gründung der Provinz *Moesia* in Anspruch genommen wird. Im Jahr 23 n. Chr. berichtete der Kaiser Tiberius dem Senat von Rom von zwei an der moesischen Donaugrenze stationierten Legionen, die *legio IIII Scythica* und die *legio V Macedonica*, von denen eine, die *IIII Scythica*, vermutlich flußaufwärts vom Eisernen Tor lag, und die andere, die *V Macedonica*, östlich des Timok in *Oescus*/Gigen (BG) stationiert war.

Angehörige beider Legionen waren auch an dem unter Tiberius begonnenen Ausbau einer donaubegleitenden Straße beteiligt, die einerseits die Đerdap-Schleife abschnitt, von *Taliata*/Donji Milanovac direkt nach *Egeta*/Brza Palanka verlief und die andererseits als Treidelweg unmittelbar in das felsige Steilufer am Eisernen Tor hineingeschlagen wurde (Abb. 2). Die 2–3 m breite Trasse hat sich im Felsen erhalten. Inschriften der Kaiser Tiberius, Claudius und Domitian bezeugen den immensen Arbeitsaufwand der Römer. Daneben gab es eine weitere große Heerstraße, die sog. Diagonale, die bei *Viminacium*/Kostolac von der Donaustraße abzweigte und im Tal der Mlava nach Süden verlief, *Naissus*/Niš berührte und über Land zum Bosporus bzw. zur nordägäischen Küste führte.

Nachdem unter Kaiser Claudius südlich des Balkangebirges die Provinz *Thracia* eingerichtet worden war (44/45 n. Chr.) und die Donau bis zur Mündung die Reichsgrenze bildete, wurde auch der Ausbau des moesischen Limes inten-

Abb. 2
Treidelweg am Eisernen Tor.

siviert. In Zusammenhang mit dem Dakerkrieg des Kaisers Domitian wurde im Jahr 85/86 n. Chr. die Provinz geteilt. Die Grenze zwischen *Moesia superior* und *Moesia inferior* verlief etwa im Bereich der Donauzuflüsse *Almus*/Lom und *Cebrus*/Cibrica (BG). Spätestens zu dieser Zeit wurden an der Nordgrenze von *Moesia superior* die zwei Legionslager eingerichtet, die beide bis zur Aufgabe des Limes am Ende des 6./Anfang des 7. Jh. bestanden: *Singidunum*/Belgrad und *Viminacium*/Kostolac, wobei letzteres vorübergehend als Doppellager existierte. Zu dieser Zeit standen die *legio IIII Flavia* und die *legio VII Claudia* in dieser Provinz. Gleichzeitig entstanden im Bereich des Eisernen Tores zahlreiche kleine Militärstationen für Hilfstruppenverbände und kleinere Einheiten.

Der militärische Teilerfolg Domitians über die Daker unter Diurpaneus und seinem Nachfolger Decebalus im Jahr 89 n. Chr. führte nur vorübergehend zu einer Beruhigung der Situation am obermoesischen Limes.

Zur Vorbereitung weiterer Auseinandersetzungen mit den Dakern wurde die militärische Präsenz der Römer an diesem Limesabschnitt deutlich erhöht. Dazu gehörten auch die Verstärkung der bereits seit augusteischer Zeit bestehenden Flußflotte (*Classis Flavia Moesica*, erster Nachweis 92 n. Chr.) und der Bau neuer Hafenanlagen (*Novae*/Čezava, *Aquae*/Prahovo u. a.).

Den Höhepunkt erreichten die römischen Aktivitäten unter Kaiser Trajan (Abb. 3). Er verlegte mehrere Legionen und Auxiliareinheiten aus allen Reichsteilen an den obermoesischen Donaulimes. Zum ersten Dakerkrieg (101/102 n. Chr.) brach er mit einem etwa 50 000 Mann starken Heer von *Viminacium*/Kostolac auf. Das in zwei Marschsäulen aufgeteilte Heer überschritt die Donau über zwei Schiffsbrücken bei *Lederata*/Ram und *Dierna*/Orşova (RO) und griff die Daker von zwei Seiten an. Der Krieg endete mit einem Friedensvertrag, aber die Lage an der Donaugrenze blieb gespannt.

In Vorbereitung des zweiten Dakerkrieges (105/106 n. Chr.) ließ Kaiser Trajan von dem Baumeister Apollodoros von Damaskus bei *Pontes*/Kostol eine etwa 1100 m lange steinerne Brücke über die Donau schlagen (Abb. 4). Eine Inschrift am südlichen Felsenufer über der Donau gibt noch heute davon Zeugnis. Außerdem ließ er einen 3220 m langen, 10–13 m breiten und 14 m tiefen Kanal zwischen Sip und *Diana*/Karataš ausheben, wo Felsenriffe unter Wasser die Donau unpassierbar machten (Inschrift aus dem Jahr 101 n. Chr.).

Dieser zweite Dakerkrieg endete mit der Eroberung Dakiens und dem Selbstmord des Decebalus und führte zur Einrichtung der dakischen Provinzen nördlich der Donau. Infolgedessen verlor der obermoesische Donaulimes über weite Strecken seine Funktion als Reichsgrenze, sondern markierte nur mehr die Grenze zwischen zwei Provinzen. Mehrere Truppeneinheiten wurden von hier in die neuen Provinzen

Abb. 3 Trajan-Kopf (Bronze) aus Pontes/Kostol.

entsandt. Zahlreiche moesische Militärstationen wurden als solche aufgegeben, blieben aber nach wie vor besiedelt. Die beiden Legionslager sowie mehrere Kastelle blieben dagegen weiterhin militärisch besetzt. Sie dienten einerseits zum Schutz gegen die außerhalb der dakischen Provinzen am Nordufer der Donau siedelnden Sarmaten, Jazygen und anderen Stämme. Andererseits sicherten sie den Zugang zu den Bergwerken im Innern der Provinz *Moesia superior*, die im 2. Jh. n. Chr. unter militärischer Aufsicht intensiv ausgebeutet wurden. Zu demselben Zweck entstanden auch Beobachtungsposten an den ins Provinzinnere führenden Straßen.

Über die Organisation und die Verwaltungsstrukturen des obermoesischen Donaulimes zur Zeit des Bestehens der dakischen Provinzen liegen bislang keine ausreichend genauen Angaben vor. Als im 3. Viertel des 2. Jhs. n. Chr. die sog. Markomannenkriege die römische Herrschaft an der mittleren Donau erschütterten, wurden auch zahlreiche Orte in *Moesia superior* ganz oder teilweise zerstört. Für diese Zeit der militärischen Wirren läßt sich eine enge militärorganisatorische Verbindung dieser und den dakischen Provinzen belegen (*legatus Augusti pro praetore Daciarum Moesiae Superioris simul*). In severischer Zeit wurden an vielen Orten des obermoesischen Donaulimes Reparaturarbeiten durchgeführt. Die Kaiser Septimius Severus und sein Sohn Caracalla unternahmen mehrere Inspektionsreisen in die Region (Inschrift aus Viminacium).

Abb. 4 Rekonstruktionszeichnung der Donaubrücke bei Pontes/Kostol und Diana/Karataš.

Im Laufe des 3. Jhs. n. Chr. wuchs der Druck gegen die römische Herrschaft sowohl von innen heraus – die Bewohner der dardanischen Bergregionen im Süden von *Moesia superior* hatten sich nie vollständig den Römern unterworfen – wie auch von außen durch das Vordringen von Goten und anderen Volksstämmen. Es kam immer häufiger zu kriegerischen Auseinandersetzungen, und 269 n. Chr. gelang es dem Kaiser Claudius II. zwar, die Goten bei *Naissus*/Niš vernichtend zu schlagen und erstmals den Ehrennamen Gothicus zu führen, aber bereits sein Nachfolger Aurelian sah sich zwischen 270 und 275 n. Chr. zum Rückzug aus den dakischen Provinzen nördlich der Donau gezwungen, ohne jedoch den römischen Herrschaftsanspruch für diese Gebiete vollends aufzugeben.

Damit wurde der obermoesische Donauabschnitt wieder zur unmittelbaren Reichsgrenze. Die dadurch notwendig gewordene Reorganisation der Grenzsicherung an der mittleren und der unteren Donau steht in Zusammenhang mit strukturellen Veränderungen der Provinzialverwaltung, die signifikant sind für die spätantike Periode (4.–6. Jh. n. Chr.). Der ca. 180 km lange Donauabschnitt von der Savemündung bis *Taliata*/Donji Milanovac an der Mündung des Porečka-Flusses in die Donau bildete die Nordgrenze der neuen Provinz *Moesia prima*. Nach Osten schloß sich die Provinz *Dacia ripensis* an (erste Erwähnung 283 n. Chr.).

Der Ausbau des spätantiken Limessystems am heute zu Serbien gehörenden Donauabschnitt begann am Ende des 3. Jhs. n.Chr. unter Kaiser Diokletian und wurde in der 1. Hälfte des 4. Jhs. n. Chr. von Kaiser Konstantin I. und seinen Söhnen fortgesetzt. Diese Maßnahmen dienten aber nicht mehr, wie zur Zeit von Kaiser Trajan am Anfang des 2. Jhs. n. Chr., römischen Expansionsbestrebungen, sondern ihr Zweck war der bestmögliche Schutz der Grenze und der Provinz selbst vor weiteren Barbareneinfällen. Dazu wurden bestehende Militärlager entsprechend der neuen Strategie ausgebaut, neue Militärposten wurden entlang der Donau sowie an großen Straßen und strategisch wichtigen Plätzen im Provinzinnern eingerichtet, und selbst Zivilsiedlungen wurden mit Festungswerken ausgestattet.

Die neue Verteidigungsstrategie verlor jedoch ihre Wirksamkeit bereits am Ende des 4. Jh. n. Chr. unter dem Ansturm der Goten in den Jahren 375–378 n.Chr. und brach infolge der Hunnenkriege zwischen 441 und 447 n. Chr. vollständig zusammen. Seitdem verlief die Grenze zwischen dem römischen Reich und dem Machtbereich der Hunnen mit ihren Verbündeten de facto weit hinter der Donaulinie, irgendwo südlich von *Naissus*/Niš, war aber nicht im Sinne des Limes markiert, geschweige denn ausgebaut.

Nach den derzeitigen, aus den archäologischen Befunden

in zahlreichen Limesstützpunkten gewonnenen Kenntnissen dauerte das Machtvakuum am Donaulimes von *Moesia prima* rund 100 Jahre. Während zum Beispiel in der Nachbarprovinz *Dacia ripensis* Wiederaufbauarbeiten bereits seit dem letzten Jahrzehnt des 5. Jhs. n. Chr. von Kaiser Anastasius veranlaßt wurden, ist die Nordgrenze von *Moesia prima* wohl erst im 2. Viertel des 6. Jh. n. Chr. unter Kaiser Justinian I. wieder militärisch gesichert worden. Die Besatzung der wiederhergestellten und der neu errichteten Festungen und Anlagen bestand zum Teil aus *foederati*, das heißt aus vertraglich dem spätantiken Staat verpflichteten Barbaren. In dieser Region waren es in der Hauptsache Goten und Gepiden.

Im letzten Jahrzehnt des 6. Jh. n. Chr. drangen Awaren und mit ihnen verbündete Slawen über die Donaugrenze in die Provinz ein, und um das Jahr 600 n. Chr. brach das spätantike Limessystem an diesem Donauabschnitt zusammen. Die Provinz *Moesia prima* und ihre Nachbarprovinzen an der unteren Donau wurden endgültig aufgegeben.

Forschungsgeschichtliches

Der serbische bzw. obermoesische Donauabschnitt erfreute sich nicht zuletzt wegen der schwierigen Schiffspassage im Eisernen Tor großer Aufmerksamkeit bei Kartographen und Geschichtsforschern (z. B. Graf Luigi Ferdinando Marsigli, 1658 – 1730).

Im Jahr 1887 bereiste Felix Kanitz die Balkanländer und dokumentiert die von ihm erkannten Denkmäler am römischen Limes und in den römischen Donauprovinzen. Stellenweise führte er sogar Sondagegrabungen durch und hielt Grundrisse und Ansichten auch zeichnerisch fest. Auf dem heute serbischen Territorium registrierte er insgesamt 72 Kastelle unterschiedlicher Größe und Form, von denen die meisten am Donauufer lagen. Seine Beschreibungen, wie auch Arbeiten von anderen Forschern, die sich diesen Gebieten verstärkt nach dem Ende der Türkenherrschaft widmeten, bieten bis heute wichtige Informationen für die Planung von

Abb. 5 Römischer Wachtturm bei Cuppae/Golubac.

Grabungen. Das gilt nicht zuletzt für zahlreiche Anlagen im Bereich des Eisernen Tores, die zwischen 1965 und 1970 im Vorfeld der Errichtung des ersten Staudammes und nach 1980 vor der Inbetriebnahme der zweiten Staustufe archäologisch untersucht wurden, ehe einige davon überflutet wurden.

Heute sind etwa 60 römische Niederlassungen am serbischen Donauabschnitt lokalisiert und teilweise untersucht. Davon liegen im Westteil zwar nur etwa 12, aber meist größere Orte, wie zum Beispiel die beiden Legionslager *Singidunum*/Belgrad und *Viminacium*/Kostolac. Im Umfeld des Eisernen Tores befindet sich dagegen eine sehr dichte Kette von meist kleineren Anlagen, und nahe der Timokmündung werden die Abstände zwischen den römischen Stützpunkten wieder größer. Insgesamt lassen sich am obermoesischen Donaulimes verschiedene Typen von Lagern und Militärstationen feststellen, die durchwegs den lokalen Gegebenheit und strategischen Erfordernissen angepaßt waren.

Neu- und Umbauten des späten 3./frühen 4. Jh. n. Chr. (*quadriburgi*, Kleinstfestungen u. ä.) sind an vielen Orten nachgewiesen: *Campsa*/Ravna, Porečka Reka, *Transdierna*/Tekija, Sip, Sapaja, *Novae*/Čezava, *Diana*/Karataš, *Smorna*/Boljetin, *Taliata*/Donji Milanovac, u. a.

Aus justinianischer Zeit sind mehrere Neuanlagen mit spezieller Funktion bekannt, zum Beispiel eine Festung auf dem hochgelegenen linken Mlava-Ufer, gegenüber von *Viminacium*/Kostolac sowie eine dreieckige Festung mit runden Ecktürmen bei Bosman.

1. Legionslager: *Singidunum*/Belgrad und *Viminacium*/Kostolac.
2. Kohorten- und Auxiliarkastelle (1–2,5 ha Fläche): *Novae*/Čezava, *Taliata*/Donji Milanovac, *Diana*/Karataš, *Pontes*/Kostol mit der Gegenfestung *Drobeta*/Turnu Severin, RO), *Egeta*/Brza Palanka, *Aquae*/Prahovo u.a.
3. Kleinkastelle (0,4–0,9 ha Fläche) für *numeri*, Teilkohorten u. ä.: *Gratiana*/Saldum, *Smorna*/Boljetin, *Campsa*/Ravna, Golubinje, Hajdučka Vodenica, *Transdierna*/Tekija mit der Gegenfestung *Dierna*/Oršova, RO), Sip, Rtkovo, Vojuga, Milutinovac, Glamija, Ušće Slatinske reke, *Clevora*/Mihajlovac, Bordjej u. a.
4. Wach- und Signaltürme: Livadice bei *Cuppae*/Golubac (Abb. 5), Zidinac, Gospodjin Vir, Pesača, Mora Vagei, Ljubičevac u. a.
5. Nachschubbasen (Anlagen mit größeren horrea): Porečka Reka, Konopište, Kurvingrad u. a.
6. Hafenanlagen: *Margum*/Dubravica, *Viminacium*/Kostolac, *Novae*/Čezava, *Taliata*/Donji Milanova, *Diana*/Karataš, *Pontes*/Kostol, Sapaja, Hajdučka Vodenica, *Aquae*/Prahovo u. a.

Die Grenze in Rumänien – Dacia

Nicolae Gudea

Heute sind über einhundert römische Festungsanlagen und Militärlager auf rumänischem Gebiet bekannt. Allerdings sind bislang nur wenige dieser Fundorte einer systematischen archäologischen Untersuchung unterzogen worden, und eine noch kleinere Zahl ist an der Oberfläche sichtbar und der Öffentlichkeit zugänglich. Einige der Fundorte sind, ob durch Naturkatastrophen, Landwirtschaft oder Industrie, über die letzten Jahrhunderte entweder teilweise oder völlig zerstört worden. Unter den der Öffentlichkeit zugänglichen Festungen befinden sich *Resculum*/Bologa, Râşnov und Breţcu. An anderen sind umfangreiche Restaurierungsarbeiten durchgeführt worden. Dies ist der Fall in Buciumi, *Porolissum*/Moigrad-Pomet, Gilău und *Potaissa*/Turda (Abb. 1) in der Provinz *Dacia Porolissensis*, Jupa und *Drobeta* in *Dacia Apulensis* und Bivolari in *Dacia Malvensis*.

Die römische Verteidigungsstrategie an der unteren Donau

Gegen Ende des 1. Jhs. n. Chr. wurde die Verteidigungsstrategie der römischen Armee an der mittleren und unteren Donau in Frage gestellt. Der Verlauf der Grenze stimmte fast genau mit dem des Flusses überein. Lediglich der Abschnitt am Unterlauf der Donau war nicht völlig unter römischer Kontrolle. Mehrere Legionen konzentrierten sich in diesem Abschnitt. Vier Legionen befanden sich in *Pannonia*, zwei in *Moesia Superior* und zwei weitere in *Moesia Inferior*. In der Tat wurden die beiden zuletzt genannten Provinzen ausschließlich zur Erhöhung der Verteidigungskapazität der römischen Armee in dieser Gegend gegründet. Dennoch schienen weder diese Maßnahme, noch vorbeugende militärische Vorstöße unter Kaiser Domitian die wahre Lösung für das

Abb. 1 Buciumi. Rekonstruktionszeichnung des Kastells von N. Gudea und A. Landes.

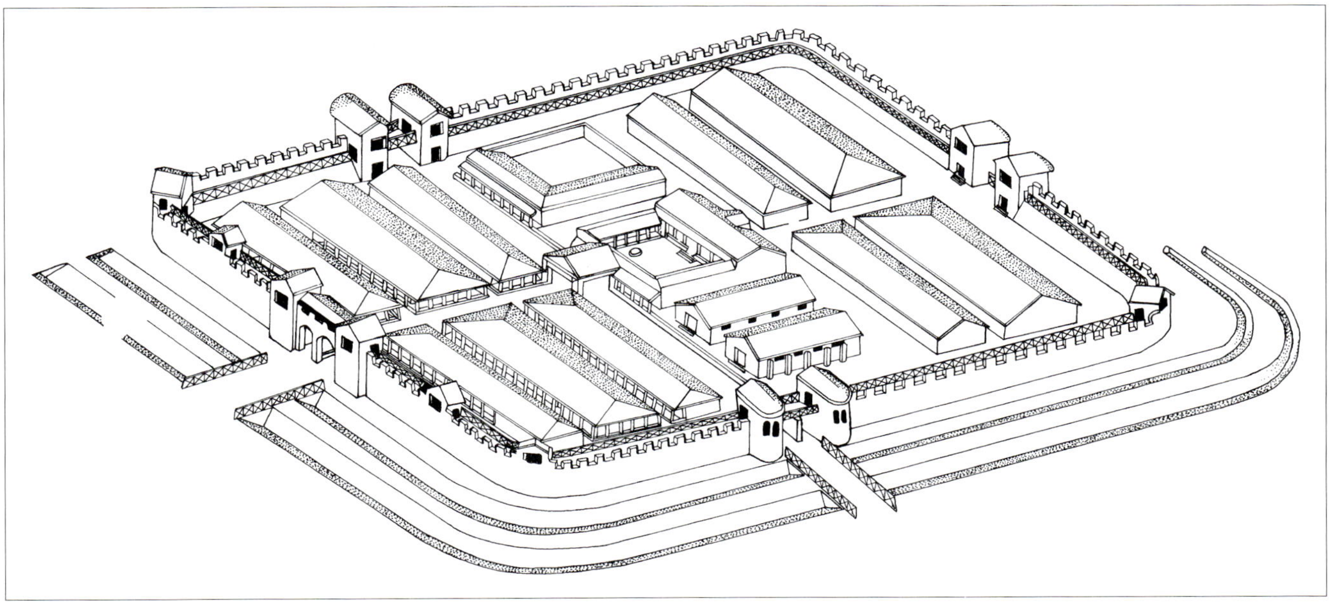

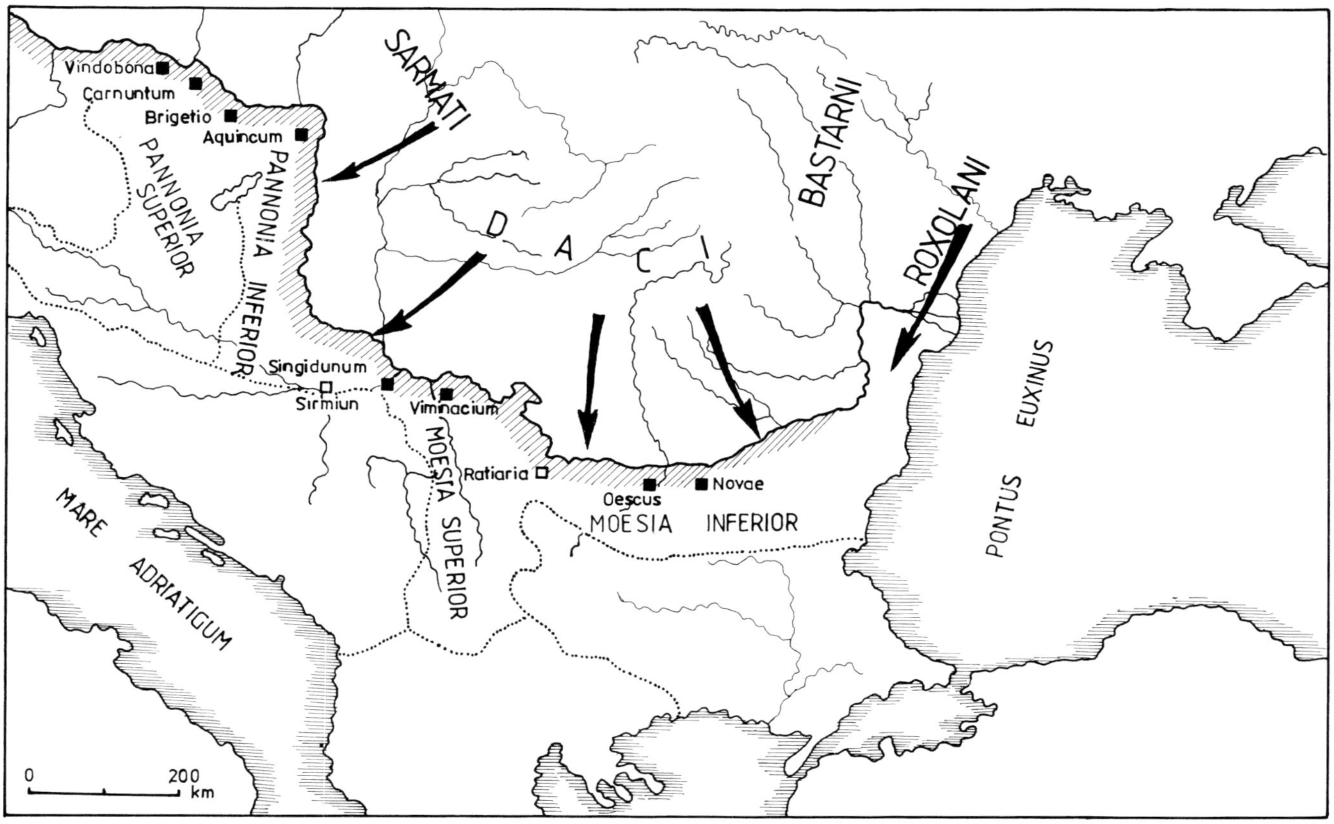

Abb. 2 Die strategische Lage an der mittleren und unteren Donau am Ende des 1. Jhs. n. Chr.

Problem zu bieten. Sarmatische Stämme, die in der Theißebene siedelten, bedeuteten nicht nur eine ständige Bedrohung für die Provinz *Pannonia*, sondern richteten ihre Angriffe auch weiter südlich auf *Moesia Superior*. Gleichzeitig waren die nördlichen Grenzgebiete der moesischen Provinzen wiederholten Angriffen der Daker ausgesetzt. Auch waren östliche Teile der Grenze, das Innere von *Moesia Inferior* und die nordpontischen Städte durch die ständige Bedrohung der Roxolanen gefährdet. (Abb. 2). Vor diesem Hintergrund ist die Entscheidung Roms, Dakien zu erobern zu verstehen, um damit die dakische Gefahr zu bannen und die Kontrolle über die Stämme der Jazygen und Roxolanen zu gewinnen.

Die Grundlagen des Verteidigungssystems in *Dacia*

Das Ziel der römischen Armee war es, die Gebirgspässe zum transsilvanischen Plateau mit Hilfe von Festungen zu sperren, um jede Möglichkeit eines fremden Angriffs zu verhindern. Parallel dazu wurde ein Netzwerk aus taktischen Verbindungsstraßen, die von der Donau nach Norden führten, sowie quer, von Osten nach Westen, verlaufenden Seitenstraßen angelegt, um rasche Truppenbewegungen zu jeder beliebigen Stelle an der Grenze zu gewährleisten. Das Netzwerk wurde von einer vorgeschobenen Linie mit Wachtürmen, kleineren Befestigungsanlagen, Gräben und Barrikaden, die zusammen ein Frühwarnsystem für die in den Lagern stationierten Truppen bildeten, bewacht. Die Armee plante den Schutz der Ebenen anhand des Ausbaus hintereinander gelegener Verteidigungslinien mit einer Flußgrenze, einem Graben im Südostsektor und einer flexibleren Tiefenverteidigung in den südwestlichen Sektoren. Die Stationierung von Einheiten in den verschiedenen Kastellen war so angelegt, daß die Kampftechniken der Einheiten den jeweiligen strategischen Positionen angepaßt waren. Auf diese Weise wurde ein präventives Verteidigungssystem geschaffen, das der Idee einer linearen Grenze oder eines Limes im herkömmlichen Sinne nicht entsprach, sondern vielmehr auf einer Verteidigung in der Tiefe beruhte.

Die Organisation der dakischen Grenze

In der Zeit zwischen 101 und 106 n. Chr. wurde das Gebiet zwischen der Donau und den Karpaten von den Römern militärisch erobert. Dieses neue Territorium wurde in mehreren Etappen militärisch und administrativ neu gegliedert. In der Zeit zwischen 101 und 118 n. Chr. wurde das südwestliche Ge-

Abb. 3 Blick über die karpatischen Bergkämme in der Provinz Dacia Porolissensis.

biet, das heutige Banat und Westoltenien, der Provinz *Moesia Superior* eingegliedert. Das im Südosten, in Transsilvanien gelegene Gebiet südlich des Flusses Olt, Ostoltenien, die Walachei und Südmoldavien, bildete die Provinz *Moesia Inferior*. Die neue Provinz *Dacia* bezeichnete die Gegend in Transsilvanien, welche im Westen, Norden und Osten von den Bergen (Abb. 3) und im Süden durch den Fluß Olt eingegrenzt wurde. In einer späteren Phase zwischen 118 und 275 n. Chr., wurde dieses Gefüge tiefgreifend neu gestaltet. Im nördlichen Abschnitt, der im Westen, Norden und Osten durch Berge und im Süden durch die Flüsse Mureş und Arieş begrenzt wird, wurde die Provinz *Dacia Porolissensis* gegründet (Abb. 4). Zahlreiche Einheiten, die gemeinsam in einem integrierten Verteidigungssystem organisiert waren, wurden in dieser nordwestlichen Gegend stationiert. Die Provinz *Dacia Apulensis* wurde in der Gegend zwischen den Bergen im Osten und der Theiß im Westen gegründet. Auch das heutige Banat war Teil dieser Provinz. Sie hatte feste Verteidigungslinien im Osten wie auch im Westen und eine tiefengestaffelte Verteidigung im Banat. In dieser südöstlichen Region wurde die Zahl der dort stationierten Einheiten wesentlich vergrößert. Das Territorium, welches früher unter der Verwaltung von *Moesia Inferior* stand, wurde jetzt die neue Provinz *Dacia Malvensis*. Diese hatte lediglich eine auswärtige Grenze im Osten. Eigentümlicherweise blieben die Truppen weiterhin entlang der Verwaltungsgrenze mit *Dacia Apulensis* und entlang des transsilvanischen Abschnittes des Olts stationiert, und wenig später wurde die militärische Präsenz sogar verstärkt. So war ein homogenes Verteidigungssystem entstanden, allerdings aufgeteilt zwischen drei Provinzen, und es gibt keine Anzeichen, daß die Römer dies nicht auch so sahen.

Die Entwicklung der Grenzanlagen

Die Gründung der ersten Kastelle spiegelt den Vormarsch der römischen Truppen der Provinzen *Moesiae* nach Norden wider. Diese Bauten datieren in die Zeit zwischen 101 und 106 n. Chr. In der Südwestregion sind sie entlang der äußeren Verbindungsstraße bei Banatska Palanka, Surduc, *Arcidava*/Vrdia, Berzovia, und an der inneren Straße bei Orşova, *Praetorium*/Mehadia, Teregova, *Tibiscum*/Jupa und Zăvoi bekannt. Es kann daher davon ausgegangen werden, daß bereits von Beginn an eine Tiefenverteidigung geschaffen werden sollte. In der Südostregion wurden Festungen entlang der Straßen von *Drobeta* nach Transsilvanien (Cătunele, Pinoasa, Vârc und Bumbeşti) und entlang des Flusses Olt in Zăvalu, Slăveni und Stolniceni angelegt. Zusätzliche Kastelle wurden

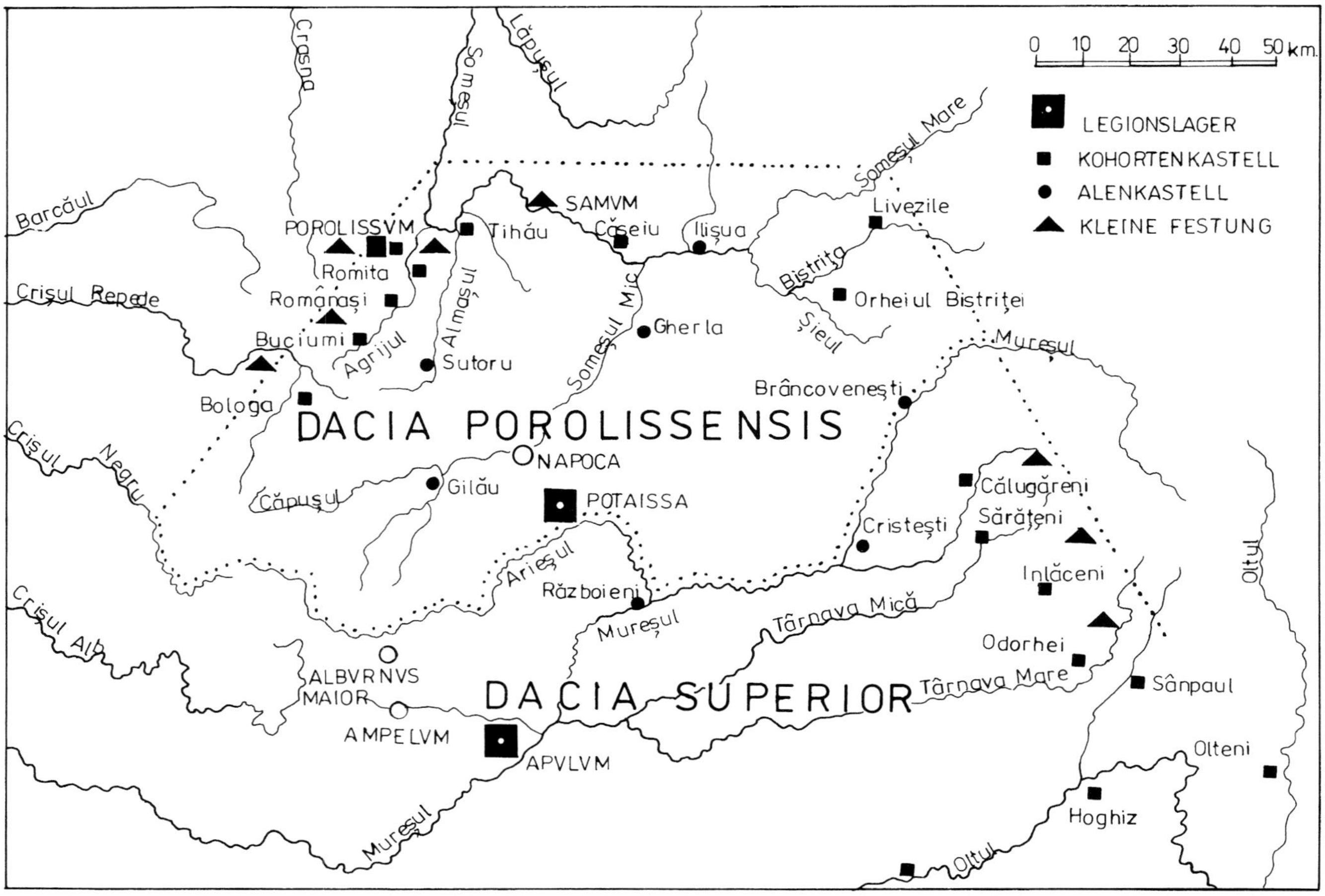

Abb. 4 Karte der Provinz Dacia Porolissensis und ihres Verteidigungssystems: das Modell einer Tiefenverteidigung.

im Osten entlang der Hügel der Walachei erbaut und zwar bei Mălăieşti, Pietrasele und Drajna de Sus. Einige der Festungen, z. B. die bei Breţcu, Olteni, Râşnov und Câmpulung Muscel, hatten die Funktion, den östlichen Zipfel Transsilvaniens zu beschützen, während die Kastelle bei Hoghiz und Feldioara-Fagaraş die Paßstraßen im Norden kontrollierten.

Mit der zweiten Bauphase zwischen 106 und 110 n. Chr. wurden die innere militärische Verteidigung und die Kontrolle der Paßstraßen innerhalb Dakiens sowie der Karpaten ausgebaut. Während einige dieser Fundorte durch archäologisches Material belegt sind, werden andere durch schriftliche Quellen, wie z. B. Militär-Diplome ausgewiesen. Im Nordwestsektor gab es Kastelle bei *Resculum*/Bologa, Buciumi, Românaşi, *Certiae*/Romita und *Porolissum*/Moigrad-Pomet, im Nordsektor bei *Samum*/Căşei, Ilişua und Livezile und im Osten bei Brâncoveneşti und Inlâceni. Hinter diesen Anlagen, auf einer mittleren Linie, befanden sich die Kastelle Gherla, Gilău und Sighişoara. Das Legionslager bei *Iulia*/Apulum (*legio V Macedonica*) befand sich im Mittelpunkt dieses Systems. Alle Anlagen hatten Vorgängerkonstruktionen aus Erde und Holz mit vorgelagerten Gräben. Nur in sehr seltenen Fällen sind Holzbauten innerhalb der Anlagen bekannt.

Die frühen Erd- und Holzanlagen wurden gegen Ende der Regierungszeit des Kaisers Hadrian durch Steinbauten ersetzt. Diese dritte Bauphase ist in den im Südwesten befindlichen Fundorten *Dacia Apulensis* bei *Arcidava*/Vărădia, *Praetorium*/Mehadia, *Tisbiscum*/Jupa und *Micia*/Veţel belegt. Ähnliche Bauaktivitäten sind in den Festungen des Nordwestabschnitts bei *Porolissum*/Moigrad-Citera in *Dacia Porolissensis* und im Südosten entlang des transsilvanischen Flußabschnitts des Olts in Olteni, Breţcu, Râşnov, Hoghiz und Feldioara-Fagaraş festgestellt worden. In allen diesen Festungen scheint die äußere Steinmauer einfach vor die bestehenden Erd- und Holzanlagen geblendet worden zu sein. Gleichzeitig wurden in einigen Fällen die älteren Holzbauten innerhalb der Festungen durch Steinbauten ersetzt. Schriftzeugnisse erwähnen, daß einige Festungen, wie beispielsweise Racoviţa, Bivolari, Rădăcineşti and Titeşti entlang des oltenischen Abschnittes der Olt, in dieser Phase gebaut wurden. Sämtliche Tore, Eckbastionen sowie Stabsgebäude dieser Festungen weisen untereinander ähnliche architektonische Merkmale auf.

Eine vierte Bauphase scheint während der Regierungszeit von Kaiser Antoninus Pius (138 – 161 n. Chr.) stattgefunden zu haben. Archäologische Befunde bezeugen dies aus allen Fundorten, allerdings im kleineren Umfang als in der vorhergehenden Phase. Einige Neubauten wurden in den Festungen der Provinzen *Dacia Apulensis* (Micia/Veţel), *Dacia Porolissensis* (Ilişua, Gilău und Gherla) und in Copâcebni (?) in *Dacia Inferior* errichtet. So handelt es sich beispielsweise bei Steinbauten in der Festung bei Gherla in der Provinz *Dacia Porolissensis* um neu errichtete Gebäude. Obwohl die Befunde recht spärlich sind, ist es trotzdem möglich in diesen Anlagen bestimmte Einzelheiten zu erkennen, wie die Wehrtürme, die sowohl innen als auch außen aus der Mauerflucht hervorkragen.

In einer fünften Bauphase wurde ein weiteres Legionslager für die *legio V Macedonia* innerhalb des Verteidigungssystems von *Dacia* bei *Potaissa*/Turda eingerichtet.

Die sechste und letzte Phase des Ausbaus der Festungen fand im frühen 3. Jh. n. Chr. statt und ist am ehesten in die Regierungszeit des Marcus Aurelius Antoninus (Caracalla) zu datieren. Baumaßnahmen sind sowohl archäologisch als auch schriftlich von den Festungen der Provinzen *Dacia Porolissensis* (*Resculum*/Bologa, Buciumi, *Porolissum*/Moigrad-Pomet und *Samum*/Căşei) und *Dacia Malvensis* bei Slăveni belegt. Weitere schriftliche Zeugnisse stammen aus der Festung von Bumbeşti in der Provinz *Dacia Apulensis*, doch sind die Grabungsbefunde aus diesem Fundort unsicher. Der Neubau einiger Strukturen im Inneren der Festungen werden ebenfalls dieser Phase zugeschrieben. So wurde beispielsweise das Stabsgebäude von *Porolissum*/Moigrad-Pomet völlig neu erbaut. Die Bauphase ist durch einen bestimmten architektonischen Baustil gekennzeichnet, so werden Torhäuser nun mit halbkreisförmigen Außenfassaden gebaut. Türme an der Kurtinenmauer sind ebenfalls zahlreich belegt, worunter einige wieder einen halbkreisförmigen Grundriß haben. Auch die Errichtung eines Erdwalls (*vallum*), bekannt unter der Bezeichnung *limes transalutanus*, als Verteidigungsbollwerk entlang der Südostgrenze, könnte in dieser Zeit erfolgt sein. Es deuten ebenfalls viele Befunde auf umfangreiche Reparaturarbeiten innerhalb der Festungen wie auch auf die Errichtung neuer Gebäude gegen Mitte des 3. Jhs. n. Chr. hin. In einigen Festungen, so in *Resculum*/Bologa in der Provinz *Dacia Porolissensis*, Inlăceni und Bumbeşti in *Dacia Apulensis* wie auch in Râşnov in *Dacia Malvensis*, wurden Toranlagen zugesetzt. In den Festungen bei *Resculum*/Bologa, Buciumi und *Porolissum*/Moigrad-Pomet wurden beiderseits der Tore Hallenbauten über die ehemalige *via sagularis* gesetzt. Über Charakter und Grund dieser Reparaturphase ist wenig bekannt.

Die Struktur des dakischen Limes

Im Südwesten Dakiens wird die Hauptebene von zwei großen Flüssen, der Mureş im Norden und der Theiß im Westen, eingegrenzt. Im Osten wird sie von einer Hügellandschaft eingefaßt. Die Kastelle wurden landeinwärts entlang der zwei Hauptstraßen der Provinz aufgestellt. Barbarische Niederlassungen sind aus diesem Grenzgebiet nicht bekannt. Die Gegend zwischen den Festungen und der eigentlichen Grenze wurde von einwandernden Siedlern aus dem Gebiet des Römischen Reiches bewohnt. Im Südosten Dakiens befinden sich die Ebenen im Süden und die Berge im Norden. Die Festungen reihen sich in dieser Gegend entlang des Flusses Olt. Diesen vorgelagert erstreckte sich der Erdwall (*vallum*) über eine Distanz von 230 Kilometern. Der Wall fängt südlich der Berge an und läuft weiter in südlicher Richtung bis zur Donau. Weitere Festungsbauten entlang dieser Linie waren aus Erde und Holz, doch scheinen sie nur für einen kurzen Zeitraum in Nutzung gewesen zu sein. Die Gegend zwischen *vallum* und Fluß war nur dünn besiedelt, und jenseits des Flusses lag das Gebiet der Roxolanen und Daker.

Die Berge westlich von Dakien bildeten eine natürliche Verteidigungslinie. Während die Zugänge an den Flußmündungen durch Mauern gesperrt wurden, war der Korridor in das Innere der Provinz durch ein Legionslager bei *Alba Iulia*/Apulum geschützt. Aus dieser Ebene sind einheimische, dakische Niederlassungen bekannt. Im Nordwesten der Provinz teilte ein etwa 80 km breiter Gebirgsstreifen das von einer barbarischen Bevölkerung besiedelte Gebiet entlang der Grenze von dem der Römer. Die Festungen kontrollierten sämtliche Paßübergänge, und ein komplexes Beobachtungssystem überwachte die Gegend. In Gebieten weiter nördlich und im Osten wurden die Festungen in den Hügeln angelegt, mit einzelnen Kastellen, welche direkt die Pässe kontrollierten. Die Verteidigungslinie war mit einem dichten Festungsnetz versehen und in einer vorgeschobenen Position angelegt. Die barbarische Bevölkerung lebte in größerem Abstand weiter nördlich der Grenze. Etwas hinter dieser Linie wurden weitere Festungen um die beiden zentral gelegenen Legionslager bei *Alba Iulia*/Apulum und Potaissa errichtet. Letztere wurden zwischen 170 und 180 n. Chr. erbaut.

Die Positionen der Militäreinheiten

Die Struktur des Verteidigungssystems der Provinz *Dacia* sicherte eine mögliche Vorwärtsbewegung der Truppen. In den Provinzen *Dacia Apulensis* und *Dacia Porolissensis* wurden zwei Legionen, *legio V Macedonia* (168 – 275 n.Chr.) bei Potaissa und *legio XIII Gemina* (106 – 275 n. Chr.) bei *Alba Iulia*/Apulum im Zentrum der Provinz stationiert. Bei den Zentrallagern, wo der Grenzverlauf einen Bogen bildete, wurden

Reitereieinheiten wie die *ala Siliana*, *ala II Pannoniorum* und die *ala I Illyricorum* stationiert. Weitere Einheiten wurden in den Festungen entlang der Grenze nach geographischen Vorgaben und dem taktischem Verhalten der Feinde stationiert. Im Südwesten wurden zumeist gemischte Einheiten vornehmlich aus Reiterei und Bogenschützen stationiert, so bei *Tibiscum*/Jupa die *cohors sagittariorum* und ein *numerus Palmyrenorum* und in der Festung bei *Micia*/Veţel die *ala Hispanorum Capagonum* usw. Im Südosten der Provinz waren ebenfalls meist Reiterei und Bogenschützen gruppiert: bei Slăveni die *ala Hispanorum*, bei Răcari, Biolari, Rădăcineşti ein *numerus Syrorum* und bei Copăceni ein *numerus Burgariorum*. Im Westen der Provinz befand sich das Lager der *legio XIII Gemina* bei *Alba Iulia*/Apulum. Zusätzliche Reiterei- und Bogenschützeneinheiten waren im Nordwesten stationiert. So bei *Resculum*/Bologa die *cohors II Hispanorum* und *I Aelia Gaesatorum*, bei Buciumi die *cohors II Nervia Brittonum*, bei Romănaşi die *cohors I Hispanorum*, bei *Certiae*/Romita die *cohors II Britannica*, bei *Porolissum*/Moigrad-Pomet die *cohortes V Lingonum*, *I Britonum* und ein *numerus Palmyrenorum*. Im äußersten Norden des Gebietes waren gemischte Einheiten stationiert, so bei Căşei die *cohors I Brittanorum*, bei Ilişua die *ala Tungrorum*, und bei Orhei die *cohors I Hispanorum*.

Schließlich operierten gemischte Einheiten auch im Osten der Provinz. So in Brâncoveneşti die *ala II Illyricorum*, bei Călugăreni-Sărăţeni die *cohors Alpinorum*, bei Lanlăceni die *cohors IIII Hispanorum*, bei Olteni die *cohors III Betasiorum*, und bei Breţcu die *cohors I Hispanorum* und *I Bracaraugustanorum*. Entlang der Grenze zwischen den Provinzen *Dacia Apulensis* und *Dacia Malvensis* standen gemischte Truppen in Hoghiz (*cohors IIII Gallorum*), Cincşor (*cohors II Belsorum*) und Feldioara-Fagaraş (*cohors II Numidarum*).

Übersetzung aus dem Englischen von S. Kerner und R. H. Barnes

Die Grenze in Rumänien – *Moesia Inferior* und der *limes Scythicus*

Mihail Zahariade

Der östlichste Abschnitt der Donaugrenze (Abb. 1), von einem vielgestaltigen geographischen Gefüge aus Hügellandschaften, der Deltaebene und dem Küstenstreifen entlang des Schwarzen Meeres geprägt, entspricht dem – geographisch recht begrenzten – Gebiet der Dobrudscha, was eine differenzierte Verteidigungsstrategie erforderlich machte.

Das Gebiet zwischen dem Schwarzen Meer und der Donau kann in drei klar voneinander unterscheidbare geographische Einheiten aufgeteilt werden. Bei der nordbulgarischen Platte handelt es sich um eine nördliche Verlängerung der osteuropäischen Platte, die von einem niedrigen bis mittelhohen Tafelland sowie Hügeln und Bergen gebildet wird. In römischer Zeit wie auch heute sind in der südlichen Dobrudscha die recht kurzen, doch tief eingeschnittenen Flußläufe, ob sie zur Donau oder zum Schwarzen Meer führen, für die meiste Zeit des Jahres trocken. Nur in der Nordhälfte dieser Gegend führen die drei Flüsse Taita, Telitza und Slave in ihren längeren Flußtälern vornehmlich im Frühling und Herbst bedeutendere Mengen Wasser. Das Donaudelta, eine komplexe Verbindung aus Altarmen, Seen, kleineren Inseln, und schwimmendem Reet bildet einen gesonderten Lebensraum. Südlich der Flußmündung schließt sich eine Landschaft aus alluvialen (angeschwemmten) und überfluteten Ebenen, Lagunen und Sandbänken entlang der Küste an. Bei den großen Seen, Razim und Sinoe, handelt es sich um die Reste einer großen, alten Meeresbucht namens Halmyris, die mit dem Schwarzen Meer verbunden ist.

Abb. 1 Limes Scythicus.

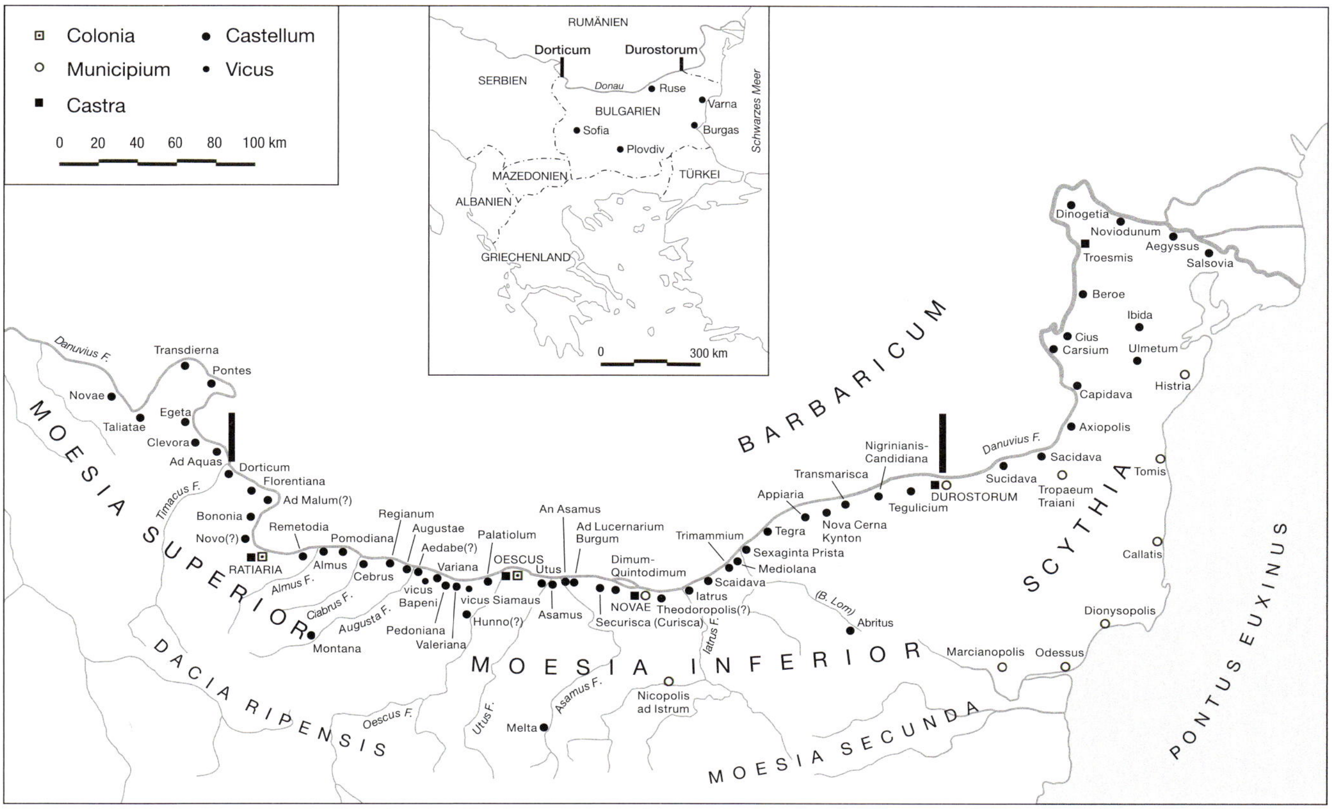

Die Besetzung der Region

Die ersten Zeugnisse römischer Verwaltung in dieser Gegend datieren in das 1. Jh. v. Chr. als M. Licinius Crassus in der nordöstlichen Region militärische Operationen gegen das Königreich der Geten in der Dobrudscha unternahm. Dieser Vorstoß gilt als Verlängerung der Kampagnen gegen die Bastarner, die zuvor den thrakischen Stamm der mit den Römern alliierten *Denteleti* angegriffen hatten. Nach der Niederlage der Einheimischen im Jahre 29 v. Chr. wurde ein Vertrag mit Rholes, dem König der Geten abgeschlossen, der damit zum «Verbündeten und Freund des römischen Volkes» wurde (*socius et amicus populi Romani*).

Im Jahre 12 n. Chr. wurde die gesamte Gegend unter die administrative Kontrolle des Klientelstaates der Odrysen gestellt. Cotys, der einflussreiche Sohn des Königs Rhoemetalkes I., regierte über den östlichen Teil der Dobrudscha, während der Bruder des Königs, Rhascuporis, die westliche Region kontrollierte. Heute ist bekannt, daß das getische Oppidum bei *Troesmis*/Turcoaia noch gleichzeitig mit einer Garnison der Odrysen besetzt war; eine städtische Bebauung nach römischem Schema entwickelte sich an diesem Ort erst gegen Ende des 1. Jhs. n. Chr. Der Küstenstreifen, oder die *praefectura orae maritimae*, stand unter einer separaten Militär- und Zivilverwaltung, welche direkt zwei römischen Präfekten unterstellt war.

Nach der Unterwerfung der Odrysen wurde Thrakien im Jahre 46 n. Chr. offiziell zur römischen Provinz ernannt. Die Gebiete zwischen Donau und Schwarzem Meer wurden weiterhin von den beiden Präfekten verwaltet. Bei der auf ökonomischen Interessen beruhenden Ausweitung des Verwaltungsbezirkes wurde der Zolldistrikt *ripa Thraciae* eingemeindet, welcher später zur Provinz *Moesia Inferior* wurde. Dies geht eindeutig aus einer aus dem Jahr 100 n. Chr. stammenden Inschrift aus *Histria* hervor, in der Einzelheiten bezüglich dieser Grenzfragen aufgelistet sind.

Eine weitere Inschrift aus Tibur in Italien berichtet, dass Tiberius Plautius Silvanus Aelianus, zwischen 57 und 67 n.Chr. Statthalter von *Moesia*, in aufwendigen diplomatischen und militärischen Aktivitäten nördlich der Donau bis

Abb. 2 Troesmis/Turcoaia. Luftansicht des Legionslagers aus dem 4. Jh. n. Chr.

Abb. 3 Luftansicht des spätrömischen Kastells Dinogetia/Garvăn.

zur Krimhalbinsel engagiert war. Diese militärischen Vorstöße gegen die Daker, Sarmaten und Bastarnen erweiterten den römischen Einflußbereich weit über die Donau hinweg und bereiteten somit den Weg für die spätere Eingliederung der *praefectura orae maritimae* in die Provinz *Moesia*, welche im Jahre 15 n. Chr. westlich des Flusses *Asamum*/Osam geschaffen worden war. Diese Eingliederung der *praefectura orae maritimae* wurde schließlich unter Kaiser Vespasian vollzogen. «*Ripa quam tuebatur*», wie es in der Inschrift des Aelianus heißt, läßt vermuten, daß die frühesten Elemente einer Flußgrenze in der ersten Hälfte des 1. Jhs. n. Chr. bereits vorhanden waren. Dies schloß Teile des Zolldistrikts *ripa Thraciae* vom *Dimum*/Belene ostwärts bis hin zum Schwarzen Meer ein.

Um das Jahr 74 n. Chr. verstärkte der Statthalter der Provinz *Moesia*, Rubrius Gallus, die Provinzarmee und bildete eine ausgesprochene Kriegsflotte, die *classis Flavia Moesica*, um so das große Gebiet, welches sich zwischen dem Fluß *Asamum*/Osam ostwärts zum Schwarzen Meer hin erstreckt, zu kontrollieren. Neben den Hauptquartieren der Flotte in *Noviodunum*/Isaccea, befanden sich weitere Stützpunkte der Seestreitkräfte in *Axiopolis*/Hinog, *Capidava*/Seimeni, *Dinogetia*/Garvăn, Barboşi, *Aliobrix*/Orlovka, *Aegyssus* und *Salmorus-Halmyris*/Murighio. Die neuen Auxiliareinheiten wurden wohl entlang des Flusses und der Küste stationiert. Darunter befanden sich die *ala I Vespasiana Dardanorum* in *Arrubium*/Macin, die *ala I Flavia Gaetulorum* und die *ala Gallorum Flaviana* in *Carsium*/Hârşova sowie die *cohors I Flavia Commagenorum*.

Ab dem 1. Jh. n. Chr. war die römische Armee an der unteren Donau hauptsächlich mit einem einzigen militärischen und politischen Gegner konfrontiert: dem dakischen Staat in den Karpaten. Die Bedrohung durch dieses mächtige Königreich zeigte sich in häufigen und groß angelegten Angriffen auf das Territorium jenseits der Donau, besonders im Winter 69–70 n. Chr. und im Jahr 85–86 n. Chr. In ihren Berichten schreiben Tacitus und Jordanes, daß die Daker in erster Linie die militärische Infrastruktur der Provinz zu zerstören suchten – ein umso leichteres Ziel, als sie sich keiner angemessenen militärischen Verteidigungsarmee der Römer gegenübersahen.

Die Gründung der Provinz Moesia *Inferior*

Das ausgedehnte Gebiet der Provinz *Moesia*, das sich von der Save im heutigen Serbien entlang der Donau bis hin zum Schwarzem Meer erstreckte, war zu groß, um eine wirkungsvolle Koordinierung der Verteidigung zu gewährleisten. Dies wurde im Jahre 69 n. Chr. und noch wesentlich mehr im Jahr 85 n. Chr. deutlich, als dakische Stämme in der Grenzzone erfolgreiche Angriffe starteten. Als Folge der Niederlagen sah sich Kaiser Domitian gezwungen, eine Neuordnung der Provinzverwaltung vorzunehmen. Dies geschah durch die Teilung des Gebietes in zwei Provinzen, *Moesia Superior* und *Moesia Inferior*. Die Entscheidung, auf diese Weise zwei unabhängige Kommandostrukturen zu schaffen, erlaubte es mit größerer Flexibilität und Unabhängigkeit sowie mit getrennten logistischen Systemen die Angriffe gegen Dakien erfolgreicher durchzuführen. Allerdings ist die Teilung der Provinz nur indirekt in einer Inschrift überliefert, in der von einem Statthalter der Provinz *Moesia Superior* namens L. Funisulanus Vettonianus die Rede ist (CIL III 4013).

Ab diesem Zeitpunkt zog sich die Grenze von *Moesia Inferior* östlich des Flusses *Utus*/Vit an der Donau bis hin zum Schwarzen Meer in einer Tiefe von 40 bis 60 km nach Süden. Somit war auch die heutige Dobrudscha Teil dieser Provinz.

Nach dem Ausbau der Grenze von *Moesia Inferior* in den Jahren 98 bis 100 n. Chr. spielte sie bereits im ersten (101–102 n. Chr.), besonders aber im zweiten dakischen Krieg (105–106 n. Chr.) eine bedeutende Rolle, als die Daker unter Decebalus die Provinz von Westen angriffen. Im ersten Krieg wurde die größte Schlacht bei Adamclisi ausgefochten. Sie mündete in einen römischen – allerdings sehr kostspieligen – Sieg. Zu Ehren dieses Sieges gründete Trajan im Jahre 113 n. Chr. am Ort der Schlacht die Stadt *Tropaeum Traiani*. Als im Jahre 105 n. Chr. wieder Gefechte ausbrachen, führten die Römer von *Moesia Inferior* aus einen militärischen Vorstoß in das Innere Dakiens, indem sie das Flußtal des Siret hinaufmarschierten und den Oituz-Pass überquerten.

Unter Trajan wurde die Flußgrenze in *Moesia Inferior* durch die Verlegung der *legio V Macedonica* von *Oescus* nach *Troesmis* und der endgültigen Stationierung der *legio XI Claudia* bei *Durostorum* gestärkt. Lager der Hilfstruppen sind aus dieser Zeit in *Sacidava*/Dunareni, *Capidava*/Seimeni, *Carsium*/Hârşova, Barboşi (ein Brückenkopf am rechten Donauufer bei *Dinogetia*/Garvăn), *Salsovia*/Mahmudia und *Salmorus-Halmyris*/Murighiol belegt. Diese Maßnahmen waren zum Teil wohl mit Unruhen durch so genannte «freie» Daker in Moldawien verursacht, doch auch mit der Forderung nach einer besseren Kontrolle über die ausgedehnten Agrarzonen um die nordpontischen Städte verbunden, die schon seit geraumer Zeit unter Aufsicht der Provinzarmee standen. Mit der Gründung der neuen Provinz *Dacia* nördlich der Donau im Jahre 118/119 n. Chr. wurden lange Abschnitte der Flußgrenze nicht mehr besetzt, bis die Provinz im Jahre 275 n. Chr. unter Aurelian aufgegeben wurde und die Situation sich wieder veränderte. Truppen aus den westlichen Teilen der Provinz *Moesia Inferior* wurden nach Osten verlegt. Dort konnte sich die Wirtschaft und das sonstige Leben in den militärischen und städtischen Zentren der Provinz, abgesehen von einigen Unterbrechungen durch Drohgebärden der Rhoxolanen im Jahr 117/118 n. Chr. und einem Einfall der Kostoboken 170 n. Chr., für fast 120 Jahre praktisch ungestört entwickeln. Die von Trajan und Hadrian mit den nördlichen Stämmen abgeschlossenen Verträge erwiesen sich als dauerhaft und trugen substantiell zur Förderung der politischen Stabilität in dieser Region bei.

In den 30er Jahren des 3. Jhs. n. Chr. änderte sich die politische Lage in den Gebieten nördlich der unteren Donau und im Nordschwarzmeergebiet drastisch. Die Karpen, Goten, Heruler und der Taifalen, Stämme die sich erst kurz vorher nördlich des Schwarzen Meeres niedergelassen hatten, führten groß angelegte Angriffe zu Lande und zu Wasser gegen die Provinz *Moesia Inferior*, besonders in der am weitesten im Osten gelegenen Region zwischen dem Donaubogen und der Schwarzmeerküste. Für die Verteidigung der Provinz wurden folglich wieder einschneidende militärische und ökonomische Maßnahmen erforderlich.

Auch an anderen Abschnitten des östlichen Limes der Provinz *Moesia Inferior* war der militärische Druck hoch. Hinzu kam ein akuter Mangel an Arbeitskräften in der 2. Hälfte des 3. Jhs. n. Chr., welche die Nachteile einer solch langen Flußgrenze noch betonten.

Die Entwicklung des *limes Scythicus*

In der 2. Hälfte des 3. Jhs. n. Chr. stand die römische Armee an der unteren Donau zwei mächtigen Gegnern gegenüber, den Goten und den Karpen. Beide benutzten den östlichen Teil der Provinz fortwährend als Einfallstor für ihre Vorstöße nach Süden. Die Durchführung erfolgreicher Abwehrmaßnahmen wurde für die römische Armee und die Provinzverwaltung immer schwieriger. Wiederum wurden die Teilung der Provinz und die Einrichtung zweier separater Kommandos als Lösung angesehen. Ein Teil des westlichen Gebietes von *Moesia Inferior* war bereits unter Aurelianus an die Provinz *Dacia Ripensis* abgetreten worden. Die heutige Dobrudscha wurde zur Provinz *Scythia*. Damit befanden sich drei Provinzen auf dem Gebiet der ehemaligen Provinz *Moesia Inferior*.

Mit der Gründung kleinerer Verwaltungseinheiten wurde nicht nur die Schaffung höherer Truppendichten erleichtert, sondern es eröffnete sich ebenfalls die Möglichkeit einer in die Tiefe gestaffelten Verteidigung (wofür sich die Nordsüdausrichtung der Provinz gut eignete) und somit der flexiblen Abwehr feindlicher Einfälle. Da sich die natürlichen Ressourcen dieser Gegend von denen weiter im Süden unterschieden, waren durch die neue Verwaltung des Gebietes, welches traditionell Verbindungen mit den benachbarten Regionen hatte, auch bessere Vorrausetzungen für den Handel mit den nördlich der Donau gelegenen Gemeinden sowie für die Fortsetzung enger Verbindungen mit den Städten im Nordschwarzmeergebiet geschaffen.

Schriftliche Zeugnisse datieren die Gründung der Provinz *Scythia* auf die Zeit zwischen dem 21. Juli 286 n. Chr. und dem 8. Juli 290 n. Chr. Unmittelbar nach der Provinzgründung wurde der Donaulimes in diesem Gebiet in neuen, unabhängigen Abschnitten organisiert. Juristische Quellen zeigen einen klaren Unterschied zwischen dem *limes Scythicus* und dem *limes Moesiacus* (*Codex Theodosianus* VII 16,2). In der Tat verlangte die Einbeziehung des Donaudeltas mit den zwei großen Marschlandschaften, heute als Balta Ialomitei und Balta Brailei bekannt, nach einem komplexeren Verteidigungsschema für die Provinz *Scythia*. Zwei neue Legionen wurden zwischen den Jahren 286 bis 290 n. Chr. aufgestellt, die an der westlichen und nördlichen Grenze Positionen bezogen: *legio I Iovia Scythica* in *Noviodunum*/Isaccea und *Carsium*/Hârşova, *legio II Herculia* in *Troesmis*/Turcoaia (Abb. 2) und in *Axiopolis*/Hinog. Die Stationierungsorte beider Legionen wie auch der Auxiliartruppen entlang des Flußufers (z. B. *Dinogetia*/Garvăn, Abb. 3), spiegeln die konservative strategische Denkweise der frühen Tetrarchie wieder, welche auf ein seit zwei Jahrhunderten verfolgtes, lineares Abwehrsystem entlang der Uferfront beruhte.

Für diese Zeit sind keine Schriftzeugnisse überliefert, die über die Einheiten im Innern der Provinz berichten könnten. Allerdings deuten Festungen und Städte wie *Ulmetum*/Pantelimonu de Jos, *Ibida*/Slava Rusa, *Tropaeum*/Adamclisi und *Zaldapa*/Abrit entlang einer Straße von mittlerer strategischer Bedeutung an, daß sich später unter den Tetrarchen eine Art Mischform aus der herkömmlichen Strategie und der Tiefenverteidigung entwickeln konnte. Eine Inschrift aus *Tropaeum*/Adamclisi aus dem Zeitraum 315–317 n. Chr. verdeutlicht, wie diese Tiefenverteidigung im frühen 4. Jh. n. Chr. funktionierte. Die ungefähr 20 km hinter der Grenzlinie befindliche Stadt Adamclisi wurde unter der Regierung von Licinius von Grund auf völlig neu aufgebaut, um, wie es heißt, «den Schutz der Grenze zu stärken». Obwohl das neue Abwehrsystem schließlich auch das Hinterland mit einbezog, blieb die Idee einer Flußgrenze immer virulent.

Eine grundlegende Neuordnung des skythischen Limes wurde unter Kaiser Konstantin unternommen. Die neuen Infanterie- und Reitereiregimenter, die aus dieser Zeit stammen, wurden jetzt in abwechselnder Anordnung mit den Legionseinheiten entlang des Flusses verteilt. Die in der *Notitia Dignitatum* überlieferten Strategie Konstantins erwähnt zwei Hauptquartiere für jede Legion und eine große Zahl an *cuneus equitum* und milites-ähnlichen Auxiliareinheiten in einer Aufstellung, die im Laufe des 4. Jhs. n. Chr. allmählich umgeändert wurde. Doch die Beibehaltung der alten Taktik kann nicht nur aus archäologischen Befunden rekonstruiert werden, sondern auch aus der in der *Notitia Dignitatum* benutzten Terminologie als *ripa legionis*, die gebräuchliche Bezeichnung einer Flußgrenze, in diesem Fall der Donau: *ripa fluminis Danuvii*, *ripa Danuvii*. Auch die neuen Titel *praefecti* und *praepositi ripae*, von Konstantin eingeführt, beziehen sich auf ältere Titel des 1. Jhs. n.Chr. und den Titel *praefectus ripae Danuvii*.

Das Verteidigungssystem des vierten Jahrhunderts in *Scythia* wurde in den Grundzügen im 5. und 6. Jh. n. Chr. beibehalten. Sogar als sich das gesamte Territorium der Provinz gemäß historischer Quellen in eine pure Verteidigungszone umwandelte, blieb die Bedeutung der Flußgrenze an der unteren Donau bis zum endgültigen Zusammenbruch des Limes in den zwei ersten Jahrzehnten des 7. Jhs. n. Chr. erhalten.

Übersetzung aus dem Englischen von S. Kerner und R. H. Barnes

Die Donaugrenze in Bulgarien

Gerda Sommer von Bülow

Der etwa 470 km lange Donauabschnitt von der Einmündung des Timok bis zur Stadt Silistra markiert heute die Grenze zwischen Bulgarien und Rumänien. In römischer und spätantiker Zeit (1.–6. Jh. n. Chr.) bildete er die Nordgrenze der Provinz *Moesia*, deren Gründung wahrscheinlich im Jahr 15 n.Chr. erfolgte, nachdem schon Jahrzehnte vorher römische Truppen hier stationiert waren (vgl. den Beitrag zu Serbien). Nach der Provinzteilung im Jahr 85/86 n. Chr. gehörte die Donau unterhalb der Einmündung des *Cebrus*/Cibrica zu *Moesia inferior*. Als sich die Römer um 270/275 n. Chr. aus den nördlich der Donau gelegenen dakischen Provinzen zurückgezogen hatten, wurden auch die Gebiete am rechten Flußufer neu strukturiert. Von der hier zu behandelnden Flußstrecke gehörten der westliche Abschnitt bis zur Mündung des *Utus*/Vit zur Provinz *Dacia ripensis* (erste Nennung 283 n. Chr.) und der anschließende Teil bis *Durostorum*/Silistra zur Provinz *Moesia secunda* (4.–6. Jh. n. Chr.).

Schon auf historischen Karten des 15.–18. Jhs., die sich im wesentlichen auf antike Quellen stützten, sind die meisten bekannten Orte verzeichnet, wenn auch mit einigen Ungenauigkeiten. Die umfassendsten Bestandsaufnahmen für diesen Donauabschnitt finden sich bei Felix Kanitz (1882) und Karel Škorpil (1905), die beide unabhängig voneinander die Balkanprovinzen bereisten und selbst archäologische Untersuchungen durchführten. Nach dem zweiten Weltkrieg erfuhr die archäologische Feldforschung am bulgarischen Donauufer einen großen Aufschwung, und an mehreren Orten wurden Grabungen in internationaler Kooperation durchgeführt, z. B. in *Ratiaria*/Arčar mit Italien, in *Novae*/Svištov mit Polen und in *Iatrus*/Krivina mit Deutschland (Abb. 1).

Insgesamt sind an diesem Donauabschnitt mehr als 40 römische Militärstationen verschiedener Größe und Funktion sowie unterschiedlicher Zeitstellung bekannt. Da an vielen Orten durch Oberflächenfunde und Rettungsgrabungen bisher vor allem spätantike Siedlungsschichten untersucht wurden, liegen Erkenntnisse über frühere Anlagen vielfach noch nicht vor. Es gab hier vier Legionslager (*castra*): *Ratiaria*/Arčar seit diokletianisch-konstantinischer Zeit, *Oescus*/Gigen, 1./Anfang 2. Jh. n. Chr. und ab 275 n. Chr., *Novae*/Svištov) seit 1. Jh. n. Chr. und *Durostorum*/Silistra seit 2. Jh. n. Chr. Alle strategisch wichtigen Punkte wie Flußmün-

Abb. 2 Lazarett (Valetudinarium) des Legionslagers von Novae/Svištov. Rekonstruktion und Blick auf das Grabungsgelände.

dungen u. ä. waren mit Kastellen unterschiedlicher Größe besetzt: *Dorticum*/Vrăv, *Bononia*/Vidin, *Almus*/Lom, *Augustae*/Hărlec, *Utus*/Milkovica, *Asamus*/Čerkovica, *Dimum*/Belene, *Iatrus*/Krivina, *Scaidava*/Batin, *Trimammium*/Mečka, *Appiaria*/Rjahovo, *Transmarisca*/Tutrakan u.a. Entlang der Zwischenstrecken befanden sich Wach- und Signaltürme, von denen bisher jedoch nur wenige bekannt sind. *Sexaginta Prista*/Ruse war vermutlich ein Stützpunkt der moesischen Flußflotte.

Die Geschichte des niedermoesischen Limes beginnt mit der Truppenstationierung in augusteischer Zeit zur Unterstützung der Dakerfeldzüge des Kaisers und der «moesischen Kriege» des M. Licinius Crassus 29/ 28 v. Chr. Die ältesten archäologischen Belege für die Anwesenheit von Soldaten in dieser Region stellen zwei Grabsteine von Legionsangehörigen aus dem 1. Jahrzehnt n. Chr. dar, die in der Nähe von *Oescus*/Gigen gefunden wurden. Der Ausbau des moesischen Donaulimes begann wahrscheinlich unmittelbar nach der Konstituierung der Provinz unter Kaiser Tiberius, aber ein direkter archäologischer Nachweis dafür liegt erst aus dem Jahr 44 n. Chr. vor: Eine ebenfalls in *Oescus*/Gigen zutage gekommene, schlecht erhaltene Bau(?)-Inschrift. In dieser Zeit reichte die römische Grenzaufsicht bis etwa zur Jantramündung, während sie weiter stromabwärts vom thrakischen Klientelkönig ausgeübt wurde. Erst nach der Einrichtung der südlich des *Haemus* (Balkangebirge) gelegenen Provinz *Thracia* im Jahr 45/46 n. Chr. wurde der Limesausbau schrittwiese nach Osten ausgedehnt.

Schon in flavischer Zeit wurde der moesische Limes an der unteren Donau ernstlich bedroht, als im Jahr 85 n. Chr. die Daker unter Führung ihres Königs Diurpaneus die Donau überschritten und in die Provinz einfielen. Die überrumpelten Römer erlitten zunächst eine schwere Niederlage in einer Schlacht im Limeshinterland, in der auch der moesische Statthalter Oppius Sabinus ums Leben kam. Kaiser Domitian startete daraufhin einen Feldzug gegen die Daker, aber erst in einer zweiten Offensive gelang es dem kaiserlichen Heer, die Eindringlinge über die Donau zurückzudrängen. Im selben Jahr 86 n. Chr. führte Kaiser Domitian die Teilung der Provinz *Moesia* durch. Die Grenze zwischen *Moesia superior* und der flußabwärts befindlichen *Moesia inferior* wurde im Bereich der von Süden einmündenden Nebenflüsse *Almus*/Lom und *Cebrus*/Cibrica gezogen. Die Ausgangsbasis für die Dakerkriege des Kaisers Trajan befand sich hauptsächlich in *Moesia superior*, aber am Ende des ersten Krieges (101/102 n. Chr.) hielt sich der Kaiser in einem Legionslager in *Moesia inferior* auf, wobei noch nicht geklärt ist, ob er die Abwehr dakisch-roxolanischer Einfälle von *Oescus*/Gigen oder von *Novae*/Svištov aus betrieben hat. Zur Verstärkung holte er die *legio XI Claudia* aus Pannonien nach Niedermoesien, wo sie auch nach dem erfolgreichen Kriegsende verblieb und in *Durostorum*/Silistra Quartier bezog.

Der westliche Limesabschnitt bis *Dimum*/Belene verlor nach der Einrichtung der dakischen Provinzen seine militärische Bedeutung für den unmittelbaren Grenzschutz. Die *legio V Macedonica* wurde aus *Oescus*/Gigen abgezogen. Der Ort erhielt ebenso wie auch *Ratiaria*/Arčar bereits von Kaiser Trajan den Rang einer *colonia*. Neben der neu angekommenen *legio XI Claudia* in *Durostorum*/Silistra verblieb auch die seit 69/70 n. Chr. in *Novae*/Svištov stationierte *legio I Italica* in der Provinz (Abb. 2). Vexillationen beider Legionen sind im Jahr 136 n. Chr. im Innern der Provinz belegt, wo sie zum Schutz der Goldbergwerke bei *Montana* eingesetzt wurden.

Durch die Einfälle der Kostoboken um das Jahr 170 n. Chr. wurden zwar mehrere Orte an der Donau, zum Beispiel *Novae*/Svištov, wie auch im Provinzinnern, zum Beispiel *Nicopolis ad Istrum*/Nikjup, teilweise zerstört, aber sie bewirkten am niedermoesischen Limes keine flächendeckenden Verwüstungen. Bedrohlicher waren dagegen die Einfälle von Karpen, Jazygen, Quaden u. a. in der 1. Hälfte des 3. Jhs. n. Chr. Um 250 n. Chr. drangen Goten unter Führung des Kniva auf einem Plünderungszug bis in die Provinz *Thracia* vor. Auf ihrem Rückzug stellte sich ihnen ein römisches Heer entgegen, das in der Schlacht bei *Abritus*/Razgrad aber von den Eindringlingen geschlagen wurde. Dabei kam zum ersten Mal in der römischen Geschichte ein amtierender Kaiser, Traianus Decius, ums Leben. Kaum eine Station am niedermoesischen Limes blieb von der durch die Goten verursachten Zerstörungswelle verschont, und das Verteidigungssystem an der unteren Donau brach weitgehend zusammen.

Erst im Jahr 269 n. Chr. konnte der römische Kaiser Claudius II. wieder einen wichtigen Sieg über die Goten erringen, woraufhin ihm der Ehrenname Gothicus verliehen wurde. Kaiser Aurelian konnte weitere Erfolge in dieser Region erringen und siedelte Karpen u. a. vom linken auf das rechte Donauufer um. Gleichzeitig zog er die römische Verwaltung und die römischen Truppen aus den dakischen Provinzen ab, ohne jedoch den Machtanspruch der Römer auf die transdanubischen Gebiete aufzugeben. Dadurch erhielt aber auch der Donauabschnitt oberhalb von *Dimum*/Belene wieder die uneingeschränkte Grenzfunktion.

In diokletianisch-konstantinischer Zeit wurde nicht nur eine umfassende Territorial- und Verwaltungsstruktur der römischen Provinzen durchgeführt, sondern es wurde auch das gesamte Grenzsicherungssystem neu konzipiert und den veränderten militärpolitischen Gegebenheiten angepaßt. Die *legio V Macedonica* war bereits um 275 n. Chr. nach *Oescus*/Gigen, das jetzt zur Provinz *Dacia ripensis*

Auf der folgenden Doppelseite:

Abb. 1 Iatrus/Krivina. Blick auf das Grabungsgelände des spätrömischen Kastells.

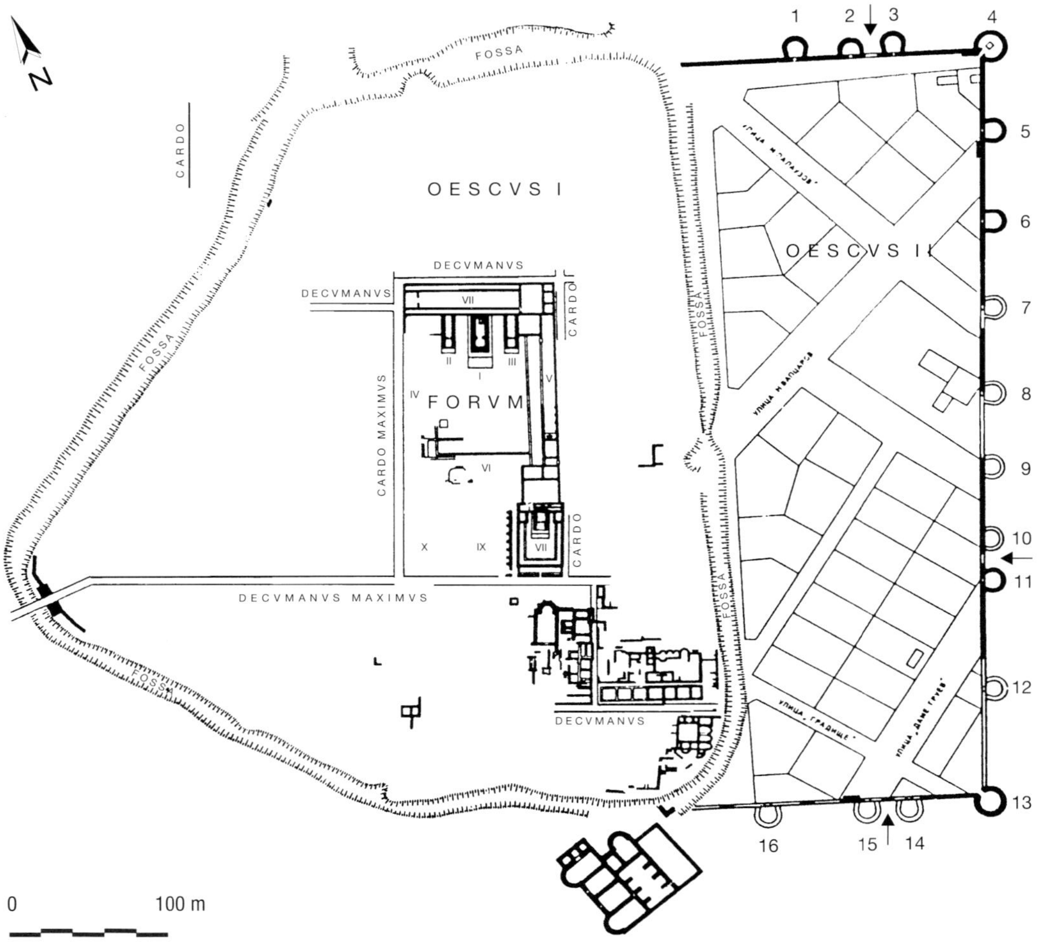

Abb. 3
Plan von Oescus/Gigen mit östlicher Erweiterung (Oescus II).

gehörte, zurückgeführt worden. Sie bezog ihr Hauptquartier wahrscheinlich in der neu angelegten, ummauerten Osterweiterung des Stadtgebietes (*Oescus* II) (Abb. 3). Für die Jahre 291 und 294 n.Chr. sind Besuche des Kaisers Diokletian in *Oescus*/Gigen belegt. Kaiser Konstantin I. ließ hier eine Brücke über die Donau schlagen, die den Machtanspruch auf die ehemals dakischen Provinzialgebiete unterstreichen sollte.

In der *Colonia Ulpia Traiana Ratiaria*/Arčar, die zur Hauptstadt der neu eingerichteten Provinz *Dacia ripensis* aufstieg, wurde die *legio XIII Gemina* stationiert. Ihr Lager befand sich wahrscheinlich ebenfalls außerhalb des bestehenden Stadtgebietes, ist aber archäologisch noch nicht nachgewiesen. In *Ratiaria*/Arčar arbeitete in spätantiker Zeit eine staatlich kontrollierte Waffenschmiede. In *Novae*/Svištov) befand sich, wie inschriftlich belegt ist, seit der 2. Hälfte des 2. Jhs. n. Chr. ein *municipium*. Allerdings ist bisher nicht geklärt, ob das frühere Legionslager selbst oder die außerhalb gelegenen *canabae* bzw. der Kastellvicus das Stadtrecht erhalten hatte. In spätantiker Zeit gehörte der Ort zur Provinz *Moesia secunda*, und auch hier ist eine Erweiterung des ummauerten Areals zu beobachten, die im späten 3./frühen 4. Jh. n.Chr. angelegt worden ist (*Novae* II). Aber auch in Kastellen, wie z. B. *Augustae*/Hărlec, wo im 1. Jh. n. Chr. die *ala Augusta* stationiert war, ist im späten 3./frühen 4. Jh. n. Chr. eine Erweiterung des befestigten Siedlungsareals festgestellt worden (*Augustae* II).

In *Durostorum*/Silistra konnten bei Rettungsgrabungen Teilstücke von neu errichteten spätantiken Verteidigungsmauern direkt am Flußufer festgestellt werden (Abb. 4), aber wegen der modernen Überbauung sind weder der frühere noch der spätere Lagergrundriß vollständig bekannt. Auch die meisten vorhandenen Militärstationen der Provinz erhielten in spätantiker Zeit neue Festungswerke, zum Beispiel *Dimum*/Belene, *Transmarisca*/Tutrakan, *Nigrinianis-Candidiana*/Malăk Preslavec u. a. An weiteren strategisch wichtigen Plätzen wurden darüber hinaus neue Militärlager und Befestigungen errichtet, zum Beispiel *Castra Martis*/Kula, *Iatrus*/Krivina, *Kynton*/Nova Černa u. a.

Eine bedeutende Rolle im Limessystem an der unteren Donau kam in spätantiker Zeit auch der Flußflotte zu (Abb. 5). In *Ratiaria*/Arčar arbeitete eine Schiffswerft, bei *Scaidava*/Batin wurde eine Schiffslände aus der 2. Hälfte des 4. Jhs. n. Chr. untersucht, und die Existenz des Hafens von *Sexaginta Prista*/Ruse ist auch für die Spätantike sehr wahrscheinlich. Auch andernorts entlang des Donauufers sind Häfen oder wenigstens Anlegestellen anzunehmen, die jedoch in den meisten Fällen durch die Donauüberschwemmungen im Laufe der Zeit vernichtet worden sind.

Die Spätantike (4.–6. Jh. n. Chr.) am Limes von *Moesia secunda* ist geprägt durch andauernde Barbareneinfälle und ein sich veränderndes politisches und soziales Verhältnis zwischen Römern und Barbaren. Im Jahr 348 n. Chr. gestattete Kaiser Constantius II. einer Gruppe von christianisierten Goten mit dem Bischof Wulfila die Ansiedlung in der Provinz *Moesia secunda*, im Umfeld von *Nicopolis ad Istrum*/Nikjup, wo die *Gothi minores* noch im 6. Jh. n. Chr. als friedfertige Siedler erwähnt werden.

Die feindlichen Auseinandersetzungen mit fremden Eindringlingen erreichten einen ersten Höhepunkt, als im Jahr 375/376 n. Chr. die Goten unter ihrem Anführer Fritigern von Nordosten her an die untere Donau kamen und Siedlungsland in *Moesia secunda* verlangten. Drei Jahre später, am 9. August 378 n. Chr. fand die Entscheidungsschlacht bei *Adrianopolis*/Edirne (TR) statt, in der Kaiser Valens ums Leben kam und die Römer drei Legionen verloren. Infolge ihres Sieges wurden Goten von Kaiser Theodosius I. unter günstigen Vertragsbedingungen als *foederati* in vielen Limesstationen an der unteren Donau angesiedelt. Seit dem frühen 5. Jh. n. Chr. bedrohten vor allem die Hunnen mit ihren Verbündeten die moesischen Provinzgebiete. In den Kriegen zwischen 441 und 447 n. Chr. verwüsteten Attilas Heere mindestens 70 Orte entlang der Donau und drangen bis tief ins Hinterland ein. Aufgrund ihrer Überlegenheit konnten die Hunnen die Friedensbedingungen diktieren. So mußten die Römer sämtliche Limesanlagen in *Dacia ripensis* und im Westteil von *Moesia secunda* bis *Novae*/Svištov schleifen und den Hunnen freien Zugang bis weit hinter die Grenzlinie gewähren. Als Attila im Jahre 450 n. Chr. aus dieser Region in Richtung Italien aufbrach, hinterließ er eine weitgehend verwüstete und entvölkerte Provinz.

In dieses Vakuum stießen die Ostgoten, die Teil des Attilaheeres gewesen waren, vor. Ihr König Theoderich d. Gr. residierte seit 475 n. Chr. wiederholt in *Novae*/Svištov. Von hier brach er mit seinen Truppen 488 n. Chr. auf, um als Heer-

Abb. 4 Durostorum/Silistra. Teilstück der spätantiken Verteidigungsmauer am Donauufer.

Abb. 5 Ziegelstempel mit Schiffsdarstellung.

meister des oströmischen Kaisers Zenon Krieg gegen Odoaker in Italien zu führen. Archäologisch läßt sich die Anwesenheit der Goten in *Novae*/Svištov) bisher allenfalls durch einige charakteristische Beigaben in christlichen Gräbern belegen, die außerhalb der Festungsmauer zutage gekommen sind.

Im folgenden Jahrzehnt begann der in Konstantinopel residierende Kaiser Anastasius mit der Reorganisation des Verteidigungssystems an der unteren Donau, indem er die beschädigten Festungsanlagen wiederherstellen und neu besetzen ließ. Archäologisch belegt ist die Bautätigkeit unter Anastasius u. a. in *Bononia*/Vidin, *Ratiaria*/Arčar, *Novae*/Svištov, *Iatrus*/Krivina und *Durostorum*/Silistra. Der von diesem Kaiser eingeleitete Wiederaufbau des Limes an der unteren Donau wurde unter Kaiser Justinian I. intensiv fortgeführt, was die überlieferten Berichte des Prokop von Caesarea eindrucksvoll belegen. Währenddessen bedrohten aber immer wieder Einfälle von Fremdvölkern den moesischen Donaulimes, die jedoch nur punktuell größere Zerstörungen verursachten (z. B. in *Iatrus*/Krivina archäologisch nachgewiesen). Seit dem späten 5. Jh. n. Chr. tauchen in den Quellen neben bereits bekannten Völkern wie den Goten, Hunnen, Sarmaten u. a. erstmals auch Slawen und Bulgaren auf.

Im letzten Jahrzehnt des 6. Jh. n. Chr. fiel ein großes Heer der Awaren und mit ihnen verbündeter Slawen in die Grenzprovinzen an der unteren Donau ein. Nach einem etwa 10 Jahre währenden Krieg brach das Verteidigungssystem der Römer an der unteren Donau endgültig zusammen. Das römische Heer und die römische Verwaltung mußten aus den Provinzen *Dacia ripensis* und *Moesia secunda* abgezogen werden. Die Nordgrenze des oströmischen Reiches verlief etwa auf der Kammlinie des *Haemus* (Balkangebirge), und in der verlassenen Grenzzone entstanden bald darauf die ersten mittelalterlichen Staaten.

Der Anastasische Wall: «Die letzte Grenze»

James Crow

Die letzte und monumentalste römische Grenzanlage in Europa war der Anastasische Wall oder «Die große Mauer von Thrakien», die am Beginn des 6. Jhs. n. Chr. 65 km westlich von Konstantinopel gebaut wurde (Abb. 1). Die Mauer erstreckte sich über 56 km von der Küste des Schwarzen Meeres im Norden bis zum Marmara Meer (Abb. 6). Ein zeitgenössischer Panegyriker meinte sogar in einer Lobeshymne auf Anastasius «Was das Größte war und alle Vorstellungen übertraf, war die Errichtung der hohen und mächtigen Mauer, die ganz Thrakien durchzog. Sie reicht von Meer zu Meer, blockiert die Einfälle der Barbaren und ist ein Hindernis für jeglichen feindlichen Angriff. Die Mauer des Themistokles in Athen war nach den Berichten zu urteilen kleiner» (Prokop von Gaza, 21). Das Ausmaß der Mauer übertraf tatsächlich alles bisher dagewesene, und trotzdem war sie bis vor kurzem praktisch unbekannt. Das liegt zum Teil am unzugänglichen Gelände der nördlichen Halbinsel, das mit dichtem Wald bedeckt ist, zum anderen an den militärischen Restriktionen, die erst 1989 aufgehoben wurden. Obwohl die Anastasische Mauer weit von der unteren Donau und den anderen Grenzlinien, die in diesem Buch beschrieben sind, entfernt ist, wirft ihr Bau doch Fragen auf, sowohl nach der Funktion als auch dem Wesen der römischen Grenzen und spürt auch den Änderungen in Auffassung und Verständnis dieser Grenzen in spätantiker Zeit nach.

Abb. 1 Karte des Anastasischen Walls, der sich mit einer Länge von 56 km von der Schwarzmeerküste im Norden bis zum Marmara-Meer erstreckt.

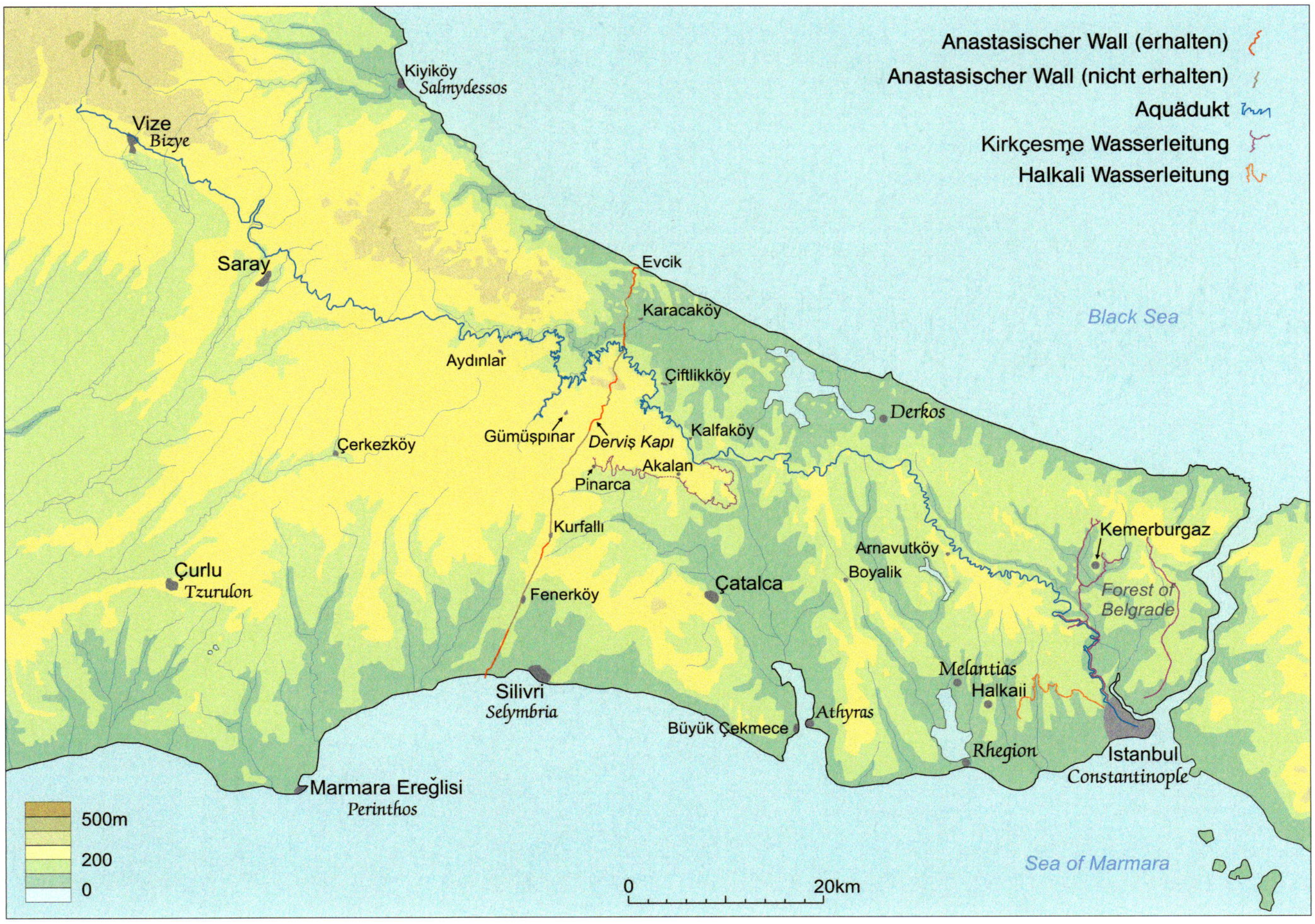

Abb. 2
Der Anastasische Wall führt um die Höhenzüge des Kuşkaya Tepesi, von dem das Schwarze Meer im Norden und das Marmara-Meer im Süden zu sehen ist.

Angesichts der zunehmenden Angriffe der Barbaren auf dem Balkan und in der Umgebung der neuen kaiserlichen Hauptstadt, stellten die 408 n. Chr. beendeten und nahezu uneinnehmbaren Landmauern von und um Konstantinopel eine direkte und erfolgreiche Antwort dar, welche die Sicherheit der Hauptstadt für über ein Jahrtausend garantierten. Innerhalb der Provinzen am Balkan wurde eine Reihe von Grenzwällen errichtet, um den Verkehr über Pässe und in Tälern zu kontrollieren. Die frühesten dieser Bauten wurden im späten 4. Jh. n. Chr. in den Julischen Alpen errichtet, um die Routen in das nordöstliche Italien zu kontrollieren. Diese Strategie wurde im 5. Jh. n. Chr. mit der Errichtung der Wälle an den Thermopylen (GR) und am Isthmus von Korinth (GR) sowie an mehreren Pässen auf dem Balkan und auf der Halbinsel von Gallipoli näher bei Konstantinopel fortgesetzt. Die historischen Quellen machen deutlich, daß diese Grenzwälle, wenn sie ausreichend bemannt waren, fremde Invasionen und Einfälle durchaus stoppen konnten. Der griechische Fachausdruck für diese Mauern war τό μακρόν τειχος, die lange Mauer, ein Begriff den auch Prokop signifikanterweise in seiner Beschreibung des abgelegenen Britannien benutzt, wahrscheinlich die letzte Erwähnung des Hadrianwalls in der Antike.

Der Anastasische Wall

Der südliche Teil der Mauer verläuft in offenem, leicht hügeligem Gelände, einer Reihe nordsüdlich verlaufender Höhenzüge folgend, die am Marmara Meer 4 km westlich der Stadt *Selymbria*/Silivri enden (Abb. 6). Von den ersten 20 km Mauer hat nur wenig mehr überlebt als Steinbrocken und Ziegelbruchstücke, die in der gepflügten Erde zu sehen sind. An einigen Stellen können aber Türme und sogar die niedrige Erhebung, welche die Mauer selbst darstellt, identifiziert werden. Am Meeresufer sind keine Spuren des Walls erhalten, aber nur wenige Meter entfernt kann man im Wasser den dunkle Schatten einer langen Mole sehen, die nur 2 m unter der Oberfläche liegt. Sie bildete ein langes πρόβαλος oder Verteidigungsbollwerk, welches verhindern sollte, daß die Mauer auf dem Seewege einfach umgangen werden konnte. Aus dem umher liegenden Schutt und den Ergebnissen von Testschnitten kann geschlossen werden, daß der Wall in seinem südlichen Abschnitt aus sich abwechselnden Stein- und Ziegellagen gebaut war, und damit der Konstruktionsweise spätantiker Stadtmauern – wie der in Konstantinopel – entsprach. Auf dem Wege nach Norden klettern die Höhenzüge auf ein zerklüftetes Plateau, das vom relativ hohen Kuşkaya Hügel (378 m) dominiert wird (Abb. 2). Die Erhebungen nördlich der Eisenbahnlinie Istanbul – Sofia bis zur Küste des Schwarzen Meeres sind von dichtem Eichen- und Buchenwald bewachsen und waren für jegliche Armeeeinheiten undurchdringlich. Dieser Wald wird auch heute noch sorgfältig gepflegt und nur alle 25 Jahre zurückgeschnitten, so daß längere Partien des Walls und der zugehörigen Strukturen nur dann sichtbar sind bzw. erreicht werden können. Der Boden besteht in dieser Gegend aus einer dünnen Schicht Kies über metamorphischem Gestein, teilweise mit Karst-Kalkstein gemischt. Es ist unter diesen Umständen wahrscheinlich, daß der Boden auch in antiker Zeit wenig ertragreich war, wenn auch der Charakter des Eichenwaldes anders gewesen sein dürfte, besonders wenn die Gegend als Weideland für Schafe und Ziegen gedient hat.

Der seit 1994 durchgeführte Survey macht es nun möglich, eine detaillierte Beschreibung der noch vorhandenen Strukturen im nördlichen Teil der Anlage bis Evcik am Schwarzen Meer vorzulegen (Abb. 3). Das Schalenmauerwerk war dort aus großen Kalk- und Sandsteinblöcken gebaut, während der Kern der Mauer aus Kalkstein und an einigen Stellen auch aus metamorphem Gestein bestand. Kern und Schalenmauerwerk sind durch harten Kalkmörtel mit Ziegeleinsprengseln miteinander verbunden. Die Schalenmauer ist 3,2 m breit und an den höchsten noch erhaltenen Punkten bis zu 4,5 m hoch. An einigen Stellen ist die Schalenmauer nur 1,8 m breit und weist eine Reihe innerer Bögen auf. Die Folgen von Raubgrabungen und Straßenbau haben an manchen Punkten das Mauerfundament freigelegt, das dort 1,5 bis 2,5 m tief ist. Die Konstruktionsweise der Mauer entspricht der anderer spätantiker Stadt- und Verteidigungsmauern. Vergleichbare erhaltene Anlagen, wie z. B. die Stadtmauer in Resafa (SYR), sind normalerweise 10 m hoch und es gibt keinen Grund anzunehmen, daß der Anastasische Wall bedeutend niedriger war. Im Querschnitt dreieckige Zinnen wurden bei Hisar Tepe gefunden und bieten so den besten Beleg für die Existenz einer Brüstung und somit eines Wehrgangs auf der Mauer. Außer an den Stellen, wo das Gelände steil nach Westen abfällt, fanden sich entlang der gesamten Mauerlänge Hinweise auf einen 15 m breiten Graben, der sich 23 m vor dem Wall befand. Bei dem Kastell von Büyük Bedesten wurde ein Vorwerk bis 80 m vor dem eigentlichen Wall gefunden, das wahrscheinlich eine im Zusammenhang mit den Invasionen im späten 6. oder 7. Jh. angelegte zusätzliche Verteidigungsanlage war.

Abb. 3
Der staubige Pfad, der von dieser Straße zur Bucht von Evcik Iskalesi führt, markiert den am besten sichtbaren und zugänglichen Teil des Walls.

Abb. 4 Digitale Rekonstruktion des südwestlichen Teils des Walls bei Derviş Kapi.

Die Mauer selbst war ein beeindruckendes Bollwerk und zusätzlich gab es entlang der gesamten Länge ein System von Türmen (Abb. 4). An den Punkten, wo der Wall eine andere Richtung einschlägt, waren die Türme polygonal, meist fünfeckig, in einigen Fällen auch sechseckig. Die Türme sind von beeindruckenden Dimensionen, ragen über 11,5 m vor die Mauer und sind durchaus mit den größten Turmbauten der antiken Welt vergleichbar. Es ist eindeutig, daß die Türme Raum für Torsionsartillerie bieten sollten, und so erwähnt Agathias auch ausdrücklich Geschütze in seinem Bericht eines erfolgreichen Angriffs durch Zabergan von 558/559: «Es gab nichts, was sie hätte stoppen können, keine Wachen, kein Verteidigungsgerät, niemanden der es hätte bedienen können. Nicht einmal ein Hundebellen war zu hören, was in jedem einfachen Schweinestall und jeder Schafshürde der Fall gewesen wäre.» (Agathias , *Hist.* V, 13, 5–6).

Zwischen diesen mächtigen Bastionen befanden sich weitere rechteckige Türme, die eine für spätantike Verteidigungsanlagen ungewöhnliche Form haben, da sie bei 11 m Breite oft nur 2 m nach außen vorragen. Ein Turm wurde durch Raubgräber weitgehendst von Schutt und Geröll befreit, so daß nun Teile einer doppelten Treppe im Inneren und Bogengewölbe erkennbar sind. In einer ersten Phase war der Eingang 2,4 m breit, während er später auf 1,5 m verengt wurde. Die Türme scheinen zum einen als Unterkunft gedient zu haben, boten aber auch die Möglichkeit den Aufstieg zum Mauerumgang zu kontrollieren, denn es wurden keine im Außenbereich liegenden Treppen gefunden. Die Türme stehen in einem Abstand von ca. 80 bis 120 m. Eine grobe Schätzung ergibt somit mindestens 340 Türme entlang des gesamten Walls.

Zusätzlich zu den regelmäßig angelegten Türmen fanden sich kleine Kastelle, die in türkisch *Bedesten* genannt werden. Sechs solcher Anlagen sind bekannt und zwei wurden im Detail aufgenommen, der *Küçük* (kleine) und der *Büyük* (große) *Bedesten*. Sie liegen im Abstand von 3,5 km und bildeten die Hauptdurchlässe in der Mauer. Nach den zwei genannten Beispielen zu urteilen, wurden die Festungen auf der Innenseite des Walls erbaut, wo sie sich 64 m parallel und maximal 32 m hinter der Mauer erstreckten (die Begriffe klein und groß beziehen sich auf die erhaltene Höhe der beiden Anlagen, in ihrer Ausdehnung scheinen sie sich zu gleichen). An allen vier Ecken befanden sich vorspringende rechteckige Türme. In der Mitte der Längsseiten befand sich je ein Tor, das Einlaß in die Festung bzw. einen Durchgang durch den Wall ermöglichte. Eine Untersuchung um *Büyük Bedesten* zeigte, daß die noch stehenden Mauern, Tore und Türme im größeren topographischen Kontext verstanden werden müssen (Abb 5). Es gibt kaum Hinweise auf Bauten innerhalb der Umfassungsmauern und in den durch Raubgräber verursachten Gruben fand sich nur sehr wenig spätantike Keramik. Ein Survey um *Bedesten Tepe*, welcher näher an der Schwarzmeerküste liegt, erbrachte Münzen aus der Zeit Justinians II. und Metallfunde aus dem späten 6. Jh. n. Chr. Alles deutet darauf hin, daß diese Festungen nur für kurze Perioden und dann mit kleinen Wachmannschaften bemannt waren.

Zusätzlich zu den Toren in den *Bedesten* hat es wahrscheinlich große, gut verteidigte Toranlagen gegeben, die eine Durchquerung des Walls an den großen West–Ost verlaufenden Straßen ermöglichten. Keines dieser Tore ist bekannt, aber es muß eines an der Via Egnetia gegeben haben, die den Wall nördlich von Silivri schnitt. Ein weiteres wird weiter nördlich an einer Straße, die in den Straßenitineraren erwähnt ist, entlang der Schwarzmeerküste existiert haben. Diese bedeutenden Kreuzungspunkte zu finden, sollte ein wichtiger Punkt in zukünftigen Forschungsprojekten sein.

«Die letzte Grenze»

Die archäologischen Untersuchungen zeigen ein beeindruckendes Bollwerk, das – mit zwei Ausnahmen – auch tatsächlich alle Einfälle der Barbaren während des 6. Jhs. n. Chr. aufhalten konnte. Der Wall wurde noch bis in das 7. Jh. n. Chr. hinein instand gehalten und eine kürzlich gefundene Inschrift berichtet von Arbeiten in der Zeit des Kaisers Heraklius, auch wenn die Mauer nach der Belagerung durch die Awaren im Jahre 626 n. Chr. nicht mehr regelmäßig gewartet wurde. Ursprünglich gab es einen zivilen und einen militärischen Befehlshaber, aber unter Kaiser Justinian wurden diese beiden Kommandos zum neuen Posten des *praetor* von Thrakien zusammengefasst (Justinian, *Hist.* 26, 535). Nicht überraschend kam eine der schwersten Niederlagen am Wall nach dem starken Erdbeben von 557 n. Chr. und einer langen kriegerischen Periode in Italien, als kaiserliche Truppen in großer Zahl aus

Abb. 5 Digitale Animation des Kastells Büyük Bedesten.

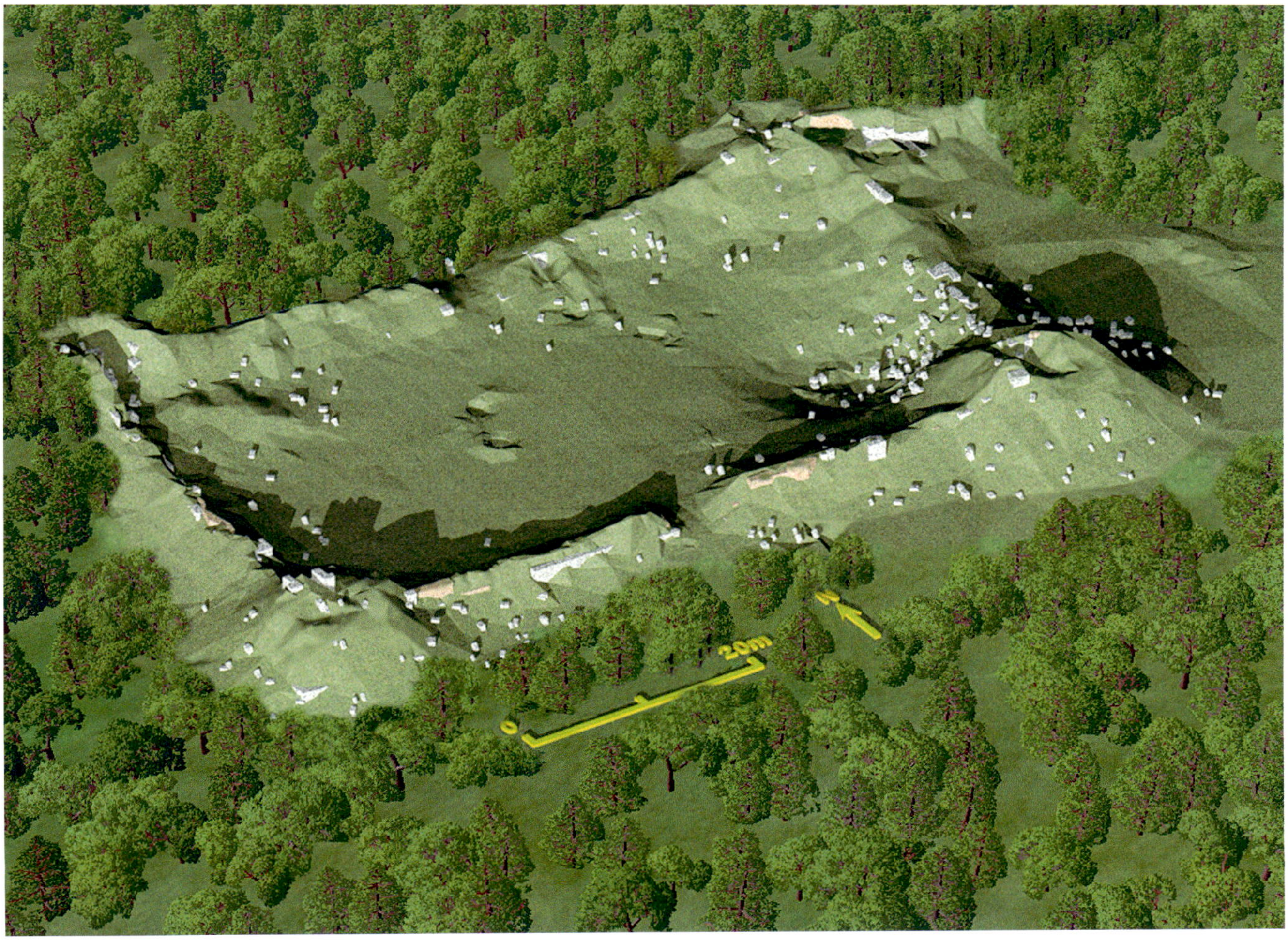

Abb. 6 Detailkarte des Anastasischen Walls mit Markierung der untersuchten Abschnitte.

den Balkanprovinzen und der Stadt verlegt worden waren. Zeitgenössische Kommentatoren geben durchaus widersprüchliche Einschätzungen von Funktion und Erfolg der langen Mauer. Der Chronist Malalas nennt sie «Die Mauer von Konstantinopel» (18,129) um ihre Effektivität anschaulich zu machen, während er die eigentlichen Stadtmauern als Mauern des Theodosius und Konstantin (18,124) bezeichnet. Historische Quellen beschreiben wie der alternde Justinian nach der Invasion von 558 n. Chr. persönlich den Wiederaufbau überwachte – eine bemerkenswert direkte kaiserliche Intervention.

Diese Zeugnisse widersprechen allerdings Prokops Ansichten zum Anastasischen Wall. Nachdem er die verschiedenen Bauten des Anastasius in seinem Werk «Die Bauten» beschrieben hat, fährt er fort: «Das war de facto der Grund für noch größere Schwierigkeiten. Denn weder war es möglich so eine lange Anlage wirklich sicher zu machen, noch konnte sie wirklich effektiv bewacht werden. Jedesmal wenn Feinde irgendeine Stelle dieser langen Mauern angriffen, überwältigten sie nicht nur die Wachen ohne Schwierigkeiten, sondern überfielen dann auch die anderen, nichtsahnenden Menschen und richteten Verheerungen an, die kaum zu beschreiben sind.» Diese Art Kritik ist typisch für Prokop, aber seine Vorschläge zur Behebung dieses Mißstandes – nämlich die Zusetzung der Eingänge in den Türmen – kann auch tatsächlich am Beispiel der Verkleinerung des Tores von Derviş Kapi gesehen werden. Manchmal traf seine Kritik sicherlich zu, aber meistens konnten die Garnisonen die Mauer halten, so daß die Bezeichnung «Mauer von Konstantinopel» sicherlich nicht unbegründet war. Prokops Polemik hat allerdings praktisch alle nachfolgenden Historiker in ihrem Urteil beeinflusst, beginnend mit Edward Gibbon, der als erster die Mauer so beschrieb: «das letzte Bollwerk, welches das Unvermögen seiner [Justinians] Armeen zeigte.» Die gerade durchgeführten Untersuchungen belegen dagegen die Monumentalität der gesamten Anlage (Abb. 6), die nicht nur eine Wehr weit vor der Stadt bildete, sondern teilweise auch eine der wichtigsten Quellen der Stadt beschützte. Die Quelle bei Pinarca liegt 2 km östlich des Walls während andere wichtige Quellen und Wasseradern außerhalb der Mauer lagen. Obwohl dieser Grund in keiner antiken Quelle angegeben ist, wird klar, daß eine Hauptaufgabe des Walls die Sicherung der weiter entfernten Teile des Wasserversorgungssystems war. Diese Überlegung legt wiederum nahe, warum eine solch lange Linienführung für die Mauer ausgewählt wurde und nicht etwa die wesentlich kürzere Route östlich von Catalca, die vom See bei Terkos zum Zufluss bei Büyük Cekmece führt, eine Strecke die für die Verteidigungsmauer der Stadt im 19. Jh. gewählt wurde.

Gleichzeitig war die schiere Existenz der Mauer eine Anerkennung der Tatsache, daß die Grenzen an der unteren Donau praktisch keinen Schutz mehr boten. Wie sehr auch immer Prokop behaupten mag, daß Justinian «wünschte, die Donau zur stärksten möglichen Grenze und ersten Verteidigungslinie vor ihnen von ganz Europa zu machen» (Bauten IV, I 33), so zeigte sich doch während des ganzen 6. Jhs. n. Chr., daß die römischen Garnisonen Einfälle und Invasionen dort nicht aufhalten konnten. Dies machte weitere Verteidigungslinien mit den langen Wällen an den Thermopylen (GR) und andernorts notwendig, um regionale Sicherheit zu erreichen. Die größte dieser Anlagen war der Anastasische Wall, eine vorgelagerte Stadtmauer und gleichzeitig an die Grenzmauern des römischen Limes erinnernd. Letztendlich, was auch immer die ursprünglichen Motive der Kaiser von Konstantinopel waren, wurde der Grenzwall zur symbolischen Trennlinie zwischen dem sicheren Leben nahe der Stadt und den immer ferner scheinenden Gebieten auf dem Balkan, jenseits der Mauer.

Anhang

Literaturverzeichnis

Grenzen im römischen Imperium

Limes Congress (ab 1952), *The Proceedings of the International Congress of Roman Frontier Studies*, wie folgt:

E. Birley (Hrsg.), Newcastle 1949 (1952).
E. Swoboda (Hrsg.), Carnuntum 1955 (1956).
R. Laur-Belart (Hrsg.), Basel 1957 (1959).
Durham, 1959, unpubl.
G. Novak (Hrsg.), Yugoslavia, 1963 (1964).
H. Schönberger (Hrsg.), South Germany 1964 (1967).
S. Appelbaum (Hrsg.), Tel Aviv 1967 (1971).
E. Birley / B. Dobson / M. Jarrett (Hrsg.), Cardiff 1969 (1974).
D. M. Pippidi (Hrsg.), Mamaia 1972 (1974).
D. Haupt/H. G. Horn (Hrsg.), Xanten 1974 (1977).
J. Fitz (Hrsg.), Székesfehérvár 1976 (1977).
W. S. Hanson / L. J. F. Keppie (Hrsg.), Stirling 1979 (1980).
D. Planck /C. Unz (Hrsg.), Aalen 1983 (1986).
H. Vetters / M. Kandler (Hrsg.), Carnuntun 1986 (1990).
V. A. Maxfield / M. J. Dobson (Hrsg.), Canterbury 1989 (1991).
W. Groenman-Van Waateringe / R. L. Van Beck / W. J. H. Willems / S. L. Wynia (Hrsg.), Rolduk 1995 (1997).
N. Gudea (Hrsg.), Zalau 1999 (1999).
P. Feeman / J. Bennett / Z. T. Eiena / B. Hoffman (Hrsg.), Amman 2000 (2002).
Zs. Visy (Hrsg.), Pécs 2004, forthcoming.

Grenzen im historischen Kontext

J. Amstadt, *Die K. K. Militärgrenze 1522–1881* (1969).
K. Brunner, *Herzogtümer und Marken. Vom Ungarnsturm bis ins 12. Jahrhundert, Österreichische Geschichte 907–1156*, hrsg. von H. Wolfram (1994).
J. Gernet, *Die chinesische Welt* (1979).
O. Lattimore, *Inner Asian Frontiers of China* (1940).
O. Lattimore, *Studies in Frontier History* (1962).
Ph. Longworth, *Die Kosaken. Legende und Geschichte* (1969).
A. Mackay, *Spain in the Middle Ages. From Frontier to Empire, 1000–1500* (1977).
R.-J. Lilie, *Byzanz. Das zweite Rom* (2003).
Ch. Miller, *Khyber. The Story of the North West Frontier* (1977).
L. Monreal y Tejada, *Mittelalterliche Burgen in Spanien* (1999).
G. Ostrogorsky, *Geschichte des Byzantinischen Staates* (1963).
G. Pálffy, *Die Entstehung und Entwicklung der Türkenabwehr in Ungarn 1526–1699*, in: *Kaiser und König 1526–1918*, Ausstellungskatalog Wien 2001 (2001).
N. V. Preradovich, *Des Kaisers Grenzer* (1970).
H. V. Rimscha, *Geschichte Rußlands* (1970).
P. E. Roberts, *History of British India* (1921).
G. E. Rothenberg, *The Austrian Military Border in Croatia, 1522–1747* (1960).
R. V. Schumacher, *Des Reiches Hofzaun. Geschichte der deutschen Militärgrenze im Südosten* (1940).
G. Stökl, *Russische Geschichte von den Anfängen bis zur Gegenwart* (1983).
M. Weltin, *Der Kampf um das westungarische Grenzgebiet, das heutige Burgenland*, in: H. Dopsch, *Die Länder und das Reich. Der Ostalpenraum im Hochmittelalter, Österreichische Geschichte 1122–1278*, hrsg. von H. Wolfram (1999).
K. Wessely, *Die K. K. Militärgrenze, Beiträge zu ihrer Geschichte* (1973).
Th. Winkelbauer, *Ständefreiheit und Fürstenmacht. Länder und Untertanen des Hauses Habsburg im Konfessionellen Zeitalter*, Teil I, *Österreichische Geschichte 1522–1699*, hrsg. von H. Wolfram (2003).
H. Wolfram, *Grenzen und Räume. Geschichte Österreichs vor seiner Entstehung, Österreichische Geschichte 378–907*, hrsg. von H. Wolfram (1995).
L. Zewen / D. Wenbao / D. Wilson / J.-P. Drège /H. Delahaye, *Die Große Mauer. Geschichte, Kultur und Sozialgeschichte Chinas* (1991).

Limesflüge über Süddeutschland

R. Christlein / O. Braasch, *Das unterirdische Bayern* (1982) 172 f.
G. Ulbert / Th. Fischer, *Der Limes in Bayern* (1983) 84 f., 88 ff.
P. Filtzinger, *Die Römer in Baden-Württemberg*, in: *Handbuch der Baden-Württembergischen Geschichte*, 1 *Allgemeine Geschichte* (2001).
S. von Schnurbein, *Die Römer in Schwaben. Arbeitsheft* 27, *Bayerisches Landesamt für Denkmalpflege* (1985) 30 f.
O. Braasch, *Vom heiteren Himmel – Luftbildarchäologie. Porträt Archäologie* 1 (2005) 58.
M. Mackensen, *Das frühkaiserzeitliche Kastell Aislingen und die neu entdeckten Kleinkastelle bei Burlafingen und Nersingen an der Donau*, in: *Die Römer in Schwaben. Arbeitsheft* 27, *Bayerisches Landesamt für Denkmalpflege* (1985) 30 f.

Die Geographie Europas im römischen Denken

K. Brodersen (Hrsg.), *Pomponius Mela, Kreuzfahrt durch die Alte Welt* (1994).
Pomponius Mela's Description of the World, übers. v. F. E. Romer / Ann Arbor (1998).
Pomponius Mela, Chorographie, hrsg. v. A. Silberman, Paris: *Les Belles Lettres* (1988).
K. Brodersen / R. J. A. Talbert (Hrsg.), *Space in the Roman World: Its Perception and Presentation*, in: R. Talbert / K. Brodersen (Hrsg.), *Antike Kultur und Geschichte* 5 (2004).
K. Brodersen, *Antike Weltbilder im Widerspruch zwischen Theorie und Praxis*, in: H.Gebhard / H.Kiesel (Hrsg.), *Weltbilder, Heidelberger Jahrbücher* 47 (2004) 111–126.
K. Brodersen, *Mapping (in) the Ancient World. Journal of Roman Studies* 94 (2004) 183–190.

Römische Außenpolitik und militärische Strategie

A. Alföldy, *Rhein und Donau in der Kaiserzeit*, in: *JBerGPV* (1948/49) 5 ff.
A. Alföldy, *Der Friedensschluß des Kaisers Commodus mit den Germanen*, in: *Historia* 20 (1971) 84 ff.
Nachdruck mit Nachträgen in: R. Klein (Hrsg.), *Marc Aurel* (1979) 389 ff.
Nachdruck mit weiteren Nachträgen, in: A. Alföldy, *Die Krise des Römischen Reiches. Geschichte, Geschichtsschreibung und Geschichtsbetrachtung*, in: *Ausgewählte Beiträge, Heidelberger Althistorische Beiträge und Epigraphische Studien* 5 (1989) 25 ff.

A. ALFÖLDY, *Die lineare Grenzziehung des vorderen Limes in Obergermanien und die Statthalterschaft des Gaius Popilius Carus Pedo*, in: *SJ* (im Druck).
P. BARCELÓ, *Roms auswärtige Beziehungen unter der Constantinischen Dynastie (306–363), Eichstätter Beiträge, Abt. Alte Geschichte* 3 (1981).
A. R. BIRLEY, *Roman Frontiers and Frontier Policy*, in: *Transactions of the Architectural and Archaeological Society, Durham, Northumberland* 3 (1974) 13 ff.
TH. S. BURNS, *Rome and the Barbarians, 100 B.C.–A.D. 400* (2003).
M. CARY, *The Frontier Policy of the Roman Emperors down to A.D. 200*, in: *Acta Classica* 1 (1958) 131 ff.
B. ISAAC, *The Limits of Empire. The Roman Army in the East* (1990).
P. KEHNE, *«Externae gentes» und «regna intra fines» im Nordgrenzenbereich des Imperium Romanum vom 1. bis zum 3. Jahrhundert: Eine Kritik der Klientelrandstaaten-Theorie*, in: *Eos* 87 (2000) 311 ff.
J. KLOSE, *Roms Klientelrandstaaten am Rhein und an der Donau, Historische Untersuchungen* 14 (1934).
E. KORNEMANN, *Die unsichtbaren Grenzen des römischen Kaiserreiches*, in: DERS., *Staaten, Völker, Männer* (1934) 96 ff.
E. N. LUTTWAK, *The Grand Strategy of the Roman Empire. From the First Century A.D. to the Third* (1976).
J. C. MANN, *The Frontiers of the Principate*, in: *Aufstieg und Niedergang der römischen Welt* II 1 (1974) 508 ff.
S. P. MATTERN, *Rome and the Enemy. Imperial Strategy in the Principate* (1999).
A. MÓCSY, *Zur Entstehung und Eigenart der Nordgrenzen Roms*, in: *Rheinisch-Westfälische Akademie der Wissenschaften, Vorträge* G 229 (1978).
DERS., *Pannonien und das römische Heer, Ausgewählte Aufsätze, Mavors. Roman Army Researches* VII (1992) 23 ff.
K. RAAFLAUB, *Die Militärreformen des Augustus und die politische Problematik des frühen Prinzipats*, in: G. BINDER (Hrsg.), *Saeculum Augustum* I. *Wirtschaft und Gesellschaft, Wege der Forschung* CCLXXVI (1987) 246 ff.
C. M. WELLS, *The German Policy of Augustus. An Examination of the Archaeological Evidence* (1972).
C. R. WHITTAKER, *Frontiers of the Roman Empire. A Social and Economic Study* (1994).

Rom und die Barbaren in Europa

C. BRIDGER / C. V. CARNAP-BORNHEIM (Hrsg.), *Römer und Germanen – Nachbarn über Jahrhunderte*, in: *British Archaeological Reports, International Series* 678 (1997).
M. ERDRICH, *Rom und die Barbaren*, in: *Römisch-Germanische Forschungen* 58 (2001).
U. v. FREEDEN / S. v. SCHNURBEIN (Hrsg.), *Spuren der Jahrtausende. Archäologie und Geschichte in Deutschland* (2002).
H. FRIESINGER / J. TEJRAL / A. STUPPNER (Hrsg.), *Markomannenkriege, Ursachen und Wirkungen, Spisy Archeologického Ústavu AV ČR Brno* 1 (1994).
S. FRÖHLICH (Hrsg.), *Gold für die Ewigkeit – Das germanische Fürstengrab von Gommern* (2000).
A. HAFFNER / S. v. SCHNURBEIN (Hrsg.), *Kelten, Germanen, Römer im Mittelgebirgsraum zwischen Luxemburg und Thüringen*, in: *Kolloquien Vor- und Frühgeschichte* 5 (2000).
L. JØRGENSEN / B. STORGAARD / L. GEBAUER THOMSEN (Red.), *Sieg und Triumpf. Der Norden im Schatten des Römischen Reiches* (2003).
R. LASER u. a., *Corpus der römischen Funde im europäischen Barbaricum, Deutschland* Bd. 1, *Bundesländer Brandenburg und Berlin* (1994).
U. LUND HANSEN u. a., *Himlingøje – Seeland – Europa. Ein Gräberfeld der jüngeren römischen Kaiserzeit auf Seeland, seine Bedeutung und internationalen Beziehungen, Nord, Fortidsminder Ser.* B, 13 (1995).
W. MENGHIN / D. PLANCK (Hrsg.), *Menschen – Zeiten – Räume*, in: *Archäologie in Deutschland* (2002).
J. PEŠKAR / J. TEJRAL, *Das germanische Königsgrab von Mušov in Mähren*, in: *Römisch-Germanisches Zentralmuseum, Monographien* 55,1–3 (2002).
S. v. SCHNURBEIN, *Vom Einfluß Roms auf die Barbaren, Nordrhein-Westfälische Akadademie der Wissenschaften, Vorträge* G 331 (1995).
H.-U. VOSS / P. HAMMER / J. LUTZ, *Römische und germanische Bunt- und Edelmetallfunde im Vergleich*, in: *Bericht der Römisch-Germanischen Komission* 79 (1998) 107–382.
L. WAMSER / CHR. FLÜGEL / B. ZIEGAUS (Hrsg.), *Die Römer zwischen Alpen und Nordmeer. Zivilisatorisches Erbe einer europäischen Militärmacht* (2000).

Der Limes in Europa

D. BAATZ, *Der römische Limes* (2000).
L. BAKKER, *Der Siegesaltar zur Augsburger Juthungenschlacht von 260 n. Chr.*, in: R. PETROVSZKY u. a., *Der Barbarenschatz – Geraubt und im Rhein versunken* (Ausstellungskatalog Hist. Museum Speyer 2006) 30 f.
R. BIRLEY, *Der Hadrianswall – Die römische Nordgrenze in Britannien. Antike Welt* 1 (1978) 36–43.
J. H. F. BLOEMERS, *Die sozial-ökonomischen Aspekte der ländlichen Besiedlung an Niederrhein und Niedermaas in Germania Inferior und das Limesvorfeld von Chr. Geb. bis zum 5. Jh. n. Chr.*, in: H. BENDER / H. WOLFF (Hrsg.), *Ländliche Besiedlung und Landwirtschaft in den Rhein-Donau-Provinzen des Römischen Reiches. Passauer Universitätsschriften zur Archäologie* 2 (1994) 123–139.
A. BÖHME-SCHÖNBERGER, *Romanisierung einheimisch-keltischer Eliten im ländlichen Umfeld des Legionslagers Mainz – das Beispiel Badenheim*, in: M. HEINZELMANN / J. ORTALLI / P. FASOLD / M. WITTEYER, *Römischer Bestattungsbrauch und Beigabensitten in Rom, Norditalien und den Nordwestprovinzen von der späten Republik bis in die Kaiserzeit.* Internationales Kolloquium, Rom 1.–3. April 1998. *Palilia* 8 (2001) 287.
J. E. BOGAERS / C. B. RÜGER, *Der Niedergermanische Limes* (1974).
K. DIETZ, *Kastellum Sablonetum und der Ausbau des rätischen Limes unter Kaiser Commodus. Chiron* 13 (1983) 497–536.
K. DIETZ / G. WEBER, *Fremde in Rätien. Chiron* 12 (1982) 409–443.
W. ECK / H. WOLFF, *Heer und Integrationspolitik. Die römischen Militärdiplome als historische Quelle* (1986).
K. ELSCHEK, *Römisch-germanische Villae rusticae im Limesvorfeld von Carnuntum? Ergebnisse systematischer Grabung und Prospektion*, in: *Roman Frontier Studies, Oxbow Monograph* 91 (1995) 225 f.
J. GARBSCH, *Der spätrömische Donau-Iller-Rhein-Limes. Kleine Schriften zur Besetzungsgeschichte Südwestdeutschlands* 6 (1970).
M. GECHTER, *Die Anfänge des niedergermanischen Limes. Bonner Jahrbücher* 179 (1979) 1–12.
K. GENSER, *Der Donaulimes in Österreich. Kleine Schriften zur Besetzungsgeschichte Südwestdeutschlands* 44 (1990).
D. F. GRAF, *The Via Militaris and the Limes Arabicus*, in: *Roman Frontier Studies, Oxbow Monograph* 91 (1995) 123 ff.
U. HEIMBERG, *Was bedeutet Romanisierung? Das Beispiel Niedergermanien.* Antike Welt 1 (1998) 19 ff.
M. KANDLER / H. VETTERS, *Der römische Limes in Österreich* (1986).
K. KORTÜM, *Zur Datierung der römischen Militäranlagen im obergermanisch-raetischen Grenzgebiet. Saalburg-Jahrbuch* 49 (1998) 5–65.
P. KOS, *Sub principe Gallieno ... amissa Raetia? Numismatische Quellen zum Datum 259/260 n. Chr. in Raetien. Germania* 73 (1995) 1, 131 ff.
H.-P. KUHNEN, *Wirtschaftliche Probleme und das Ende des römischen Limes in Deutschland*, in: *Roman Frontier Studies, Oxbow Monograph* 91 (1995) 429.
R. LASER, *Römisch-germanische Beziehungen im 3. Jahrhundert –*

Die Germanen, Geschichte und Kultur der germanischen Stämme in Mitteleuropa, Bd. 2 (1983) 32–56.
B. Lörincz, *Die römischen Hilfstruppen in Pannonien während der Prinzipatszeit.* Teil I: *Die Inschriften, Wiener Archäologische Studien* 3 (2001).
H.U. Nuber, *Das Ende des Obergermanischen-Raetischen Limes – eine Forschungsaufgabe*, in: *Archäologie und Geschichte des Ersten Jahrtausends in Südwestdeutschland, Freiburger Forschungen zum Ersten Jahrtausend in Südwestdeutschland* 1 (1990) 51–68.
P. Ottaway, *Recent excavations of the Late Roman signal station at Filey, North Yorkshire*, in: *Roman Frontier Studies, Oxbow Monograph* 91 (1995) 135 ff.
S. F. Pfahl / M. Reuter, *Waffen aus römischen Einzelsiedlungen rechts des Rheins. Ein Beitrag zum Verhältnis von Militär und Zivilbevölkerung im Limeshinterland. Germania* 74/I (1996) 119–167.
A. S. Robertson, *The Antonine Wall* ([4]1990).
H. Schönberger, *Die römischen Truppenlager der frühen und mittleren Kaiserzeit zwischen Nordsee und Inn. Bericht der Römisch-Germanischen Komission* 66 (1985) 321–497.
B. Steidl, *Opfer einer neuen Zeit – Das Limesgebiet zwischen Staatskrise und Germanengefahr*, in: R. Petrovszky u. a., *Der Barbarenschatz – Geraubt und im Rhein versunken* (Ausstellungskatalog Hist. Museum Speyer 2006) 34 f.
T. Stickler, *Juthungi sive Semnones. Zur Rolle der Juthungen bei den römisch-germanischen Auseinandersetzungen am Raetischen Limes in der Zeit zwischen Gallienus und Aurelian. Bayer. Vorgeschbl.* 60 (1995) 231 f.
D. J. A. Taylor, *The Forts on Hadrian's Wall – A comparative analysis of the form and construction of some buildings. British Archaeological Reports, British Series* 305 (2000).
Zs. Visy, *Pannonische Limesstrecken in Ungarn auf Luftaufnahmen.* Antike Welt 4 (1981) 39–52.
Zs. Visy, *Der pannonische Limes in Ungarn* (1988).
J. Wagner, *Die Römer an Euphrat und Tigris* (1985).
P. R. Wilson, *Behind the Frontier: Romans and Natives in the Military Zone of Northern England. Case Study – North East Yorkshire*, in: *Roman Frontier Studies, Oxbow Monograph* 91 (1995) 587 ff.
R. Wolters, *Römische Eroberung und Herrschaftsorganisation in Gallien und Germanien. Zur Entstehung und Bedeutung der sogenannten Klientel-Randstaaten. Bochumer historische Studien, Alte Geschichte* 8 (1990).
D. J. Woolliscroft, *Signalling and the Design of the Antonine Wall. Britannia* XXVII (1996) 153–177.
D. J. Woolliscroft, *Signalling and the design of the German Limes*, in: *Roman Frontier Studies, Oxbow Monograph* 91 (1995) 603 ff.

Die Grenze im Nahen Osten

W. Ball, *Rome in the east. The transformation of an empire* (2000).
J. Bennett, *The Cappadocian frontier: from the Julio-Claudians to Hadrian*, in: P. Freeman / J. Bennett / Z. T. Fiema / B. Hoffman (Hrsg.) *Limes* XVIII. *Proceedings of the XVIIIth International Congress of Roman Frontier Studies*, in: *British Archaeological Reports, International Series* 1084(i) (2002) 301–312.
R. C. Blockley, *East Roman foreign policy.* Formation and conduct *from Diocletian to Anatasius, ARCA Classical and Medieval Texts, Papers & Monographs* 30 (1992).
A. K. Bowman / P. Garnsey / D. Rathbone (Hrsg.), *The Cambridge Ancient History*, vol. XI, *The High Empire, AD 70–192* ([2]2000).
E. Dabrowa (Hrsg.), *The Roman and Byzantine army in the east* (1994).
M. H. Dodgeon / S. N. C. Lieu, *The Roman eastern frontier, A documentary history* (1991).
J. Eadie, *The transformation of the eastern frontier, 260–305*, in: R. W. Mathiesen / H. S. Sivan (Hrsg.), *Shifting frontiers in late antiquity (Variorum)* (1996) 72–79.
P. W. M. Freeman / D. L. Kennedy (Hrsg.), *The defence of the Roman and Byzantine East*, in: *British Archaeological Reports, International Series* 297 (1986).
D. H. French / C. S. Lightfoot (Hrsg.), *The eastern frontier of the Roman army*, in: *British Archaeological Reports, International Series* 553 (1989).
M. Gichon, *45 years of research on the limes Palaestinae – the findings and their assessment in the light of the criticisms raised (C 1st–C4th)*, in: P. Freeman / J. Bennett / Z. T. Fiema / B. Hoffman (Hrsg.), *Limes* XVIII. *Proceedings of the XVIIIth International Congress of Roman Frontier Studies*, in: *British Archaeological Reports, International Series* 1084(i) (2002) 185–206.
G. Greatrex / S. N. C. Lieu, *The Roman eastern frontier and the Persian Wars. Part 2, AD 363–630. A sourcebook* (2002).
S. Gregory, *Roman military architecture on the eastern frontier*, 3 volumes (1995–1997).
B. Isaac, *The limits of empire. The Roman army in the east* (rev. edition 1992).
D. L. Kennedy, *The East*, in: J. Wacher (Hrsg.) *The Roman World* (1987) 266–308.
D. L. Kennedy, *The Roman army in the east*, in: *Journal of Roman Archaeology, Supplement Series* 18 (1996).
D. L. Kennedy, *The Roman army in Jordan* ([2]2004).
D. L. Kennedy / D. Riley, *Rome's desert frontier from the air* (1990).
M. Konrad, *Research on the Roman and early Byzantine frontier in North Syria*, in: *Journal of Roman Archaeology* 12 (1999) 392–410.
M. Konrad, *Der spätrömische Limes in Syrien*, *Resafa* V (2001).
J. Lander, *Roman stone fortifications. Variation and change from the first century AD to the fourth*, in: *British Archaeological Reports, International Series* 206 (1984).
E. N. Luttwak, *The grand strategy of the Roman empire. From the first century to the third* (1976).
F. G. B. Millar, *The Roman Near East, 31BC–AD337* (1993).
S. Mitchell, *Armies and frontiers in Roman and Byzantine Anatolia*, in: *British Archaeological Reports, International Series* 156 (1983).
S. T. Parker, *Romans and Saracens: a history of the Arabian frontier* (1986).
S. T. Parker, *The Roman frontier in Central Jordan. Interim report on the Central Limes Arabicus Project 1980–1985*, 2 vols, in: *British Archaeological Reports, International Series* 340 (1987).
S. T. Parker, *The Roman frontier in Jordan: an overview*, in: P. Freeman / J. Bennett / Z. T. Fiema / B. Hoffman (hrsg.), *Limes* XVIII. *Proceedings of the XVIIIth International Congress of Roman Frontier Studies*, in: *British Archaeological Reports, International Series* 1084(i) (2002) 77–84.
N. Pollard, *Soldiers, cities and civilians in Roman Syria* (2000).
D. B. Saddington, *The Roman naval presence in the east, the classis Syriaca and the Roman approach to the Euphrates*, in: *Archäologisches Korrespondenzblatt* 31 (2001) 581–586.
R. D. Sullivan, *Near Eastern royalty and Rome* (1990).

Die Grenze in Nordafrika am Beispiel der Provinzen Africa Proconsularis und Numidia

Zu den Provinzen Africa Proconsularis und Numidia:

J. Baradez, *Vue aerienne de l'organisation romaine dans le sud-algerien, Fossatum Africae* (1949).
J. Baradez, *Complements inedits au «Fossatum Africae»*, in: *Studien zu den Militärgrenzen Roms. Vorträge* 6. Internat. Limeskongreß Süddeutschland, *Beiheft Bonner Jahrbücher* 19 (1967) 200–210.
G. Barker / D. Mattingly (Hrsg.), *Farming the Desert. The Unesco Libyan Valleys Archaeological Survey* I–II (1996).
E. W. B. Fentress, *Numidia and the Roman Army. Social, Military and Economic Aspects of the Frontier Zone, British Archaeological Reports, International Series* 53 (1979).
D. Fushöller, *Tunesien und Ostalgerien in der Römerzeit. Zur*

historischen Geographie des östlichen Atlasafrika vom Fall Karthagos bis auf Hadrians Limesbau. Geographica Historica 2 (1979).
J. GUEY, *Note sur le limes romain de Numidie, et la Sahara au IVe siècle*, in: *Mel. Arch. Hist. École Franç. Rome* 56 (1939) 178–248.
A. GUTSFELD, *Römische Herrschaft und einheimischer Widerstand in Nordafrika. Militärische Auseinandersetzungen Roms mit den Nomaden, Heidelberger Althistorische Beiträge und Epigraphische Studien* 8 (1989).
Y. LE BOHEC, *La troisième légion Auguste, Ètudes d'Antiquités Africaines* (1989).
Y. LE BOHEC, *Les unites auxiliaires de l'armée romaine en Afrique Proconsulaire et Numidie sous le Haut Empire, Ètudes d'Antiquités Africaines* (1989).
M. MACKENSEN, *Les castra hiberna de la legio III Augusta à Ammaedara/Haïdra*, in: M. KHANOUSSI / P. RUGGERI / C. VISMARA (Hrsg.), *L'Africa romana. Atti del XIII convegno di studio, Djerba* 10–13 dicembre 1998 (2000) 1739–1759.
R. MARICHAL, *Les ostraca de Bu Njem, Suppléments Libya Antiqua* VII (1992).
D. J. MATTINGLY, *Tripolitania* (1995).
R. Rebuffat, *Le «limes» de Tripolitaine*, in: D. J. BUCK / D. J. MATTINGLY (Hrsg.), *Town and Country in Roman Tripolitania. Papers in honour of O. Hackett, British Archaeological Reports, International Series* 274 (1985) 127–141.
R. REBUFFAT, *Notes sur le Camp Romain de Gholaia (Bu Njem)*, in: *Libyan Studies* 20 (1989) 155–167.
R. REBUFFAT, *L'armée romaine à Gholaia*, in: G. ALFÖLDY / B. DOBSON / W. ECK (Hrsg.), *Kaiser, Heer und Gesellschaft in der Römischen Kaiserzeit. Gedenkschrift für E. Birley* (2000) 227–259.
P. TROUSSET, *Recherches sur le limes tripolitanus du chott el-Djerid à la frontière tuniso-libyenne, Ètudes d'Antiquités Africaines* (1974).
C. R. WHITTACKER, *Land and labour in North Africa*, in: *Klio* 60 (1978) 331–362.

Zu den nordafrikanischen Grenzen:
H. CUVIGNY (Hrsg.), *La route de Myos Hormos. L'armée romaine dans le desert oriental d'Egypte. Praesidia du désert de Bérénice, Fouilles Institut francais d'archéologie oriental* 48, 1–2 (2003).
CH. DANIELS, *The Frontiers: Africa*, in: J. WACHER (Hrsg.), *The Roman World* I (1987) 223–265.
M. EUZENNAT, *Le Limes de Tingitaine. La Frontière Méridionale, Ètudes d'Antiquités Africaines* (1989).
M. MACKENSEN, *Das diokletianische Kastell Magdolum/Tell el-Herr am Ostrand des Nildeltas und andere spätrömische Kastelle in Ägypten*, in: *Journal of Roman Archaeology* 16 (2003) 725–734.
V. MAXFIELD, *The eastern desert forts and the army in Egypt during the principate*, in: D. M. BAILEY (Hrsg.), *Archaeological Research in Roman Egypt, Journal of Roman Archaeology Suppl.* 19 (1996) 9–19.
P. SALAMA, *Les déplacements successifs du limes en Maurétanie Césarienne (Essai de synthèse)*, in: J. FITZ (Hrsg.), *Limes. Akten XI. Internat. Limeskongreß Székesfehérvár* 1976 (1977) 577–595.
A. RUSHWORTH, *North African deserts and mountains: comparisons and insights*, in: D. L. KENNEDY (Hrsg.), *The Roman Army in the East, Journal of Roman Archaeology Suppl.* 18 (1996) 297–316.

Belagerungsstätten

Appian von Alexandria, Römische Geschichte, übers. von O. VEH (1987).
Y. DEBERGE / V. GUICHARD, *Nouvelles recherches sur les travaux césariens devant Gergovie* (1995–1999), in: *Revue archéologique du centre de la France* 39 (2000) 83 ff.
E. NETZER, *Masada. The Yigael Yadin Excavations 1963–1965, Final Reports. III. The Buildings. Stratigraphy and Architecture* (1989).
M. REDDÉ / S. VON SCHNURBEIN (dir.), *Alésia. Fouilles et recherches franco-allemandes sur les travaux militaires romains autour du Mont-Auxois* (1991–1997), *Mémoires de l'Académie des inscriptiones et belles-lettres* XXII (2001).
AD. SCHULTEN, *Numantia* III. *Die Lager des Scipio* (1927).
Y. YADIN, *Masada. La dernière citadelle d'Israël*, Übersetzung P. DELAVIGNE (1988).

Die römische Armee in Spanien

S. CARRETERO, *Los campamentos romanos y su implantación en Hispania*, in: *La Guerra en la Antigüedad. Una aproximación al origen de los ejércitos en Hispania* (1997) 333–446.
C. FERNÁNDEZ OCHOA /A. MORILLO, *Walls in the Urban Landscape of Late Roman Spain. Defense and Imperial Strategy*, in: *Hispania and the Late Antique World: Twenty-First Century Perspectives* (im Druck).
C. FERNÁNDEZ OCHOA /A. MORILLO, *La tierra de los astures. Nuevas perspectivas sobre la implantación romana en la antigua Asturia* (1999).
V. GARCÍA MARCOS / A. MORILLO / E. CAMPOMANES, *Nuevos planteamientos sobre la cronología del recinto defensivo de Asturica Augusta (Astorga, León)*, in: *Congreso Internacional «La Hispania de Teodosio» Valladolid-Segovia* (1998) 515–531.
P. LE ROUX, *L'Armée romaine et l'organisation des provinces ibériques d'Auguste a l'invasion de 409* (1982).
M. LUIK, *Die römische Militäranlagen der Iberischen Halbinsel von der Zeit der Republik bis zum Ausgang des Prinzipats. Ein Forschungüberblick*, in: *Jahrbuch Römisch-Germanisches Zetralmuseum* 44 (1997) 213–275.
Á. MORILLO CERDÁN, *Neue Forschungen zu römischen Lagern der iulisch-claudischen Zeit in Nordspanien*, in: *Bonner Jahrbücher* 200 (im Druck).
Á. MORILLO CERDÁN (Hrsg.), *Arqueología Militar Romana en Hispania, Anejos Gladius* 5 (2002).
Á. MORILLO CERDÁN, *Conquista y defensa del territorio en la Hispania republicana: los establecimientos militares temporales*, in: *Defensa y territorio en Hispania de los Escipiones a Augusto (espacios urbanos y rurales, municipales y provinciales) Madrid 2001* (2003) 41–80.
Á. MORILLO CERDÁN / V. Y GARCÍA MARCOS, *Twenty years of Roman Military Archaeology in Spain*, in: *Limes* XVIII. *Proceedings of XVIIIth International Congress of Roman Frontier Studies, Amman*, 2000, in: *British Archaeological Reports, International Series* 1084 (2002) 779–789.
Á. MORILLO CERDÁN / V. Y GARCÍA MARCOS, *Legio VII gemina and its Flavian fortress at León*, in: *Journal of Roman Archaeology* 16 (2003) 275–286.
J. PAMMENT SALVATORE, *Roman Republican Castramentation. A reappraisal of historical and archaeological sources*, in: *British Archaeological Reports, International Series* 630 (1996).
E. PERALTA, *Los castra aestiva del bellum cantabricum: novedades arqueológicas*, I *Congreso Internacional de Historia Antigua, Valladolid* 2000 (2001) 173–182.
E. PERALTA, *Castros y campamentos de campaña de las Guerras Cántabras*, in: M. DE BLAS / A. Y VILLA (Hrsg.), *Los poblados fortificados del Noroeste de la Península Ibérica: Formación y desarrollo de la cultura castreña. Coloquios de Arqueología en la cuenca del Navia* (2000) 225–240.

Die Grenzen Roms in der heutigen Schweiz

M. ASAL, *Ein spätrömischer Getreidespeicher am Rhein. Veröffentlichungen der Gesellschaft Pro Vindonissa* 19 (2005).
E. DESCHLER-ERB / L. PERNET / A. VOIROL, *Militaria républicains en territoires helvète et rauraque*, in: V. Guichard / M. Poux (Hrsg.), *Militaria césariens en contexte gaulois. Actes de la table ronde. Coll. Bibracte* (im Druck).
L. FLUTSCH / U. NIFFELER / F. ROSSI, *Römische Zeit. Die Schweiz vom Paläolithikum bis zum frühen Mittelalter* 5 (2002).

A. HAGENDORN (Hrsg.), *Zur Frühzeit von Vindonissa. Veröffentlichungen der Gesellschaft Pro Vindonissa* 18/1+2 (2003).
K. ROTH-RUBI / V. SCHALTENBRAND OBRECHT / M. P. SCHINDLER / B. ZÄCH, *Neues zu den «Walenseetürmen»*, in: *Jahrbuch Schweizerische Gesellschaft für Ur- und Frühgeschichte* 87 (2004) 33 ff.

Die Grenzen in Britannien

D. J. BREEZE, *Roman Scotland: Frontier Country* (1996).
D. J. BREEZE / B. DOBSON, *Hadrian's Wall* (⁴2000).
W. S. HANSON / G. S. MAXWELL, *Rome's North West Frontier, the Antonine Wall* (1986).
G. S. MAXWELL, *The Romans in Scotland* (1989).
A. S. ROBERTSON, *The Antonine Wall*, revised and edited by L. KEPPIE (2001).
D. J. WOOLLISCROFT, *The Roman Frontier on the Gask Ridge Perth and Kinross* (2002).

Die Grenze in den Niederlanden

T. BECHERT / W. J. H. WILLEMS (Hrsg.), *Die römische Reichsgrenze zwischen Mosel und Nordseeküste* (1995).
H. VAN ENCKEVORT, *The Roman military complex in Nijmegen (NL)*, in: F. VERMEULEN / K. SAS / W. DHAEZE (Hrsg.), *Archaeology in confrontation. Aspects of Roman military presence in the northwest. Studies in honour of Prof. Em. Hugo Thoen, Archaeological Reports Ghent University* 2 (2004) 103–124.
E. P. GRAAFSTAL, *Logistiek, communicatie en watermanagement. Over de uitrusting van de Romeinse rijksgrens in Nederland*, in: *Westerheem* 51 (2002) 2–27.
J. K. HAALEBOS, *Ein römisches Getreideschiff in Woerden (NL)*, mit Beiträge von C. VAN DRIEL-MURRAY / M. NEYSES, *Jahrbuch Römisch-Germanisches Zetralmuseum* 43 (1995) 475–509.
T. HAZENBERG, *Leiden-Roomburg 1995–1997. Archeologisch onderzoek naar het Kanaal van Corbulo en de vicus van het castellum Matilo, Amersfoort*, in: *Rapportage Archeologische Monumentenzorg* 77 (2000).
W. A. M. HESSING / M. POLAK / W. K. VOS / S. L. WYNIA (Hrsg.), *Romeinen langs de snelweg. Bouwstenen voor Vechtens verleden* (1995).
W. A. M. HESSING, *Building Programmes for the Lower Rhine Limes. The Impact of the Visits of Trajan and Hadrian to the Lower Rhine*, in: H. SARFATIJ / W. J. H. VERWERS / P. J. WOLTERING (Hrsg.), *In Discussion with the Past. Archaeological studies presented to W. A. Van Es* (1999) 149–156.
M. POLAK / R. P. J. KLOOSTERMAN / R. A. J. NIEMEIJER, *Alphen aan den Rijn – Albaniana 2001–2002. Opgravingen tussen de Castellumstraat, het Omloopkanaal en de Oude Rijn, Libelli Noviomagenses* 7 (2004).

Die Grenze in Deutschland – die Provinzen Obergermanien und Raetien

G. ALFÖLDY, *Caius Popilius Carus Pedo und die Vorverlegung des obergermanischen Limes*, in: *Fundber. Baden-Württemberg* 8 (1983) 55 ff.
D. BAATZ, *Der römische Limes. Archäologische Ausflüge zwischen Rhein und Donau* (2000).
A. BECKER / G. RASBACH, *Waldgirmes. Eine augusteische Stadtgründung im Lahntal*, in: *Bericht der Römisch-Germanischen Komission* 82 (2001) 591 ff.
A. BECKER / J. KÖHLER, *Fundamente aus Stein und Holz – Die Ausgrabungen in der römischen Stadtgründung von Lahnau-Waldgirmes 2002*, in: *Hessen Archäologie* 2002 (2003) 90 ff.
J. GARBSCH / P. KOS, *Das spätrömische Kastell Vemania bei Isny* I, *Münchner Beiträge zur Vor- und Frühgeschichte* 44 (1988) 105 ff. (Übersicht über den spätrömischen Donau-Iller-Rhein-Limes).
K. KORTÜM, *Die Umgestaltung der Grenzsicherung in Obergermanien unter Trajan*, in: E. SCHALLMAYER (Hrsg.), *Trajan in Germanien – Trajan im Reich, Bericht des dritten Saalburgkolloquiums* (1999) 195 ff.
E. SCHALLMAYER, *Der Limes, Marköbel und Kaiser Hadrian. Neue wissenschaftliche Ergebnisse zum Obergermanisch-Raetischen Limes und ihre öffentlichkeitswirksame Präsentation*, in: *Denkmalpflege und Kulturgeschichte* 2 (2003) 12 ff.
H. SCHÖNBERGER, *Die römischen Truppenlager der frühen und mittleren Kaiserzeit zwischen Nordsee und Inn. Bericht der Römisch-Germanischen Komission* 66 (1985) 321 ff.
C. S. SOMMER, *MUNICIPIUM ARAE FLAVIAE – Militärisches und ziviles Zentrum im rechtsrheinischen Obergermanien*, in: *Bericht der Römisch-Germanischen Komission* 73 (1992) 270 ff.

Die Grenze in Deutschland – der niedergermanische Limes in Nordrhein-Westfalen

T. BECHERT / W. WILLEMS, *Die Römische Reichsgrenze zwischen Mosel und Nordseeküste* (1995).
W. ECK, *Köln in römischer Zeit. Geschichte der Stadt Köln*, Bd. 1 (2004).
R. FAHR / CH. REICHMANN, *Die Kasernen des Kastells Gelduba (Krefeld-Gellep) in frühflavischer Zeit*, in: *Germania* 80 (2002) 476–489.
M. GECHTER, *Neufunde aus Haus Bürgel*, in: *Archäologie im Rheinland* (2003/2004) 81–83.
M. GECHTER, *Die Militärgeschichte am Niederrhein von Caesar bis Tiberius – eine Skizze*, in: TH. GRÜNEWALD / S. SEIBEL (Hrsg.), *Kontinuität und Diskontinuität, Reallexikon der germanischen Altertumskunde, Ergänzungsband* 35 (2003) 145–161.
U. MAIER-WEBER, *CALO. Zur Lokalisierung und zum Nachleben eines abgegangenen spätantiken Kastells am Niederrhein*, in: C. BRIDGER / K.-J. GILLES (Hrsg.), *Spätrömische Befestigungsanlagen in den Rhein- und Donauprovinzen*, in: *British Archaeological Reports, International Series* 704 (1998) 13–22.
CH. REICHMANN, *Das Kastell Gelduba (Krefeld-Gellep) im 4. und 5. Jahrhundert*, in: TH. GRÜNEWALD / S. SEIBEL (Hrsg.), *Kontinuität und Diskontinuität*, in: *Reallexikon der germanischen Altertumskunde, Ergänzungsband* 35 (2003) 37–52.
M. VAN REY (Hrsg.), *Bonn von der Vorgeschichte bis zum Ende der Römerzeit. Geschichte der Stadt Bonn*, Bd. 1 (2001).

Die römische Donaugrenze in Österreich

G. WINKLER, *Die Reichsbeamten von Noricum und ihr Personal bis zum Ende der Römerzeit* (1969).
G. ALFÖLDY, *Noricum* (1974).
A. MÓCSY, *Pannonia and Upper Moesia. A History of the Middle Danube Provinces of the Roman Empire* (1974).
M. A. NIEGL, *Die archäologische Erforschung der Römerzeit in Österreich* (1980).
H. UBL, *Die römische Donaugrenze Noricums*, in: *Bericht des 16. Österreichischen Historikertages in Krems 1984* (1985) 53–61.
K. GENSER, *Der österreichische Donaulimes in der Römerzeit. Der Römische Limes in Österreich* 33 (1986).
M. KANDLER / H. VETTERS (Hrsg.), *Der Römische Limes in Österreich. Ein Führer* (1986).
H. UBL, *Noricum Ripense und seine Beziehungen zu Norditalien am Beispiel der römischen Armee des Limes Danubicus*, in: *La Venetia nell'area Padano-Danubiana. Le vie di communicatione. Convegno internationale*, Venezia 6–10 Aprile 1988 (1990) 305–328.
H. FRIESINGER / F. KRINZINGER (Hrsg.), *Der Römische Limes in Österreich. Führer zu den archäologischen Denkmälern* (1997).
TH. FISCHER, *Noricum* (2002).

V. GASSNER u. a., *Am Rande des Reiches. Die Römer in Österreich. Österreichische Geschichte 15 v. Chr.–378 n. Chr.* (2002).
H. UBL, *Noricum*, in: *Reallexikon der Germanischen Altertumskunde* 21 (2002) Sp. 324–340.
H. UBL, *Das norische Provinzheer der Prinzipatszeit im Spiegel neuer Diplom- und Inschriftsfunde*, in: ZS. VISY (Hrsg.), *Limes XIX. Proceedings of the XIXth International Congress of Roman Frontier Studies.* Pécs, Hungary, September 2003 (2005) 107–120.
H. UBL, *Der Donaulimes*, in: *Forschungen in Lauriacum* 12. 1. 2006 = Sonderband I/1, S. 31–36.

Die Grenze in der Slowakei

L. BORHY / K. KUZMOVÁ / J. RAJTÁR / E. SZÁMADÓ, *Kelemantia – Brigetio. Auf den Spuren der Römer an der Donau. Wegweiser* (2003).
J. HEČKOVÁ, *Römischer Baukomplex in Stupava*, in: *Archeol. Rozhledy* 38 (1986) 378 ff.
T. KOLNÍK, *Römische Stationen im slowakischen Abschnitt des nordpannonischen Limesvorlandes*, in: *Archeol. Rozhledy* 38 (1986) 411 ff.
K. PIETA / V. PLACHÁ, *Die ersten Römer im nördlichen Mitteldonauraum im Lichte neuen Grabungen in Devín*, in: TH. FISCHER / G. PRECHT / J. TEJRAL (Hrsg.), *Germanen beiderseits des spätantiken Limes* (1999) 179 ff.
V. PLACHÁ / K. PIETA, *Römerzeitliche Besiedlung von Bratislava-Devín*, in: *Archeol. Rozhledy* 38 (1986) 339 ff.
J. RAJTÁR, *Nuove testimonianze archeologiche delle guerre dei Marcomanni a nord del medio Danubio*, in: M. BUORA / W. JOBST (Hrsg.), *Roma sul Danubio. Da Aquileia a Carnuntum lungo la via dell'ambra. Cataloghi e monografie archeologiche dei Civici Musei di Udine* (2002) 99 ff.
I. STANÍK / V. TURČAN, *Zum Untergangshorizont der römischen Station in Stupava*, in: *Anodos* 1 (2001) 209 ff.

Die Grenze in Ungarn

S. SOPRONI, *Der spätrömische Limes zwischen Esztergom und Szentendre* (1978).
S. SOPRONI, *Die letzten Jahrzehnte des pannonischen Limes, Münchner Beiträge zur Vor- und Frühgeschichte* 38 (1985).
ZS. VISY, *Der pannonische Limes in Ungarn* (1988).
ZS. VISY, *Neue Forschungsergebnisse an der Ripa Pannoniae Inferioris in Ungarn*, in: N. GUDEA (Hrsg.), *Roman Frontier Studies* XVII (1999) 139–147.
ZS. VISY (Hrsg.), *Von Augustus bis Attila. Leben am ungarischen Donaulimes* (2000).
ZS. VISY, *The Ripa Pannonica in Hungary* (2003).
ZS. VISY (Hrsg.), *The Roman Army in Pannonia. An Archaeological Guide of the Ripa Pannonica* (2003).

Die Grenze in Kroatien

A. MÓCSY, *Zur frühesten Besatzungsperiode in Pannonien*, in: *Acta archaeologica* 23 (1971) 41–46.
J. ŠAŠEL, *Die Limes Entwicklung in Illyricum*, in: *D'etudes sur les frontieres romaines* (1974) 193–199.
E. TÓTH, *The Occupation of Pannonia*, in: ZS. VISY (Hrsg.), *The Roman Army in Pannonia. An Archaeological Guide of the Ripa Pannonica* (2003) 19.
M. SANADER, *The Ripa Pannonica in Croatia*, in: ZS. VISY (Hrsg.), *The Roman Army in Pannonia. An Archaeological Guide of the Ripa Pannonica* (2003) 135.
D. PINTEROVIĆ, *Limesstudien in der Baranja und in Slawonien*, in: *Arch. Iugoslavica* 9 (1968) 5–83.
M. BULAT, *Topografska istraživanja limesa u Slavoniji i Baranji*, in: *Osječki zbornik* 12 (1969) 39–52.
D. PINTEROVIĆ, *Batina – praistorijski i antički nalazi*, in: *Arheološki pregled* 13 (1971) 55–58.
D. PINTEROVIĆ, *Problemi na limesu – istraživanja na predjelu Batina Skela – Ilok*, in: *Osječki zbornik* 12 (1969) 53–69.
J. KLEMENC, *Limes u Donjoj Panoniji*, in: *Limes u Jugoslaviji* (1960) 5–34.

Die Donaugrenze in Serbien

N. GUDEA, *Die Nordgrenze der römischen Provinz Obermösien*, in: *Jahrbuch Römisch-Germanisches Zetralmuseum* 48, 2 (2001) 337 ff.
F. KANITZ, *Römische Studien in Serbien* (1892).
M. MIRKOVIĆ, *Römer an der mittleren Donau. Römische Straßen und Festungen von Singidunum bis Aquae* (2003).
A. MÓCSY, *Gesellschaft und Romanisation in der römischen Provinz Moesia Superior* (1970).
P. PETROVIĆ, *Classis Flavia Moesica na Dunavu u Gornoj Meziji*, in: *Starinar* 40/41 (1989/90) 207 ff.
P. PETROVIĆ / M. VASIĆ, *The Roman Frontier in Upper Moesia: Archaeological Investigations in the Iron Gate Area – Main Results*, in: P. PETROVIĆ (Hrsg.), *Roman Limes on the Middle and Lower Danube* (1996) 15 ff.
M. VASIĆ, *Le limes protobyzantin dans la province de Mésie Première*, in: *Starinar* 45/46 (1994/95) 41 ff.

Die Grenze in Rumänien – Dacia

N. GUDEA, *Der dakische Limes. Materialien zu seiner Geschichte*, in: *Jahrbuch Römisch-Germanisches Zetralmuseum* 44 (1997).

Die Grenze in Rumänien – Moesia Inferior und der limes Scythicus

A. ARICESCU, *The Army in Roman Dobrudja*, in: *British Archaeological Reports, International Series* 86 (1980).
H. GAJEWSKA, *Topographie des fortifications romaines en Dobroudja* (1974).
C. SCORPAN, *Limes Scythiae. Topographical and Stratigraphical Research on the Late Roman Fortifications on the Lower Danube*, in: *British Archaeological Reports, International Series* 88 (1980).
M. ZAHARIADE, *Structure and Functioning of the Lower Moesian Limes in 1st–3rd centuries A. D.*, in: J. FITZ (Hrsg.), *Limes. Akten des XI. Int. Limeskongresses Székesfehérvár* 1976 (1976) 385–398.
M. ZAHARIADE, *The Fortifications of Lower Moesia (A. D. 86–275)* (1997).
M. ZAHARIADE, *Moesia Secunda, Scythia si Notitia Dignitatum* (1988).

Die Donaugrenze in Bulgarien

R. IVANOV, *Das römische Verteidigungssystem an der unteren Donau zwischen Dorticum und Durostorum (Bulgarien) von Augustus bis Maurikios*, in: *Bericht der Römisch-Germanischen Komission* 78 (1997) 467 ff. (mit ausführlicher Literaturliste).

Der Anastasische Wall: «die letzte Grenze»

J. G. CROW, *The Long Walls of Thrace*, in: C. MANGO / G. DAGRON (Hrsg.), *Constantinople and Its Hinterland*, in: *Society for the Promotion of Byzantine Studies* 3 (1995) 118 ff.
J. CROW / A. RICCI, *Investigating the hinterland of Constantinople:*

interim report on the Anastasian Wall Project, in: *Journal of Roman Archaeology* 10 (1997) 235 ff.
A. Ricci, *L'Ultimo Frontiera? Il Lungo Muro di Anastasio nell'hinterland di Istanbul*, in: *Turchia Antica/Antik Türkiye* (1998) 138 ff.
J. Crow / A. Ricci, *The Anastasian Wall Project 1996–7*, in: *Ariştirma Sonuçlari Toplantasi part* 1, 16 (1999) 239 ff.
J. Crow / R. Bayliss / P. Bono, *The Anastasian Wall Survey 2000*, in: *Ariştirma Sonuçlari Toplantasi* 19 (2002) 30 ff.
T. E. Gregory, *Kastro and Diatichisma as a response to early Byzantine frontier collapse*, in: *Byzantion* 62 (1992) 235 ff.
Der Nachweis einer Schutzmauer am Ostende des Balkangebirges, nördlich von Messembria findet sich in: V. Dintchev, *Early Byzantine Fortresses in Bulgaria and ist neighbouring territories*, *Razkopki i Prouchvaniya* 35 (2006) bes. fig. 4, 82.
J. Napoli, *Recherches sur les Fortifications linéaires Romaines*, in: *Coll. de l'école Française de Rome* 229 (1997) 260 ff.
Das Wasserversorgungs-System wurde zuletzt behandelt in: K. Rommey, *Lifeline for Byzantium*, in: *Archaeology* 56 (2003) 24 ff.
R. Bayliss, *Archaeological survey and visualisation: the view from Byzantium*, in: L. Lavan / W. Bowden (Hrsg.), *Theory and Practice in late Antique Archaeology* (2003) 288 ff.

Bildnachweis

Grenzen im römischen Imperium:

Abb. 1: © interfoto / Archiv Friedrich.
Abb. 2: akg-images / British library.
Abb. 3: Römerkastell Saalburg, Archiv.
Abb. 4: Land Niederösterreich – Archäologischer Park Carnuntum, Bad Deutsch- Altenburg.

Grenzen im historischen Kontext:

Abb. 1: Photo H. Cleere.
Abb. 2: Hirmer Fotoarchiv München.
Abb. 3: Österreichisches Staatsarchiv, HHStA Kartensammlung VII / 4 / 8, Photo U. Otto, Wien.
Abb. 4: Universitäts- und Landesbibliothek Darmstadt.

Limesflüge über Süddeutschland:

Alle Abb. von O. Braasch.

Die römischen Grenzen als Weltkulturerbe:

Alle Abb. von H. Cleere.

Römische Außenpolitik und militärische Strategie:

Abb. 1: R. Szydlak, Tübingen.
Abb. 2: © English Heritage.
Abb. 3: Numismatica Ars Classica, Zürich, 2. 4. 1995, Nr. 1388.
Abb. 4: akg-images, Berlin.

Rom und die Barbaren in Europa:

Abb. 1: bpk/Antikensammlung, SMB/J.Laurentius.
Abb. 2: aus Das germanische Fürstengrab von Gommern. Gold für die Ewigkeit (2000) 162. Landesamt für Denkmalpflege und Archäologie Sachsen-Anhalt.
Abb. 3: aus S. Dušek (Hrsg.), Ur- und Frühgeschichte Thüringens (1999) 135. Thüringisches Landesamt für Archäologie, Weimar.
Abb. 4: Römisches Museum Augsburg.
Abb. 5: aus Die Römer zwischen Alpen und Nordmeer (2000) 378, Kat.Nr. 135a 1–2. Archäologisches Landesmuseum Schleswig-Holstein, Schloß Gottorf.
Abb. 6: National Museum of Denmark/Kopenhagen, Photo J. Lee.

Der Limes in Europa:

Abb. 1: Hirmer Fotoarchiv München.
Abb. 2: Grabstein Monimus Inv. Nr. S 166, Photo U. Rudischer, © Landesmuseum Mainz.
Abb. 3: aus M. Junkelmann, Die Legionen des Augustus (1986) Taf. IIa.
Abb. 4: Grabstein des Blussus Inv. Nr. S 146, Photo U. Rudischer, © Landesmuseum Mainz.
Abb. 5: Münzsammlung des Seminars für Alte Geschichte der Universität Freiburg.
Abb. 6: aus Die Römer zwischen Alpen und Nordmeer (2000) 402 Kat.Nr. 174 d.e.h.f. Prähistorische Staatssammlung München.
Abb. 7: aus Die Römer zwischen Alpen und Nordmeer (2000) 77 Kat.Nr. 137. Römisches Museum Augsburg.

Die Grenze im Nahen Osten:

Abb. 1: R. Szydlak, Tübingen.
Abb. 2, 3: J. Wagner, Tübingen.
Abb. 4: akg-imgaes, Berlin.
Abb. 5,7: J. M. Beyer, Wiesbaden.
Abb. 6: G. Gerster, Zumikon (Schweiz).

Die Grenze in Nordafrika am Beispiel der Provinzen Africa Proconsularis und Numidia:

Abb. 1: auf der Grundlage der Karten (mit Ergänzungen) von Ch. Daniels, The Frontiers: Africa, in: J. Wacher (Hrsg.), The Roman World I (1987) 237 Abb. 10.6; 241 Abb. 10.8 und D. J. Mattingly, Tripolitania (1995) 78 Abb. 4.4.
Abb. 2: J. Baradez.
Abb. 4: Nach G. F. Lyon, A Narrative of Travels in Northern Africa in the Years 1818, 19 and 20 (1821) Taf. vor S. 67.
Abb. 3, 5–10: M. Mackensen.

Belagerungsstätten:

Abb. 1, 4–6: aus M. Reddé, Alesia. Vom nationalen Mythos zur Archäologie (2006) 51 Abb. 32; 139 Abb. 136; 150 Abb. 152; 120 Abb. 98.
Abb. 2: Y. Deberge / V. Guichard, Nouvelles recherches sur les travaux césariens devant gergoise (1995–1999), in: Revue archéologique du centre de la France 39 (2000).
Abb. 3: Photo R. Goguey; aus M. Reddé, Alesia. Vom nationalen Mythos zur Archäologie (2006) 100 Abb. 68.
Abb. 7, 8: M. Reddé / S. v. Schnurbein.

Die römische Armee in Spanien:

Alle Abb. von Á. Morillo Cerdán.

Die Grenzen Roms in der heutigen Schweiz:

Abb. 1, 5: P. Palm, Berlin.
Abb. 2: Photo Archäologische Bodenforschung Basel-Stadt.
Abb. 3: Photo Schweizerische Gesellschaft für Ur- und Frühgeschichte.
Abb. 4: Photo Kantonsarchäologie Aargau.
Abb. 6: Photo U. Schild.
Abb. 7: Photo Kantonsarchäologie Zürich.
Abb. 8: Photo Historisches Museum Basel, M Babey.

Die Grenzen in Britannien:

Abb. 1: D. J. Breeze.
Abb. 2, 5: © Historic Scottland.
Abb. 3: © D. J. Breeze / M. J. Moore.
Abb. 4: D. Woolliscroft.
Abb. 6: Hunterian Museum, University of Glasgow.
Abb. 7:© Historic Scottland.